中國學術思想
研究輯刊

七 編

林 慶 彰 主編

第23冊

王國維之經史學

洪 國 樑 著

花木蘭文化出版社

國家圖書館出版品預行編目資料

王國維之經史學／洪國樑 著 — 初版 — 台北縣永和市：花木
蘭文化出版社，2010〔民 99〕
序 4+ 目 2+288 面；19×26 公分
（中國學術思想研究輯刊 七編；第 23 冊）
ISBN：978-986-254-182-1（精裝）
1. 王國維　2. 學術思想　3. 經學　4. 史學
128.2　　　　　　　　　　　　　　　　99002305

ISBN - 978-986-254-182-1

9 789862 541821

中國學術思想研究輯刊
七　編　第二三冊　　　　　ISBN：978-986-254-182-1

王國維之經史學

作　　者　洪國樑
主　　編　林慶彰
總 編 輯　杜潔祥
出　　版　花木蘭文化出版社
發 行 所　花木蘭文化出版社
發 行 人　高小娟
聯絡地址　台北縣永和市中正路五九五號七樓之三
　　　　　電話：02-2923-1455／傳眞：02-2923-1452
網　　址　http://www.huamulan.tw 信箱 sut81518@ms59.hinet.net
印　　刷　普羅文化出版廣告事業
封面設計　劉開工作室
初　　版　2010 年 3 月
定　　價　七編 24 冊（精裝）新台幣 40,000 元

王國維之經史學

洪國樑　著

作者簡介

洪國樑，民國三十八年（1949）生，台灣省台北縣人，祖籍福建省南安縣，國立台灣大學中國文學研究所博士。自民國六十九年（1980）起任教於台灣大學中國文學系，民國八十八年（1999）退休，轉任私立世新大學中國文學系教授；民國九十年（2001）至九十八年（2009），並兼任世新大學中國文學系主任、人文社會學院院長，先後八年。學術專長：經學、小學、古籍辨偽學、中國上古史。曾授課程：詩經、尚書、訓詁學、歷代文選、史記、應用中文講座、語言與文化、治學方法等。

提　　要

　　所謂「經史學」，或可釋為「經學與史學」，為經、史並立之學；亦可釋為「經史之學」，為經、史合一之學。考靜安先生之治經，固重其人文價值，有經世之意，而尤重其史學價值，故通經以證史；是其「經史學」，實為經、史合一之「經史之學」。本論文即本此旨而撰，並詳人所略、略人所詳，要以發明靜安之學術精神與特質，並明其學術地位之成因為職任。

　　靜安之著述閎博，而《觀堂集林》一書尤為其學術精萃所在。論文共六章，首章即考《集林》之相關問題，而後次以靜安之性格及學術志趣，以為後數章論述之張本。

　　第三章論靜安之學術淵源，特舉顧亭林及章實齋二家為說。蓋顧氏之論諸經要義，不離乎政治、道德，又重風俗及人物心術，與靜安之學旨密邇契合；而章氏之「六經皆史」說，亦至靜安方得其實踐之意義而更予拓展。第四章論靜安與羅振玉、沈曾植之學術關係。三人之交誼，介乎師友之間，而彼二人所予靜安學術之影響，殆無他人可相比擬，此論靜安之成學歷程者所不能不措意者也。

　　靜安於近代學術貢獻之大者，厥在開拓學術區宇、揭示研究途徑、導正學術風氣等諸端。第五章述其論學術風氣，第六章歸納其經史研究之內容及其方法。凡所論述，務舉其大端，免致支離。

　　本論文為掌握靜安之學術精神、特質及其貢獻，特歸納其習用字予以綜貫，曰：理、通、推、新、事實、名實；若更約之，則理、通、新三者是也。靜安之學重系統，務通貫，氣象博大，眼界高遠，又能擴充學術資料，創新研究方法，矯風氣之偏至，示來者以軌則，此其所以當新經學家、新史學家、新經史學家之譽而無愧云。

謝　辭

　　本論文蒙　張師以仁、　程師元敏悉心指導，復承　孔師達生、　何師佑森時加啓迪，受益良多，謹致謝忱。

　　紀念　靜安先生逝世六十周年，並作爲　家父服務教育四十年榮休獻禮。

目次

自 序

　　自靜安棄世以還，甲子已重周矣。六十年來，其學術爲學者競相研討，駸駸乎已爲一世顯學，可謂盛矣！

　　余夙慕靜安其人其學，曩獲承師命，以「王國維之詩書學」爲題，撰爲碩士論文，於靜安學術，稍窺崖略。復感靜安之學既廣且深，汲之無盡，而世人所討論者，多偏就學術內容，於靜安之學術精神、特質、關係及學術地位之成因等探討，反較闕略；而就其學術內容及方法，予以通盤研究者，迄尚未見其人。余不敏，思繼舊作而有事於此。

　　本論文之寫作方法，大體爲：本靜安之學術精神與方法，以研究靜安學術；詳人所略，略人所詳。要以靜安之經史學爲對象，發明其學術精神與特質，並明其學術地位之成因爲職任。

　　靜安治學最善於掌握資料，其掌握資料之法如何，曰：先編製索引。如欲治金文，乃先成《宋代金文著錄表》、《國朝金文著錄表》；欲治《元秘史》，則先成《元秘史地名索引》等是也。余師承其意，爰先就其著述約五百種（含單篇及專著），分就撰述年歲、撰述緣起、主旨或結果、見載處所、附考等五目表列，編成《王國維著述編年提要》，以掌握靜安著述全貌。

　　靜安最重版本、校勘，其考訂一書，必先詳辨原刊本、增補本或剷改本，一一覈校；復於所敬重學者之片紙隻字，無不盡力蒐求。余亦就靜安舊作、刪訂後收入《觀堂集林》及日後增、刪、批校等資料，盡力訪求，並予覈校，見其中頗有可注意者。如〈生霸死霸考〉，據舊作末數語，其意義在補正俞樾說，而既經刪訂收入《集林》後，其篇旨乃轉爲駁正劉歆所釋「霸」義及晚出《偽古文尚書》說，意義遂爾擴大；〈洛誥解〉原名〈洛誥箋〉，雖一字之異，而篇旨乃由詁經轉爲釋史；舊本〈明堂廟寢通考〉前數段，爲靜安之史

學方法論，至可珍視，至收入《集林》時則以他故而刪卻，然治靜安學術者固不宜輕棄。凡此之類，於考知靜安治學方法及思想、見解之轉變，裨益至宏，而世人於此多未措意，余因撰〈觀堂集林考述〉一章，於靜安之選篇標準、編次體例、文字刪訂等事，均鉤列其要，予以闡發，且從而通觀靜安著述。又自靜安歿後，羅振玉、趙萬里等重編《集林》，於編次及文字校訂亦不能無得失，本章亦予析論，俾讀靜安書者得以參稽焉。

靜安治學，雖先後數變，然於民國元年東渡日本後，專研經史，同年即撰有《簡牘檢署考》，次年撰〈明堂廟寢通考〉及《釋幣》等名作。是以欲論靜安之經史成就，當自其性格及早年學術求解，此第二章〈靜安之性格與學術志趣〉之所以作也。

靜安評價歷史人物或前代學術，重視其歷史地位之探討；本論文三、四、五三章即本此精神而撰。首論靜安之學術淵源，次其師友講習，末論其批評當時學術風氣，都取其學術地位、精神與特質，交互闡發。

本論文於靜安之學術淵源，特舉清人顧炎武、章學誠二家爲說（乾嘉及晚清考證學者另納入第六章）。靜安與顧氏之學術關係，近人亦或論及，惟多偏就方法論意義言；實則靜安繼承顧氏者，尤在經世精神。如說諸經要義則不離乎政治、道德；考事物則務明其所以然，而推本於政教得失；重風俗；論人物心術；〈殷周制度論〉則爲綜合以上諸端之作，自謂此文「於考據中寓經世之意，可幾亭林先生」，且於《集林・（羅）序》（此〈序〉爲靜安代撰）中特舉此篇，有至意焉。若靜安與章氏之學術風格，亦多近似：明源流、重心得，主轉移風氣而不曲徇於風氣。不惟是也，章氏本尊史之意而倡「六經皆史」說，亦至靜安乃得實踐之意義，史之地位因而提昇，轉移一代學術重心，居功厥偉。又靜安之學術資料論，有可與章氏相較者，併著此第三章中，以見異同，且彰靜安說之特色。

〈殷卜辭中所見先公先王考〉爲奠立靜安學術地位之巨作，《集林・序》亦舉此篇，與〈殷周制度論〉並爲全書雙璧。惟此篇乃自《殷虛書契考釋》一書發展，而《殷釋》作者何人，則尚無定論，或謂羅振玉撰，或云靜安代撰，蓋以二人關係至密，故難以詳辨。然此案未定，則二人學術關係難以論析，其學術成績亦無由劃定，而〈先公先王考〉之發展意義亦無從究詰。此余所以不能不辨定此案，以爲討論之前提。本節分就兩造十餘家，逐一檢討，而後舉四項證據斷此書爲羅作，殆可爲定論矣。此案既辨，其相關問題自可迎刃而解，而

〈先公先王考〉於靜安成學歷程之意義亦可得而說焉。靜安師友中又有沈曾植者，其予靜安學術之影響，除羅氏外殆無第三人可相較擬。又靜安與羅、沈二氏學術，不僅有同，亦有其各具之風貌，本論文亦略予比較。

　　靜安於考證之「業」中，復有其「志」焉，曰關心學術風氣是也。此堪與顧炎武、章學誠先後並美。其以鑒照全局之眼光，論宋代學術之歷史地位；復自宋代學術中，倡論金石學，以為新經史研究之基礎，具時代新意義：自此，而學者眼光因之恢張，能就宋代學術面以論其價值。至《集林・戰國時秦用籀文六國用古文說》等九篇，原有總題，名曰「漢代古文考」；若取與康有為《新學偽經考》相較，篇篇皆有所指，不徒為文字學著述而已。蓋康氏立場在經，以今文經攻古文經；靜安立場在史，以今古文經為異源史料：一為經生事業，一為史家事業。故康氏謂凡載籍所見「古文」一語，皆劉歆偽造；靜安則詳考此語之淵源流變。靜安之意：不通源流者，不足與論辨偽。唯康說之影響，及於民初疑古學者，靜安乃復有《古史新證》之作；其〈總論〉章頗正疑古學者之失，所提「二重證據法」為治古史不二準則。近人多以為「二重證據法」即紙上材料與地下材料互證，此不盡靜安意也。蓋靜安於民國二年，已先有「二重證明法」之說，迨十四年復揭櫫「二重證據法」以為倡，雖僅一字之異，意義不盡相同，前者意在提倡地下材料價值，其意義為開風氣之先；後者則力言紙上材料不容盡疑，意在矯風氣之弊也。

　　第六章總結靜安經史研究成績，分內容及考證方法二節論述，不求詳備，但綜其特色而已。靜安於文字研究，則發明《說文》條例、考字形變化；於音韻，則究韻書源流；於訓詁，則提示研究之新途徑。於制度、文物，則重其為先民活動之遺跡，提昇制度、文物之意義。於古史，則重年代與地理，以二者合以史實，掌握人類活動之時空要素；又重外族，所研究者上自殷商下迄遼、金、元，其成績較諸他類亦不多讓。其考證方法，則歸納通例，佐以「理據」；掌握「名」為推考基點，重名實之辨；善於連繫事物間關係；能「由全知曲」，復能「致曲知全」。

　　結論則以理、通、新三事貫串全篇，庶提綱挈維，以綜括靜安經史學之要旨。

　　余以駑鈍，究靜安鴻博之學，綆短汲深，疏漏難免，倘蒙方家不吝指正，實所銘感。

　　　　　　　　中華民國七十六年六月洪國樑序於台大中文研究所

第一章 《觀堂集林》考述

「觀堂」者，靜安之號也。據趙萬里編《王靜安先生年譜》（以下簡稱《趙譜》）云：

> 先生諱國維，初名國楨，字靜安，亦字伯隅，初號禮堂，晚號觀堂，
> 又號永觀。〔註1〕

歷舉靜安字號甚悉。唯靜安早年曾署稱「人間」，殆亦其號，其詞集曰《人間詞》，其詞話曰《人間詞話》，或亦因此而名歟？〔註2〕

〔註1〕原載《國學論叢》一卷三號，收入《王國維先生全集》（以下省稱《全集》）續編第六冊。以下多引及《趙譜》，不復一一註明出處。

〔註2〕據羅莊所錄〈人間校詞札記〉（見《國立北平圖書館館刊》十卷一號，民國二十五年），有靜安校《樂章集》及《山谷詞》之校畢題識數則，其一則曰：「宣統元年二月朔日，以葉申薌閩詞鈔本校勘一過。人間。」其他則署稱「國維」。「人間」殆靜安早年之號（本論文所稱靜安「早年」，大體指民國元年前之文哲研究期），故既以自署，而羅莊亦據以作為文章篇題，〈人間校詞札記〉之「人間」，即是靜安。

　　唯《趙譜》云：「（光緒）三十二年，丙午，三十歲。三月，集此二年所填詞刊之，署曰《人間詞甲稿》。蓋先生詞中『人間』二字數見，遂以名之。」「（光緒）三十三年，丁未，三十一歲。十月，又彙集此一年所填詞為《人間詞乙稿》，入《教育世界雜誌》中刊之。」

　　又云：「（宣統）二年，庚戌，三十四歲。九月，撰《人間詞話》成。」不復註明《人間詞話》命名之故，殆以為與《人間詞》之命意相同。

　　趙氏為靜安弟子，世人或以為此即靜安之意，故後之究靜安之學者，多用其說。

　　而蕭艾撰《王國維評傳》（浙江古籍出版社，民國七十六年）則不以為然云：「他的詞集和詞話，都以『人間』命名，趙萬里說：『人間二字數見，遂以名之。』其實未必如此。蓋王氏認為：文學『以描寫自然及人生之事實為主』，這才是『人間』取義之由來。」

－1－

趙、蕭二氏均以爲《人間詞》與《人間詞話》命名之意相同，是也；惟趙氏以爲命名之故爲靜安「詞中『人間』二字數見」，蕭氏以爲「文學『以描寫自然及人生之事實爲主』」，則均以爲《人間詞》與《人間詞話》係以「人間」爲内容之主題而命名，恐不然。理由如下：

一、以「人間」爲内容之主題而命名，用以説《人間詞》或可通，用以説《人間詞話》則不通（〈人間校詞札記〉同）。蓋《人間詞》屬個人之創作，或可依内容而有創作之主題，至《人間詞話》屬論詞雜著，自不當有創作之主題；而《人間詞》與《人間詞話》係立於同一命名原則。

二、自古人詩話、詞話、曲話之命名例觀之，多以作者之號命名，如歐陽修《六一詩話》、嚴羽《滄浪詩話》、陳師道《後山詩話》、楊慎《升庵詩話》、趙翼《甌北詩話》、況周頤《蕙風詞話》、李漁《李笠翁曲話》等；或以所居命名，而所居之名或亦爲作者之號，如釋惠洪《冷齋詩話》、李東陽《麓堂詩話》、王夫之《薑齋詩話》、陳廷焯《白雨齋詞話》等；或以字命名，然較少，如許顗《彦周詩話》等；或取生活情趣等意義命名，如瞿佑《歸田詩話》、吳喬《圍爐詩話》等。均不依内容之主題而命名，因札記類著作，自不應有内容之主題。

三、自靜安之詩、文、學術著作集觀之，詩集稱《靜安詩集》，文集稱《靜安文集》，雜文集稱《永觀堂海内外雜文》，後又自編成《觀堂集林》：或用其字，或用所居名（「觀堂」本爲所居名，後亦爲號）。就已知推未知，則其詞集稱《人間詞》（《人間詞甲稿》、《人間詞乙稿》，後合併爲《苕華詞》），其詞話稱《人間詞話》，其命名之由，亦當爲字或號，必不如趙、蕭二氏之説。

四、上舉況周頤《蕙風詞話》例。況氏（清咸豐 11 年、1861～民國 15 年、1926）與靜安（清光緒 3 年、1877～民國 16 年、1927）同時代而年稍長，靜安於《人間詞話》中亟稱況氏詞作，以爲近周清眞，又曾代況氏撰〈克鼎跋〉、〈曾伯霥簠跋〉，其交情可知。況氏號「蕙風」，其詞稱《蕙風詞》，其詞話稱《蕙風詞話》，而靜安號「人間」，故其詞稱《人間詞》，其詞話亦稱《人間詞話》，實非偶然。

綜上理由，知「人間」當是靜安之號。靜安早年治文哲之學，多悲觀之思，其詩詞中多見「人生」、「人間」等語，可見其人生觀，如〈蝶戀花〉一詞云：「最是人間留不住，朱顏辭鏡花辭樹。」〈書古書中故紙〉一詩云：「書成付與爐中火，了卻人間是與非。」豈即因此自號歟？據前引羅莊所錄〈人間校詞札記〉所署「人間」之號，在宣統元年；前乎此有《人間詞甲、乙稿》，後此復有《人間詞話》，疑靜安之用此號，即在此三數年間。

《人間詞話》一書，膾炙人口，爲吾國批評史上之名著。惟近人或未留意「人間」之義，或直據趙説，特不避累贅之譏，詳辨於此。

　　附記：頃得羅振玉《殷虛書契考釋》手稿影印本（2008 年 5 月北京文物出版社出版），書末附羅振玉致王國維書札原件影印本，有三札稱靜安曰：「人間先生有道」。足證「人間」確係靜安之號。

　　又劉克蘇《王國維評傳》（2002 年 4 月北京人民出版社出版）亦有靜安號「人間」之説：「王國維有一個號，就是『人間』，王國維就是『人間』。這個號有個來歷，因爲『人間』二字，王國維在詞中經常使用。於是就

「觀堂」之號起於何時？《趙譜》云：

> （民國六年，丁巳，四十一歲）十月，彙集此數年間所爲文，得五
> 十七篇，凡二卷，署《永觀堂海内外雜文》。先生初號禮堂，其號觀
> 堂也或自此始。

據趙說，似「觀堂」之號始於民國六年；近人亦多從此說。〔註3〕惟據劉大紳
云：

> 辛亥革命，家中避兵南下，在天津等船不得；滕田豐八博士勸往日
> 本住了二年多。彼時結鄰京都吉田山邊的共五家。董授經康先生住
> 山頂，羅雪堂振玉先生住山腳，其他三家全在山腰。吾家居中，羅
> 子經先生是左鄰，右鄰隔三、四家，便是靜安先生家了。先生和家
> 大人全是雪堂弟子，時常幾個人在大雲書庫。……民國二年，吉田
> 山僑居的鄰人，先後回國。先生家眷亦南歸上海，自己獨居京都繒
> 寮永觀堂，觀堂別號即取此時。〔註4〕

劉氏此說，殆紀實也。〔註5〕意者：靜安於辛亥後東渡日本，初號「禮堂」，繼
名所居曰「永觀堂」，遂號曰永觀、觀堂，省作觀翁，〔註6〕亦省作永；〔註7〕
至民國六年編定文集時，乃題以《永觀堂海内外雜文》（以下省稱《海内外雜文》，
爲《廣倉學窘叢書》之一）；繼以「觀堂」名其詩文集，曰《觀堂集林》（以下
省稱《集林》。又初亦擬名曰《王氏集林》或《永觀堂集林》，說詳下）。

　　《集林》爲靜安手自編定者，其以《集林》二字名書，蓋仿孫詒讓之《籀

有人笑話説：『你的詞就叫人間好了。』王國維欣然同意，並且羅振玉還
給他專門刻一枚『人間』二字的印章。後來王國維爲人題詩詞，就常用
這一枚朱印。他的膾炙人口的《人間詞》、《人間詞話》，取名就是這樣。」
此説，就嚴謹之學術研究立場言，不能無憾：一、資料來源不明；二、
印章或可爲閒章，不必然爲靜安之號；三、寫作方式類乎「外史」、「外
傳」，較難取信。則劉説作爲旁證可也。

國樑記於民國九十八年（2009）五月

〔註3〕如王德毅先生所編《王國維年譜》（以下簡稱《王譜》），即是。

〔註4〕龍峨精靈（劉大紳筆名）撰《觀堂別傳》，《人間世》三十九期。

〔註5〕據靜安於民國2年致繆荃孫書云：「半月以後，移居吉田町神樂岡八番地，
　　　背吉田山，面如意嶽，而與羅董二公新居極近，地亦幽勝，惟去市略遠耳。」
　　　（《王國維全集・書信》，頁35。以下省稱《書信》）與劉氏所記合，知劉說紀
　　　實也。

〔註6〕見〈宋刊分類集註杜工部詩跋〉署稱，《觀堂別集》（以下省稱《別集》）卷
　　　三。

〔註7〕靜安致羅振玉書中多見此稱，不一一徵引。參《書信》。

膏述林》，〔註8〕若書中分藝林、史林、綴林（初亦擬稱曰《雜林》，詳下）三類，則靜安自創也。此書，實靜安一生學術精粹，爲靜安學術之代表，梁啟超稱此書「幾乎篇篇都有新發明」，〔註9〕洵非過譽。

第一節　密韻樓本之選篇標準與編次體例

靜安於古人詩文集，素重作者自編本，其〈顧亭林文集跋〉即云：

先生文集、詩集皆手自編定。文集與詩集本各五卷，至第六卷則次耕先生所增輯，故與《全集》體例不符，其編次亦不如前五卷之善。全謝山謂詩文集皆次耕編輯者，誤也。此事至微，惟明眼人能辨之。先生於康熙己未（原註：十八年）作〈春雨〉詩曰：「平生好修辭，著集逾十卷。」此詩文集十卷爲手編之證，其云「逾十卷」者，亦約言之耳。〔註10〕

所貴乎作者自編本者，蓋篇目之采定、編次之體例，惟作者能盡其曲折。靜安生前所刊詩文集，如《靜安詩稿》、《靜安文集》、《人間詞甲稿》、又《乙稿》、《壬癸集》、《海內外雜文》及《集林》、《擬集林補編目》等，皆手自編定，篇目去取謹嚴，編次有法，讀者莫不稱善。

《集林》自民國十年起陸續編成，〔註11〕由烏程蔣氏密韻樓次第刊印，〔註12〕閱時二年蕆事，民國十二年版行，〔註13〕是爲密韻樓本，凡二十卷。

〔註8〕説本張舜徽《中國史論文集》〈考古學者王國維在研究工作中所具備的條件、態度與方法〉一文。又靜安致羅振玉書，亦一再論及孫書佳處，見《書信》，頁207、226。

〔註9〕〈王靜安先生墓前悼辭〉，原載《國學月報——王靜安先生專號》，收入《全集》附錄四。

〔註10〕《別集》卷三。

〔註11〕《趙譜》於民國10年5月22日（《趙譜》據陰曆，作4月15日。以下凡引《趙譜》，皆改從陽曆，另註陰曆於下）下曰：「（先生）寫定此數年所爲文及舊作之刊於《雪堂》、《廣倉》二叢刻者，刪繁挹華，爲《觀堂集林》二十卷。」然《集林》所收，有作於民國11年8月者，知是陸續編成。

〔註12〕此書乃陸續印成。原書卷二之末有刊刻題記，曰：「辛酉（民國10年）嘉平烏程蔣氏密韻樓倣宋聚珍校栞」，卷三、四、六同；卷七署「壬戌（民國11年）春日」云云，卷九署「辛酉」云云；卷十一、十四、十六、十八、十九俱署「壬戌春日」云云。

〔註13〕據《趙譜》，民國11年9月（8月）：「《觀堂集林》印畢，都文二百篇，詩六十七首。」《王譜》同，且於民國12年3月下記云：「是月，《觀堂集林》版

一、選篇標準

靜安於撰著之選題，至爲謹愼，編定《集林》時，裁汰舊作，采取至嚴。請先略述其撰著之選題標準。

靜安致羅振玉書有云：

> 近數日中家務業已就緒，思作《學術叢編》中文字，訖不得好題目。
> 〔註14〕

是靜安之撰作，於選題輒經營再三，必得「好題目」而後作。又一書云：

> 連日翻檢前四《史》，覺各經立博士事頗有可研究，前人所說往往未了了。又細讀《魏志‧高貴鄉公紀》，知魏時馬、鄭古文《尚書》已立博士，又魏所立諸經殆全用後漢末諸家，與漢世絕不同，則《魏石經》所刊《尚書》或即用馬、鄭本，此又與《魏石經》有關係者也。〔註15〕

則靜安之撰《漢魏博士考》，乃因前四《史》中所紀立博士事，謂有待發之覆，復與《魏石經》所用經本有關，而前此已撰有《魏石經考》一文，則《漢魏博士考》亦承之而撰，具有發展舊作之意義。尤要者，此文乃「因思學官今古文之代謝，實以三國爲樞紐，乃考自漢以來諸經立學之沿革」，〔註16〕亦即欲尋出今古文代謝之關鍵，以解決學術史上問題也。其選題，能自多種意義考慮，往往類此。又如姚名達曾記就靜安請益之事云：

> 課後，以舊在南方大學所考孔子適周究在何年求正於先生。是篇以確實之證據，摧破前人魯昭公二十年、二十四年、三十一年之說，而斷爲七年或十年。先生閱畢，尋思有頃，曰：「考據雖確，特事小耳。」〔註17〕

> 行於世。」愚案：《集林》於民國 11 年 9 月印畢後，殆續有勘校；書成，吳昌碩爲題耑，署「癸亥（民國 12 年）5 月」；靜安致日人內藤虎次郎書有云：「上海友人蔣君孟蘋爲維印文集，時閱二年，頃方告成，謹以一部奉呈台教。……12 月 25 日。」據所署日期，已爲 13 年 1 月矣（靜安亦用陰曆，以下不復註明）。則此書行世，宜在 12 年歲杪。

〔註14〕《書信》，頁 61。

〔註15〕同上註，頁 103。

〔註16〕〈書續黂胡氏西京博士考昭文張氏兩漢博士考後〉，《集林》卷二一（本論文所舉《集林》卷次，依《全集》本，若密韻樓本卷次，見附錄二所附「密韻樓本《觀堂集林》目錄」）。

〔註17〕轉引自《王譜》。案：《王譜》謂姚氏語載《國學月報——王靜安先生紀念號》，

若以姚氏所記語，與前述論《漢魏博士考》之撰意相較，則靜安選題之所著意者何在，亦可知矣。是以沈曾植嘗語靜安云：

　　　　君爲學乃善自命題，何不多命數題，爲我輩遣日之資乎？〔註18〕

其善於命題，得前輩學者推重者如此。

　　考《集林》所收諸文，以〈唐寫本太公家教跋〉之作於宣統二、三年間者爲最早（時靜安三十四、五歲）。此間所作之文，凡二百八十餘篇，若併專書而計，則三百有餘；而《集林》所收，計一百九十九篇（〈敦煌漢簡跋〉十四首，以十四篇計。《趙譜》稱二百篇，乃舉其成數），三去其一，其去取不可謂不嚴。惟其去取標準爲何？彼未嘗自明，《趙譜》則云：

　　　　先生之輯《集林》也，去取至嚴。凡一切酬應之作，及少作之無關
　　　　弘旨者，悉淘去不存。舊作如《魏石經考》、《漢魏博士考》、《爾雅
　　　　草木蟲魚鳥獸釋例》，亦只存其一部分而已。

依《趙譜》所述，吾人於靜安之去取標準猶未能昭晰，且所謂「弘旨」者何指？趙氏語爲未詳。

　　於述明靜安之選篇標準前，亦需先略論《集林》一書之編輯旨趣，而後選篇標準易知。靜安致羅氏書，述其旨趣云：

　　　　……維近亦忙碌，十日內編定舊稿爲《王氏集林》二十卷（原註：
　　　　或名《永觀堂集林》），于十年內所作諸書，或全刪，或節取，其太
　　　　詞費者，則隱（檃）括爲文一篇，共得〈藝林〉八卷、〈史林〉十卷、
　　　　〈雜林〉二卷，……精華盡於此廿卷。〔註19〕

其編輯旨趣略見於此。〈雜林〉後改爲〈綴林〉，收錄詩詞及爲友人所撰書序等作，取「附綴」之義；〈藝林〉（取「經藝」、「六藝」之義，詳下）八卷、〈史林〉十卷，爲全書主幹，所收者「十年內」之經史著述。依此旨趣，則早年文哲之作，雖多有光緒三十一年所刊《靜安文集》所未及錄者，而此後靜安於文哲之學仍續有撰述，均不宜選入《集林》（日後趙萬里等，集此類之作爲《靜安文集續編》）。譯作如〈近日東方古言語學及史學上之發明與其結論〉（譯伯希和文）等，雖靜安極爲重視，以非自作，自亦不宜選入。又靜安舊作，其有某篇之要義或大部分文字已融入他篇者，《集林》例不複出。如〈古諸侯

　　　　經查此號，無姚氏此諸語。識此待查。
〔註18〕靜安撰〈爾雅草木蟲魚鳥獸釋例自序〉引沈氏語，《別集》卷四。
〔註19〕〈觀堂書札〉，《中國歷史文獻研究集刊》第一集。

稱王說〉，融入《廣倉學窘叢書》本（以下省稱《學窘》本）〈殷卜辭中所見先公先王考〉（以下省稱〈先公先王考〉）之「餘考」（此「餘考」，編《集林》時刪去，說詳後）及〈殷周制度論〉中；〈殷禮徵文〉，分別融入〈先公先王考〉及〈殷周制度論〉二文；〈書作冊詩尹氏說〉，融入〈釋史〉。皆是也。

《集林》於民國十年先編，十五年靜安復有〈集林補編目錄〉，辭世前旬日復有增補。此節論靜安之選篇標準，暫以密韻樓本為主（《補編》部分，將著於第三節中）；然欲知靜安之取捨重點，需併密韻樓本及〈補編目錄〉二者觀之。此宜先述及者也。（原刊密韻樓本早已絕版，民國四十五年台北藝文印書館據此本影印，未再版；今士林所習用及坊間所刊印者，均據趙萬里等重編本。特附密韻樓本及《補編》之〈目錄〉於本論文之後，為附錄二、三，俾知靜安手編本與趙氏等重編本之異同。）

論靜安於《集林》一書之選篇標準，可就其所自許者，觀其所取；次就其刪落者，觀其所去。去取既列，則標準自見。

靜安託名羅振玉所撰之〈集林序〉有云：

> 君撰〈殷卜辭中所見先公先王考〉及〈殷周制度論〉，義據精深，方法縝密，極考證家之能事，……自來說諸經大義，未有如此之貫串者。〔註20〕

《集林》收文百九十九篇，靜安獨揭〈先公先王考〉及〈殷周制度論〉二文，蓋前者為靜安治殷史之絕大發明，為吾國史學闢一新境，具改變古史觀念、提示學術方法、釐正學術風氣等多項意義（詳第四章第二節）；而〈殷周制度論〉，乃靜安綜合前此所撰〈三代地理小記〉、〈洛誥解〉、〈周開國年表〉、〈古諸侯稱王說〉、〈先公先王考〉、又〈續考〉等文，並貫串經史，所作之結論，藉此文以提倡風教、端正人倫，自謂「於考據中寓經世之意，可幾亭林先生」。（詳第三章第一節）

靜安致羅振玉書，論〈樂詩考略〉一文，謂「其中頗有新得」，〔註21〕又兼論《魏石經考》云：

> 《魏石經考》上卷已寫成，得十九頁，雖其（疑是「甚」字之誤，《書

〔註20〕見《集林》卷首。案：《集林》弁羅振玉、蔣汝藻二序，實靜安自撰也。靜安致蔣氏書有云：「敝集雪堂一〈序〉，已代撰就，後由其改定數語；大〈序〉屢擬增改，訖無善，恐即此已妥，再加反為蛇足，未識公意如何？」（見《書信》，頁351）可證。
〔註21〕《書信》，頁68。

信集》乃自靜安原稿迻錄，誤辨之字甚多）粗漏，然前人實罕用此
方法，故所解決之問題實不少也。……今年上半年成績，……其中
當以《樂詩考略》與《魏石經考》爲可存。〔註22〕
又論《聲韻續考》（案：此文後分爲數篇，收入《集林》）云：
　　近日改定〈唐韻別考〉、〈音學餘說〉二種爲《聲韻續考》一卷，以
　　補東原先生之書，……翰怡（劉承榦）之《求恕齋叢書》專刊今人
　　之作，此書在其叢書中，當爲壓卷矣。〔註23〕
以上屬經史專題研究，此一類也。
　　至其自著書，多弁以序文，其去取標準亦可自相關文字知之，如致羅氏
書云：
　　今日自寫《毛公鼎考釋》畢，共一十五紙，雖新釋之字無多，而研
　　究方法則頗開一生面。〔註24〕
《毛公鼎考釋》之重要，不在釋字多寡，而在揭示研究新法，而其法即綜括
於《集林》卷六《考釋·序》所論「考之史事與制度文物，以知其時代之情
狀；本之《詩》、《書》，以求其文之義例；考之古音，以通其義之假借；參之
彝器，以驗其文字之變化」等諸語中。
　　若〈綴林〉二卷所收，除詩詞外，殆皆爲友人所作書序等，或將視此類
爲「酬應之作」，其實不然。〈綴林〉所收諸序，率與學術風氣或社會風氣相
關，非酬應之比。且靜安於此類序文，亦視爲得意之作，如致羅氏書，論〈庫
書樓記〉云：
　　……維意：〈庫籍抱殘圖〉題目似覺太小，因徑作〈庫書樓記〉，詳
　　記此事顚末。易稿三四，頗自得意，以爲非如此文，不足記此事；
　　亦非此事，不足發此文也。〔註25〕
〈庫籍抱殘圖〉殆羅氏所擬題稱而囑作者，靜安改作〈庫書樓記〉，所記皆關
係學術之大者，至易稿再三，可見非尋常酬應之作。尙有〈隨庵吉金圖序〉，
靜安致羅氏書亦云：
　　〈序〉引劉原父「禮家明其制度，小學正其文字，譜牒次其世諡」

〔註22〕同上註，頁91。
〔註23〕同上註，頁280。據《趙譜》云：《聲韻續考》一書，先生託沈曾植作序，後
　　　　失其稿；至民國9年，再錄一本藏之。
〔註24〕同上註，頁109。
〔註25〕同上註，頁328。

三語爲一篇骨子，并以私家藏器始原父，自行著録并首爲古器物學
者亦始原父爲說。此〈序〉成，渠（隨庵徐積餘）當十分滿意也。
〔註26〕
所云「渠當十分滿意」，正靜安自謂也。此亦一例，可以例他矣。

據前所述，《集林》選篇重點，可略推知如下：

一、鉤幽抉微，發前人所未及者。如〈先公先王考〉、又〈續考〉，考證
殷先公先王世系，發明殷代禮制；〈太史公行年考〉，鉤列太史公事實，論其
學術地位；《集林》卷五論音韻諸篇，就各書韻部分合，考作者地位、音韻流
變；卷十四、十六諸跋，據漢晉竹簡、石刻，考證邊陲史地及文化；〈書宋舊
宮人詩詞水雲集湖山類稿後〉，乃表彰王夫人、汪水雲之賢德，使二人心迹得
表曝於天下也。

二、匡正前人謬說者。此類之作，於靜安著述中隨處可見，而其選入《集
林》時，復側重意義之大者。如〈生霸死霸考〉，乃欲使後學「無惑於劉、孟
之䜣說」；〈洛誥解〉，乃正先秦以來「周公攝政七年」說之誤；〈樂詩考略〉
諸文，乃因「升歌合樂，康成說已微誤，阮文達作〈表〉乃誤甚，擬據經正
之」；〔註27〕〈秦郡考〉，乃因前人輕目驗而重傳說、據《漢書》以疑《史記》，
謂「此余所以不能無辨也」；〈漢郡考〉，則又因〈漢志〉之誤，「所以不能不
表而出之」；〈書續鈔胡氏西京博士考昭文張氏兩漢博士考後〉，乃因「張氏書
徵引雖博，而苦無鑒裁，又前後往往失次；胡氏之書，至不知博士與博士弟
子之別」也。

三、提示研究途徑者。如〈毛公鼎考釋序〉，揭示古文字研究法；〈與友
人論詩書中成語書〉，提出成語之新觀念，並論其研究途徑；〈爾雅草木蟲魚
鳥獸名釋例〉，提出名物辨識法；〈玉谿生詩年譜會箋序〉，提出知人論世法也。

四、介紹學術資料者。〈國朝金文著録表序〉，介紹清人研究金文成績；〈周
代金石文韻讀序〉，敘學術研究應擴及地下材料，期於賅備不漏；〈齊魯封泥
集存序〉及〈書齊魯封泥集存後〉，力陳封泥於史地研究之重要，可視爲靜安
之地下材料價值論；〈殷虛書契考釋序〉、〈雪堂校刊群書敘録序〉、〈庫書樓記〉
等文，介紹新發現之學術資料。

五、辨正學術風氣者。〈宋代金文著録表序〉，力陳宋人學術成績，矯乾

〔註26〕同上註，頁278。
〔註27〕同上註，頁65致羅氏書。

嘉以來尊漢薄宋之偏；《集林》卷七〈古文考〉諸篇，論古文經具有淵源，駁正時人以古文為偽之謬說；靜安日後所擬〈集林補編目錄〉，有〈桐鄉徐氏印譜序〉，亦斯類之作也。

六、端正彝倫風教者。如〈殷周制度論〉及〈彊邨校詞圖序〉等是。

七、通釋淵源流變者。如〈明堂廟寢通考〉，考見古宮室通制及文質之變；卷三古禮器諸篇，屬古禮器通釋；〈宋刊爾雅疏跋〉，論宋刊諸經單疏本行款通例；〈宋越州本禮記正義跋〉，據此本行款，推及他經注疏本；其餘所選諸古籍題跋，要能考見一代書籍制度及版本之基本款式，且足以推知文化狀態及版刻源流者（非此類意義者不收，故雖敬重顧亭林，撰〈音學五書跋〉，論見亦精，而《集林》不見收）。至〈國學叢刊序〉及〈沈乙庵先生七十壽序〉等文，則縱論學術之變化也。

八、漢簡考釋、金石跋尾及釋字之屬，乃分就諸跋中，選其具代表性者收之。如《流沙墜簡》之《屯戍叢殘考釋》，考及三百八十八簡，《流沙墜簡補遺考釋》，考及四十四簡，合計四百餘簡，而《集林》卷十四僅選取關係文書制度（〈敦煌所出漢簡跋〉一、二、三、四、五、六）、官制（同上，九、十）、烽燧、地理及史事（同上，十二、十三）、年曆（同上，七）、郵驛制度（同上，十一）、交通（同上，十四）及俸給（同上，八）等之大者二十餘簡，釐為十四首，併晉簡等五首錄之。若卷六釋字之屬，乃分就《戩壽堂所藏殷虛文字考釋》、《古金文考釋》及其他金文跋尾中，選取《說文》闕釋、前人誤釋或足以發明六書之旨者。如〈釋辪〉，取自《毛公鼎考釋》；〈釋朕〉，由〈滕虎敦跋〉改題；〈釋天〉，則由〈齊侯二壺跋〉而改題也。

至靜安所刪落之文，有自以為「不經意之作」者，趙萬里論云：

> 雜考（原註：如刊於《亞洲學術雜誌》之〈摩尼教考〉等）、序（原註：如〈元刊古今雜劇序錄〉、〈曲錄序〉、〈金文編序〉、〈尚書覈詁序〉等）、跋（原註：如〈唐三藏取經詩話跋〉、〈元刊本伯生詩續編跋〉、〈南唐二主詞〉、〈秦瓦量跋〉等）、詩文及一切酬應之作，在先生當日以為不經意之作，故未編入《觀堂集林》及《補編》。〔註28〕

所謂「不經意之作」，尚有下列三類：

一、誤釋。如〈裴岑紀功刻石跋〉，本選入《海內外雜文》，儲皖峯云：「此

〔註28〕陳乃乾撰〈關於王靜安先生逝世的史料〉所錄趙萬里致陳乃乾書。原載《文學周報》第五卷一、二期，收入《全集》附錄四。

文因原得拓本模糊，內有誤釋，先生在時曾道及之。」〔註29〕《趙譜》亦云：「此誤漢永和爲永平，後刪去不存。」故趙編《靜安遺書》亦不收錄此文。吳文祺曾就靜安此文所誤釋者，詳加辨正，論說甚精，可參看。〔註30〕

　　二、無確切見解者。如〈殷虛卜辭中所見地名考〉，取卜辭中地名可考者八，以爲「殆可信爲殷天子行幸之地」，惟不敢確指其地，致羅氏書有云：「卜辭地理久欲考之，而苦未得概括之見解」。〔註31〕又如〈周時天子行幸征伐考〉，亦僅列舉地名，而未能確指其地。又〈說句鑃〉，謂「疑鑃即鐸」也，容庚則云：「余著〈殷周禮樂器考略〉，謂句鑃非鐸，……先生亦不遽以爲非」。〔註32〕以上三文，俱初載於《雪堂叢刻》，前二屬〈三代地理小記〉之二，後則〈古禮器略說〉之一，均爲《集林》刪落。

　　三、古籍或古器物跋尾，尚未擴充成文者。此類之作最多，不復舉例。

　　其選篇標準嚴謹如此，舊作經此沙汰，入者又不斷修訂（修訂部分詳第二節），《集林》學術水準乃益臻上乘。

二、編次體例

　　文集之編次，亦猶圖書之分類，首貴乎體例。顧炎武自編詩文集，靜安稱其善依篇目性質，類聚群分，條理秩然。《集林》中有以文一篇爲一卷者凡四（〈先公先王考〉及〈續考〉、〈殷周制度論〉、〈太史公行年考〉、〈胡服考〉），乃「文集而兼用叢書體者」。〔註33〕至其文章分類法度，靜安致容庚書有云：

> 弟所撰金石跋尾不過二三十篇。上年編纂《觀堂集林》，以考證地理及史事者若干篇入〈史林〉；以考釋文字者，改題爲「釋△」，入〈藝林〉中。〔註34〕

此中可注意者：靜安以考釋文字之屬入〈藝林〉也。觀《集林》之〈藝林〉

〔註29〕〈王靜安先生著述表〉，原載《國學月報——王靜安先生專號》，收入《全集》附錄四。

〔註30〕見吳撰〈王國維學術思想評價〉，收入吳澤主編《王國維學術研究論集》第一輯。

〔註31〕《書信》，頁208。

〔註32〕〈王國維先生考古學上之貢獻〉，原載《燕京學報》第2期，收入《全集》附錄四。

〔註33〕同註19。又原書云：「……共文一百七十篇，內有十卷，以文一篇爲一卷，殆最初擬編如此。至最後編定時，又有更易。」

〔註34〕《書信》，頁338。

八卷，前五卷皆屬《四庫》分類之經部，後三卷為文字、音韻之屬，則所謂「藝林」之「藝」，六藝也，經藝也。其以小學入藝林，亦猶《四庫》分類以小學入經部（靜安所撰《傳書堂善本書志》，言圖書分類，大體依《四庫》法度）。

經史界線，本難截然劃分。靜安於《集林》中為「藝林」、「史林」二類，大抵依體例為分，如「釋△」之屬入〈藝林〉，而凡古籍及器物題「跋」入〈史林〉。然非謂屬〈藝林〉者必不可入史，屬〈史林〉者必不可入經，如〈釋史〉一文屬〈藝林〉，與「釋△」之篇同屬，然此文實藉「史」字之究析，推論古史官之地位者；而〈殷周制度論〉屬〈史林〉，然此文乃貫串諸經大義之作（詳第三章第一節）。若局於〈藝林〉、〈史林〉之分，刻舟求劍，則失之拘虛。

《集林》分卷次第，於〈藝林〉八卷為：一、《尚書》（後二篇兼論《詩》），二、《詩》、樂（兼論舞），三、三《禮》名物，四、《春秋》、《論語》（《漢魏博士考》附），五、小學書，六、釋字之屬，七、論古文問題，八、音韻之屬。分類亦與《四庫》次第合，唯《四庫》則別立「樂」類，靜安則以為詩、樂、舞三者相關，故同卷合論。

〈史林〉十卷次第，則：一、〈先公先王考〉、〈續考〉，二、〈殷周制度論〉，三、〈太史公行年考〉，四、古地理考，五、古外族考，六、西北地理，七、古器物跋尾，八、碑刻跋尾，九、古籍跋尾，十、〈胡服考〉。所收多專題考證；所據史料，多《四庫》所無，其分類自不必與《四庫》悉合。至其以傳記年譜類置地理之前，以金石跋尾居後，亦《四庫》之法也；若先本族後外族之次，則靜安之獨見也。

各卷內篇目次第：屬通論性質者居前，如卷二〈釋樂次〉，卷三〈明堂廟寢通考〉，卷十二〈說自契至於成湯八遷〉等。其餘則依時代先後為次，如卷一先〈生霸死霸考〉（考武成年月），次〈洛誥〉，次〈顧命〉；卷二先〈大武樂章〉，後〈周頌〉、〈商頌〉（彼以〈商頌〉為周中葉以後詩）、〈漢以後所傳周樂〉。

〈綴林〉二卷，卷一凡十八篇，前三篇屬碑傳，次十篇雜序，後五篇記。其雜序十篇，先〈國學叢刊序〉，為通論，述歷代學術興替；次甲骨書序三篇（含〈雪堂校刊群書敘錄序〉）、金文書序一篇、詩集序一篇、文集序一篇；次壽序、校詞圖序、寫書圖序各一篇。記五篇，則按時代編次。可謂總類之中又有大類，大類之下復有小類，此深於目錄學之神髓者也。靜安以為詩詞集當依年編次，乃有法度，故亟稱張爾田《玉谿生詩年譜會箋》一書深得「先

秦兩漢治經之家法」；〔註35〕痛斥詩集分類本，云：「《杜詩》須讀編年本，分類本最可恨」；〔註36〕所撰《耶律文正公年譜》，於各年之下，分繫詩文；〔註37〕爲沈曾植編輯詩集，亦分年編次。〔註38〕蓋詩詞分年編次，後人得據以考訂作者時代，推尋作者之志，且有助於考辨眞僞。〈綴林〉卷二錄詩四十七首，繫以干支，計民國元年（壬子）七首，二年（癸壬）十二首，四年（乙卯）三首，五年（丙辰）五首，六年（丁巳）四首，七年（戊午）十五首，九年（庚申）一首。詞二十三首，未繫干支，僅知爲光緒三十一年（乙巳）至民國八年（己未）間所作而已，〔註39〕然亦必按年編次。

　　以上《集林》一書選篇標準及編次體例之大較也。

第二節　密韻樓本文字之刪訂

　　靜安著述，援據賅博，以其用心專一；論見精矯，以其修訂勤勞。每文於發表前，輒數易其稿；發表後，復增補刪修不已。民國六年編訂《海內外雜文》一書，已就舊作文字多所更定；至編《集林》時，復大肆刪訂，晚年更作批校，死而後已。此一精神與顧炎武相似，彼嘗論顧氏《音學五書》云：

> 先生之書，蓋於歿後始大印行；其未歿之前，意常欲修改，至死而
> 後已；先生著述之矜慎，於此可見。〔註40〕

二家精神，先後相照。

　　靜安增改刪訂舊作，其處理方式有六：一、續作，二、改作，三、刪削，

〔註35〕〈玉谿生詩年譜會箋序〉，見《集林》卷二三。
〔註36〕〈宋刊分類集注杜工部詩跋〉，《別集》卷三。
〔註37〕見《全集》續編冊三。
〔註38〕靜安致羅氏書云：「……鈔寐叟（沈曾植）詩得五十紙，……擬編壬癸詩爲一卷，甲乙詩爲一卷，……。」（《書信》，頁 171）案：壬癸者，民國元年（壬子）、二年（癸丑）也；「甲乙」者，民國三年（甲寅）、四年（乙卯）也。又案：靜安論詩詞當分年編次，沈氏亦主此說，如所著《海日樓札叢》卷七「史例治詩詞」條云：「以事繫日，以日繫月，史例也。宋人以之治詩，而東坡、山谷、後山之情際，賓主歷然，曠百世若披帷而相見。彼謂詩史，史乎史乎！漚尹侍郎乃今復以此例施之於詞，東坡其乘韋也」此即靜安所稱「先秦兩漢治經之家法」也。前引靜安語，謂「分類本最可恨」，可於此得一解釋。
〔註39〕據儲皖峰〈王靜安先生著述表〉，《國學月報——王靜安先生專號》，收入《全集》附錄四。
〔註40〕〈音學五書跋〉，《別集》卷三。

四、節選，五、訂例，六、潤飾。續作之類，如〈先公先王續考〉、〈書顧命後考〉、〈書齊魯封泥集存後〉、〈流沙墜簡補遺〉、〈流沙墜簡考釋補正〉等是，乃據新得資料，或補闕，或正誤。本節於續作之類，不擬討論，但究其對舊作之刪訂。

自靜安彙舊作精華為《集林》一書行世，學者多據是書，而於舊作之散見各叢書、叢刻及雜誌者，多不煩蒐求。愚嘗一一鉤索，詳予比勘，欲考知靜安論見先後轉變，及其學術發展過程；並仰見靜安以學術為公器之廓然心胸，及撰著之矜慎態度，於了解靜安學術或不無裨益；就治學方法而言，亦具意義。至其定論，當以《集林》及晚年所批校者為據，不得引早年刪棄或未定之說以議其短。以下即就「改訂題稱」及「刪訂內容」二類論之。

一、改訂題稱

靜安重「名實」之辨（參第六章第二節），於題稱皆加意斟酌，務使讀者循名得實。其擬訂題稱，既求用字精確，避免模稜兩可；復欲使論旨，藉題稱而充分表達。如「明堂」者，經史學之大問題也，其制度之有無，及制度之若何，古今紛紛，迄無定說；〈明堂廟寢通考〉，折衷群言，定於一是。一睹題稱，論旨立見，蓋古有廟寢制，此無可疑者，今以明堂、廟、寢並舉，則作者以為有明堂之制矣；明堂之制若何？難以考知，今以明堂、廟、寢「通」而「考」之，則靜安以為三者之制正相通矣。其善於命題如此。

靜安改易舊作題稱，其意可歸納為五：

（一）使意義轉變

《集林》卷一〈洛誥解〉，《雪堂叢刻》本作〈洛誥箋〉，雖僅一字之異，意義有別。蓋詁經曰「箋」可也，曰「解」亦可也；而考史則但宜用「解」，不宜稱「箋」。此一字之易，其意義乃由詁經而轉入解史。靜安古史研究重點之一，為古史年代研究；嘗舉〈洛誥篇〉，以為考證「周公營洛之歲」之重要文獻（參第六章第一節）。〈洛誥解〉於此問題雖未能詳考，然已粗發其緒。又前人或據〈洛誥〉，而有「周公攝政七年」之說，〈洛誥解〉末數句云：「……自後人不知『誕保文武受命』指留雒邑監東土之事；又不知此經紀事紀年各為一句，遂生『周公攝政七年』之說，蓋自先秦以來然矣」，意在辨正前人「周公攝政七年」說之誤。其改「箋」為「解」之意，不難推知。

卷二十二〈補家譜忠壯公傳〉，《學宭》本舊題作〈宋史忠義傳王稟補傳〉。依舊題，靜安作傳目的在補《宋史》之闕，又懼人以爲此文出於個人私見，用彰先人之功，故〈傳〉末乃云：

書而著之，非家門之光，亦欲使後之讀史者有所考焉。

《集林》改題，其意義乃轉爲補《家譜》之作；且於「非」字下增一「徒」字，作「非徒家門之光」，用心益昭著。復觀二文作法，舊作云：「王稟字正臣（原註：據舊《譜》引《宋海昌圖經》）……」，「……案，舊《譜》記忠肅公……」。「舊譜」者，王氏《家譜》也，顯然以王氏後嗣追述祖先德業。《集林》改作：「公諱稟，字正臣（原註：據舊譜引《宋海昌圖經》）……。」較舊作合家乘體制。依舊題，宜入〈史林〉；既改題，乃入〈綴林〉。

（二）使意義明確

《集林》卷五〈爾雅草木蟲魚鳥獸名釋例〉，《學宭》本無「名」字，然此篇實辨「名實」之異同也。

卷八〈書吳縣蔣氏藏唐寫本唐韻後〉，《學宭》本作〈蔣氏所藏唐韻殘本〉。舊作撰於民國六年，所指「蔣氏」者，吳縣蔣斧也；迨民國八年，得識烏程蔣汝藻，後編《集林》時乃改題。

卷十三〈鬼方昆夷玁狁考〉，初名〈古代外族考〉（據《趙譜》），然所考僅古外族之一而已，改題稱後意義明確，且可見乃考該族之源流。

卷二十一〈書績谿胡氏西京博士考昭文張氏兩漢博士考後〉，《海內外雜文》作〈漢魏博士考跋〉，然此文實論胡、張二氏書之得失也。

靜安題跋舊籍，題稱標示時代及版本，如卷二十一〈唐寫本太公家教跋〉，《海內外雜文》作〈太公家教跋〉，《集林》增「唐寫本」三字。它如卷二十一〈宋越州刊本禮記正義跋〉等亦是。

除古籍外，於器物之能確定時代者，靜安亦於題稱標出，如卷十五〈宋一貫背合同銅印跋〉，《海內外雜文》初無「宋」字，選入《集林》乃增之。它如同卷〈秦新郪虎符跋〉、〈新莽四虎符跋〉、〈隋銅虎符跋〉等亦標示時代及版本。

（三）使體例統一

《集林》卷一〈周書顧命考〉，《學宭》本作〈周書顧命禮徵〉。禮徵者，證禮也。靜安以「古《禮經》既佚，後世得考周室一代大典者，惟此篇而已；

顧年代久遠，其禮絕無他經可證」，因取「彝器冊之制與《禮經》之例」詮釋之（見該篇前〈序〉），故名「禮徵」。改題者，乃因靜安日後續作〈周書顧命後考〉，併入《集林》同卷，且與〈先公先王考〉、又〈續考〉同例故也。

《集林》卷三〈說觥〉，《雪堂叢刻》本作〈說兕觥〉。然《集林》同卷他篇，如〈說斝〉、〈說盉〉、〈說彝〉等文，均以器類名命篇，因去「兕」字，以求齊一。

案：「使意義明確」與「使體例統一」二者，時或難以兼顧，如〈周書顧命禮徵〉與〈說兕觥〉，較〈殷周顧命考〉與〈說觥〉意義明確，而《集林》改從後者，殆難兼善之故也。

（四）使文字精練

卷七〈史記所謂古文說〉、〈漢書所謂古文說〉等篇，《學宭》本作〈史記所用古文二字說〉、〈漢書所用古文二字說〉等稱，不如《集林》之精練。

卷二十三〈彊邨校詞圖序〉，《海內外雜文》作〈書朱古微侍郎彊邨校詞圖序〉，朱祖謀字古微，彊邨其號也。舊題稍嫌累複，靜安或亦慮此而改，且與他篇如〈隨庵吉金圖序〉、〈樂庵寫書圖序〉等一律也。

（五）其　他

卷十九〈日本奈良正倉院藏六唐尺摹本跋〉，乃就《海內外雜文》〈唐尺考〉而改題。〈唐尺考〉篇末有云：

> 聞日本奈良正倉院有一唐尺，恨未得見，他日當摹之，以證成余說也。

後見此摹本，乃就舊作改撰正題。

卷八〈書巴黎國民圖書館所藏唐本切韻後〉，因見唐寫本《切韻》，爰取《學宭》本〈唐韻多別本〉及〈陸法言切韻〉二文而改撰，此亦因改作而改題。

卷十九〈記新莽四虎符〉，《海內外雜文》作〈新莽四虎符跋〉。《集林》同卷他篇，均稱「跋」，獨此篇乃就舊題之「跋」而易題稱，體例似不統一。考靜安之意，殆以此文并考及新莽郡名，「而史略之也，因跋此四符，遂并著之」。所謂範圍較廣，因改題稱，以符其實。

靜安於舊作，均刪改不輟。此改訂題稱，或趙萬里等整理遺著時據改。改訂題稱，其事雖小，比類而觀，亦足以考見學者之著述態度與方法，於後學或當有所啟發。

二、修訂內容

　　《集林》文章內容之修訂，或爲字句、例證之增補，或爲刪削，或爲改易。

　　其屬於例證之增補者，如卷五〈史籀篇疏證序〉，所舉〈詛楚文〉之同於籀文者凡五字，較《學宭》本〈史籀篇疏證敘錄〉增「莽」字一例；同卷〈蒼頡篇殘簡跋〉，較《海內外雜文》本增《流沙墜簡》一例；卷六〈釋昱〉，較《戩壽堂所藏殷虛文字考釋》增〈石鼓文〉「欶」字一例；卷十九〈王復齋款識中晉前尺跋〉，較《海內外雜文》本增新得牙尺一例；同卷〈日本奈良正倉院藏六唐尺摹本跋〉，較《海內外雜文》本增新得六唐尺摹本一例。又姚名達編〈觀堂集林批校表〉二之〈眉批表〉，列靜安晚年眉批二十四條，其屬於正誤者一條，文字說明者一條，餘二十二條皆爲增補例證；又表三〈增補表〉十四條，屬增補例證者九條。〔註41〕以上略舉數例，已見靜安用心蒐求資料，及修改著述，始終不懈。

　　其刪削部分，有因應《集林》體例者，亦有因節選而刪者。如《學宭》本《漢魏博士考》三卷，《集林》刪存上卷；《魏石經考》分上卷六篇及下卷二篇並附圖，《集林》存上卷四篇及下卷一篇，去釋字之屬二篇及附圖，蓋自以爲「無甚精采」〔註42〕而刪；又有《爾雅草木蟲魚鳥獸釋例》二卷，《集林》刪節爲二篇，於各條之下僅存一二例證。

　　以上或因續得證據而增補，或因精簡而刪削，於靜安前後見解或觀念之異同較難考見。唯其文字或例證之改訂、刪削或潤飾，則有可考論者焉。茲分篇章之要旨、論證之過程二部分述之。

（一）篇章之要旨

　　《集林》所收，有就舊作改易數字，而意義截然不同者。

例一：卷一〈生霸死霸考〉

　　〈生霸死霸考〉，乃受俞樾〈生霸死霸考〉啓發，二撰篇名相同，即已可見，矧靜安於文末有曰：

　　　　使俞氏而可作，聞余此說，亦當拊掌稱快也。（《雪堂叢刻》本）

據此，則靜安乃爲補正俞說而作，辭旨甚明。此諸句，至《集林》乃改曰：

〔註41〕〈觀堂集林批校表〉，原載《國學月報──王靜安先生專號》，收入《全集》初編冊三附錄。

〔註42〕《書信》，頁91致羅振玉書。

⋯⋯故特著之。後之學者，可無惑於劉、孟之響說矣。

僅數字之異，其意義已轉爲正劉歆、孟康之誤，較諸舊作，意義更爲恢宏。蓋靜安以爲：俞氏「援許、馬諸儒之說，以正劉歆，其論篤矣；然於諸日名，除哉生魄外，尚用歆說」。靜安考定周人一月四分之術，實自立新說，而非囿於俞說僅爲補正而已，故不必依傍俞氏。又劉、孟之說，影響至鉅：僞《古文尚書》據以造「哉生明」一語；僞《孔傳》以釋「哉生魄」、「旁生魄」義，「相承二千年，未有覺其謬者」。靜安一則正二千年來之誤，次則尋僞《古文》、僞《孔傳》之源，爲《古文尚書》又覓得一僞證，其學術史意義，自非尋常。

例二：卷八〈周代金石文韻讀序〉

〈周代金石文韻讀序〉，初見於《學衡》本〈兩周金石文韻讀〉，修訂後收入《海內外雜文》，《集林》即據《海內外雜文》本。試比較兩本異同：

《學衡》本	《集林》本
原斯學（愚案：清人古韻之學）所以能完密至此者，以其所治不過《三百篇》及群經諸子有韻之文；其治之之法，不外因古人音聲之自然，其道甚簡，而其事有涯。	原斯學所以能完密至此者，以其材料不過群經諸子及漢魏有韻之文；其方法皆因乎古人用韻之自然，而不容以後說私意參乎其間，其道至簡，而其事有涯。

古韻之學，是否果如所言「其道至簡」而「其事有涯」，此不具論。所欲揭出者，此二文宗旨及其異同。靜安自專治三代之學，與羅振玉相互切磨，即留意地下材料之運用（參第四章）。其治韻學，取清人所未及之金石材料，以檢討清人韻說，結果仍不出清人之外，因悟得：方法苟正確無誤，則可彌材料之不備。此二文所同也。若其異，則：一、後文提出「材料」與「方法」二語，較諸前文，簡勁明白。二、後文增入「不容以後說私意參乎其間」，提出治學態度問題，此至關緊要，因態度可影響方法。即靜安於材料外，復提出方法；於方法外，更提出治學之態度。靜安別撰〈五聲說〉，亦嘗自申「無絲毫獨見參於其間」，〔註43〕明治韻學客觀；費行簡撰〈觀堂先生別傳〉，述靜安論近世學人之敝，舉「三陋」爲說，亦本此意發揮。〔註44〕蓋此一治學態度，關係學術風氣，

〔註43〕《集林》卷八。
〔註44〕〈觀堂先生別傳〉（一名〈觀堂論禮記〉），《碑傳集補》卷五十三，收入《全集》附錄一。

而鍼砭當世學術風氣，亦靜安此後學術事業重點之一也。

例三：卷三〈明堂廟寢通考〉

有因削刪舊作文字，致初意反湮晦不見，如此例是也。

〈明堂廟寢通考〉，《集林》自舊作（《雪堂叢刻》本）刪去九段。前三段，愚以爲頗有助於了解靜安學術，不忍割棄，特迻錄於下：

> 居今日而欲考上古之制度，將安所正哉？自周之衰，禮樂放失，有司失傳於前，諸侯去籍於後；六藝之書，七十子後學所述，固已掇拾于殘闕之後、放廢之餘，欲以窺三代盛時之制，固非易矣。中更秦火，重以挾書之律；漢興以後，其出於山崖屋壁者，或以無師而學絕，或入秘府而書亡；而齊魯之間以口說傳經者，又多憑臆爲說，家自名其學，學各是其師：豈獨不徧不賅，其相牴牾者亦已多矣。然後世之言古制者，舍此七十子後學所述，與兩漢經師之說，無他據焉。故協於彼矣，而或違於此；通於理矣，而或閡於數；異說百出，無所適從；即有調停甲乙之間，斟酌理數之會，而文獻無徵，終不能使人信其必然。然則居今日而欲言古制，將安所正哉？宋代以後古器日出，近百年之間，燕、秦、趙、魏、齊、魯之墟，鼎彝之出蓋以千計；而殷虛甲骨，乃至數萬。其辭可讀焉，其象可觀焉。由其辭之義與文之形，參諸情事，以言古人之制，未知視晚周秦漢人之說何如？其徵信之度，固已過之矣。如此書所欲證明者：四屋相對之爲古宮室之通制也，明堂寢廟同制也，宗廟之可居處也，中霤之所在也。此數者，或亦略見於晚周秦漢人之書，而非有古文字及古器款識，則亦不能質言其可信也。

> 然則晚周秦漢人之書，遂不可信歟？曰：不然。晚周秦漢之際，去古未遠，古之制度風俗，存於實事者，較存於方策者爲多。故制度之書或多附會，而其中所見之名與物不能創造也；紀事之文或加緣飾，而其附見之禮與俗不能盡僞也。故今日所得最古之史料，往往於周秦兩漢之書得其證明；而此種書，亦得援以自證焉。吾輩生於今日，始得用此二重證明法，不可謂非人生之幸也。

> 宮室者所以居人，其初於利用之外無他求也；浸假而求爲觀美焉，然於利用觀美之外無他求也；沿襲既久，而以爲有意義焉，則後世

有由其所傳之意義以造宮室者矣。凡天下文物，無不皆然，而宮室
則其尤著者矣。

愚之所以有取此六百四十九字者，理由有三：一、此文爲民國二年撰，已就經
史研究提示正確之研治途徑。二、近人論靜安之「二重證據法」，無不但舉其民
國十六年《古史新證》所述爲說，不知此文已提出「二重證明法」，且《古史新
證》首章即由此文發展，而意義各異（說詳第五章第三節）。三、靜安之考證著
述，實踐多而理論少，此諸段即其考證古代制度、文物之方法論。其所以刪去
此六百四十九字者：一、此文強調「二重證明法」，據古文字及彝銘證宮室制度，
所舉有：甲文✛字、甲文「南室」例、〈虢季子白盤〉兩字、〈（小）盂鼎〉字。
此數例，本靜安得意之作，後均以未安而刪，〔註45〕遂使此諸段之理論，失其

〔註45〕　《雪堂叢刻》本〈明堂廟寢通考〉，舉甲文✛字，釋爲垣墉字，並云：
　　　　　古者先有宮室而後有城郭。必先有宮室之垣墉，而後有城郭之垣墉。則
　　　　　凡从𩫖之字，非取象於城郭，而取象於宮室也必矣。
　　　靜安據此推想，因得：✛字象四棟屋之形，爲古宮室通制之結論。
　　　愚案：有城郭，則近乎國家之型態矣；「先有宮室，後有城郭」，是也。惟宮
　　　室之垣墉非即伴宮室之始而俱有，或宮室之垣墉取象於城郭之垣墉，或反之。
　　　難以據論先後也。甲文✛爲城郭字，此無可疑者，唯靜安欲藉此字形，以證
　　　宮室之制，又欲將四棟屋之制，推至殷商，自不得不就宮室與城郭之起源，
　　　推論二者之沿襲矣。然所論不必然。刪之是也。
　　　又舉甲文「南室」之例，云：
　　　殷商卜文云：「乙酉卜，兄貞：㞢今月告于南室。」（原註：《殷虛書契》
　　　卷三第三十三葉）商人既有太室，則「南室」當爲南宮之室。又既有南
　　　室，則亦當有北室、東室、西室矣。
　　　愚案：靜安刪去此節，豈以未見甲文北室、東室、西室之文，而不敢定（甲
　　　文中有東室、中室、南室、太室等稱，見陳夢家《殷虛卜辭綜述》第十三章
　　　〈廟號〉下）？抑於「南」字尚存疑乎？
　　　又舉〈虢季子白盤〉兩字，謂兩字「其形似序字，故或訛爲序」；以爲古
　　　籍中，凡言射之「序」，皆字誤也。（文長，不具引。）
　　　愚案：〈虢季子白盤〉「宣廝」，〈鄦簋〉作「宣射」。射（廝）、序音近，故《孟
　　　子》曰：「庠者養也，校者教也，序者射也」，以聲訓爲說。據《孟子》，「序」
　　　字不誤。靜安謂是字誤，疑非是。又此文乃考明堂廟寢之制，但引習射之廝
　　　（榭），以較其有堂無室之制，可也（《爾雅》：「無室曰榭」）；若轉論及榭、
　　　序之辨，則滋生糾纏，文亦枝蔓。豈靜安亦慮及此而刪歟？
　　　又舉〈（小）盂鼎〉字，以釋〈顧命〉之「翼室」，駁僞《孔傳》「明堂」
　　　之訓，云：
　　　「翼」字，古文作（原註：〈盂鼎〉），象兩手捍頭目之形。……今以翼
　　　室爲路寢東西屋之室，則其對路寢正室之位置，恰如字兩手對頭之位
　　　置，故謂之翼，亦猶鳥之有兩翼也。

據依。二、《集林》所收，刪去舊作凡三千八百餘字，凡辭涉枝蔓及例證之不安者，均在刪列。刪後文字凝練，結構謹嚴，新舊比看，可立見也。唯就探討靜安學術言之，此諸段猶全文之前序（〈先公先王考〉、又〈續考〉及〈鬼方昆夷玁狁考〉等文，均有前序），可考見靜安撰作之初意，不可不知也。

（二）論證過程

1. 段落之經營

《集林》所收舊作，文字雖有改訂，段落次第則大體一仍舊貫，若偶有移易，則可見其處理資料方式別具意義，卷十三〈鬼方昆夷玁狁考〉是也。

〈鬼方昆夷玁狁考〉，《雪堂叢刻》本分十二段，其各段大意如下：一、總敘；二、論書器所見鬼方玁狁史料；三、釋《爾雅》「威夷」與鬼方之關係；四、釋鬼方地理；五、釋鬼方事實；六、釋鬼方姓氏及遺裔；七、以音韻證鬼方、昆夷、薰育及玁狁爲一；八、辨前人釋鬼方、昆夷爲二之誤；九、玁狁、薰育字音之變；十、玁狁地理；十一、釋玁狁名號之所始；十二、論玁狁後裔。

《集林》刪去第三段，並以第二段上半（從「此族見於最古之書者」至「於《詩》見鬼方與中國對舉，知其爲遠方」）合第四段爲第二段；移第二段下半（從「鬼方之名，《易》、《詩》作鬼」至「其有裨於史學者，較裨於小學者爲大也」，前有「鬼方之國，果安在歟？其與周以後之外族，同歟？否歟？蓋不能措一辭。其有爲之辭者，亦今日之所不能信也。今由古器物之賜，始得爲稍稍徵實之說，而此種古器物之果紀鬼方事否？不能不先考定之也」諸句，《集林》則刪去）於第五段釋鬼方事實之後，爲第四段。

《叢刻》本第二段下半，徵及與鬼方、玁狁有關之〈小盂鼎〉、〈梁伯戈〉、〈虢季子白盤〉及〈不嬰敦〉諸器，並博引其他書器，證玁狁諸器之「䰥」字即「鬼」字，確定諸器與玁狁史事之關係，強調此類地下材料之價值。猶慮人莫之信，故於此段先爲揭出（第一段係總敘，故此段實爲全文論證之端始），作爲第四段以下運用此諸器之張本。是《叢刻》本以處理材料爲先；

靜安殆以翼爲異之孳乳字，故就二字之形義，說〈顧命〉「翼室」之制。後刪去此段者，蓋從段玉裁說，以爲「翼」本當作「翌」，衛包改爲「翼」，《爾雅》:「翌，明也」，故改從僞《孔傳》「翼室，明室」之說（見《觀堂尚書講授記》，《全集》續編冊六）。愚案：引〈小盂鼎〉字，本欲釋〈顧命〉「翼室」，然經文本字之認定既異，所引[illegible]字自失其效力。

此其力倡「二重證明法」未久（「二重證明法」倡於民國二年，已見前；此文撰於民國四年），欲著此新說，又恐時人疑拒，故不得不爾。（據前引「蓋不能措一辭」、「亦今日之所不能信」、「始得稍稍爲徵實之説」、「不得不先考定之也」諸句云云，靜安之意可見。此諸句，《集林》刪去。）而《集林》移《叢刻》本第二段下半於第五段之後者，斯時地下材料之價值已大明，故祇專從文章結構重爲改定。以舊作第二段下半釋「鬼」、「畏」字，接舊作第六段之釋鬼方遺裔（謂宗周末之隗國、春秋之隗姓，均出於古之畏方），其序正順。

2. 詞義之訓解

例一：卷一〈洛誥解〉釋「貞」字

〈洛誥〉：「我二人共貞」，《雪堂叢刻》本〈洛誥箋〉釋云：

> 貞，卜問也。至是，成王來雒，周公獻卜，而二人共貞之也。

訓「貞」爲「卜問」，〈周開國年表〉猶用此說，〔註 46〕其後，於致日人林泰輔書乃云：

> 〈洛誥箋〉中「我二人共貞」，前釋「貞」爲「卜問」，此誤也。此時周公以吉示成王，不煩再卜，馬融訓「貞」爲「當」是也。蓋古貞、鼎一字，此字本當讀「鼎」，義則爲「當」。成王言所得吉卜，王與二人共當之，故下云「公其以予億萬年，敬天之休」，即申説二人共當之意。〔註47〕

迨撰《史籀篇疏證》時，已改從「貞，當」之訓，云：

> 《書·洛誥》「我二人共貞」，馬融注：「貞，當也」（原註：見《釋文》）。貞無當訓，馬融知貞即鼎字，故訓爲當。〔註48〕

蓋靜安初以所見甲文「△貞」類文，用爲「卜」義，故不從馬說，後見甲文「貞」或作𪔅，作𪔅，作𪔅，與《說文》「貞」字「一日：鼎省聲」之說合；

〔註46〕〈周開國年表〉，《別集》卷一。據《趙譜》，此〈表〉撰於民國 5 年，然靜安於民國 4 年致林泰輔書已改正舊誤（見下註），而〈周開國年表〉仍用舊説，知趙説不然。

〔註47〕林泰輔撰〈羅王二氏の王賓に關する答書〉附，日·《東亞研究》第五卷第十二號。案：所引諸語爲靜安致林泰輔書「再啓」中文字，《廣倉學宭叢書·祼禮權》所收〈復林博士第一書〉，刪去此段；《集林》卷一〈與林浩卿博士論洛誥書〉亦無此段。

〔註48〕《史籀篇疏證》「鼎」字條，《全集》初編冊八。

且《說文》「鼎」字曰：「古文以貞爲鼎，籀文以鼎爲貞」，知甲文「卜鼎」即「卜貞」，因悟：漢之古文家多小學家（《集林》卷七有〈兩漢古文家多小學家說〉），馬融訓「貞」爲「當」，自有依據，乃改從馬說，且云：「形既相似，聲又全同，故自古通用。」（同上）《集林・洛誥解》遂據改。

　　例二：同篇，釋「有僚」

　　〈洛誥〉：「伻嚮即有僚，明作有功」，《雪堂叢刻》本〈洛誥箋〉釋云：

　　　　「有僚」疑「友僚」之譌。〈酒誥〉曰：「矧大史友、內史友。」〈毛

　　　　公鼎〉曰：「及茲卿事寮、大史寮。」

據〈酒誥〉及〈毛公鼎〉之例，斷「有」爲「友」之譌，民國七年，撰〈釋宥〉一篇，以爲宥、侑、右、友諸字，並得通假；〔註49〕八年撰〈虢仲盨跋〉，益申此說；〔註50〕迨編訂《集林》時，乃改曰：「有讀爲友」，直不以爲譌字矣。

　　例三：同篇，釋「敉」字。

　　〈洛誥〉：「亦未克敉公功」，《雪堂叢刻》本〈洛誥箋〉釋云：

　　　　敉，讀若彌，終也。

《集林》改作：「敉之言彌，終也。」「讀若」者，擬其音也；「之言」者，通其音義也。

　　綜此數例，見靜安於古籍之訓解，與時俱進，晚歲所造益深。

3. 推論之審正

　　例一：卷五〈史籀篇疏證序〉，推論古字書書名例

　　〈序〉曰：

　　　　籀書爲史之專職，昔人作字書者，其首句蓋云「大史籀書」，以目下

　　　　文。後人因取首句（案：「首句」二字，《學窘》本作「句中」）「史

　　　　籀」二字名其篇。

爲推證《史籀篇》之首句爲「大史籀書」，同文《學窘》本云：

　　　　古字書皆以首二字名篇，存者有《急就篇》可證。推之《倉頡篇》首

　　　　句，當云「倉頡作書」，《爰歷》、《博學》諸篇，當無不然。觀《詩》、

　　　　《書》及周秦諸子，大抵以首二字名篇，此古代名書之通例也。

〔註49〕　〈釋宥〉，《別集》卷一。
〔註50〕　〈虢仲盨跋〉，《別集》卷三。

此先斷曰「古字書皆以首二字名篇」，而後以所存《急就篇》支持此一斷案，是以孤證概括全面（「皆」字可見），其效力顯然不足；次以立據不堅之結論為前提，推之《倉頡》、《爰歷》、《博學》諸篇，其有效性脆弱，不難知矣；其末，更綜合字書及《詩》、《書》、周秦諸子，得一總結，曰「此古代名書之通例也」，範圍愈廣。《集林》改作：

> 《詩》、《書》及周秦諸子，大抵以首句二字名篇，此古代書名之通例，字書亦然。《蒼頡篇》首句雖不可考，然《流沙墜簡》卷二第十八簡，上有漢人學書字，中有「蒼頡作」三字，疑是《蒼頡篇》首句中語，故學書者書之，其全句當云「蒼頡作書」，句法正仿「大史籀書」。《爰歷》、《博學》、《凡將》諸篇，當亦以首二字名篇，今《急就篇》尚存，可證也。

論證次第正為《學啻》本之倒轉，而非僅增《流沙墜簡》「蒼頡作」一事而已。〔註51〕分析其論證方式，首云「《詩》、《書》及周秦諸子，大抵以首句

〔註51〕 始民國 3 年，靜安撰《屯戍叢殘考釋》，於《屯戍叢殘·簿書類》中，見及「蒼頡作」三字，僅以為「隨意塗寫者也」（《全集》缺收。見《羅雪堂先生全集》續編冊七《屯戍叢殘》〈簿書類〉第十七簡考釋），尚未思及與《蒼頡篇》之關係；民國 5 年撰《史籀篇疏證》及〈蒼頡篇殘簡跋〉，亦未引此為證（今《集林》所收〈蒼頡篇殘簡跋〉引及此條，乃增補，非原作）；迨民國 7 年，重輯《蒼頡篇》，始引此三字，以為《蒼頡篇》首句語（惟作「第八簡」。案：「八」字上當奪「十」字，此簡，或云第「十七簡」，或云第「十八簡」，殆是計數時，以一簡為二或二簡為一之偶差。本論文以《屯戍叢殘考釋》之作第「十七簡」者為正）；迨編《集林》時，遂據以改訂〈史籀篇疏證序〉。愚案：此簡作書草率，與他簡殊不類，其影本如下：

「蒼」字之下，復出一「人」（偏旁練習），又寫畢隨意塗去，當是學書者所書，其據字書（《蒼頡篇》）之文句習之，於理甚宜。僅書「蒼頡作」，無「書」

二字名篇，此古代書名之通例」：此爲古代文化之常識，爲吾人所首肯者，先以之爲大前提。次云「字書亦然」：古字書亦古書也，其與古書之關係，猶小類之於大類之從屬關係，而非平行二類之類推。從首句至此，實具三段論證之形式，而省略小前提也。次舉時代較早之《蒼頡篇》首句，及時代較晚之《急就篇》首句（《急就篇》首句曰「急就奇觚與眾異」），推二者之間之《爰歷》、《博學》、《凡將》諸篇，蓋以諸篇具承襲之關係也。諸所推證，是否即可推出「大史籀書」此一事實，另當別論（其舉《詩》、《書》及周秦諸子之例，亦僅云「大抵」以首二字名篇，不否定例外之可能），然與《學耆》本相較，孰合於邏輯推論，不難見也。

例二：卷三〈明堂廟寢通考〉，推《尚書・顧命》「翼室」制度

《雪堂叢刻》本〈明堂廟寢通考〉舉〈孟鼎〉✡字證〈顧命〉「翼室」制度，謂「翼室爲路寢東西屋之室，則其對路寢正室之位置，恰如✡字兩手對頭之位置，故謂之翼，亦猶鳥之有兩翼也」（已見註45），並云：

> 此說雖無明證，然必謂路寢之制與明堂宗廟全異，亦無明文足以證之。余意宵從明堂宗廟燕寢之制，以推定路寢之制亦有東西南北四屋，似較妥也。

愚案：因無明文以證其異制，因寧取同制之說，是先有一主觀之結論，而非客觀之歸納證據，實近乎邏輯上之詭辨。後既刪✡字之證（見註45），復刪「此說……足以證之」諸語，於邏輯推論即少抵牾矣。

例三：卷十八〈秦陽陵虎符跋〉，論「甲兵之符」

同文《海內外雜文》有云：

> 此符云「甲兵之符」，則此外尚有乙、丙、丁等符。案漢制：銅虎符第一至第五，若秦制亦然，則每符當有自甲至戊，左右各五枚。或以訖戊爲疑，然秦漢間制度名物，頗有訖於戊者，如衛宏《漢舊儀》云：「五夜：甲夜、乙夜、丙夜、丁夜、戊夜」，鄭注《周禮・司寤氏》亦云：「夜時謂夜早晚，若今甲乙至戊」。則兵符五，亦自甲至戊，固不足怪也。

愚案：靜安初誤「甲兵」之甲爲「甲乙」之甲，故《集林》全刪。

除前述篇章要旨及論證過程二項外，靜安於編定《集林》時，亦率就舊

字者，簡已盡也。

作裁汰冗文，使文筆簡潔；或斟酌用語，期於表達精確。凡此文筆之整飭，所在多有，然較難藉觀論見之轉變，茲不贅述。

第三節　羅本與趙本之編校問題

靜安於民國十六年六月二日（陰曆五月三日）辭世後，友人羅振玉及弟子趙萬里等，共組遺書刊行會，輯集遺著，凡四十三種，分為四集，由天津羅氏怡安堂次第印行，次年竣事，顏曰《海寧王忠愨公遺書》（以下簡稱「羅本」）。其詳目為：

初集　十種，四十三卷（據羅本所計，下同）

《觀堂集林》二十四卷（增訂本）、《觀堂別集》一卷（附〈補遺〉一卷、〈後編〉一卷、《觀堂外集》四卷、《爾雅草木蟲魚鳥獸釋例》一卷、《兩周金石文韻讀》一卷、《觀堂古金文考釋五種》五卷、《史籀篇疏證》一卷、《校松江本急就篇》一卷（附校補）、《唐韻佚文》一卷、《唐寫本唐韻校記》二卷。

二集　十三種，二十七卷

《殷禮徵文》一卷、《聯綿字譜》三卷、《補高郵王氏說文諧聲譜》一卷、《釋幣》二卷、《簡牘檢署考》一卷、《魏石經殘石考》一卷（並附錄一卷）、《漢魏博士題名考》二卷、《清真先生遺事》一卷、《耶律文正年譜》一卷（並〈餘錄〉一卷）、《五代兩宋監本考》三卷、《兩浙古刊本考》二卷、《宋代金文著錄表》一卷、《國朝金文著錄表》六卷。

三集　九種，十五卷

《古本竹書紀年輯校》一卷、《今本竹書紀年疏證》二卷、《古行記四種校錄》一卷、《蒙韃備錄箋證》一卷（改訂本）、《長春真人西遊記校注》四卷（改訂本）、《乾隆浙江通志考異殘稿》四卷、《觀堂譯稿》二卷。

四集　十一種，三十七卷

《唐五代二十一家詞輯》二十卷、《後村別調補遺》一卷、《人間詞話》二卷（增補本）、《錄鬼簿校注》二卷、《宋元戲曲考》一卷、《唐宋大曲考》一卷、《戲曲考原》一卷、《古劇腳色考》一卷、《曲錄》六卷。

後五年，由靜安介弟王國華及門人趙萬里等，重為編輯，「益以家藏舊

稿」，〔註52〕鬐爲四十三種，一百零四卷，四十八冊，民國二十九年商務印書館印於長沙，顏曰《海寧王靜安先生遺書》（以下從習稱簡稱「趙本」）。

趙本乃據羅本而擴充，並重新鬐訂卷數。較羅本增《靜安文集》一卷〔註53〕、《續集》一卷、《重輯蒼頡篇》一卷、《黑韃事略箋證》一卷、《聖武親征錄校注》一卷、《優語錄》一卷、《錄曲餘談》一卷。惟羅本《唐五代二十一家詞輯》二十卷及《後村別調補遺》一卷，趙本缺收。

民國五十八年，台北文華出版公司據趙本影印，視趙本增多《唐五代二十一家詞輯》二十卷、《後村別調補遺》一卷及靜安門人所記之《觀堂尙書講授記》一卷、《觀堂學書記》一卷、《觀堂學禮記》一卷、《說文練習筆記》一卷。其附錄一冊，收錄傳記年譜、祭文哀挽、著述研究等三類文字。題《王觀堂先生全集》，合計十六冊。

民國六十五年，台北大通書局刊印《王國維先生全集》初編、續編，較文華版增加《傳書堂藏善本書志》一種。都二十五冊。

民國七十二年，上海古籍出版社據趙本影印，爲《王國維遺書》十六冊。

以上靜安遺書刊行之大略。若其著述之單行本，如《靜安文集》、戲曲論著等，坊間多有，《集林》則以民國四十八年上海中華書局影印趙本最爲通行，是本斷句，並刪去〈綴林〉二卷，附以《別集》二卷，爲二十四卷本；民國五十年台北世界書局及六十四年台北河洛圖書出版公司，均據此本影印。是迄今所見《集林》，除前述密韻樓本外，復有羅本、趙本及上海中華本。下以羅、趙二本合論，評議得失，而以上海中華本殿爲附論。

一、篇目及編次

密韻樓本《集林》二十卷，羅本增爲二十四卷。羅福葆記其事云：

此集，蔣刻本凡二十卷，文百八十五篇，詩詞七十首，乃公辛酉歲所手定。逮歲丙寅，公復加鬐訂，刪文一首（篇），增壬癸以後文十六篇，都文二百篇，詩詞無所增損。今年夏，公效止水之節，家大人爲校刊遺書；此集一遵公旨，而將公最近之作，尚未及編入者，

〔註52〕見《海寧王靜安先生遺書》宋春舫〈序〉。
〔註53〕《趙譜》云：「《靜安文集》中各文，均爲先生治泰西哲學、教育學時所作，與其他遺著性質大殊，故未入《遺書》（愚案：指羅本）中刊行。」（繫二十九歲條）案：《海寧王忠愨公遺書》不收《靜安文集》，恐即出羅意。（詳第二章第一節）

以類相從，一併增入，都計文二百二十三篇，詩詞七十首，析爲二
十四卷，而命福葆董校字之役。殺青既竟，爰識語〈目〉後，以詒
讀是編者。丁卯仲冬，後學上虞羅福葆謹記。〔註54〕

所云蔣刻本「文百八十五篇」，乃以〈敦煌漢簡跋〉十四首及〈尼雅城北所出
晉簡跋〉二首各總計爲一篇；若諸首分計各爲一篇，則爲一百九十九篇。云
「逮歲丙寅，公復加釐訂，刪文一首」，指刪密韻樓本卷八〈唐廣韻宋雍熙廣
韻考〉一篇。云「增壬癸以後文十六篇」，篇目難考。云「將公最近之作，尚
未及編入者，以類相從，一併增入」，即指趙萬里所出〈觀堂集林補編目錄〉
（見附錄三），趙氏有云：

……其癸亥以後之作，去冬先生曾寫定文三十六篇，詩十二首，顏
之曰「《集林補編》」。時研究院校刊《蒙古史料四種》方畢，里屢以
續印《補編》事爲請，謂可仿羅雪堂先生《松翁近稿》例，先以活
字版印行。先生然之，云：「稍待，所得當益多。」蓋先生時方改定
韃靼、蒙兀諸〈考〉，故不欲遽刊《補編》，而遺金源、蒙古諸考史
之作也。今年四月，先生始寫定韃靼、蒙古諸〈考〉及〈蒙古札記〉
畢，囑里錄一副本，並云異日印行《補編》時，此數文不可遺也。
及先生歸道山，羅雪堂先生謀刊行遺書，囑里整理遺稿，里首以《補
編》寄之。初擬僅刊《補編》，後以蔣氏所印書，行且售罄，遂謀重
刊《集林》，而以《補編》諸文散入之，共得二十四卷，較原刊多四
卷。〔註55〕

羅本即就密韻樓本之文一百九十九篇（羅福葆云「百八十五篇」），刪去一篇，
增入《補編》之三十九篇（《補編》凡文四十篇，〈秦公敦跋〉一首，羅本未
收），計文二百三十七篇（羅福葆云「二百二十三篇」）；詩詞七十首，仍密韻
樓本之舊，無所增損。此羅本《集林》篇目增損之大略也。

《觀堂別集》收靜安所刪落之文二十二篇及〈集林補編目錄〉擬列之詩
十二首；《觀堂別集後編》收文十九篇；《觀堂別集補遺》收文八十篇；《觀堂
外集》收文十五篇（《庚辛之間讀書記》）、詩五十四首（丙午以前詩三十六首，
丙辰以後詩十八首）、詞九十二首（《苕華詞》）。

趙本《集林》，凡〈藝林〉八卷、〈史林〉十四卷、〈綴林〉二卷，與羅本

〔註54〕 《集林·目錄》識語，《海寧王忠慤公遺書》。
〔註55〕 〈王靜安先生著述目錄〉，原載《國學論叢》一卷三期，收入《全集》附錄二。

同，篇目亦無大異。趙所增者〈秦敦跋〉，斯〈集林補編目錄〉有而羅本漏印；又羅本列入《別集》之〈庚嬴卣跋〉、〈齊國差䥣跋〉、〈吳王夫差鑑跋〉、〈漢王保卿買地夯跋〉、〈蒙文元朝秘史跋〉等五篇，趙亦入〈史林〉；趙又以〈集林補編目錄〉所列之詩十一首，而羅本收入《別集》者入〈綴林〉。〔註56〕計收文二百四十三篇，詩詞八十一首。

靜安之意，僅欲爲《集林》增加「補編」、非欲以各篇分入原編各卷，觀前引趙說「可仿羅雪堂《松翁近稿》例」云云，可知。又據趙氏語，羅氏所刊《海寧王忠慤公遺書》，其《集林》部分，亦「初擬僅刊《補編》」，後乃以《補編》諸文散入原編，並增多四卷，趙本亦沿羅本之舊而增其篇目。雖分卷體例，仍仿原編，然已非原編之舊，恐失靜安之意；且於編次之法亦有可商。試評述如下。

靜安治學最重版本，所以然者，得以考學術源流也。其治《急就篇》、《水經注》諸書，至以十數本參校；治他書亦然，無不網羅眾本，詳予比勘，朱墨爛然。其考定一書版本，必詳究何者爲原刊本？何者爲增補本？何者爲剜改本？〔註57〕其重版本也如此。夫靜安既有《集林補編》之目，後人但宜別刊《補編》，不宜雜入原編。此其一。

靜安重作者手編本，如第一節所引〈顧亭林文集跋〉云云，可知。即因顧氏文集前五卷爲顧氏手自編定者，潘次耕雖有增輯，僅置於原編之後，不敢變亂舊次，是以後人猶得考知也。若羅、趙二本則重逆靜安編輯本意。此其二。

密韻樓本〈卷首〉，有靜安代蔣汝藻及羅振玉所作二〈序〉。蔣〈序〉云：

歲在辛酉，君復薈萃所刊書，刪繁挹華，益以未刊諸作，爲〈藝林〉八卷、〈史林〉十卷、〈綴林〉二卷，名曰《觀堂集林》。

羅〈序〉亦云：「爲《觀堂集林》二十卷。」羅本增爲二十四卷，而於蔣、羅二〈序〉所云「二十卷」，則一仍舊未改；惟目錄之後有羅福葆識語，後人猶

〔註56〕羅本《別集》收〈集林補編目錄〉擬列詩十二首；趙本收十一首，而刪〈袁中舟五十生日〉一首，意不可解。

〔註57〕如《集林》卷二十一〈宋刊本爾雅疏跋〉云：「宋初刊經疏用小字，皆仍唐人卷子舊式也。宋初刊《五經正義》，成於淳化五年，《七經正義》成於咸平四年，此本猶是咸平舊式。然於欽宗嫌名苣字，高宗嫌名媾字，皆闕一筆，又多元明補刊之葉，乃南渡後重刊北宋監本，又經元明修補者也。……此本用洪武中公牘紙印，又有明初補版，乃明南雍印本，可知《南雍志》之《爾雅註疏》十卷，即是此本。

得考校。趙本則剗改蔣序之「〈史林〉十卷」爲「〈史林〉十四卷」，改羅序之「二十卷」爲「二十四卷」，並刪去羅福葆識語。然羅序之末，署「癸亥（民國十二年）二月」，蔣序亦識有「越二年癸亥，校印斯竟」等語。若行世既久，讀者鮮不以靜安原編即爲二十四卷本矣。此其三。〔註58〕

至二本編次之法，亦未盡善。

密韻樓本蔣、羅二〈序〉，先蔣後羅，此靜安之意也；蓋《集林》一書，本蔣氏爲之刊刻者，故先蔣氏，此人情之宜然。羅本易爲先羅後蔣，或即以羅氏爲刊刻遺書之故，而趙本從之。然羅氏既別有遺書〈序〉，此《集林》二〈序〉似當一仍舊例，不作更易，俾合靜安意。〔註59〕

羅本於卷首，列有《集林》〈目錄〉，趙本則刪去，於學者甚不便。文集宜有目錄否，靜安雖無明說，然《靜安文集》及密韻樓本《集林》均有之，其意可見。羅氏有〈小學考補目序〉一文，論書籍應有目錄，〔註60〕故羅本於《集林》、《別集》、《別集補遺》、《別集後編》等，莫不首列目錄。趙本殆以《遺書》既有〈總目〉，《集林》自不須詳列篇目。惟據趙本，披覽不便。

二本既係重編，除增多卷數外，復有移易舊篇之卷次。如〈與友人論詩書中成語書〉二篇，密韻樓本入卷一，與《尚書》諸篇合卷；二本俱改入卷二與〈釋樂次〉等篇合卷。考密韻樓本卷二，自〈釋樂次〉以下凡七篇，原載於《學窘》本，其總題曰〈樂詩考略〉；迨入《集林》，去其總題，但存子題；然諸篇共卷，不雜他篇，讀者猶可尋繹其義。此亦猶卷七〈戰國時秦用籀文六國用古文說〉以下九篇，其總題爲〈漢代古文考〉，《集林》雖去其總題，然諸篇實爲一體，以證古文經之淵源也（參第五章第二節），亦不雜他篇。

〔註58〕此說，略本唐蘭〈海寧王靜安先生遺書〉（圖書介紹），《圖書季刊》第三卷第一、二期。及朱建新〈關於《海寧王靜安先生遺書》之編輯質疑〉，《眞知學報》第一卷第四期。

〔註59〕案：羅、趙二本更易蔣、羅二〈序〉舊次，恐失靜安意。請舉靜安論他事語明之，其致羅振玉書有云：「維前代姬作序（愚案：代姬佛陀作〈學術叢編序〉），因維爲主任，先生（羅氏）助以書籍，乃在客位，故敘述先維後公。彼〈序〉中（愚案：姬氏及太隆羅詩復別倩他人爲《藝術叢編》各撰一〈序〉）乃亦先維後公。維於藝術又無關係，此種敘述乃全不通世事。聞此二〈序〉亦係六十餘之老人所作，亦可笑之一端也。」（《書信》，頁92）據此，愚以爲二本或失靜安意也。

〔註60〕羅氏云：「（《小學考》仿朱氏《經義考》，）惟因朱氏書無目，故此書仿之，亦無目錄，此師前人而失之過者。朱氏書初未及刊完，而友人竟之，其無目錄乃未及編列，非不須目也。」（《羅雪堂先生全集》初編冊七）

蓋靜安以類聚群分之例，以彰顯主題也。（詳見第一節）若從二本之次，則卷二〈釋樂次〉諸篇之主題遂隱，而靜安編次之義例亦致不全。即就重編而論，二本既以〈高宗肜日說〉、〈陳寶說〉、〈書顧命同瑁說〉、〈肅霜滌場說〉等篇入卷一，則〈與友人論詩書中成語書〉二篇，亦當與此諸篇同卷（與〈肅霜滌場說〉之關係尤切），而不當移入他卷也。

二、校訂文字

姚名達據靜安生前對《集林》一書之批校，列爲四表，曰：〈正誤表〉、〈眉批表〉、〈增補表〉及〈刪削表〉，且云：

> 俾讀《觀堂集林》者有所參較，而不致以中年未定之論爲先生病也。〔註61〕

用意至善。靜安之所批校，羅本大體均已據改，趙本亦如之。唯趙本有「繕校不精，反而增加了一些新的錯誤，甚至還有整行脫漏的」（上海中華本〈出版說明〉語）。若此之類，上海中華本多已訂正。

姚製〈正誤〉、〈增補〉及〈刪削〉三表，於所訂正之文字，皆明註居某卷、某頁、某行，其原文若何？所訂正者若何？是據靜安批校本逐錄。二本據以訂改，當不失眞，此無可議者。唯〈眉批表〉，於靜安批語僅識明居某卷、某頁之上或下，實難據補。二本既據以補入相關之處，自難悉合靜安之意；甚或援引靜安他文之文字以改訂者，益增糾繞。謹就所見，陳所未安者如左。

（一）校訂體例不一

靜安撰文體例，有正文，有夾註。二本多將靜安眉批散入夾註，唯亦有移入正文，或插於正文之間者，如卷十三〈西胡續考〉，眉批：

> 《北夢瑣言》……，是唐人已謂鬚爲胡。

又卷十八〈南越黃腸木刻字跋〉，眉批：

> 《水經・湘水注》……，可見當時制度皆如此。

二例是也。或續接正文之末，如卷二十一〈元刊本西夏文華嚴經殘卷跋〉，眉批：

> 《元史・成宗紀》……，至大德六年告成。

〔註61〕〈觀堂集林批校表〉，原載《國學月報——王靜安先生專號》，收入《全集》初編冊三〈附錄〉。

又卷二十三補家譜忠壯公傳，眉批：

> 又太原城陷之日……，不如官書之翔實也。

二例是也。或提行另成一段，如卷二十一〈顯德刊本寶篋印陀羅尼經跋〉，眉批：

> 甲子八月，杭州……之說殆信。

是也。凡此，殆皆審度語意，各置其宜，雖未必即合靜安意，然二本一致，尚無大失。惟亦有二本各異者，如卷六〈釋由下〉，眉批：

> 癸亥，雒陽新出《魏三字石經》，……又得一佳證。

羅本另起一行，作正文；趙本補入夾注。雖趙本似較合理，愚以爲不如增「靜安眉批」四字，意更豁朗，且以上諸例並當如是，俾與原作有別。

（二）混淆作者與他人文字

卷九〈先公先王考〉附羅振玉致靜安書，眉批：

> 英人明義士……亦兩見 𩫖 字。

二本均入羅〈書〉作夾注，讀者幾以此爲羅氏語矣。惟據靜安《古史新證》云：

> 羅雪堂參事聞余此說，……嗣余于英人明義士之《殷虛卜辭》中檢
> 出 𩫖 字三科，亦足證明余說。

知前批的是靜安說，二本失編。

（三）任意增損文字

眉批既悉入正文或夾註中，文字即難通暢，欲文字暢順，二本乃逕自增損文字。如卷十九〈日本奈良正倉院藏六唐尺摹本跋〉，有云：

> ……我國素無唐尺，此當爲海內外所僅存者矣。

眉批：

> 丙寅五月，烏程蔣穀孫寄余鏤牙尺拓本，其形製長短與正倉院所藏
> 唐尺同。此尺即藏蔣穀孫許。

二本補入夾註（趙本並改「許」字爲「處」），復慮與正文不合，乃於「許」（處）字下增「始知我國非無唐尺也」。

又卷八〈天寶韻英陳廷堅韻英張戩考聲切韻武玄之韻詮分部考〉，密韻樓本云：

> 撰《韻英》者，《一切經音義》作元廷堅，《南部新書》作陳友元廷
> 堅。未知孰是，其人均無可考。

眉批：

> 嘉興唐友蘭謂：當作陳王友元廷堅，見《太平廣記・鳥類》。

二本改作：

> 撰《韻英》者，……陳友元廷堅。《太平廣記・鳥類》作陳王友元廷
> 堅，其人均無可考。

並隱去唐氏名姓，非靜安意也。蓋靜安於資料來源及友人嘉惠均一一識之，
既見其徵實之態度，復見其爲人之純厚也。

（四）前後文意矛盾

卷三〈說觥〉云：

> 阮文達所藏器，有〈子爕兕觥〉，……據阮文達所記，則云……。文
> 達名之曰兕觥，又爲之說曰……。余謂此亦角也。

謂阮氏所藏無柱無流，而名「兕觥」者，當即是「角」。又於「……明證也」
句下夾註云：

> 濰縣陳氏有〈婦闖兕觥〉，未見原器及全形拓本，其制或與阮氏器
> 同。

其後，讀阮元《揅經室集》，乃眉批云：

> 《揅經室四集》七〈賦得周兕觥詩〉，注云：「觥高七寸，……。」
> 則又有流有柱，與〈積古齋款識跋〉中所記互異。去歲，見貝子溥
> 倫延鴻閣所藏〈父丙角〉，蓋亦作犧首形，有流無柱，端氏〈飛燕角〉
> 則並無流。不知阮氏器究何如也。

二本俱以眉批補入夾註，並置於原夾註之前，二夾註之間增一「又」字以爲
銜接。

考原註係承上文而言，以疑陳氏所藏之兕觥亦爲角，其形製或與阮氏〈積
古齋款識跋〉所記同。後檢得《揅經室集》所記又一說，並見及異制之二角，
乃不敢確指阮氏所藏究何器也。眉批云「去歲」，不記干支，不知爲何歲（此
文撰於民國四年，若據二本，則「去歲」似當作三年；然靜安見及溥倫，當
在十二年任「南書房行走」之後）；二本以「又」字銜接二註，讀者自難辨
二註本非同時之說也。然上註既云「不知阮氏器究何如也」，下註何以又云
「（陳氏藏器）其制或與阮氏器同」？豈非矛盾？且讀者亦難以確知：靜安
之意係指與阮氏〈積古齋款識跋〉同，抑與《揅經室集》所記者同？

（五）淆亂著述發展系統

密韻樓本〈先公先王考〉「夋」字條，釋卜辭 ![字] 字爲「夋」，謂即帝嚳之名，爲契之父，乃殷人所自出之帝。全文凡五百九十一字，羅本同。趙本卷九此篇「夋」字條，先就密韻樓本之前四十七字，曰：

> 卜辭有 ![字] 字，其文曰……又于 ![字]。

續引靜安晚年所撰《古史新證》，凡五百七十九字，曰：

> 案： ![字]、![字] 二形，象人首手足之形。説文「夂」部：「夒，……」，此稱「高祖夒」。案，……諸書作嚳或俈者，與夒字聲相近；其或作 ![字] 者，則又夒字之譌也。……卜辭稱「高祖夒」，乃與王亥、大乙同稱，疑非嚳不足以當之矣。

《古史新證》所釋殷先公先王，爲靜安晚年定論，故編者據以改訂，以存靜安定說。其間牴牾，上海中華本評云：

> 《集林》卷九有〈殷卜辭中所見先公先王考〉和〈續考〉兩篇，〈前考〉作於丁巳（原註：1917）二月，〈續考〉作於同年閏二月下旬。兩文的第一條同釋「夋」字，因作〈續考〉時發見了「癸巳貞於高祖夒」的拓本，才對前文作了補充，這從蔣本（密韻樓本）裏可以很清楚的看出。商務本（趙本）〈前考〉「夋」字條根據晚年改定稿，實際上已包括了〈續考〉的補充材料，這不是初作所應有的。〔註62〕

此就著述之發展，評〈前考〉改訂之無當，所論甚切，惟未著〈前考〉改訂之所自出耳，茲更申論如下：（一）〈續考〉猶釋 ![字] 爲「夋」，其《戩壽堂所藏殷虛文字考釋》亦然，迨作《古史新證》乃改釋爲「夒」，若依趙本，實淆亂著述之發展次序。（二）趙本僅慮及〈前考〉，不及〈續考〉，亦顧此而失彼也。（三）〈前考〉前四十七字猶用密韻樓本，所舉卜辭無「高祖夒」一例；繼用《古文新證》文，竟有「此稱高祖夒」之語，即不知此語究何所指（《古文新證》所引卜辭例，有「高祖夒」）？（四）《古史新證》此條題作「夒」，以爲「夋」乃「夒」字之誤；〈前考〉之內容既改從《古史新證》釋 ![字] 字爲「夒」，其標目猶襲密韻樓本、羅本之舊，作「夋」，是內容與標目不符矣。凡此，若非廣備眾本並參稽其他著述，難釋所疑。

愚以爲：刊印前人遺書，固當存其「是」，亦宜存其「眞」。靜安於己說

之誤者，從不曲爲之諱，〔註63〕後人亦毋庸欲存其「是」，致損其「眞」。善乎唐蘭之言曰：

> 王氏學術成績，在人耳目，不必後人所補苴爲之增益。且後人所補
> 苴者，未必即王氏本意，其間不免又有謬誤，則豈非厚誣前人乎？
> 〔註64〕

此諸語，可爲編輯前人遺集者誡。蓋古今大師，固不以一二微疵而損其光明也。

附論：上海中華本

此本據趙本影印，其特點有四：一、合趙本之前二十二卷及《別集》二卷，凡二十四卷，爲靜安之「經史論文集」。二、逐篇斷句。三、參照諸本，勘正譌誤。四、有校記。

若此本之猶待商榷者，亦有三。

一、刪去蔣、羅二〈序〉

此二〈序〉可見靜安學術之旨要，實不宜刪。

二、刪去〈綴林〉二卷

此本刪去〈綴林〉二卷，殆以此二卷與經史無關，故爾。惟據第一節所述，〈綴林〉卷一所收諸篇，多可見靜安之學術觀念，與前二十二卷實相表裡，不宜輕棄。若卷二所附詩詞一卷，可分就二層說之。其一，靜安之編《集林》，乃依古人詩文集例，故附以詩詞一卷；其早年所編《靜安文集》附以《靜安詩稿》，亦此例也。（趙氏等編定《海寧王靜安先生遺書》，於《靜安文集》部分，仍仿舊例，附以《詩稿》。）其二，就讀者而言，《集林》之末附以詩詞一卷，亦別饒情致，繆鉞有云：

> 吾人讀《觀堂集林》，觀其學術論文之精覈深密，想見戴東原、錢竹
> 汀、王懷祖、程易疇等樸學之境界；而讀至卷末，小詞數十闋，芳
> 悱幽咽，凄豔絕世，又儼然秦少游、晏小山復生，未嘗不驚歎其才
> 氣超人，以爲學術史上難能之事。〔註65〕

〔註63〕如《集林》卷九〈先公先王考續考〉「多后」條：「曩疑『多𤔲』亦先公先王之名，今觀《戩壽堂所藏殷虛文字》，乃知其不然，……。」其致友人書或與門人閒語，亦往往直揭舊作之失。

〔註64〕〈海寧王靜安先生遺書〉（圖書介紹），《圖書季刊》第三卷第一、二期。

〔註65〕〈王靜安與叔本華〉，收入氏著《詩詞散論》。

況藉乎詩詞，可窺知靜安之思想、情感，於知人論世未始無益也。上海中華本既刊印此書，並名曰《觀堂集林》，似宜尊重作者本意爲愈也。

三、斷句問題

此本逐篇斷句（非新式標點），頗便學者；惟所斷句，僅及正文，不及夾註，猶憾不足。又所斷之句，亦不能無誤。茲略舉數例。

頁五七：「案·此大保既獻·王乃自酢也·」案：當於「王」字逗，「獻」字不逗。

頁七二：「樂記·感條暢之氣·白虎通說秬鬯曰·芬香條鬯·以通神靈·鄭君箋詩注禮·皆本之條暢條鬯亦滌蕩之轉語也·」案：當於下「本之」字逗，「禮」字不逗。

頁一〇五：「案祭統云·舞莫重於武·宿夜是尚·有宿夜一篇·」案：「武宿夜」一逗，以上〈祭統〉語也；以下則靜安語也。「武」、「尚」二字皆不當逗。

頁一四五：「說文解字·斝从吅从斗从冂·象形·與爵同意·……卜辭斝字作𣂤·……許書从罒·作者乃由𣥂而譌·」案：當於「者」字逗，「罒」不當逗。

頁一五八：「殷禮器銘屢有�語·……子者·尸也·……几在尸左右·故以……𠂤 𠂤二形象之·依几之尸·象正面左右之几·不得不象側面矣·」案：當於上一「面」字逗，「尸」、「几」二字皆不當逗。

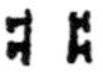

頁三六四：「吳縣蔣伯斧郎中藏唐寫本唐韻·存去入二聲去聲·首又闕一宋……之半·」案：「二聲」一逗，「去聲」不當逗。

頁四五一：「自上古以來·帝王之都皆在東方太皞之虛·在陳大庭氏之庫·在魯黃帝邑於涿鹿之阿·」案：當作「自上古以來·帝王之都皆在東方·太皞之虛在陳·大庭氏之庫在魯·黃帝邑於涿鹿之阿·」。

以上諸例，或橫截一語爲二，或不明古代禮制，或誤解原文之意。凡此，皆有待訂正者也。

第二章　靜安之性格與學術志趣

　　一人之學術歷程，固有不同階段，其先後階段亦當有一貫之旨趣與精神，似可分而不盡可分。其間變化，有外在之客觀因素，亦有內在之主觀因素，似相異而實相成。是以論一人之學術變化，若偏就內在或外在立說，固有未至；而綜論一人學術，若僅及先後之變化，而略其精神之延續，於義似亦未全。

　　靜安一生治學範圍凡數變。其早年學駢散文，兼及四部；二十二歲起治哲學，繼轉入文學，於西洋學術多所攻究；民國之後專治經史；晚年則留意西北史地。此其大略也。其中文哲之學性質略近，可歸爲一類；民國以後所治，則爲經史之學；是又可以民國爲斷，分爲前後二期。若綜其一生學術，則可以「文史考據之學」（用陳寅恪先生〈海寧王靜安先生遺書序〉語）一目概之，而前期文哲之學適爲後期經史研究之前驅，其精神與方法正先後相貫。章實齋有云：「學有天性焉。讀書服古之中，有入識最初而終身不可變易者」，〔註1〕取以明靜安畢生學術演變最爲允當。否則，吾人即難以理解：何以靜安於民國後轉治經史之學，不數年即能成其卓犖，而爲海內外之大師？

第一節　近人論靜安性格及其治學轉變之檢討

　　近人之研究靜安學術者，多先述及靜安治學途徑之轉變；至詳究其轉變之原因者，猶未多觀。繆鉞有云：

〔註 1〕《文史通義》卷二〈博約中〉。

叔本華既以人生爲痛苦，故貴求解脫。解脫有久暫兩種，暫時之解
脫爲藝術之欣賞，蓋欣賞藝術時，能暫忘其生活之欲也。永久之解
脫，則爲滅絕意欲，與佛家所謂寂滅者相近。王靜安少治文學、哲
學，所祈嚮者，乃「深湛之思、創造之力，一旦集於吾躬。」（原註：
〈自序〉）三十以後，則漸棄故業，而專力於經史、古文字、古器物
之學，即世所謂「考證之學」。此種轉變，雖環境使然，而靜安亦非
盡屬被動，其內心或以爲治考證亦一種解脫之法，故願從事於此。
蓋治考證時，其對象爲古文字、古器物、古代史事，遠於現實人生，
亦可以暫忘生活之欲也。〔註2〕

繆氏論靜安轉治「考證之學」之重要因素爲「環境使然」，並以「遠於現實人
生」、「暫忘生活之欲」釋靜安「願」從事於此之故；強調叔本華對靜安思想
之影響，及靜安爲尋求「解脫」之意志。案：靜安爲人極富情感，復具悲觀
傾向，繆說自非無因。惟據此，似不見靜安治學之積極與主動意義。

李長之則就時代與性格立論，略云：

他治學的變遷，顯然是支配於時代和他的性格。他的五十歲的一生
中，有幾次大事變，差不多都和他的治學的變遷相應。〔註3〕

葉嘉瑩先生撰〈從性格與時代論王國維治學途徑之轉變〉一文，〔註4〕詳
究靜安治學轉變之內外因素，約三萬言，蓋不慊於繆說（亦受繆說之影響），
並發展李說者也。至今爲止，葉著殆爲討論此一問題用力最鉅之作，深思卓
識，不乏創見。則檢討此一問題，不能不以葉著爲討論之基石也。

葉著析論靜安之性格及其對學術之影響有三：一、知與情兼勝之稟賦。
此使靜安恒徘徊於「求其可愛」（情感）與「求其可信」（理智）之矛盾追尋
與抉擇。亦緣此性格，使靜安於文哲研究既具敏銳之感受，復有精闢之見解；
於考證之學，既本理性之方法，復有「感性的直觀與想像之能力」。二、憂鬱
悲觀之天性。靜安既具此性格，復喜「追索人生終極之問題」，遂使之因對哲
學之絕望而轉治文學。三、追求理想之執著精神。此性格，使靜安鄙棄功利，
而追尋心目中至眞、至善、至美之理想。

〔註2〕 〈王靜安與叔本華〉，收入所著《詩詞散論》。
〔註3〕 〈王國維文藝批評著作批判〉，《文學季刊》創刊號。
〔註4〕 原載《幼獅月刊》第三十九卷，收入氏著《王國維及其文學批評》第一編第
一章。

　　葉著復探究時代對靜安學術之影響有二：一、甲午之戰——由舊趨新之關鍵。由早年夙喜之史書與校勘考據，轉入文哲之學；其目的既欲尋求一己之安慰，復欲「爲人世求得拯拔救贖」。二、辛亥革命——由新趨舊之關鍵。棄前治之文哲之學，而專事考證之學；且於文哲之學「避之唯恐不及」。而此一轉變之因素有三：一、環境因素：羅振玉之影響。二、內在因素：倦棄新興趣，舊興趣（歷史與考據）爰乘勢復起。三、外在因素：清末以來，地下資料紛出；復鑒於當日一意模仿西學之害，不欲更爲推波助瀾之說，爰轉治古史。

　　葉著兼就「知人」、「論世」二者，剖析靜安學術變化之內外因素，務申靜安治學之主觀意志及關心世情之熱忱與理想，以彰顯靜安學術之積極意義。於靜安學術之發明，爲功非細。葉說既詳矣，惟尙有可補及未安者數事。謹先述前者。

一、以生活行事見其性格

　　葉著析論靜安性格，多取材於《靜安文集》及《文集續編》，愚以爲尙可徵諸生活行事，於靜安性格之了解，或較爲深切著明。

　　如靜安嘗致書羅振玉，評及猶太人哈同（蒼聖明智大學創辦人，靜安於民國五年應其禮聘，自口返國，任《學術叢編》主編）之爲人，並示己嚴持學術原則、不能委蛇取容之立場，〔註5〕其方嚴不苟如此。又嘗致馬衡書，允任北京大學通信導師，惟自謂：「在千里之外，絲毫不能有所貢獻，無事而食，深所不安」，乃辭其脩金，〔註6〕其廉介復如此。是以費行簡撰〈觀堂先生別傳〉，綜論其性格有云：

> 平居訥訥若不能言，而心所不以爲是者，欲求其一領頷許可而不可得。聞人浮言飾說，雖未嘗與諍辨，而翩然遂行，不欲自汙其聽也。其在哈同園，浙督軍皖人某，欲求一見，始終以巽語謝之，其介如此。尤嚴于取與，世之名士學者好以其重名獵人財貨，而實不爲人治一事，君獨深恥之。〔註7〕

費氏之論，覈諸靜安行事，皆信而有徵，非溢美也。

〔註5〕《書信》，頁50。
〔註6〕同上註，頁323。
〔註7〕〈觀堂先生別傳〉，收入《全集》附錄一。

二、就靜安之學術眼光及責任觀念，見其執著精神

　　葉著就靜安之「鄙棄功利」與「超然功利」論其「追求理想的執著精神」；復述明此理想爲「至眞、至善、至美之理想」。夫唯靜安之理想與當世實用、功利之觀念枘鑿，是以《靜安文集》行世後，並不爲世所重。〔註8〕葉說是矣。然靜安之理想不僅超一時之功利，抑且超數百年來之功利，此繫乎過人之學術眼光，知靜安之所以能卓異時流並邁軼前修者殆非無故。如元人戲曲，「兩朝史〈志〉與《四庫・集部》均不著於錄，後世儒碩皆鄙棄不復道」，靜安獨善其「能道人情狀、物態，詞采俊拔而出乎自然，蓋古所未有而後人不能髣髴也」；〔註9〕爰輯《曲錄》一書，「補三朝之〈志〉所不敢言」，〔註10〕自云：「世之爲此學（宋元戲曲）者，自余始」（同註9），非誇語也。此一學術眼光，或亦可爲靜安之執著精神作一註腳。

　　除外，靜安復具有學術之責任觀念，此一觀念，正與叔本華相仿，如靜安之論叔氏云：

> 其所謂「爲哲學而生，而非以哲學爲生」者，則誠夫子之自道也。
> 〔註11〕

「爲哲學而生，而非以哲學爲生」，見其超然功利之學術責任觀。而靜安以爲：「以文學爲職業，餔餟的文學也」；〔註12〕又於〈原命〉一文之末，特提「責任」一觀念，且云：「使世人知責任之觀念自有實在上之價值」。〔註13〕見二家雖具悲觀色彩，然不廢人生責任及超然功利之觀念，頗爲近似。又靜安自述撰《清眞先生遺事》之動機云：

> 先生立身頗有本末，而爲樂府所累，遂使人間異事皆附蘇秦，海內
> 奇言盡歸方朔。廓而清之，亦後人之責矣。〔註14〕

其於所治之學，率本責任觀念立意，往往類此。此或亦激勵靜安執著精神之一動因歟？葉著謂靜安於所治之學，具「反省的自覺」，愚以爲此一自覺，與

〔註 8〕　參素痴（張蔭麟）撰〈王靜安先生與晚清思想界〉，原載《天津大公報・文學副刊》第二十二期，收入《全集》附錄三。

〔註 9〕　《宋元戲曲考・自序》，《別集》卷四。

〔註10〕　《曲錄・自序》，同上註。

〔註11〕　〈叔本華之哲學及其教育學說〉，《靜安文集》（以下省稱《文集》）。

〔註12〕　〈文學小言〉之十七，《文集》。

〔註13〕　〈原命〉，《靜安文集續編》（以下省稱《文集續編》）。

〔註14〕　《全集》續編冊三。

靜安之責任觀念亦不無關係。（靜安〈（三十）自序〉一文，爲「反省的自覺」一佳例。）

三、靜安自哲學轉入文學之補充說明

葉著稱靜安治學之轉變，有其本身之意志，而非「全無自我主張的人」，說甚諦。唯其重點，乃就「性格」與「時代」論靜安治學之轉變，它則不遑及也。愚以爲亦與靜安深明學習心理有關，靜安云：

> 精神之爲物，非奴隸，必其所欲爲者乃能有成；若強以所不欲學之事，或已疲而用之，則損人之腦髓，與在月光中讀書，其有損於人之眼無異也。〔註15〕

馬衡亦述靜安治學之法云：

> 他研究學問，常常循環更換。他說：「研究一樣東西，等到感覺沈悶的時候，就應該暫時擱開，作別樣的工作，等到過一些時，再拿起來去作，那時就可以得到一種新見解、新發明。否則單調的往一條路上走去，就會鑽進牛角尖裏去，永遠鑽不出來的。」〔註16〕

此雖非專就治學轉變而言，然二者之心理正復相類。吾人若不了解靜安對學習心理之掌握，則於何以靜安「疲於哲學有日」，即爲「造成他研究途徑轉變的一種因素」，而日後「倦棄於新興趣」，何亦不得不「退出而另尋途徑」（以上引文均「葉著」語），難作適當解釋矣。

若靜安之所以自哲學轉入文學，除前述者外，意者尚有：一、治哲學，需兼及美學，治美學，又不能不及文學，是靜安由哲學中之美學而及於文學，且以美學作爲文學批評之理論基礎，先後之次相續，爲內容之自然遞移。靜安云：

> 定美之標準及文學上之原理者，亦惟可于哲學之一分科之美學中求之。〔註17〕

若靜安〈紅樓夢評論〉，其立論即「全在叔氏（本華）之立腳地」（《靜安文集·自序》語）；其《人間詞話》，論詞之「不隔」，即取叔氏「直觀」之說；

〔註15〕〈叔本華之哲學及其教育學說〉，《文集》。又靜安亦曾譯海甫定《心理哲學》一書，中有〈知識之心理學〉一篇。

〔註16〕〈我所知道的王靜安先生〉，《國學月報——王靜安先生專號》（作者原題「殷南」，即馬衡），收入《全集》附錄四。

〔註17〕〈奏定經學科大學文學科大學章程書後〉，《文集續編》。

論優美與宏壯，即取康德之說；〔註18〕評李後主詞之「以血書之」者，即本尼采語是也。二、靜安之治西洋哲學亦兼及西洋文學，且以爲如敘事傳、史詩、戲曲等「敘事的文學」，爲文學中之最高者也。〔註19〕此一文學觀與其學術之責任感匯爲同流，遂使其有志於戲曲之研究，其〈（三十）自序〉云：

> 余所以有志於戲曲者，又自有故。吾中國文學最不振者，莫戲曲若。
> 元之雜劇、明之傳奇存於今日者尚以百數，其中之文字雖有佳者，
> 然其理想及結構，雖欲不謂至幼稚、至拙劣不可得也。國朝之作者，
> 雖略有進步，然比諸西洋之名劇，相去亦不能以道里計。此余所以
> 自忘其不敏，而獨有志乎是也。〔註20〕

此意，其於〈文學小言〉中亦述及（同註19），即欲躋中國文學於世界學術之林也。

　　至葉著之可商，僅論其較大者一事。葉著謂靜安轉治經史後，「竟至把以前的文哲之學完全棄絕」。此說，實關係靜安之學術價值觀，不容無辨。請先引葉說。

　　葉說云：

> 據羅振玉所撰〈海寧王忠愨公傳〉云：「及辛亥國變，予掛冠神武，
> 避地東渡，公攜家相從。……至是，予乃勸公專研國學，而先於小
> 學訓詁植其基；並與論學術得失，謂尼山之學在信古，今人則信今
> 而疑古。……至於晚近，變本加厲，至謂諸經皆出僞造。至歐西之
> 學，其立論多似周秦諸子；若尼采諸家學說，賤仁義，薄謙遜，非
> 節制，欲剏新文化以代替舊文化，則流弊滋多。方今世論益歧，三
> 千年之教澤不絕如綫，非矯枉不能反經。士生今日，萬事無可爲，
> 欲拯此橫流，舍反經信古莫由也。……公聞而憬然，自愧以前所學
> 未醇，取行篋《靜安文集》百餘冊，悉摧燒之。」
>
> 關於這一件事，有些人以爲靜安先生治學途徑之轉變雖曾受羅氏之影
> 響，然對於羅在〈海寧王忠愨公傳〉內所敘述者，則表示懷疑。吳文

〔註18〕巴克、康德俱分美爲二類，曰優美及宏壯。靜安本之，復別出「古雅」一類。
　　　　見〈古雅之在美學上之位置〉，《文集續編》。
〔註19〕〈文學小言〉之十四，《文集續編》。
〔註20〕《文集續編》。

祺在其所撰〈再談王靜安先生的文學見解〉一文中，就曾對羅氏所云
靜安先生自焚其《文集》一事，提出了幾點可疑之處。本文爲避免行
文之枝節蕪雜計，對此一點暫時不擬置論。因爲我們所著重的原來乃
是靜安先生治學途徑之轉變，如果其轉變屬實，其棄絕前此所研究的
文哲之學亦屬實，則其是否曾自焚前此之著述，於其轉變之事實原無
所損增改變，故可暫置不論。而我們從前面所引日人狩野直喜的記敍
來看，則靜安先生既對他前此熱愛的西洋哲學推說「不懂」，又欲結
束其對戲曲之研究，說「此後不再研究」，而他手自編訂的《觀堂集
林》，對於前此之著述亦復一字不錄，則靜安先生匪獨治學之途徑有
所轉變，其對前此所學之棄不復道的態度乃是顯然可見的。

除上引此諸語外，葉著復舉靜安論「西學之害」之〈論政事疏〉一文爲證，
因得一結論，曰：靜安棄絕文哲之學，且「避之唯恐不及」。

　　愚謂葉說有五不安：一、靜安即或棄絕西學，何至竟戲曲研究亦「避之
唯恐不及」？二、所謂「不懂」或「此後不再研究」，是否即含價值取捨？三、
若靜安果有「摧燒《文集》」一事，則足爲靜安棄絕前學得一力證；羅氏之舉
此事，其用意正在此，而非「枝節」。葉著視此問題爲「枝節」者，殆亦以此
事難以證明歟？（反之，若欲藉靜安不摧燒《文集》以證其不棄絕前學，此
方屬「枝節」，蓋不足據證也。）四、〈論政事疏〉撰於民國十三年，至多僅
足以證明靜安晚年觀念，而不足證靜安轉治經史時觀念。且靜安所謂「西學
之害」，究何所見而云然（當與歐戰有關）？「西學」復何所指？靜安早年所
治，全爲「西學」否？五、葉著於全文之末，復引及靜安〈國學叢刊序〉所
述「余正告天下曰：學無新舊也，無中西也，無有用無用也。凡立此名者，
均不學之徒，即學焉而未嘗知學者也」等語，謂靜安「對於學術實在也並沒
有什麼中外古今之區分的狹隘成見」。何葉著前後意見之不一也？

　　至羅撰〈海寧王忠慤公傳〉，吳文祺舉三疑以難之，略云：

　　　不言之於王氏生前（愚案：指〈觀堂集林序〉。此〈序〉爲靜安代撰，
　　　說見第一章），而忽言之於王氏死後，此可疑者一。《靜安文集》曾
　　　由上海商務印書館代售，民國九、十年間的《圖書彙報》上，還赫
　　　然留著《靜安文集》之名。王氏於行篋中的《靜安文集》既已摧燒
　　　於前，於商務代售的《靜安文集》則任其留傳於後，天下寧有是理？
　　　此可疑者二。尼采、叔本華學說之引人注意，小說、戲曲之被人重

視，《崔東壁遺書》之爲學者所稱道，疑古之風之瀰漫於學術界，都

是五四以後的事。……羅氏爲王氏「涕泣而道之」的話，發之於五

四運動則針鋒相對，發之於所謂「辛亥國變」之時，則未免牛頭不

對馬嘴。……此可疑者三。〔註21〕

吳說除第三疑有微疵外，其餘均言之成理。蓋疑古之風瀰漫，固爲「五四」後之事，然此風實導源於康有爲，靜安於宣統三年〈國學叢刊序〉已道及；〔註22〕惟靜安之批評疑古，與摧燒《文集》無必然關係，與盡棄前學益不能混爲一談。又據蔣復璁先生云：

他住在地安門織染局的時候，我去過一次，……他在書架的頂層上

一疊書內抽出一本送給我——白紙鉛印的《靜安文集》。……羅振玉

撰〈傳〉說……。恐怕是不確的，因爲已經燒了，爲什麼他的書架

上還有《靜安文集》？〔註23〕

此可爲靜安不摧燒《文集》添一力證。

如前所述，欲藉靜安未摧燒《文集》，以證其未棄絕前學，誠屬「枝節」；然以近人言此事，猶多紛紛，故略及之。以下即舉證，論靜安未棄絕前學。

據靜安之〈國學叢刊序〉，知其於學術本無入主出奴之成見（參前舉「五不安」之五）。又其代羅氏所撰《集林‧序》云：

君治哲學，未嘗溺新說而廢舊文；其治通俗文學，亦未嘗尊俚辭而

薄雅故。

此靜安民國十二年之說也，與宣統三年之〈國學叢刊序〉論見無異。又民國十二年致陳乃乾書有云：

拙撰《曲錄》不獨遺漏孔多，即作者姓名、事實，可考者尚多。後來

未能理會此事，故不願再行刊印。兄如能補遺正誤，並將作者事實再

行蒐證，則甚禱也。〈元雜劇敘錄〉七紙檢出送上，請察收。〔註24〕

據此札，靜安不獨不禁陳氏刊行《曲錄》，更撰有〈元雜劇敘錄〉一篇（民國四年撰），何嘗「棄絕」之？所謂「未能理會此事」者，以此時轉治經史，無

〔註21〕 〈再談王靜安先生的文學見解〉，《文學季刊》創刊號。吳氏又有〈王國維學術
思想評價〉一文，並及此說，收入吳澤主編《王國維學術研究論集》第一輯。

〔註22〕 見《別集》。文中有「今之君子非一切蔑古即一切尚古」云云之批評。

〔註23〕 〈追念逝世五十年的王靜安先生〉，《幼獅文藝》四七卷六期。

〔註24〕 《書信》，頁353。又，《書信集》之年月編次，未必皆確切無誤，惟大致相去
不遠，此姑從之。下引及書信年月者同。

暇旁治，其意猶葉者所引狩野直喜「以後不再研究」之說，宜不含價值判斷（又「不懂」一語，亦當作如是觀）。十四年，又有致陳氏書，允刊行《人間詞話》一書，云：

> 《（人間）詞話》有訛字，已改正，茲行寄上，請詧入。但發行時，
> 請聲明係弟十五年前所作，今覓得手稿，因加標點印行云云，爲要。
> 〔註25〕

除外，儲皖峰所撰〈王靜安先生著述表〉，於《唐宋大曲考》一書註云：「近年來頗有增補」，〔註26〕則靜安於舊作亦非全不理會也審矣。

　　凡此，皆足證靜安不棄絕前學。至《集林》不收文哲諸作之故，第一章第一節已論及。葉著之所以力持「棄絕前學」之說者，殆亦有故。蓋葉著全文之旨，在彰明靜安治學轉變之主觀意志與求眞、求善、求美之理想，以爲必如此說，而後靜安之意志與理想易於表見。愚則以爲：就前述靜安之性格觀之，靜安確有其意志與理想，然未必與「前學」不相容。又如葉說，所謂「前學」者新學也，經史者舊學也；甲午之戰，靜安由舊趨新，辛亥革命後復由新返舊。愚亦以爲：葉著分前後爲新舊二橛，亦未必是。蓋靜安所治詞曲之學，未即是新學；而中年後所治之漢簡、敦煌等學，亦非舊學。靜安先後所治範圍雖異，其方法固自一貫，其精神意趣均在追「新」。此則有待於下節及其他章節中賡續發明。

第二節　靜安文哲研究與經史研究之關係

一、緒　說

　　靜安治學，輒貫以極熾之求新意念，其於前人學術之寓新精神、新意義者，多亟予表彰，如：特稱宋人以新意說經及創新學術途徑之精神（詳第五章第一節）；論元雜劇「實於新文體中，自由使用新語言」；〔註27〕推關漢卿劇作之「一空依傍，自鑄偉詞」、「曲盡人情，字字本色」（同上註），爲元人第一；於戴震、阮元之哲學，亦稱其能予以「新解釋」（詳下），均其例也。

〔註25〕同上註，頁422。
〔註26〕原載《國學月報——王靜安先生專號》，收入《全集》附錄三。
〔註27〕《宋元戲曲史》第十二章〈元劇之文章〉。

開新風氣、闢新途徑、創新解釋，爲靜安學術之重要特質。

靜安學術之「新」，在其學術眼光及方法，其治學所最著意者亦在此。有云：

今日所最亟者，在授世界最進步之學術之大略，使知研究之方法。

〔註28〕

又云：

學問之品類不同，其方法則一。〔註29〕

前者言於清光緒三十二年（三十歲），後者言於民國八年（四十三歲），皆重視方法。其治學留意「世界最進步」之學術方法，此其所以能突越舊軌而別創新猷者也；其先後所治範圍雖異，「其方法則一」，此亦見其文哲研究與經史研究之基本精神實相近似。

靜安早年之學養如何？

據靜安〈（三十）自序〉所述：「十六歲，見友人讀《漢書》而悅之，……購前四史於杭州，是爲平生讀書之始」。是靜安治學之入門在四史。〈自序〉復述及此後所治之西洋學術，依次爲：翻爾彭（Arthur Fairbanks，今譯弗爾班克斯）之社會學（*Introduction to Sociology*，《社會學導論》），及文（William Stanley Jevons，傑文斯）之名學（*Eleme-ntary Lessons in Logic*，《邏輯學的初步教程》，靜安有譯本，書名《辯學》），海甫定（Harald Hoffding，許夫定）之心理學（*Outline of Psychology*，《心理學大綱》，靜安有譯本，書名《心理學概論》），巴爾善（Friedrich Paulsen，保爾遜）之哲學概論（*Einl-eitung in die Philosophie*，《哲學導論》），文特爾彭（Wilhelm Windelband，文德而班）之哲學史（*Lehrbuch der Geschichte der Philosophie*，《哲學史教科書》），及康德之《純粹理性批判》、叔本華之《意志及表象之世界》等。近人陳元暉謂靜安受西洋實證主義影響至深，且云靜安「接觸實證主義在讀康德的《純粹理性批判》之前」，〔註30〕即據〈自序〉言之也。

於史學流派，靜安留意及德人蘭克（Ranke）之考證學派史學，〔註31〕時

〔註28〕〈奏定經學科大學文學科大學章程書後〉，《文集續編》。

〔註29〕〈沈乙庵先生七十壽序〉，《集林》卷二三。

〔註30〕〈王國維的史學方法論〉，《東北師大學報》1986 年第 5 期。案：陳氏又著有《王國維與叔本華哲學》一書，並論及靜安受西方學術之影響，甚悉。可參看。又，本文所引人名、書名之原文，亦據陳氏。

〔註31〕見〈歐羅巴通史序〉，《文集續編》。案：近人論靜安史學者，罕留意此文。

緣二十四歲，此一與吾國乾嘉學派頗爲近似之西方史學，對靜安當具一定意義之影響；於吾國史學理論，則特舉劉知幾之《史通》，稱之爲「史學之科學」。〔註32〕其早年殆已有以科學方法研究史學之志歟？

　　靜安治學從入之途如此，兼以性嗜史學，是以早年雖治文哲之學，實爲文學史與哲學史也；其治經史，復能輔以「世界最進步之學術」，故其學恒新。請舉靜安論經學科大學、文學科大學當授科目，以見其所謂「最進步之學術」者爲何：

　　經學科科目：

　　　　一哲學概論　二中國哲學史　三西洋哲學史　四心理學　五倫理學六名學　七美學　八社會學　九教育學　十外國文

　　史學科科目：

　　　　一中國史　二東洋史　三西洋史　四哲學概論　五歷史哲學　六年代學　七比較語言學　八比較神話學　九社會學　十人類學　十一教育學　十二外國文

　　中國文學科科目：

　　　　一哲學概論　二中國哲學史　三西洋哲學史　四中國文學史　五西洋文學史　六心理學　七名學　八美學　九中國史　十教育學　十一外國文。〔註33〕

諸科均有「教育學」一門，殆與當時靜安之興趣有關，其餘，於今日猶不失爲達見。其持論如此，並施之於所治之學，是以顧頡剛論之云：

　　　　他（靜安）的學問，恐怕一般人要和別的老先生、老古董相提並論，以爲他們都是研究舊學、保存國粹的；這是大錯誤。學問的新舊決不在材料上，而在方法上、思想上。……他的研究學問的方法，已經上了世界學術界的公路。〔註34〕

靜安之經史研究方法，得以「上世界學術界的公路」，即得力於早年所厚植之根基也。

　　靜安早年之文哲研究，除《人間詞話》及詩詞創作等外，其餘多以正譌

〔註32〕見〈國學叢刊序〉，《別集》卷四。案：時宣統三年，靜安三十五歲。
〔註33〕〈奏定經學科大學文學科大學章程書後〉，《文集續編》。
〔註34〕〈悼王靜安先生〉，原載《國學月報——王靜安先生專號》，收入《全集》附錄四。

誤、辨眞僞、明源流及定歷史地位爲主要目的。其方法則爲史學致知之方法。以下各小節即詳論此義。

二、重經驗、事實之徵實精神

靜安治哲學，寧從經驗、事實立論，不尙悠渺之思，《文集》首篇〈論性〉即云：

> ……夫立於經驗之上以言性，雖所論者非眞性，然尙不至於矛盾也；至超乎經驗之外而求其說明之統一，則雖反對之說吾人得持其一，然不至自相矛盾不止。何則？超乎經驗之外，吾人固有言論之自由，然至欲說明經驗上之事實時，則又不得不自圓其說，而復反於二元論。故古今言性者之自相矛盾，必然之理也。……故由經驗以推論人性者，雖不知與性果有當與否，然尙不與經驗相矛盾，故得而持其說也。超絕的一元論（愚案：即「性無善無不善」與「可以爲善可以爲不善」之說）亦務與經驗上之事實相調和，故亦不見有顯著之矛盾。至執性善、性惡之一元論者，當其就性言性時，以性爲吾人不可經驗之一物故，故皆得而持其說，然欲以說明經驗或應用於修身之事業，則矛盾即隨之而起。余故表而出之，使後之學者勿徒爲此無益之議論也。

靜安此說，乃就康德「先天知識」與「後天知識」說立論，以檢討中國之哲學問題，以爲性乃超越吾人知識之外，「吾人之於人性，固有不可知者也」（同篇），以破數千年來論性之執，欲人無爲此「無益之議論」者也。此中可注意者，乃：靜安以爲任何學說不能與經驗中之事實相悖，否則即陷於矛盾，或「馳於空想之域」（同篇）。此爲重徵實而戒空想之態度。愚案：宋明儒求「理」於心、性之內，重體驗與體認，清儒則求之於實事、實物，重客觀存在之經驗。靜安雖就康德說立論，以檢討「性」之問題，其精神則爲清儒求理於事物內之傳統。

又〈（三十）自序〉云：

> 哲學上之說，大都可愛者不可信，可信者不可愛。余知眞理，而余又愛其謬誤。偉大之形而上學、高嚴之倫理學與純粹之美學，此吾人所酷嗜也；然求其可信者，則寧在知識論上之實證論、倫理學上

　　　　之快樂論與美學上之經驗論。〔註35〕

靜安恒徘徊於「可愛」與「可信」二者間之矛盾。其治學之途，先史學後哲學，先實證主義後康德、叔本華；其方法，則爲探求「可信」與「眞理」之徵實方法，此其所以治哲學而終至於「疲於哲學有日」（同上註）矣。

　　就探求「可信」與「眞理」之徵實方法引發，則爲尊重事實與證據之科學精神。歸納靜安著述之習用語彙，其最頻見者，則爲「事實」一語，不下百餘見。靜安用此二字，或用於陳述，或用於論辨；其所謂「事實」之涵義，或指「歷史事實」（如《集林》卷十三〈鬼方昆夷玁狁考〉：「此鬼方事實之略可考者也」），或指一般經驗內之事實（如《文集・原命》：「善惡之相對立，吾人經驗上之事實也」），而二者意義，即略當於「證據」，此科學精神也。胡適之先生云：「科學的方法，說來其實很簡單，只不過尊重事實，尊重證據」，〔註36〕所指者宜即科學精神也。

　　靜安有〈書叔本華遺傳說後〉一文，批評叔氏「意志得自父，知力得自母」之說，有云：

　　　　……其遺傳說之證據，則存於經驗及歷史。然經驗之爲物，固非有普遍及必然之確實性者也。天下大矣，人類聚矣，其爲吾人所經驗者，不過億兆中之一耳；即吾人經驗之中，其孰知其父母及其人之性質知力者，又不過數十人中之一耳。歷史亦然，……歷史上之事實果傳信否？又吾人之判斷果不錯誤否？皆不可不注意也。以區區不徧不賅、不精不詳之事實，而遽斷定眾人公共之原理，吾知其難也，……姑就吾國歷史上，其歷史之與叔氏之說相反對者，述之如左……。要之，叔氏此說，非由其哲學演繹而出，亦非由歷史上歸納而得之者；此說之根據，存於其家乘上之事實，……。

此文論及「歷史事實」之性質、證據之取捨標準及據以判斷應有之認識。於方法論上，批評叔氏依據「家乘上之事實」及己身之經驗以立論之謬誤。靜安此文，雖屬生物學之論題，然論見之中，其不違經驗、事實之客觀精神及重資料選取之標準、推論之有效性辨析等方法之檢討，使靜安漸入考證之途。

　　由尊重事實、證據之觀念衍生，則爲不抹煞反證。《古劇腳色考》釋「參軍」云：

〔註35〕　〈自序二〉，《文集續編》。
〔註36〕　〈治學的方法與材料〉，《胡適文存》三集卷二。

……副淨之爲參軍，惟《輟耕錄》、《太和正音譜》始言之。其説果可信否？亦在所當研究者。今以二書所云副淨事，較之宋人所紀參軍事，頗相符合。《輟耕錄》云：「鶻能擊禽鳥，末可打副淨。」《正音譜》云：「副末執磕瓜以朴靚。」今案……。惟《齊東野語》別記一事，則適與之反，云：「宣和間，徽宗與蔡攸輩在禁中自爲優戲，上作參軍，趨出，攸戲曰：『陛下好個神宗皇帝』，上以杖鞭之云：『你也好個司馬丞相』。」豈因徽宗自作參軍，臣不可擊君，故變其例歟？

〔註37〕

《齊東野語》此記，與《輟耕錄》、《太和正音譜》所述正反（《正音譜》之「靚」即「參軍」），靜安以變例釋之。通觀其經史研究，於反證亦必有合理解釋，否則不敢立説。

正以重事實與經驗，故其早年著述頗有辨僞、正誤之作者，如《錄曲餘談》辨世傳湯顯祖之《還魂記》乃刺曇陽子（王文肅之次女，學道不嫁而卒）而作之誤，〔註38〕即其例。而《清眞先生遺事》一書，尤屬辨僞、正誤之名作。此書正世傳周清眞事之失實，正年月之誤（如《揮塵餘話》謂周氏〈重進汴都賦表〉在元豐元年七月，「元年」爲「六年」之誤），辨《片玉詞》中之僞作等，皆堪爲範例。

於此，又不能略而不言者，則靜安之資料觀是也。靜安素重直接資料，如上述《清眞先生遺事》之辨正周氏事實，頗取樓攻媿之〈清眞先生文集序〉，蓋以樓氏之編《清眞集》時，「訪其家集，參以他本，間見手稿」，〔註39〕其證據效力，亦幾於直接資料矣。又靜安撰《宋元戲曲史》，自云：「凡諸材料，皆余所蒐集」。〔註40〕《優語錄》一書，尤可見其史料觀，靜安云：

優人俳語，大都出于演劇之際，故戲劇之源與其遷變之迹可以考焉。……是《錄》之輯，豈徒足以考古，亦以存唐宋之戲曲也。

〔註41〕

靜安之輯錄優語，即以優人俳語出于演劇之際，發自當事者之口，爲直接資

〔註37〕《全集》續編冊五。
〔註38〕同上註。
〔註39〕靜安致繆荃孫書，述樓序語。見《書信》，頁23。
〔註40〕〈宋元戲曲考自序〉，《別集》卷四，案：此書初名《宋元戲曲考》，後易名爲《宋元戲曲史》）。
〔註41〕《優語錄·自序》，《全集》續編冊五。

料。其早年於資料價值認識之深如此，不可謂非特識也。

三、重「訓詁明而後義理明」之治學方法

　　清乾嘉之學，至戴震一派而蔚爲當時主流。戴氏力倡「由字以通其詞，由詞以通其道」〔註42〕之治學方法，以戒鑿空之敝。其哲學著述，如《原善》、《孟子字義疏證》二書，亦皆本此精神而作。阮元承戴氏緒業，因有〈性命古訓〉之作，辨古今之異訓，而探其微旨者也。靜安〈國朝漢學派戴阮二家之哲學說〉一文，於戴阮二家之哲學說，頗爲推崇，謂是清代哲學論中之「最有價值者」，其說略云：

> 戴東原之《原善》、《孟子字義疏證》，阮文達之〈性命古訓〉等，皆由三代秦漢之說以建設其心理學及倫理學。其說之幽元高妙，自不及宋人遠甚；然一方復活先秦之古學，一方又加以新解釋，此我國最近哲學上唯一有興味之事，亦唯一可記之事也。……二氏之意，在申三代秦漢之古義，以攻擊唐宋以後雜於老佛之新學，……要之，以宋儒之說還宋儒，以三代之說還三代，而使吾人得明認三代與唐宋以後之說之所以異，其功固不可沒也。……自漢學盛行，而學者以其考證之眼，轉而攻究古代之性命道德之說，於是古代北方之哲學復明，而有復活之態度，……。〔註43〕

靜安撰此文時，纔二十八歲，時方治哲學未久；其所醉心之哲學，非「幽元高妙」之宋明理學，而係經由文字訓詁，「以考證之眼」還元三代秦漢古義之戴、阮二家哲學。靜安云「此我國最近哲學上唯一有興味之事」，其興味本在此，故作是語。（此義，可與前述〈論性〉參看。）此文之價值，張蔭麟論云：

> 近人之注意戴阮二氏學說而認識其眞價值者，實自先生始。後此蔡元培君於其《倫理學史》中因盛稱戴氏之學；而胡適君更將戴氏偶像移至近代思想神壇之最前面，頂禮膜拜無虛日；梁啓超君且摳衣而往從焉。於是「戴東原」遂成爲我國學界中最時髦之名詞。〔註44〕

胡先生云：「程朱非不可攻擊，但須要用考據的武器來攻擊。哲學非不可中興，

〔註42〕〈與是仲明論學書〉，《戴震文集》卷九。
〔註43〕見《文集》。
〔註44〕〈王靜安先生與晚清思想界〉，原載《天津大公報文學副刊》第二十二期，收入《全集》附錄三。

但須要用考證的工具來中興。」〔註45〕疑胡先生此諸語，或即從靜安說蛻化而出者。至傅斯年先生之《性命古訓辨證》，乃就阮元〈性命古訓〉發展成，〔註46〕疑亦受靜安此文啟發。

靜安評介戴、阮哲學說，推崇其在學術史上之意義，並及彼文論證方法；靜安早年治哲學，正推廣此法。如《文集·釋理》一文，分：理字之語源、理之廣義的解釋、理之狹義的解釋、理之客觀的假定、理之主觀的性質等五節，辨明其義。其內容，從朱子、戴震、康德、叔本華諸氏說發揮；其方法，則為戴、阮「考證之眼」之方法，「考其語源，并其變遷之跡」，而益以「新解釋」者也。若取戴氏《孟子字義疏證》卷上第一節釋「理」字之定義，以與靜安此文第一節考「理字之語源」相較，不惟方法相同（先明訓詁，後闡義理），見解亦近似，特後者分析愈密，益以西洋「理」字之語源而已。

靜安於文學研究，亦頗用及語言學知識，如論古劇角色之「淨」即「參軍」，云：

> 余疑淨即參軍之促音，參與淨為雙聲，軍與淨似疊韻；參軍之為淨，
> 猶勃提之為披，邾婁之為鄒也。〔註47〕

又論音韻於文學中之運用，云：

> 苟於詞之蕩漾處多用疊韻，促節處用雙聲，則其鏗鏘可誦必有過於
> 前人者。惜世之專講音律者，尚未悟此也。〔註48〕

此靜安詩詞創作之體驗。其說確否，猶待討論；然可見其早年治學方法及力求進步之精神。

四、重淵源流變之史學觀念

史學所以明變也。靜安之淵源流變觀，或施於一語語原之探究，以詳其內涵、外延諸義（如前舉「釋理」之例）；或考訂一名（如書名、地名）命名之義及其轉化；或覼察一事物之起源及其發展；或用於辨正一觀念或事實之真偽正誤。

靜安考訂一名之義，必先綜其別名，詳審同異之故，考其命名之義。如

〔註45〕《戴東原的哲學》一〈引論〉。
〔註46〕見《傅孟眞先生全集》第三冊中編乙。
〔註47〕《古劇角色考》，《全集》續編冊五。
〔註48〕《人間詞話》下，《全集》初編冊四。

《董西廂》一書，靜安釋云：

> 案：此書，《輟耕錄》、《錄鬼簿》均稱爲「董解元西廂記」，明人始
> 謂之「董西廂」，又謂之「絃索西廂」，其實北曲皆用絃索，王、關
> 五劇亦可冠以此名，不獨董詞而已。〔註49〕

《董解元西廂記》，本名也；《董西廂》，省稱也；《絃索西廂》，別稱也，且「絃
索」二字爲共名而非專名；以上諸名，雖先後所稱各異，實異名而同實。後
文復以二證，證此書體製爲諸宮調，並釋「諸宮調」命名之義云：

> 其所以名「諸宮調」者，則由北宋人敘事只用大曲、傳踏二種，……
> 同用一曲，亦同一宮調也。惟此編每一宮調，多則五六曲，少或二
> 三曲，即易他宮調；合若干宮調以詠一事，故有「諸宮調」之稱。（同
> 上註）

此比較前後體製之異同，而考得命名之義，有云：「一旦考而得之，其愉快何
如也」（同上註）。

又如古劇腳色，靜安以爲「自宋元迄今，約分四色，曰生、旦、淨、丑，
人人之所知也；然其命名之義，則說各不同」，因「就唐宋迄今劇中之腳色，
考其淵源變化」。〔註50〕於「傳奇」一名，則考其自唐至明先後意義之四變；
〔註51〕其方法與旨趣，與三十七歲所撰〈宋槧人唐三藏取經詩話跋〉之論詩
話、詞話二語意義之轉變，正相類似，〔註52〕知上引羅氏所謂「棄絕前學」
之說未確，又獲一力證。

以上第就考訂名義之淵源變化舉例，至靜安論一代文學之興替，亦皆本

〔註49〕 《庚辛之間讀書記》〈董西廂〉條，《全集》初編冊四。
〔註50〕 《古劇腳色考・自序》，《全集續編》冊五。案：靜安論腳色命意之變化，其義
　　　　甚精。如論宋以後腳色意義之變化，云：「……自是（宋）以後，其變化約分
　　　　三級，一表其人在劇中之地位，二表其品性之善惡，三表其氣質之剛柔也。……
　　　　自元迄今，腳色之命意不外此者，而漸有自地位而品性，自品性而氣質之勢。
　　　　此其進步變化之大略也。」（《古劇腳色考》，《全集》續編冊五）又藉羅馬醫家
　　　　之言，與吾國古劇腳色之意義相較，云：「羅馬醫學大家額倫謂：『人之氣質有
　　　　四種，一熱性，二冷性，三鬱性，四浮性也。』我國劇中腳色之分，隱與此四
　　　　種合。大抵『淨』爲熱性，『生』爲鬱性，『副淨』與『丑』或浮性而兼冷性，
　　　　或冷性而兼熱性。雖我國作戲曲者，尚不知描寫性格，然腳色之分，則有深意
　　　　義存焉。」（《錄曲餘談》，《全集》續編冊五）此亦「取外來之觀念，與固有之
　　　　材料互相參證」（陳寅恪先生〈海寧王靜安先生遺書序〉）者。
〔註51〕 《錄曲餘談》，同上註。
〔註52〕 《別集》卷四。

此史識，如云：

> 凡一代有一代之文學，楚之《騷》、漢之賦、六代之駢語、唐之詩、
> 宋之詞、元之曲，皆所謂一代之文學，而後世莫能繼焉者也。〔註53〕

此一識解，堪稱「具眼」。靜安嘗道焦循之「具眼」，云：

> 焦里堂《易餘籥錄》之說，可謂具眼矣。焦氏謂一代有一代之所勝，
> 欲自《楚騷》以下撰爲一集，漢則專取其賦，魏晉六朝至隋，則專
> 錄其五言詩，唐則專錄其律詩，宋則專錄其詞，元專錄其曲。〔註54〕

以所引二文參互之，靜安說似本於焦氏，然靜安於此外復提出「眞」與「不
眞」，以論較興替得失，比較焦氏爲能益探其本源者也。〔註55〕

　　靜安考論文學淵源流變之方法，請舉一例爲說。如所論元人雜劇，謂元劇
之進步有二：一、樂曲上之進步，二、由敘事體而變爲代言體。此論其創造性。
復自元劇所用之曲，考其出於古典者約三分之一，證其「淵源有自」；又就其材
質（內容），考知元劇「取諸古劇者不少」。此論其延續性。此一事也。除外，
靜安復就時代，推論元劇以第一期（蒙古時代）爲最盛；據作者里居，推考元
劇之淵源地，以深究「元劇創造之時代，及其發達之原因」，留意元劇發達之特
殊性。此二事也。〔註56〕嘗云：「最工之文學，非徒善創，亦且善因」，〔註57〕
即靜安力持所謂創新者，當爲包孕之創新，而非棄舊謀新；其考論事物之淵源
流變，亦恒就因、創二者究其精微。又據所論元劇發達之原因，知靜安留意事
物之時地關係，亦即重背景之了解，〔註58〕此與〈譯本琵琶記序〉所論「欲知
古人必先論其世，欲知後代必先求諸古，欲知一國之文學非知其國古今之情狀、
學術不可」〔註59〕同意。此即靜安經史考證所持之原則也。

　　惟其重淵源流變，是以必重目錄、版本之學。如據《武林舊事》所載官本

〔註53〕〈宋元戲曲考自序〉，《別集》卷四。
〔註54〕《宋元戲曲史》第十二章〈元劇之文章〉。
〔註55〕參穀永撰〈王靜安之文學批評〉，原載《天津大公報文學副刊》第二十三期，
　　　　收入《全集》附錄三。
〔註56〕見《宋元戲曲史》第八章〈元雜劇之淵源〉及第九章〈元劇之時地〉。
〔註57〕《人間詞話》原稿，轉引自滕咸惠著《人間詞話新注》前附〈略論王國維的
　　　　美學思想〉一文。
〔註58〕靜安善於掌握文化之背景因素，如〈國朝漢學派戴阮二家哲學說〉一文，就
　　　　地理環境論其對思想特質之影響（見《靜安文集》）；〈屈子文學之精神〉一文，
　　　　就地域觀念論南北文學之異同（同上），均是也。
〔註59〕《文集續編》。

雜劇存目之二百八十本作一觀察,「其用大曲、法曲、諸宮調、詞曲調者,共一百五十餘本,已過全數之半」,因謂:「南宋雜劇,殆多以歌曲演之」。〔註60〕爲宋之滑稽戲轉化爲雜劇,得一解釋。此辨章學術、考鏡源流也。至若世人恒有不考板本源流而輕議前哲者,亦靜安之所不可也。〔註61〕

五、重歷史地位之探討

究淵源、明變化,本爲便於論歷史地位及價值。除前述之論一代學術外,靜安於一人或一書之評價,亦往往著重於此。如〈叔本華之哲學及其教育學說〉一文,其目的,即欲明「叔氏之在哲學上之位置」,有云:

> 其在古代,則有希臘之柏拉圖,在近世則有德意志之汗德,此二人固叔氏平生所最服膺,而亦以之自命者也。然柏氏之學說中,其所說之眞理,往往被以神話之面具;汗德之知識論,固爲曠古之絕識,然……乃破壞的,而非建設的,故僅如陳勝、吳廣,帝王之驅除而已。更觀叔氏以降之哲學,如翻希奈爾芬德、赤爾德曼等,無不受叔氏學說之影響,……其影響如彼,其學說如此,則叔氏與海爾巴脫等之學說,孰眞孰妄,孰優孰絀,固不俟知者而決矣。〔註62〕

此以比較法論叔氏說淵源、發展及其影響,以定其地位。〈叔本華與尼采〉一文(同上註),比較二氏同中之異及異中之同,其方法、旨趣亦與前文相仿彿。則靜安早年之哲學研究,乃哲學史之研究,其意義乃在史學而不在哲學也。

至若具歷史地位之偉大著述,尤不可不知其書之作者與時代,靜安之重作者與時代考證,即此。如〈紅樓夢評論〉一文,先論及《紅樓夢》一書之精神及其於美學、倫理學上之價值,繼云:

> 自我朝考證之學盛行,而讀小說者亦以考證之眼讀之,於是評《紅樓夢》者,紛然索此書之主人公之爲誰,此又甚不可解也。……苟知美術之大有造於人生,而《紅樓夢》自足爲我國美術上之唯

〔註60〕《宋元戲曲史》第五章〈宋官本雜劇段數〉。
〔註61〕如世人多病臧懋循刻《元曲選》多所改竄,靜安《錄曲叢談》評云:「後人執坊本及《雍熙樂府》所選者而議之,宜其多所抵牾矣。」(《全集》續編冊五。)
〔註62〕《文集》。

一大著述；則其作者之姓名與其著書之年月，固當爲唯一考證之題目。而我國人之所聚訟者，乃不在此而在彼。此足以見吾國人之對此書之興味之所在，自在彼而不在此也。故爲破其惑如此。（同上註）

此先定《紅樓夢》一書之歷史地位，而後論考證此書作者與撰述年月之價值，即欲因書之地位以定人之地位也。靜安所評，乃針對蔡元培、王夢阮、俞樾諸氏而發，於後世《紅樓夢》研究影響至鉅。〔註63〕靜安重作者及書之著作歲月如此，故於《拜月亭》一書，則考訂爲明初人之作；〔註64〕輯《曲錄》，則考曲家之姓名、時代；撰《宋元戲曲史》，則有《元戲曲家小傳》以爲附錄；《元雜劇（三十種）敘錄》，則以考訂作者、時代爲先。至批評辜鴻銘英譯《中庸》一書之缺失亦云：

……吾人更有所不懍者，則辜氏之譯此書，並不述此書之位置如何，及其與《論語》諸書相異之處，……此等問題爲譯述及注釋此書者所不可不研究，明矣。其尤可異者，則通此書無一語及於著書者之姓名，而但冠之曰「孔氏書」；以此處《大學》則可矣，若《中庸》之爲子思所作，明見於《史記》，……譯者苟不信《中庸》爲子思所作，亦當明言之，乃全書中無一語及此，何耶？要之，辜氏之譯此書，謂之全無歷史上之見地可也。唯無歷史上之見地，遂誤視子思與孔子之思想全不相異；唯無歷史上之見地，故在在期古人之說之統一；唯無歷史上之見地，故譯子思之語以西洋哲學上不相干涉之語。〔註65〕

此文，光緒三十二年撰，時靜安三十歲。民國十四年，《學衡雜誌》轉載，惟文末「附記」，有「此文對辜君批評頗酷，少年習氣，殊堪自哂。案：辜君雄文卓識，世間久有定論，此文所指摘者，不過其一二小疵」等語。辭意謙遜，與舊作頗殊。然靜安既允轉載舊作，則其先後持見應無大殊。蓋「歷史眼光」爲靜安學術之重要特質，而「歷史地位之探究」亦靜安治學之重要節目，今昔未嘗有異也。

〔註63〕參吳文祺〈王國維學術思想評價〉，收入吳澤主編《王國維學術研究論集》第一輯。
〔註64〕〈羅懋登註拜月亭跋〉，《別集》卷三。
〔註65〕〈書辜氏湯生英譯中庸後〉，《文集續編》。

六、分類系統之研究

靜安嘗論及吾國國民與西洋人特質之異云：

> 我國人之特質，實際的也，通俗的也。西洋人之特質，思辨的也，
> 科學的也，長於抽象，而精於分類，對於世界一切有形無形之事物，
> 無往而不用綜括（Generalization）及分析（Specification）之二法。……
> 吾國人之所長，寧在於實踐方面，而於理論之方面，則以具體的知
> 識爲滿足，至分類之事，則除迫於實際之需要外，殆不欲窮究之
> 也。……故我中國，有辯論而無名學，有文學而無文法，足以見抽
> 象與分類二者皆我國人之所不長，而我國學術尚未達自覺
> （Selfconsciousness）之地位也。〔註66〕

此論中、西人之特質甚辨。又嘗云：「凡學問之事，其可稱科學以上者，必不可
無系統；系統者何？立一系以分類是已。」〔註67〕類此意見，多見於靜安它著
中。〔註68〕蓋靜安早歲所治西洋學術，先由實證主義入，故易有此方法之自覺；
其治學，即特留意綜合及分析能力之礪練，由分類之研究而構成一系統者也。

最足顯示靜安早年之分類系統研究者，其戲劇研究是也。靜安云：

> 後代之戲劇，必合言語、動作、歌唱，以演一故事，而後戲劇之意
> 義始全。〔註69〕

此一綜合全面之識解，大師乃能臻此。準此，靜安之戲劇研究，於「言語」
則作《優語錄》，於「動作」則有《古劇腳色考》，於「歌唱」則《戲曲考源》、
《唐宋大曲考》及《曲調源流表》乃著，復有《曲錄》以總撮其目，而後《宋
元戲曲史》一有系統之著作成焉。無惑乎梁啓超評曰：「王靜安治曲學最有條
貫，著有《戲曲考源》、《曲錄》、《宋元戲曲史》等書，曲學將來能成爲專門
之學，則靜安當爲不祧祖矣。」〔註70〕傅斯年先生亦稱《宋元戲曲史》一書
「條貫秩然，能深尋曲劇進步變遷之階級」。〔註71〕靜安劇學條貫，乃建立於

〔註66〕〈論新學語之輸入〉，《文集》。

〔註67〕〈歐羅巴通史序〉，《文集續編》。

〔註68〕如於〈叔本華之哲學及其教育學說〉云：「科學之源雖存於直觀，而既成一科
　　　　學以後，則必有整然之系統，必就天下之物，分其不相類者而合其相類者，
　　　　以排列之於一概念之下；而此概念復與相類之他概念，排列於更廣之他概念
　　　　之下。」見《文集》。

〔註69〕《宋元戲曲史》第四章〈宋之樂曲〉。

〔註70〕《中國近三百年學術史》十六〈清代學者整理舊學之總成績（4）〉。

〔註71〕《傅孟眞先生集》第一冊上編乙。

分類研究基礎之上。

　　自分類觀念之引申、應用，則有分期與分地之研究出焉。如前舉元劇之研究，分蒙古時代、一統時代及至正時代三期；復就元劇作家之「里居」，考雜劇之淵源地是也。近人石兆原稱云：「王先生劇學精深，作家的地域研究，實自先生始」，〔註72〕靜安爲後學牖示研究方法也。

　　以上諸小節所述，多就研究之觀念與方法二者，見靜安文哲研究與經史研究之關係。至研究之內容，前後期學術亦非截然無關，如早期之宋元戲曲研究，接觸宋元人傳記資料頗多，即爲日後之《宋史》及遼金元史研究奠立基礎。此意將於第四章第三節中述之。又如靜安所提「詩書成語研究」之新提案，恐亦萌芽於早年之戲曲研究。如《宋元戲曲史》釋「靈保」一語云：

　　　　《楚辭・東君》曰：「思靈保兮賢姱」，王逸《章句》訓「靈」爲神，
　　　　訓「保」爲安。余疑《楚辭》之「靈保」，與《詩》之「神保」，皆
　　　　尸之異名。《詩・楚茨》云：「神保是饗」，又云：「神保是格」，又云：
　　　　「鼓鐘送尸，神保聿歸」；毛《傳》云：「保，安也」，鄭《箋》亦云：
　　　　「神安而饗其祭祀」，又云：「神安歸者，歸於天也」。然如毛鄭之說，
　　　　則謂「神安是饗」、「神安是格」、「神安聿歸」者，於辭爲不文。〈楚
　　　　茨〉一詩，鄭孔二君皆以爲述繹祭賓尸之事，其禮亦與古禮〈有司
　　　　徹〉一篇相合，則所謂「神保」者，殆謂尸也。其曰「鼓鐘送尸，
　　　　神保聿歸」，蓋參互言之，以避複耳。知《詩》之「神保」爲尸，則
　　　　《楚辭》之「靈保」可知矣。〔註73〕

王逸訓《楚辭》，毛《傳》、鄭《箋》訓《詩經》，俱以「靈保」或「神保」之二字分釋，訓「保」爲安；此即靜安〈論詩書成語〉所云「若合其中單語解之，未有不齟齬者」，〔註74〕故靜安訓「靈保」、「神保」爲尸，不以二字分釋也。又靜安釋《楚辭》之「靈保」，乃取《詩經》相較；日後論《詩》、《書》成語，即擴充此一方法至彝銘之材料。至其考定成語，重「比校之，而求其相沿之意義」（同上註），則爲前述「重淵源流變之史學觀念」。若謂靜安之成語觀念胎始於文哲研究期，或非臆說。（此「靈保」、「神保」之釋，日後略有修正，釋爲「祖考之異名」。）

〔註72〕　〈《曲錄》內戲劇作家地域統計表〉，《禹貢半月刊》二卷一期。
〔註73〕　《宋元戲曲史》第一章〈上古至五代之戲劇〉。
〔註74〕　〈與友人論詩書中成語書〉，《集林》卷二。

綜前所述，見靜安早年文哲研究之方法，與日後之經史研究實爲一貫，其精神亦無二趨。至其早年於經史材料眞僞之辨，尚未臻嚴謹，〔註 75〕則有待於日後之歷練矣。

〔註75〕如〈論性〉一文，先引僞《古文尚書》〈大禹謨〉、〈仲虺之誥〉、〈湯誥〉之例，謂「我國之言性者古矣」，繼云「嗣是以後……」。則靜安以此等資料爲眞，並依其時代爲次。(見《文集》)《宋元戲曲史》:「……故〈商書〉言:『日恒舞於宮，酣歌於室，時謂巫風。』」(第一章〈上古至五代之戲劇〉)，亦僞古文〈伊訓〉語也。又靜安早年亦信《今本竹書紀年》爲眞，說詳第四章第一節。

第三章　靜安於顧炎武、章學誠學術之繼承與發展

第一節　靜安繼承顧炎武學術精神

一、清初經世精神略論

靜安於〈沈乙庵先生七十壽序〉論有清二百年學術要略云：

> 我朝三百年間學術三變：國初一變也，乾嘉一變也，道咸以降一變也。順康之世，天造草昧，學者多勝國遺老，離喪亂之後，志在經世，故多爲致用之學，求之經史，得其本原，一掃明代苟且破碎之習，而實興以興；雍乾以後，紀綱既張，天下大定，士大夫得肆意稽古，不復視爲經世之具，而經史小學專門之業興焉；道咸以降，涂轍稍變，言經者及今文，考史者兼遼金元，治地理者逮四裔，務爲前人所不爲，雖承乾嘉專門之學，然亦逆睹世變，有國初諸老經世之志。故國初之學大，乾嘉之學精，道咸以降之學新。竊於其間得開創者三人焉：曰崑山顧先生，曰休甯戴先生，曰嘉定錢先生。國初之學創於亭林，乾嘉之學創於東原、竹汀，道咸以降之學乃二派之合而稍偏至者，其開創者仍當於二派中求之焉。蓋嘗論亭林之學經世之學也，以經世爲體，以經史爲用；東原、竹汀之學經史之學也，以經史爲體，而其所得往往裨於經世；蓋一爲開國時之學，一爲全盛時之學，其塗術不同，

亦時勢使之然也。道咸以降學者，尚承乾嘉之風，然其時政治風俗已
漸變於昔，國勢亦稍稍不振，士大夫有憂之而不知所出，乃或託於先
秦西漢之學，以圖變革一切，然頗不循國初及乾嘉諸老爲學之成法；
其所陳夫古者，不必盡如古人之眞，而其所以切今者，亦未必適中當
世之弊，其言可以情感，而不能盡以理究，如龔璱人、魏默深之儔；
其學在道咸後，雖不逮國初、乾嘉二派之盛，然爲此二派之所不能攝，
其逸而出此者，亦時勢使之然也。今者時勢又劇變矣，學術之必變蓋
不待言。世之言學者，輒悵悵無所歸，顧莫不推嘉興沈先生，以爲亭
林、東原、竹汀者儔也；……使後之學術變而不失其正鵠者，其必由
先生之道矣。〔註1〕

此文乃爲沈氏所作壽序，故歸重沈氏。然據此，亦可見有清三期學術梗概，
而靜安之學術觀亦寓其中。紬繹之，可見靜安學術觀者六事。

一、重經史之學與經世目的。靜安論清人之學術內容，不外乎經史；語
其旨歸，不離乎經世；即預料後來學術「變而不失其正鵠」者，亦舉沈氏經
史與經世之學術內容爲說（詳第四章第三節）。知靜安之學即承清儒，以經史
爲內容、經世爲目的；「經世」爲其學術價值觀。

二、強調經史與經世之關係。通篇以經史、經世二者並論，且謂清初經
世之學，「求之經史，得其本原」；而乾嘉經史之學，其所得亦「往往裨於經
世」。則靜安以經史之學爲「實學」，重歷史經驗，其「經世之學」亦即以經
史爲「本原」，取古今事實，詳究本末，明判得失。

三、重有體有用之學。觀其就體、用二者，分別有清三期學術之異同，
斯可知矣。

四、重世變後之省覺。彼就世變對學術之影響，以說明有清三期學術之
轉化及其異同，以爲均「時勢使之然也」。意即：各時代均有其時代背景，及
因之而生之學術重心。

五、重「國初及乾嘉諸老爲學之成法」。惟此「成法」何指，靜安語焉未
詳，然其略可知，蓋即「所陳夫古者」需「盡如古人之眞」之治學方法也。
靜安又云：「夫學問之品類不同，而其方法則一。國初諸老用此以治經世之學，
乾嘉諸老用之以治經史之學，先生（沈氏）復廣之以治一切諸學」（同上註），
而道咸以降之論微言大義者無與焉。蓋清初經世之學以經史爲本原，然治經

〔註 1〕 《集林》卷二三。

匪易，故顧炎武倡「考文知音」之法以爲治學途徑（詳下），乾嘉諸老循此而發展爲「專門之業」，沈氏與靜安亦均本此法治學，故靜安云然，所謂「成法」者殆此。

六、於清初諸儒，特推尊顧亭林，以顧氏之學即涵括前數義也。

靜安之經史研究，雖繼承乾嘉學術內容與方法，而加以發展，然其經世之主觀意志與乾嘉諸儒異。又靜安晚年亦治西北史地，承道咸以降之風，然治學方法與道咸以降諸儒不同。考其意之所嚮，乃在清初「有體有用」之「經世之學」。於此，需略論清初之經世精神，而後靜安之學術觀易明，其經世精神之淵源亦可推知。

近人論明清學術之轉變者，如梁啓超以爲：清代思潮係「對於宋明理學之一大反動，而以復古爲職志者也」，〔註2〕胡適之先生亦以爲清學係「反玄學的運動」。〔註3〕錢穆先生則以爲：清初如孫奇逢、黃宗羲、王船山、顧炎武諸儒，「靡不寢饋宋學」；繼此而降，如李塨、方苞諸人，「皆於宋學有甚深契詣」；至於乾隆，而漢學之名始稍稍起，「而漢學諸家之高下淺深，亦往往視其宋學之高下淺深以爲判」，〔註4〕用駁梁、胡二先生說。新近，余英時先生撰文支持錢說，以爲宋明學術之主流——理學，於清代並未全然消歇。此外，余先生更上溯清儒考證之學與宋明儒之關係，謂「清儒的博雅考訂之學，也有其宋明遠源可尋」，並推源於朱子「道問學」之教，謂清代學風之形成，爲朱子智識主義伏流之顯現；以駁詰梁、胡二先生視清學興起爲方法論運動及過度強調清學於歷史上創新意義之偏。〔註5〕

愚以爲諸家之說或不相牾，且實相成，特論旨各有取重而已。蓋梁先生亦嘗論及清儒考證之業源於宋儒，〔註6〕胡先生亦以爲清代考證風氣起於明中

〔註2〕　《清代學術概論》二。又見《中國近三百年學術史》一〈反動與先驅〉。

〔註3〕　《戴東原的哲學》一〈引論〉。

〔註4〕　《中國近三百年學術史》第一章〈引論〉。

〔註5〕　〈從宋明儒學的發展論清代思想史〉，收入所著《歷史與思想》一書，又〈清代思想史的一個新解釋〉，收入同書。

〔註6〕　梁先生云：「大抵考證之業，宋儒始引其緒，劉攽、洪邁輩之書，稍有可觀，至清而大盛。其最著者，如錢大昕之《廿二史考異》、王鳴盛之《十七史商榷》、趙翼之《廿二史箚記》。其他關於一書一篇一事之考證，往往析入豪芒，其作者不可僂指焉。」（《中國歷史研究法》第二章〈過去之中國史學界〉）又云：「宋王應麟《困學紀聞》爲清代考證學先導，故清儒甚重之。」（《中國近三百年學術史》十四〈清代學者整理舊學之總成績二〉）案：梁氏此說，清人多有論及，如章實齋即是。（見《文史通義・博約中》）。

葉後，〔註7〕唯二家所論爲創新意義者，乃就「時代思潮」而言。〔註8〕蓋一代學術主流之形成，當有其刺激、轉化之導因，梁、胡二先生之目的，即欲尋此導因以爲解釋。此猶錢先生以爲「清初考古博雅之風，乃有激於當世之時文舉業而然」，〔註9〕雖所釋不同，目的則一。唯梁、胡二氏所稱「對於宋明理學之一大反動」或「反玄學的運動」等語，似易啓人誤解，以爲清學俱屬此一「反動」或「運動」之範疇，而所反對者即「宋明理學」之全體，故錢先生特著文駁論。二氏之重點在清代漢學之創新意義，錢先生則重在宋明理學之延續意義，而余先生則論清代漢學之繼承意義，所重各自不同。

清初諸儒除顏習齋一派之戒讀書、重躬行者外，其餘雖不必即反「宋明理學」，然諸儒於王學末流之弊，具普遍之抗拒意識，要非盡誣；又清儒之博雅考訂，雖自前人「道問學」之系統而發展，然清儒之時代背景及目的，與前人不盡相同。諸儒居天地之變後，高倡經史、經世之學，致宋明「道問學」之伏流轉化爲當時學術之主流，乃諸儒人生觀之轉變及責任意識之覺醒而促成之者，其意義爲「創新」；否則無以解釋何以宋明之「伏流」至清初而顯現爲「主流」？

前引靜安論清初學術諸語，以清初經史「實學」相對於「明代苟且破碎之習」，即以轉變之意義，論清初學術特質，且以遭離喪亂及經世之「志」，作爲促成轉變之主客觀因素。所謂「志」者，或可以「責任意識」釋之。請略申此說，並釋諸儒「志在經世」必「求之經史」乃「得其本原」之故。

大體言之，明人理學嗣宋人朱陸異同之餘響，主心性之辨，重體驗、反躬、內斂，爲成己之學。其弊所極，乃相率於言心、言性，「襲語錄之糟粕，不以六經爲根柢，束書而從事於遊談」，〔註10〕「杳冥恍惚以爲眞」、「靜且輕者以爲根」，〔註11〕「舍多學而識，以求一貫之方，置四海之困窮不言，而終日講危微精一之說」。〔註12〕

是以清初諸儒，鑑於明儒講學之弊，主力行實踐，以救蹈虛；又懲於明

〔註7〕 註5前揭余先生文有說。

〔註8〕 如梁先生云：「其在我國，自秦以後確能成爲時代思潮者，則漢之經學、隋唐之佛學、宋明之理學、清之考證學，四者而已。」（《中國近三百年學術史》二、〈清代學術變遷與政治的影響、上〉，胡先生亦同斯旨。）

〔註9〕 《中國近三百年學術史》第四章〈顧亭林〉。

〔註10〕 全祖望〈梨洲先生神道碑文〉所述黃宗羲語，《鮚埼亭集》卷十一。

〔註11〕 王夫之《周易外傳》卷四〈震〉。

〔註12〕 顧炎武〈與友人論學書〉，《亭林文集》卷三。

之亡國，倡通經讀史，實事求是，重風俗人倫，並就歷史之政制、文化探其本源，以求鑑戒之資。如黃黎洲雖從學劉宗周，爲王學之後傳，唯特持陽明「知行合一」之旨，釋陽明「致良知」之「致」爲「行」，〔註13〕矯王學末流之弊；所著《明夷待訪錄》，恒援古以諷今，又云：「學必源本於經術，而後不爲蹈虛，必證明於史籍，而後足以應務」。〔註14〕王夫之則「自少喜從人間問四方事，至於江山險要，士馬食貨、典制沿革，皆極意研究」，〔註15〕又謂後王之制應「參古以宜民」。〔註16〕顧炎武則以爲「心」當存於「當用之地」，而不當攝於「空寂之境」。〔註17〕所謂「當用之地」者，宇宙人生之內也；「空寂之境」者，宇宙人生之外也。又釋「格物致知」之義云：

> 致知者，知止也。知止者何？爲人君，止於仁；爲人臣，止於敬；
> 爲人子，止於孝；爲人父，止於慈；與國人交，止於信。是之謂知
> 止，知止然後知至。君臣、父子、國人之交，以至於禮儀三百、威
> 儀三千，是之謂物。〔註18〕

予「格物致知」一語以人事之解釋；其所兢兢者，即在君臣、父子、朋友間之「當務之急」（同上註）；其學以「六經之旨」、「當世之務」爲內容，以「明道救世」爲目的。〔註19〕又以爲：「史書之作，鑒往所以訓今」，〔註20〕「引古籌今，亦吾儒經世之用」。〔註21〕以上諸儒，由明人心性之學，轉爲著眼歷史、人生之經史之學；綰合歷史與人生、經史與經世，由明人「成己之學」而爲「成人之學」。此時代變異，所導致人生觀及責任意識之轉變。此一觀念，以顧炎武之語尤爲剴切詳明，有云：「天生豪傑，必有所任，……今日者，拯斯人於塗炭，爲萬世開太平，此吾輩之任也」，〔註22〕又云：「夫子『歸與歸與』，未嘗一日忘天下也。故君子之學，死而後已」，〔註23〕可視爲清初諸儒之心聲；而顧氏所揭

〔註13〕〈姚江學案〉，《明儒學案》卷十。

〔註14〕全祖望〈甬上證人書院記〉所述，《鮚埼亭集外編》卷十六。

〔註15〕王敔撰〈薑齋公行狀〉。

〔註16〕《讀通鑑論》卷二十「唐高祖」條。

〔註17〕《日知錄》卷一「艮其限」條。又顧氏此說，乃自宋人黃震說發展而來（見原文）。

〔註18〕同上註，「致知」條。

〔註19〕〈與人書三〉，《亭林文集》卷四。

〔註20〕〈答徐甥公來書〉，《亭林文集》卷六。

〔註21〕〈與人書八〉，《亭林文集》卷四。

〔註22〕〈病起與蘇門當事書〉，《亭林文集》卷三。

〔註23〕〈與人書六〉，《亭林文集》卷四。

「博學於文」、「行己有恥」〔註24〕二語，即其踐履之道也。

第二章第一節述及靜安之責任觀念。其早年雖醉心叔本華之悲觀哲學，仍不廢人生之責任，關心人才、教育，後雖轉治經史，此一觀念仍未稍替。其治學方法既率由顧氏所倡之「考文知音」方法，而其學旨復與顧氏之「明體適用」（潘耒稱顧氏語）、「明體達用」（黃汝成稱顧氏語）契合，其企慕清初諸儒，並於顧氏尤甚景崇者，自非偶然。

二、二家學術精神之比較

近人留意及於靜安與顧氏之學術關係者，首推侯外廬。侯氏有云：

我們認為清初大師皆世之「顯學」，亭林的顯學價值甚巨，清代學者乾嘉以後發展了他的經驗論，自有狹義的歷史價值，在這一點，我認為王國維最足繼承亭林者。例如亭林自謂專門成就為音韻學，《文集》卷四〈答李子德書〉，所講由音韻學而明古義，進而考證古制，在後來王國維實繼此而大成；例如亭林深信《竹書紀年》，謂自武王以下皆為可靠史料（原註：如《日知錄》考共伯和所據），後來王國維更有《竹書紀年》的疏證；例如金石文字學，亭林繼宋歐陽修而多有集錄，謂銘辭可以佐理經典，後來王國維在卜辭金文方面的成就實高前人萬倍；例如亭林考氏姓至詳，為王國維考殷商所本，所謂「兄終弟及」為商人特制者，亭林《日知錄》已首先明白提出，「商之世，兄終弟及，故十六世而有二十八王」（原註：卷十四〈兄弟不相為後〉條）；例如亭林《日知錄》〈周末風俗〉、〈帝王名號〉等條，都為王國維所發展，且《日知錄》的體例亦與王國維的考釋諸文相似。王氏《遺書》中雖沒有明言他繼承亭林，而線索則顯然可見。從顧亭林到王國維是近代中國學術的寶貴遺產，……國維的古史考證雖成就卓越，卻未能推動他由研究方法的近代意識達到近代理想，這亦是乾嘉以來考據學風氣之敝，使問題狹小鉗入一個天井，因而壓榨著世界觀的自由出路。〔註25〕

此論二家學術關係至悉。顧氏學術氣象博大，復有經史方法論，頗為具體，其

〔註24〕 〈與友人論學書〉，《亭林文集》卷三。近人或謂顧氏分「博學」、「行己」為兩橛，恐非是。「博學」者，學「行己」之事也；而「行己」則需學，意實一具。
〔註25〕 《近代中國思想學說史》第三章第一節〈亭林思想的獨特精神〉。

學術得發展於後世，並蔚為「顯學」者，以此。惟侯氏僅偏就內容與方法二者論說，略二家學術精神之承繫未言，因評靜安「亦是乾嘉以來考據學風氣之敝」，意恐未允。且即就學術內容論，乾嘉學術導源於顧氏，而靜安則發展乾嘉以降諸儒之學。據靜安自述，其小學發展戴震、段玉裁、高郵王氏父子、吳大澂、孫詒讓諸氏；名物、制度則宗仰程瑤田、吳大澂（俱詳第六章第一節）；其《竹書紀年》研究則纘朱右曾之緒。是以論靜安與顧氏之學術關係，宜就二家之學術精神立論。舉例言之，如顧氏之治文字、音韻，其目的在通經讀史，嘗云：「讀九經自考文始，考文自知音始；以至諸子百家之書，亦莫不然」，〔註26〕又〈音學五書自序〉云：「……自是而六經之文可讀」。〔註27〕以徵實之方法為治經史尋取客觀標準，免流於汗漫無歸。而靜安之〈鬼方昆夷玁狁考〉，綜金文及載籍之證，謂「鬼方」當作「畏方」，經籍作「鬼方」，乃漢人隸定時改，並云：

> 此古經中一字之訂正，雖為細事，然由此一字，可知鬼方與後世諸
> 夷之關係，其有裨史學者，較裨於小學者為大。〔註28〕

知靜安之治小學，其目的亦在經史，與顧氏同，而非即以小學為目的者也。又此考與《集林》中考遼金元史諸作，同屬論民族問題之重要著述，此亦與顧氏《日知錄》中論夷狄諸條，立意相似。其餘如重道德風教，表彰氣節，考政治得失等端，亦莫不與顧氏之精神遙相契合。第一章論及靜安於著述之選題意義，第二章亦論其治經史之主觀意志，均可與此旨相發明。吾人若不循此觀點以了解靜安學術，則何以靜安批評戴震「一生心力專注於聲音訓詁名物象數，而於六經大義所得頗淺」，〔註29〕即難以理解；又彼何以自許〈殷周制度論〉一文，「於考據之中寓經世之意，可幾亭林先生」，〔註30〕亦難知。

　　顧氏自謂《日知錄》一書，「平生之志與業，皆在其中」。〔註31〕潘耒〈序〉亦云：「如第以考據之精詳，文辭之博辨，歎服而稱述焉，則非先生所以著此書之意也」。〔註32〕靜安之著述，多作考證形式，後人亦徒見其「業」而鮮知其「志」，或以此歟！

〔註26〕〈答李子德書〉，《亭林文集》卷四。
〔註27〕《亭林文集》卷二。
〔註28〕《集林》卷十三。
〔註29〕〈聚珍本戴校水經注跋〉，《集林》卷十二。
〔註30〕《書信》，頁214。
〔註31〕〈與友人論門人書〉，《亭林文集》卷三。
〔註32〕《日知錄》卷首。

最足表現靜安繼承顧氏精神者，爲〈殷周制度論〉，茲先就他篇，撮爲要目四，用比觀二家學術精神之要略，而以〈制度論〉別爲一小節專論。

（一）論諸經要義

靜安經世精神所繫在禮，其治禮，不僅審於名物制度，且能躬行實踐，不愧「禮堂」稱號。其論諸經要義，亦不外乎禮，有云：

> 《周易》：其書說陰陽消長之理。〈繫辭傳〉云：「易窮則變，變則通，通則久。」鄭玄贊《易》，以「變易、不易」二語釋之。變易者，〈傳〉之所謂「窮則變」也；不易者，〈傳〉所謂「通則久」也。天道如是，人事亦然。聖人推天道以明人事，而作此書，以爲人事之準繩；占筮之用，其一端也。
>
> 《尚書》：自宋以來，儒者已疑〈泰誓〉及二十四篇之僞，歷元明至清四代，遂爲定論。然僞書亦魏晉間人蒐輯古佚書所成，其言多有裨於政治道德，不可廢也。其眞者，多紀帝王行事及君臣論治之語，實中國三千年來政治道德之淵源，亦中國最古之史也。
>
> 《詩》：〈國風〉之詩，多民間歌謠，古人採之，以觀風俗及政治美惡。至於〈雅〉、〈頌〉，則多出於士大夫之手，或詠歌先王之德，或陳古以刺今，其言均可諷誦；而道德政治上之教訓，亦多寓其中；其使人感發興起，較《易》、《書》爲深：故孔子屢令弟子學《詩》，以爲教育之方術。
>
> 《春秋》：蓋本魯史之舊，孔子加以筆削，以見一王之法，以寓褒貶。
>
> 《論語》：《論語》多言立身行己之事，較六經之言經世者，尤於人爲切近；故歷代皆以爲通經之門戶。漢人受經者，必先通《論語》、《孝經》：宋以後讀五經者，必先受《四書》：皆以此也。
>
> 《孝經》：《孝經》者，孔子爲曾子陳孝道之書。〔註33〕

三《禮》本即禮書，故靜安於三《禮》不煩復申此義，其餘所述諸經大義，不作高論，然一皆宏正。其間有需特加留意者：一、論諸經要旨，不離政治；論政治，則又不離乎道德風教，而歸結於國之治亂。二、以六經爲經世之書。三、於僞《古文尚書》，亦稱其「有裨於政治道德」，以爲不可廢；見靜安善

〔註33〕《經學概論講義》。

於分辨資料性質，而論其價值，不執一是。〔註34〕四、特舉《論語》一書，以爲是「通經門戶」，「較之六經之言經世者，尤於人爲切近」，知其重踐履尤在名物度數之上。以上或言道德風教或言立身行己，皆禮教之大者。

　　靜安此說，可與顧氏相發明。顧氏學術以「六經之旨」、「當世之務」爲歸。「六經之旨」爲何？顧氏云：

　　　　孔子之刪述六經，即伊尹、太公救民於水火之心；而今之注蟲魚、命草木者，皆不足以語此也。故曰：「載之空言，不如見諸行事。」夫《春秋》之作，「言」焉而已，而謂之「行事」者，天下後世用以治人之書，將欲謂之「空言」而不可也。愚不揣，有見於此，故凡文之不關於六經之旨，當世之務者，一切不爲。〔註35〕

孔子刪述六經，因「當世之務」而爲也。故「經旨」與「世務」是一非二。顧氏自論學旨，復特舉「當世之務」者，即晞孔子之志，而其要目，則前述君臣、父子、朋友諸「當務之急」，亦皆「六經之旨」也。是顧氏雖以「六經之旨」與「當世之務」分舉，要不可歧爲兩端，蓋二者皆不離乎人倫日用之「行事」，亦皆不外乎禮也，故曰：「周公之所以爲治，孔子之所以爲教，舍禮其何以焉」。〔註36〕然《易經》者，其亦屬「當務之急」何耶？觀顧氏示人以學《易》之方，曰：「必先以《詩》、《書》執禮，而《易》之爲用存乎其中」。〔註37〕蓋彼以《易》爲「寡過反身之學」，〔註38〕謂「聖人之所以學《易》者，不過庸言庸行之間，而不在乎圖書象數也」（同上註）。

　　自來經學課題，不外二端，曰天人關係，曰人際關係。前者如《書·洪範》五行之類；後者則言辭授受取予之間，群經多有之。靜安與顧氏之所重即在後者，且以爲即治亂所攸關，其經學精神在此，經世精神之所繫亦在此也。

（二）究「所以然」

　　明「所以然」，爲靜安致知之理想，而不以求其「當然」爲已足也，有云：

〔註34〕《古文尚書》不可廢之說，清儒已有言之者，如龔自珍〈資政大夫禮部侍郎莊公（存與）神道碑銘〉所述莊氏說。莊氏之理由有二：一、「古籍墜湮什之八，頗藉僞書存者什之二」。二、有禆道德治亂。（見《龔自珍全集》第二輯）與靜安之意大抵相類。

〔註35〕〈與人書三〉，《亭林文集》卷四。

〔註36〕〈儀禮鄭注句讀序〉，《亭林文集》卷二。

〔註37〕〈與友人論易書〉，《亭林文集》卷三。

〔註38〕《日知錄》卷一〈孔子論易〉條。

「必當然之知識與所以然之知識爲一，而後得完全之知識」。〔註39〕求「當然」者，實事求「是」；究「所以然」者，求其「所以是」也。程子曰：「善學者，當求其所以然之故，不當誦其文、過目而已也」；〔註40〕王船山自述考論史事之法曰：「推其所以然之縣，辨其不盡然之實」；〔註41〕潘耒序《日知錄》，稱顧氏之學「事關民生國命者，必窮源溯本，討論其所以然」；《集林·（羅）序》曰：「君……考古代之制度文物，並其立制之所以然。」是其學必求其所以然，淵源有自矣。

究「所以然」，即就事物之存在或變遷中，考明事實，推知其故，並尋其意義。如所撰〈釋幣〉，由衣服制度考幣帛之長短廣狹，考歷代布帛修廣價值，先則比列歷代尺度之長短，繼云：

> 案：尺度之制由短而長，殆爲定例。而其增率之速，莫劇於西晉、後魏之間，三百年間幾增十分之三。前此，則周尺、漢尺、晉尺，雖不必全相符合（原註：〈隋志〉之說），然其增率不得逾數分。求其原因，實由魏晉以後以絹布爲調，官吏懼其短耗，又欲多取於民，故其增加之率至大且速。今試證之，……。〔註42〕

「尺度之制，由短而長，殆爲定制」，此「當然」之事實也；「求其原因」，則求其「所以然」也。魏晉以後，尺度增加率至大且速，即因苛捐重賦之故。惟宋三司布帛尺較唐尺爲短，似不合前述「由短而長」之「定例」，靜安乃釋云：

> 宋時絹布已以四十二尺爲一匹，故尺法雖短而絹布修廣已過於唐。
> 苟合匹法與尺法參觀之，可知斯說之不謬也。（同上註）

宋尺何以不合「定制」，此作解釋。唐以四丈爲匹，宋以四十二尺爲匹，以匹法之所增者償之，猶有贏餘。是尺法減短，乃藉匹法以多取於民也。就二處文字觀之，靜安所關心者，不專在尺，而在與尺相關之徵課制度；即不徒欲探知尺法之制，尤欲深究此制度背後之動機。故於尺法之不足釋此動機者，則「合匹法與尺法參觀之」。夫幣帛者，百姓日用之資，徵課制度則影響民生，

〔註39〕〈叔本華之哲學及其教育學說〉，《靜安文集》。
〔註40〕《二程集·河南程氏粹言》卷一〈論學篇〉。
〔註41〕《讀通鑑論》卷末附〈敍論二〉。
〔註42〕《全集》初編冊六。民國十五年，靜安爲燕京大學演講〈現存歷代尺度〉（收入《集林》卷十九），復明揭此義。又吳澤謂靜安此說，乃自阮元《積古齋鐘鼎彝器款識》〈商周兵器〉條所論度量衡之變化而發展。（〈論王國維的唐尺研究〉，《王國維學術研究論集》第一輯）。

此文之具經世意義者在此，考與《亭林文集・錢糧論》、〈錢法論〉及《日知錄》〈以錢爲賦〉條等文，立意相仿。顧氏〈錢糧論〉曰：

> 自古以來有國者之取於民，爲已悉矣，然不聞有火耗之說。火耗之所由名，其起於徵銀之代乎？……原夫耗之所生，以一州縣之賦繁矣，戶戶而收之，銖銖而納之，不可以瑣細而上諸司府，是不得不資於火，有火則必有耗，所謂耗者，特百之一二而已。有賤丈夫焉，以爲額外之徵，不免干於吏議；擇人而食，未足厭其貪懍；于是藉火耗之名，爲巧取之術。蓋不知起于何年，而此法相傳，代增一代，官重一官，以至于今。〔註43〕

二文比觀，見二家藉考古以探民隱之用心。靜安比較制度之變化而尋其原因，顧氏乃就制度之所由起而察其用意，均「窮源之論」（日知錄卷二〈殷紂所以亡〉條語）也。

又靜安〈明熊忠節（汝霖）題稿跋〉云：

> 宋人論漢代文書之速，舉趙充國〈陳兵利害書〉，以六月戊申奏，七月甲寅璽書報從。按辛武賢與充國之爭，所係甚鉅，利害亦未易決，而自戊至甲七日已報其奏，宜充國之有成功也。此疏上於崇禎十五年十二月二十六日，至十六年六月初九日始奉聖旨。該部知道疏中所言士氣之餒、軍備之弛，皆間不容髮之事，又非趙、辛議論不同之比，而遲至半年始下兵部，何其緩也。且大清兵入塞在十五年十一月，北歸在十六年夏四月，明季政事之叢脞，已可概見。此時忠節已得罪南徙，而下此疏者思宗有悔意歟？〔註44〕

此又據熊氏奏疏推知明末政事，爲明之覆亡尋一解釋。此與清初諸儒痛明季典章隳壞、政令不行，馴至亡國者，同一襟懷。其治史精神，已非乾嘉學風下之傳統，如王鳴盛即云：

> 大抵史家所記典制，有得有失，讀史者不必橫生意見、馳騁議論，以明法戒也，但當考其典制之實，俾數千百年建置沿革瞭如指掌。……蓋學問之道，求于虛不如求于實，議論褒貶皆虛文耳。〔註45〕

王氏所論，爲乾嘉實事求「是」學風之反映。唯孟森於此即致不滿，有云：

〔註43〕《亭林文集》卷一。
〔註44〕《別集》卷三。
〔註45〕《十七史商榷・自序》，見原書卷首。

乾隆以來多樸學，知人論世之文，易觸時諱，一概不敢從事，移其
心力，畢注於經學，畢注於名物訓詁之考訂，所成就亦超出前儒之
上。……其弊至於不敢論古，不敢論人，不敢論前人之氣節，不敢
涉前朝亡國時之正氣。……略有治史者，亦以漢學家治經之法治之，
務與政治理論相隔絕。〔註46〕

孟氏之評，即前述侯外盧所譏之「考據學風氣之敝」，唯若據議靜安，則非確
評。

　　究「所以然」屬致知之觀念與方法。以上舉例，特闡發靜安此一學術特
質及其由此而達經世之志，見其與顧氏之學術關係，實則二家治學所持，均
莫非此義焉。

（三）論風俗

　　顧氏為清初諸儒之最重風俗者，所著《日知錄》，「上篇經濟，中篇治道，
下篇博聞」，〔註47〕而論風俗諸條多薈於中篇，蓋以風俗關乎人才之消長，而
治亂所攸繫也，有云：

羅仲素曰：教化者朝廷之先務，廉恥者士人之美節，風俗者天下之
大事。朝廷有教化，則士人有廉恥，士人有廉恥，則天下有風俗。
〔註48〕

以教化、士習與風俗三者並言。其論風俗之轉移，一則歸諸朝廷之教化，次則
責望於士大夫之節行，故曰：「論世而不考其風俗，無以明人主之功」，〔註49〕
復引五代史馮道傳論曰：「士大夫之無恥，是謂國恥」（同註48）。

　　靜安之重風俗教化，蓋亦承顧氏之教者。嘗評沈垚之《落帆樓文集》，
謂「其中尺牘三卷實為不朽之作，所記道光年間士大夫之情狀，腐敗過于光、
宣間，可見咸同中興整頓風俗之功不小」。〔註50〕其藉風俗以觀政治得失，
與顧氏同一宗旨。至其論風俗之升降，則恒自隱微處體察，如〈待時軒仿古
鉨印譜序〉云：

〔註46〕《明清史講義》第四編第三章第九節〈雍乾之學術文化下──儒學〉。
〔註47〕〈與人書二十五〉，《亭林文集》卷四。
〔註48〕《日知錄》卷十三〈廉恥〉條。
〔註49〕同上註，〈周末風俗〉條。案：顧氏論風俗，「斥周末而進東京」，即因光武之
　　　　「尊崇節義，敦厲名實，所舉用者莫非經明行修之人，而風俗為之一變。」（同
　　　　卷〈兩漢風俗〉條）
〔註50〕《書信》，頁275。

一藝之微，風俗之盛衰見焉。今之攻藝術者，其心偷，其力弱，其
氣虛憍而不定，其爲人也多，而其自爲也少，厭常而好奇，師心而
不悅學。……（羅）子期篤嗜篆刻，……其所作，於古人準繩規矩，
無毫髮遺憾，……其諸不爲風俗所轉，而能轉移風俗者歟？風俗之
轉移，藝術之幸，抑非徒藝術之幸也。〔註51〕

此掊擊時尙「厭常而好奇，師心而不悅學」之弊，即顧氏所痛斥明人「厭常
喜新」之「風氣之變」。〔註52〕「不爲風俗所轉，而能轉移風俗」，靜安之所
自期也，且自喻爲「良醫」，有〈送日本狩野博士游歐洲〉詩一首云：

……微聞近時尚功利，復云小吏乏風節。疲民往往困魯稅，學子稍
稍出燕説。良醫我是九折肱，憂時君爲三太息。……〔註53〕

此詩撰旨，於〈致鈴木虎雄書〉直云：「詩中語意，於貴國社會政治前途頗有
隱慮」。〔註54〕

　　除外，靜安亦究心外族、邊裔風俗。《集林》卷十三〈鬼方昆夷玁狁考〉，
論此族尙武之俗；卷十六〈蒙古札記〉，考「燒飯」之俗；卷二十〈于闐公主
供養地藏菩薩像跋〉，論回鶻「以叔收嫂」之故俗，〔註55〕皆其例。與《日知
錄》卷二十九論外族諸條，取義雖不盡同，要可見二家留心風俗之一端。

（四）論人物

　　歷史者人類之活動也：史實之所以生，制度之所以立，風俗之所以成，
均不離乎人。人者，心之器也。靜安論風俗，恒歸結於世道人心，其論人物
亦必抉其心跡，探其精神人格，而不泥於成事之是非，知其重人物心術，尤
過於事功。如論元遺山上耶律楚材書之事云：

元遺山以金源遺臣，金亡後上耶律中書書（原註：《遺山集》三十九），
薦士至數十人，昔人恒以爲詬病。然觀其書，則云：「以閣下之力，
使脫指使之辱，息奔走之役，聚養之、分處之、學館之，奉不必盡具，

〔註51〕《別集》卷四。
〔註52〕《日知錄》卷十八〈朱子晚年定論〉條。
〔註53〕《集林》卷二十四。
〔註54〕《書信》，頁32。
〔註55〕此條見密韻樓本，羅、趙二本俱刪。據姚名達迻錄之〈刪削表〉，不列此條，
　　　　二本刪去，不知何故。唯靜安致羅氏書有云：「于闐公主再嫁，乃回紇故俗，
　　　　惟未便質言。」（《書信》，頁295）蓋「以叔收嫂」亦滿俗也，即多爾袞與順
　　　　治母之故事。或羅氏因此而刪歟？

饘粥足以餬口，布絮足以蔽體，無甚大費」云云。蓋此數十人中，皆蒙古之驅口也，不但求免爲民，而必求聚養之、分處之者，則金亡之後，河朔爲墟，即使免驅爲良，亦無所得食，終必餒死故也。遺山此書，誠仁人之用心。是知論人者，不可不論其世也。〔註56〕

元遺山薦士事，全祖望〔註57〕、趙翼〔註58〕諸氏皆不直其行，以爲白璧之玷。靜安論世以知人，謂元氏誠「仁人之用心」，爲其昭雪沈冤。據劉祁《歸潛志》云：「京師被圍數月，倉廩空虛，百姓食盡，無以自生，至於箱篋鞍韉諸皮物，凡可食者，皆煑而食之」。〔註59〕靜安謂「即使免驅爲良，亦無所得食，終必餒死」，非無據也。近人姚從吾先生撰〈元好問癸巳上耶律楚材書的歷史意義與書中五十四人行事考〉，論元氏此書之影響，說甚悉，能補靜安之不足。〔註60〕全、趙二氏皆深於史學，重氣節，然論元氏事，尚不如靜安之抉其心跡、見其人格之爲允也。是知：若泥跡而不論世，鮮不失人。此靜安之史識也。

又有論南宋末宮室近臣汪水雲曰：

汪水雲以宋室小臣，國亡北徙，侍三宮於燕邸（愚案：三宮謂謝、全二太后及王昭儀），從幼主於龍荒（愚案：謂從宋少帝北遺塞外）。其時，大臣如留夢炎輩當爲愧死，後世多以完人目之，然中間亦爲元官，且供奉翰林，其詩具在，不必諱也。……汪水雲亦曾爲翰林院官，……水雲在元頗爲貴顯，故得橐留官俸，衣帶御香；即黃冠之請，亦非羈旅小臣所能；後世乃以宋遺民稱之，與謝翱、方鳳等

〔註56〕〈耶律文正公年譜餘記〉，《全集》續編冊三。
〔註57〕《鮚埼亭集外編》卷三十一〈跋遺山集〉：「遺山又致書耶律中令，薦上故國之臣四十餘人，勸其引進，是非可以已而不已者耶？願言呼諸子，相從潁水濱，昔人風節尚哉！」
〔註58〕《甌北詩話》卷八〈元遺山詩六〉：「遺山在汴梁圍城中，自天興二年春，崔立以城降蒙古，後四月二十九日始得出京；而二十二日，已先有書上蒙古相耶律楚材，自稱門下士，此不可解。……即楚材慕其名，素有聲氣之雅，然遺山仕金，正當危亂，尤不當先有境外之交……。」
〔註59〕轉引自姚從吾先生文，姚著見下註。
〔註60〕見《臺灣大學文史哲學報》第19期。姚著略謂：「這一封信，就日後所發生的影響說，直接救濟了金朝自大定明昌以來兩朝所培養的學者與儒士，間接保存綿延了中國傳統的文化。……遺山先生能於當時驚慌急迫的七天之中，開列了五十四人，大體無甚遺漏，則他平日留心人才與重視人才的用心，可以概見。……又因爲是上書替天下賢士請命的，即不惜低心下氣，自稱爲門下士，或門下賤士，……不正足以證明元遺山的能見其大，不拘小節麼？……這五十四人中，絕大的部分，都是有表現的……。」

同列，殊爲失實。然水雲本以琴師出入宮禁，乃倡優卜祝之流，與
委質爲臣者有別，其仕元亦別有用意，與方、謝諸賢跡異心同，有
宋近臣一人而已。〔註61〕

留夢炎曾爲元官，然無損「完人」之稱；汪水雲入元後雖頗爲貴顯，未即有
虧大節。此條，乃辨正後人稱汪氏爲宋遺民之誤。汪氏之賢，不在其「跡」
而在其「心」；其仕元，乃爲護持少帝，以存宋室一脈（此旨，靜安雖無明說，
意殆如是），「用意」可感，故云「與方、謝諸賢跡異心同」。

　　充此類也，是以喜爲古人彰善表微；〔註62〕復虛己能容，有雖可視爲己
之創獲者，仍不忘推言前人之功。〔註63〕此亦其史德也。

　　靜安之評價歷史人物，其精神與方法，乃上越乾嘉而返於清初。此亦可
取顧說證之。

　　顧氏論制度得失及世變因果，常溯諸背後之關鍵人物；其論人物之法，
即推求其心。如論武王、周公曰：

武王克商，天下大定，裂土奠國，乃不以其故都封周之臣，而仍以
封武庚，降在侯國，而猶得守先人之故土；武王無富天下之心，而
不以叛逆之事，疑其子孫，所以異乎後世之篡弒其君者，於此可見
矣。及武庚既畔，乃命微子啓代殷，而必於宋焉，謂「大火之祀，
商人是因」，弗遷其地也。是以知古聖王之征誅也，取天下而不取其
國，誅其君，弔其民，而存先世之宗祀焉，斯已矣。……明告萬世
以取天下者，無滅國之義也。……蓋自武庚誅，而宋復封，於是商

〔註61〕〈書宋舊宮人詩詞湖山類稿水雲集後〉，《集林》卷二十一。

〔註62〕如耶律楚材爲元一代名臣，得太宗之寵信，「十三年之間君臣無絲毫之隙」者，
靜安考知：乃鄭太醫居中爲介之故。因繼考鄭太醫名姓，曰鄭景賢，並彰其
廉、仁、讓之「三大節」，以爲「其安天下、救生民之功，固不在公（楚材）
下；世有孔子，能不興微管之歎乎」。（《耶律文正公年譜餘記》，《全集》續編
冊三）復如南宋度宗嬪御有「王夫人」者，周密《浩然齋雅談》載其所作〈滿
江紅〉詞，及文文山、鄭中甫之和作。「其詞，人人能道之，獨不詳夫人爲何
如人」，靜安因考知：其人名清惠，字沖華，「鶴骨癯貌」，其得度宗寵幸，「非
以色事主，度皇亦悅德者也」；後宋少帝北遷，夫人亦在遷中，少帝教養之職，
夫人實任之。（同上註）。

〔註63〕〈鬼方昆夷獫狁考〉一文，可視爲靜安之創見，然於文末曰：「司馬氏作〈匈奴
傳〉時，蓋已知之矣。」（《集林》卷十三）〈說觥〉亦云：「……此說亦非余始
發之，陳氏《簠齋藏器目》有敦無觵，……蓋簠齋晚年已確知觵爲敦，故毅然
去觵之目，文勤聞其說而從之。然陳、潘皆無說，故特記之。」（《集林》卷三）

人曉然知武王、周公之心，而君臣上下各止其所，無復有怨懟不平
之意，……。或曰：遷殷頑民於雒邑，何與？曰：……蓋古先王之
用兵也不殺，而待人也以仁，……而所謂殷頑民者，皆畔逆之徒也，
無連坐並誅之法，而又不可以復置之殷都，是不得不遷；而又原其
心，不忍棄之四裔，故於雒邑；又不忍斥言其畔，故止曰殷頑民。
〔註64〕

此條，旨揭「取天下者無滅國」之義，蓋諷喻清之滅明也。所論武王、周公之
心，即爲靜安〈殷周制度論〉主旨之張本（詳下）。又一條論《詩》「皇父」曰：

王室方騷，人心危懼，皇父以柄國之大臣而營邑於向，於是三有
事之多藏者隨之而去矣，庶民之有車馬者隨之而去矣，蓋亦知西
戎之偪，而王室之將傾也。以鄭桓公之賢，且寄孥於虢鄶，則其
時之國勢可知。然不顧君臣之義，而先去以爲民望，則皇父實爲
之首。昔晉之王衍，見中原已亂，乃說東海王越，以弟澄爲荊州，
族弟敦爲青州，謂之曰：「荊州有江漢之固，青州有負海之險，卿
二人在外，而吾留此，足以爲三窟矣。」鄙夫之心，亦千載而符
合者乎！〔註65〕

《詩・小雅・十月之交》云：「皇父孔聖，作都于向，擇三有事，亶侯多藏。
不憖遺一老，俾守我王。擇有車馬，以居徂向。」詩人之怨，數句可見。蓋
皇父爲柄國大臣，先有見於亂兆之萌，乃營邑於向，以爲己謀；此亭林所以
斥之爲「鄙夫之心」也。其所本者，即孟子之論世法。論人如此，論事亦然。
〔註66〕

於本小節之末，擬舉靜安論事之一例，以與論人物之義相互參證，并見
其史學思想之一端。論「金界壕」云：

金之界壕，萌芽於天眷（金熙宗），討論於大定（世宗），復開於
明昌（章宗），落成於承安（章宗）。雖壕塹之成甫十餘年，而蒙
古入寇中原，如入無人之境。然使金之國力，常如正隆（海陵王
完顏亮）、大定之時，又非有強敵如成吉思汗，庸將如獨吉思忠、

〔註64〕 《日知錄》卷二〈武王伐紂〉條。

〔註65〕 同上註，卷三〈皇父〉條。

〔註66〕 同上〈大原〉條：「……然則宣王之功，計亦不過唐之宣宗；而周人之美宣，
亦猶魯人之頌僖也，事劣而文侈矣。書不盡言，是以論其世也。」即其例。

　　　完顏承裕，則界壕之築，仍不失爲備邊之中下策，未可遽以成敗
　　　論之也。〔註67〕

此例，與論人物之不拘其迹而求諸心者，同一見解。其方法，亦存乎「論世」。
靜安以爲：影響事之成敗者，非一端。以蒙古破金而論，於時金之國勢已非
昔比，復內用庸將，外有強敵，遂使蒙古入寇如入無人之境；非界壕一無足
用，未可以成敗論之也。

三、〈殷周制度論〉之經世意義

　　　《集林》卷十之〈殷周制度論〉（以下省稱〈制度論〉），爲靜安頗爲得意
之作，其代羅氏所撰《集林・序》特舉〈先公先王考〉及此篇，隱然有以二
篇爲《集林》壓卷之意。且此篇乃自〈三代地理小記〉、〈先公先王考〉、又〈續
考〉諸篇而發展，爲其研治古史之結論，自謂「自來說諸經大義，未有如此
貫串者」（代羅序），「於考據之中，寓經世之意，可幾亭林先生」（已見前引），
殆有「平生之志與業皆在其中」（用亭林語）之意。

　　　〈制度論〉之所以作，因傳統倫理道德之信仰岌岌可危，周公之歷史地
位飄搖不定，〔註68〕「舊制度廢而新制度興，舊文化廢而新文化興」（〈制度
論〉語，下同）之時代。先是，日人林泰輔撰有《周公及其時代》一書，考
周公之時代及其學術思想，靜安服其「研鑽之博與論斷之精」，〔註69〕〈制度
論〉之作或亦得林氏之啓發。其目的，即欲由考證以明義理，見「周公之聖
與周之所以王」，而結穴於傳統倫理道德之肯定，冀有裨於世道人心，其論述
重點，即涵括前述論諸經大義以下諸端，並予綜合證發。

　　　靜安首就殷周族類與地理背景之異，作爲探究文化異同之線索（此義，
別見第五章第三節），次論殷周間政治與文化之變革，有云：

　　　殷周間之大變革，自其表言之，不過一家一姓之興亡與都邑之轉移；
　　　自其裏言之，則舊制度廢而新制度興，舊文化廢而新文化興。又自
　　　其表言之，則古聖人所以取天下及所以守之者，若無以異於後世之

〔註67〕〈金界壕考〉，《集林》卷十五。

〔註68〕晚清學者，如康有爲、黃遵憲等均懷疑周公之歷史地位。康氏謂劉歆以周公
　　　之統篡孔子之統（詳第五章），黃氏於光緒三十年致梁啓超書亦云：「自周以
　　　後，……保一家之封建，致貽累世之文弱，召異族之欺凌者，實周公之過也。」
　　　（〈與飲冰主人書〉，轉引自丁文江編《梁任公年譜長編》）。

〔註69〕〈與林浩卿博士論洛誥書〉，《集林》卷一。

帝王；而自其裏言之，則其制度文物與其立制之本意，乃出於萬世
治安之大計，其心術與規摹，迥非後世帝王所能夢見也。

「自其裏」、「立制之本意」與「心術」三語，先後相貫，義亦相通。「本意」
與「心術」，即其「裏」也，而「心術」亦必藉「本意」而後見。此篇云「立
制之本意」，《集林・序》云「立制之所以然」，顧亭林曰「制作之原」，〔註70〕
章實齋曰「制作之心」，〔註71〕義不相遠，亦均其「裏」也，此三氏治學所共
具之特色，而〈制度論〉之具經世意義者，於此亦略見端緒。

靜安論殷制，據甲骨文；論周制，則以《詩經》、《尚書》、《禮經》為主。
其自稱此文為「貫串」者，可自數義觀之。

一、以「立子立嫡之制」貫串其餘周制。蓋嫡庶之制，為「周人改制之
最大者，……有周一代禮制，大抵由是出也」。有嫡庶之制，而宗法及喪服之
制生焉；有宗法、服術，而廟制生焉。

二、以尊尊、親親二義（案：喪服之四綱為親親、尊尊、長長、男女有
別。靜安改以尊尊為首者，蓋以周制即由嫡庶之「尊尊」之義而漸次擴充），
釋《周禮》之精神及「周文」之意義。有云：

古人言周制尚文者，蓋兼綜數義，而不專主一義之謂。商人繼統之
法，不合尊尊之義；其祭法又無遠邇尊卑之分，則於親親、尊尊二
義，皆無當也。周人以尊尊之義經親親之義而立嫡庶之制，又以親
親之義經尊尊之義而立廟制，此其所以為「文」也。……既有不毀
之廟以存尊統，復有四親廟以存親統，此周禮之「至文」者也。

殷周制度之異，在禮制；而周制之所以異乎殷制者，在禮之精神之轉變。周
禮之精神在尊尊、親親二義，嫡庶、宗法、服術、廟制諸制，皆由尊尊、親
親二義出，此「周文」之涵義。「文」者「人文」也，而非文飾或繁文之義。

三、以一切制度之意義歸於政治，其創制之準則繫於道德，政治與道德
之理想藉國家形式以體現，其最終之目的則著眼於治民：周制之精髓在此，
諸經之大義亦在此。有云：

〔註70〕 〈儀禮鄭注句讀序〉：「禮者本於人心之節文，心為自治治人之具。……後之
君子，用句讀以辨其文，因其文以識其義，因其義以通制作之原……。」（《亭
林文集》卷二）
〔註71〕 〈禮教篇〉：「夫一朝制度，經緯天人，莫不具於載籍，守於官司，……溯而
上之，可見先王不得已而制作之心，初非勉強，所謂『道之大原出於天』也。」
（《文史通義・內篇》卷一）

尊尊、親親、賢賢，此三者治天下之通義也。周人以尊尊、親親二
義，上治祖禰，下治子孫，旁治昆弟，而以賢賢之義治官，故天子
諸侯世，而天子諸侯之卿大夫士皆不世。……男女之別，周亦較前
代爲嚴，……而同姓不婚之制，實自周始，女子稱姓，亦自周人始
矣。是故有立子之制，而君位定；有封建子弟之制，而異姓之勢弱，
天子之位尊；有嫡庶之制，於是有宗法，有服術，而自國以至天下
合爲一家；有卿大夫不世之制，而賢才得以進；有同姓不婚之制，
而男女之別嚴，且異姓之國非宗法之所能統者，以婚媾甥舅之誼通
之，於是天下之國大都王之兄弟甥舅，而諸國之間，亦皆有兄弟甥
舅之親。周人一統之策，實存於是。

尊尊、親親、賢賢及同姓不婚四者，爲周制之基本結構，其賢賢一義，「當自
殷已然，非屬周制」，餘則周人之創制。合此四者，「周人一統之策，實存於
是」。此以政治意義釋周制之價值。又云：

由是制度，乃生典禮，則經禮三百、曲禮三千是也。凡制度典禮所
及者，除宗法、喪服數大端外，上自天子諸侯，下至大夫士止，民
無與焉，所謂「禮不下庶人」是也。若然，則周之政治但爲天子諸
侯卿大夫士設，而不爲民設乎？曰：非也。凡有天子、諸侯、卿、
大夫、士者，以爲民也。有制度典禮以治天子、諸侯、卿、大夫、
士、，使有恩以相治，有義以相分，而國家之基定，爭奪之禍泯焉；
民之所求者，莫先於此矣。且古之所謂國家者，非徒政治之樞機，
亦道德之樞機也。使天子、諸侯、大夫、士各奉其制度典禮，以親
親、尊尊、賢賢、明男女之別於上，而民風化於下，此之謂治；反
之則謂之亂。是故天子、諸侯、大夫、士者，民之表也；制度典禮
者，道德之器也。周人爲政之精髓，實存於此。

周人之制度典禮，兼實踐政治與道德之雙重意義。其政治意義，則循此制度典
禮，而天下定；其道德意義，則居上者各奉此制度典禮，以親親、尊尊、賢賢、
明男女之別，自有以感動風俗，而化於下矣。二者均著眼於民，亦著眼於合天
子、諸侯、大夫、士、民爲一體，而出之以國家之形式，故云「國家者，非徒
政治之樞機，亦道德之樞機」。並舉「《禮經》言治之迹者，但言天子、諸侯、
卿、大夫、士；而《尚書》言治之意者，則惟言庶民」，以證此義。此條，最足
見其「貫串」之說：以「國家」貫串政治與道德，以「治」貫串《禮經》與《尚

書》，而歸結於民、德二字，「自來言政治者，未有能高焉者也」。所謂「國家亦道德之樞機」，此前人未發之義；以人道精神與民本精神釋周政之精髓，亦與黃宗羲《明夷待訪錄·原君篇》所述，有異曲同工之妙。

不僅此也，靜安釋周人刑罰，亦就道德觀點立論，云：

> 周之制度典禮，乃道德之器械，而尊尊、親親、賢賢、男女有別四者之結體也，此之謂民彝；其有不由此者，謂之非彝，……其重民彝也如此。是周制刑之意，亦本於德治禮治之大經，其所以致太平與刑措者，蓋可觀矣。

此寓法（刑）於禮說，即孔子「道之以德，齊之以禮」之教，與《荀子·王制》論之精神亦有同契焉。〔註72〕要之，靜安釋周人之政治爲道德政治，釋周人之文明爲道德文明。

四、以一切制度之創作，歸於周公之聖，而周公之所以聖，在其心術。其心術惟何？曰：

> 大王之立王季也，文王之舍伯邑考而立武王也，周公之繼武王而攝政稱王也，自殷制言之，皆正也。舍弟傳子之法，實自周始。當武王之崩，天下未定，國賴長君：周公既相武王克殷勝紂，勳勞最高，以德以長，以歷代之制，則繼武王而自立，固其所矣；而周公乃立成王而己攝之，後又反政焉。攝政者，所以濟變也；立成王者，所以居正也。自是以後，子繼之法遂爲百王不易之制矣。……有立子之制，……有封建子弟之制，……有嫡庶之制，……有卿大夫不世之制，……有同姓不婚之制，……此種制度，固亦時勢之所趨，然手定此者，實惟周公。原周公所以能定此制者，以公於舊制本有可以爲天子之道，其時又躬握天下之權，而顧不嗣位而居攝，又由居攝而致政，其無利天下之心，昭昭然爲天下所共見，故其所設施，人人知爲安國家定民人之大計，一切制度，遂推行而無阻矣。

此則溯源制度背後之人物——周公，並論其心術。周公之精神，即周制之精神。周公之所以聖，即在「無利天下之心」，有可爲天子之道，又躬握其權，然立成王而己攝之，繼又反政焉。其於周文化之貢獻，在以子繼之法易前代之制，爲商周異制之關鍵；子繼之法，爲「周人改制之最大者」，「有周一代禮制大抵由是出」，定一代制度之規摹，立周代文化之基礎；「合天子、諸侯、卿大夫、士、

〔註72〕參侯外廬《近代中國思想學說史》第三編第十七章〈古史學家王國維〉。

庶民，以成一道德之團體，周公制作之本意，實在於此」。周人之道德文明，實至周公而後具，「欲知周公之聖，與周之所以王，必於是觀之矣」。

　　細繹此文要旨，實自顧亭林說而發展者。亭林〈武王伐紂〉條，發明武王、周公之心，此文承之，繼明周公之心。亭林云：「武王無富天下之心，……商人曉然知武王、周公之心，而君臣上下各止其所，無復有怨懟不平之意」；此文云：「（周公）無利天下之心，昭昭然爲天下所共見，故其所設施……遂推行而無阻矣」，論意亦大相類似。亭林釋「遷殷頑民於雒邑」之義云：「古先王之用兵也不殺，而待人也以仁」云云；靜安〈與友人論詩書中成語書二〉釋《尚書》「降命」云：「〈酒誥〉云：『惟天降命，肇我民』，天降命正與下文天降威，相對爲文。……〈多士〉云：『昔朕來自奄，予大降爾四國民命』，……蓋四國之民與武庚爲亂，成王不殺而遷之，是重予性命也」，〔註73〕疑即本顧說，且可補〈制度論〉釋「民彝」之不足。惟如前所述，亭林彼文旨揭「取天下者無滅國」之義，而〈制度論〉自有其時代之文化背景，故不同耳。

　　亭林又有〈周末風俗〉一條，論春秋、戰國風俗之變，亦可與〈制度論〉比觀。亭林云：

> ……自《左傳》之終以至此，凡一百三十三年，史文闕軼，考古者爲之茫昧。如春秋時猶尊禮重信，而七國則絕不言禮與信矣；春秋時猶尊周王，而七國則絕不言王矣；……此皆變於一百三十三年之間，史之闕文，而後人可以意推者也。〔註74〕

此文與〈制度論〉之近似者二：一、此文論春秋、戰國之異同，重道德與禮制；〈制度論〉究「周人制度之大異於商者」，亦著眼於此。二、此文以可據之春秋、戰國記載，推一百三十三年間「史之闕文」；〈制度論〉亦據甲骨所載殷商制度，以與《詩》、《書》及七十二子後學所記者相較，推周初制度。二家均據前後制度之異，而推其轉變之關鍵。此法，靜安數用及，如考《漢魏石經》及漢魏博士，知今古文之代謝實以三國爲關鍵，即是。（此法，可名曰「斷層研究法」），梁啓超論人物專傳之作法，有云：

> 近來王國維著〈殷周制度論〉，從甲骨文和東周制度，推定某種制度是周公制定的。也可供我們取裁。所以周公的傳還可以做，……

〔註73〕　《集林》卷二。案：靜安所釋「降命」之義，於《尚書・多方》、〈多士〉等篇不盡可解。別詳拙撰《王國維之詩書學》第三章第三節〈成語釋例〉。

〔註74〕　《日知錄》卷十三。

〔註 75〕

〈制度論〉所述立子立嫡、宗法、喪服之說，廟制之數，尊尊親親之義，同姓不婚之制等，數千年來，學者論述不絕，靜安貫串群書、會通諸義，益以新資料，並賦予新意義。此文既出，學者眾口交譽，抗父（樊炳清）稱「此書雖寥寥二十葉，實近世經史二學上第一篇大文字」；〔註 76〕蕭炳實稱「誠文化史上之第一篇大文字」；〔註 77〕郭沫若稱「這是一篇轟動了全學界的大論文，新舊史家至今都一樣地奉爲圭臬」，〔註 78〕並撰《先秦天道觀之進展》一書，發展〈制度論〉中「德」之觀念。〔註 79〕於國外，則有日人內藤虎次郎、貝塚茂樹、加藤常賢諸氏撰文評介。〔註 80〕若此之類，難以盡舉。

自今日視之，吾人固不必以周制全出於周公所制定（即靜安亦不以周制全出於周公，如云：「徧祀先公先王者，殷制也；七廟、四廟者，七十子後學之說也；周初制度，自當在此二者間。雖不敢以七十子後學之說上擬宗周制度，然其不如殷人之徧祀其先，固可由其他制度知之矣」）；若視之爲自周公後而漸著發展，且爲周人精神文明之特徵，當無大謬。而此文明，隱然間有一周公之精神，貫注乎其間。靜安此文，闡明周制之精神，肯定周公之人格及倫理道德之價值，於今日猶不失其意義；至所論諸端，有不必盡然而有待補苴訂正者，此後人之責。乃今人或囿於成見，以爲糾彈，非僅失靜安之意，且失治學之客觀矣〔註 81〕

〔註 75〕《中國歷史研究法補編》分論一第六章〈專傳的做法〉。案：梁氏素從康有爲持孔子託古改制說，不信周公制作之舊說；其態度之轉變，或與〈制度論〉此文不無關係。

〔註 76〕《東方文庫考古學零簡》。轉引自《王譜》。

〔註 77〕〈殷虛甲骨文之發現及其著錄與研究〉，《東方雜誌》第二十五卷第十五號。

〔註 78〕《十批判書·古代研究的自我批判》。

〔註 79〕郭氏以爲：殷人信天，周人則進而提出「德」字。彼舉卜辭及殷彝銘中無「德」字，而周彝銘中有「德」字爲說；且云：周人之「德」字，非僅包括主觀之修養，且包含客觀之規模——禮，「發明了這個思想的周人，在〈周書〉中是表示得很明白，那便是周公。」原書撰於民國 24 年，商務印書館出版，後收入氏著《青銅時代》。案：日後，郭氏復評〈制度論〉「所據的史料，屬於殷代的雖然有新的發現而並未到家，而關於周代的看法則完全根據於『周公制作之本意』的那種舊式的觀念。這樣，在基本上便是大有問題的。周公制禮作樂的說法，強半是東周儒者的託古改制，這在目前早已成爲定論了。」（《十批判書·古代研究的自我批判》）

〔註 80〕據《王譜》所述。

〔註 81〕如侯外廬云：「……然而，明『立制之所以然』，則並不是他的研究中心。……

第二節　靜安發展章學誠「六經皆史」說

一、二家學術風格略論

　　靜安精於考證，其學術內容與方法，宜與乾嘉戴震一派之漢學考證爲近，而與「訓詁考質多所忽略」〔註82〕之章實齋爲遠，然吾人若比較二家之學術風格，乃有大相類似者，而不僅於里居同屬浙東而已（章氏籍會稽，靜安籍海寧，同屬浙東）。

　　二家對戴震之先後評價，可爲吾人探究二家學術異同之線索。靜安初治哲學，於戴氏《原善》、《孟子字義疏證》等書特爲激賞，後雖治經史，所循者猶爲戴氏一派之治學方法；晚年則疵議戴氏「自視過高，鶩名亦甚」及治學之頗傷「忠實」。〔註83〕章氏初亦嚮慕戴氏，並登門請益治學途徑，〔註84〕繼以考證之途與己之性習不符，乃轉趨義理；其予戴氏之評價爲：推重其言義理諸書，而責其「心術未醇」。〔註85〕二家均初悅戴學，繼不慊其心術。心

　　例如〈殷周制度論〉一名文，在一連串的寶貴歷史的發現中，便浸淫其對於周公制度的景慕。在這些地方，他並沒有曲解歷史，他的答案在求是，而求是的結果，則又足以諷刺批判了他的理想，客觀上便是科學的，……歷史的所以然，不是王氏的學術內容，有待於後之學者。」（《近代中國思想學說史》第三篇第十七章〈古史學家王國維〉）

　　侯氏所評，牽涉頗廣，不擬一一析論。於此所欲指明者，侯氏之「所以然」與靜安所指者異。侯氏別有《中國古代社會史論》一書，其書推崇並廣取靜安經史研究之成績，然僅作爲「中國古文獻的考證和解釋」而運用；其全書則爲「結合理論和史料的說明」。其「理論」爲何？曰「亞細亞生產方式」之「奴隸社會」是也。此侯氏之「所以然」也。

　　其餘如李亞農所評「不懂得社會發展的規律」（《中國的奴隸制度與封建制》第一章〈殷代的奴隸制〉註7，收入《李亞農史論集》），于省吾所評「這篇文章爲王氏唯心史觀的集中表現。……其實西周係奴隸制社會……」云云（〈從文字學方面來評判清代文字、聲韻、訓詁文學的得失〉，收入《中國近三百年學術史參考資料》五編），均與侯說聲氣相通。

〔註82〕《文史通義·外篇》卷三〈家書三〉。
〔註83〕〈聚珍本戴校水經注跋〉，《集林》卷十二。
〔註84〕詳見余英時先生《論戴震與章學誠》二〈章實齋與戴東原的初晤〉。
〔註85〕《文史通義·內篇》卷二〈書朱陸篇後〉：「戴君學問，深見古人大體，不愧一代鉅儒，而心術未醇。……時人方貴博雅考訂，見其訓詁名物有合時好，以爲戴之絕詣在此；及戴著〈論性〉、〈原善〉諸篇，於天人理氣，實有發前人所未發者，時人則謂空說義理，可以無作，是固不知戴學者矣。」〈外篇〉卷三補遺續〈答邵二雲書〉亦參看。

術，章氏謂之史德。〔註86〕

　　章氏既重「著書者之心術」，故戒勦說，恥雷同，重「心得」而斥「比類」。〔註87〕而靜安之同時，有孫德謙與張爾田者，二人俱以治章氏學自命，與靜安往返論學，時人譽稱「海上三才子」。〔註88〕孫氏撰《漢書藝文志舉例》一書，倩靜安、張氏與沈曾植各為一序，張〈序〉有云：「君書成，謂『必得深於實齋之學者序我書』」，〔註89〕則其視靜安為「深於實齋之學者」可知。〔註90〕靜安為撰〈後序〉云：

> 丙辰春，余自日本歸上海，卜居松江之湄，閉戶讀書，自病孤陋，所從論學者，除一二老輩外，同輩惟舊友錢塘張君孟劬，又從孟劬交元和孫君益庵。二君所居，距余居半里而近，故時相過從。二君為學，皆得法於會稽章實齋先生，讀書綜大略，不為章句破碎之學。孟劬有《史微》，益庵有《諸子通考》，既藉甚學者間。丁巳秋，益庵復出所撰《漢書藝文志舉例》，索予一言。余謂益庵之書精矣，密矣，其示後人以史法者備矣。其書本為後之修史志、編目錄者言，故所舉各例，不憚孅悉。然如稱出入、稱省諸例，乃洞見劉《略》與班〈志〉之異同，自來讀〈漢志〉者，均未訟言及此；竊歎世之善讀書者，殆未有過益庵者也。顧曩讀〈漢志〉，

〔註86〕《文史通義・內篇》卷五〈史德〉：「才、學、識三者，得一不易，而兼三尤難，千古多文人而少良史，職是故也。昔者劉氏子玄，蓋以是說謂足盡其理矣（愚案：《新唐書・劉傳》：『禮部尚書鄭惟忠嘗問：自古文士多，史才少，何耶？對曰：史有三長，才、學、識，世罕兼之，故史才少。……』）。……能具史識者，必知史德：德者何？謂著書者之心術也。」

〔註87〕同上註，卷一〈禮教〉：「章氏《考索》、馬氏《通考》之類，皆有補於後學；然終不免為策括者，以其無心得而但知比類以求備也。」〈外篇〉卷三〈與邵二雲論文書〉：「學無心得而但襲人言，未有可恃者也。」又〈答沈楓墀論學〉：「……足下所問，節目雖多，其要則可一言而蔽曰：學以求心得也。」類此者甚多，不暇舉。

〔註88〕見《趙譜》。又三人論學，亦時及章氏學術。如靜安撰〈玉谿生詩年譜會箋序〉：「……君（張爾田）嘗與余論浙東、西學派，謂：『浙東自梨洲、季野、謝山，以迄實齋，其學多長於史；浙西自亭林、定宇以及分流之皖魯諸派，其學多長於經。浙東博通，其失也疏；浙西專精，其失也固。』君之學，固自浙西入，而漸漬於浙東者。」（《集林》卷二十三）

〔註89〕見孫氏原書卷首。

〔註90〕據張〈序〉所引孫氏語，沈曾植殆亦深於實齋之學者。沈氏嘗秘藏章氏《遺書》鈔本，劉承幹所刊《章氏遺書》，即取沈氏藏本。（據胡適著、姚名達訂補《章實齋先生年譜》）

有未達者數事，今略舉之。班〈志〉全用《七略》，即以中秘書爲
國史書目，然中秘之書亦有不入〈漢志〉者，如……，此未達者
一。又《別錄》、《七略》頗有異同。〈志〉稱劉向校書，每一書已，
輒條其篇目，錄而奏之，……其略出之目乃謂之《略》，是《錄》
與《略》本不應有異同，《錄》、《略》與〈漢志〉亦不應有異同；
乃《別錄》……，是《錄》、《略》篇數互異，……此未達者二。
據此書所舉出入及省二例，知班〈志〉於劉《略》稍有增損，……
既有新入之例，而此諸書獨不入，此未達者三也。此三疑者，蓋
久蓄於余心，求之此書所舉例中，亦未得其說。既讀此書，爰舉
以相質。以益庵之善於讀書者，必有以發千載之覆也。〔註91〕

此〈序〉，孫書未采錄（僅用張、沈二序），靜安編《集林》時刪落，〈補編目
錄〉亦未列。其中緣故，頗耐尋味。靜安致羅振玉書評孫著云：

其書毛舉細故，殊無心得，可見著書不易也。〔註92〕

其不愜孫書者，即乏心得也；是此序所稱，有微旨焉。

據章華紱（實齋子）云：

先君子……性耽墳籍，不甘爲章句之學，塾師所授舉子業，不甚措
意，……日與名流討論講貫，備知學術源流同異。……著有《文史
通義》一書，……大抵推原官禮，而有得於向歆父子之傳，故於古
今學術淵源，輒能條別，而得其宗旨。〔註93〕

章氏《校讎通義・自序》云：

校讎之義，蓋自劉向父子，部次條別，將以辨章學術、考鏡源流，
非深明於道術精微、群言得失之故者不足與此。後世部次甲乙，紀
錄經史者，代有其人，而求能推闡大義，條別學術異同，使人由委
溯源，以想見墳籍之初者，千百之中不什一焉。……今爲折衷諸家，
究其源委，作《校讎通義》，總若干篇，勒成一家，庶於學術淵源有
所釐別。〔註94〕

〔註91〕〈漢書藝文志舉例後序〉，《別集》卷四。案：此〈序〉，靜安手稿作「跋」，
　　　　文字亦略異。（見謝國楨撰〈王國維先生書孫益庵漢書藝文志舉例後序手稿
　　　　跋〉，收入《王國維學術研究論集》第一輯。）
〔註92〕《書信》，頁216。
〔註93〕〈文史通義序〉，原書卷首。
〔註94〕《校讎通義》卷首。

章氏學旨，具見此二〈序〉。孫書殆仿《校讎通義》，全書凡四十六例。靜安稱孫氏「讀書綜大略，不爲章句破碎之學」，即用章華紱之稱實齋語也。唯靜安又稱孫書「所舉各例，不憚孅悉」，意頗蘊蓄，惟吾人若合其致羅書之「毛舉細故，殊無心得」等語觀之，靜安之意殆謂：孫書即「破碎之學」也。章氏之學，「有得於劉向父子之傳」，其《文史通義》、《校讎通義》，以辨章學術、考鏡源流爲宗旨；靜安雖亦以「洞見劉《略》與班〈志〉之異同」許孫氏，然所舉三疑，正就劉《略》與班〈志〉異同論難，而「求之此書所舉例中，亦未得其說」，是所許者適所以譏之也。張書不錄，豈非以此乎？

靜安與章氏早年均嗜史學，靜安「十六歲見友人讀《漢書》而悅之」，〔註95〕章氏亦自云至十五六歲「性情則已近於史學」。〔註96〕雖日後二家之學術發展各異，靜安遠紹亭林，章氏近承梨洲，一尚博雅，一主專家；然二人之治經史，不離乎經世，其論經世，亦不外乎經史；尤兢兢於道德風教，重著書之心術，力戒騖名之陋；主轉移風氣而不曲徇風氣；由博返約，務貫串群經大義，尚會通，求聖王制作之心，以明所以然。具見二家之學術精神，實多契合。章氏云：「吾於史學，蓋有天授，自信發凡起例，多爲後世開山」，〔註97〕靜安於己學亦自信「斯有天致，非由人力」（同註95）；章氏發爲史學理論，靜安施於綿密考證，先後相映。

二、「六經皆史」說之補充與實踐

「六經皆史」爲章氏之名言。自清季以還，章氏學說流衍漸廣，〔註98〕此語逐騰於眾口。章氏云：

> 六經皆史也。古人不著書，古人未嘗離事而言理，六經皆先王之政
> 典也。〔註99〕

〔註95〕〈（三十）自序〉，《靜安文集》。

〔註96〕《文史通義・外篇》卷三〈家書六〉。

〔註97〕同上註，〈家書二〉。

〔註98〕道光十二年，實齋次子華紱首刊《文史通義》八卷，《校讎通義》三卷於開封；道光末，《粵雅堂叢書》重刻華紱本，流布漸廣；民國11年嘉業堂劉氏刻《章氏遺書》，蒐求益備。（參柴德賡撰〈試論章學誠的學術思想〉，收入其《史學叢考》。）

〔註99〕《文史通義・內篇》卷一〈易教上〉。「六經皆史」一語，又見〈內篇〉卷四〈答客問上〉、《章氏遺書》卷二十一〈丙辰箚記〉評蘇洵語及〈方志略例〉卷一〈方志立三書議〉。

近人於此諸語多有詮解，余英時先生有一說云：

> 「六經皆史」是一種十分含蓄的說法，不能僅從字面上作孤立的了
> 解。……實齋的本意是說六經但爲某一階段（原註：即古代）之史，
> 而非全史之程。易言之，六經皆史而史不盡於六經。必須如此下轉
> 語，「六經皆史」的全幅涵義始能顯現。可見在這個命題中，實齋所
> 未言者遠比他所已言者爲重要。所以我們認爲「六經皆史」之旨決
> 不能單從字面去了解，更不能視爲前人議論（原註：如王陽明的「五
> 經即史」）的翻版。實齋以「道」在歷史進程中不斷展現。六經既只
> 是古史，則最多只能透露一些「道」在古代發展的消息。至於「事
> 變之出於後者，六經不能言」；三代以下之道便只有求之於三代以後
> 之史了。〔註100〕

此文綜章說要義，剔抉奧隱，所陳「六經皆史而史不盡於六經」之義，尤能
一言見宗旨者也。

「六經皆史」之旨，須與章氏所謂之「道」並觀，其義乃見，余先生已
論之矣。章氏所謂「道」，在政教典章人倫日用之間，故云「事變之出於後者，
六經不能言」，以批評當時「守六籍以言道」者，謂其「固不可與言夫道矣」。
〔註101〕則「六經皆史」之「史」，或可以今語「歷史」（History）釋之。「六經
皆史而史不盡於六經」（前引余先生語），就「全史之程」言之如此，即就古
史言之亦然，則治古史當更求諸六經之外矣。

靜安發展「六經皆史」說，可自其釋史官制度及拓廣史之範圍見之。前
者可補「六經皆史」說之理論，後者可見「六經皆史而史不盡於六經」之發
展意義。

《文史通義》之〈易教〉、〈書教〉、〈詩教〉、〈禮教〉、〈經解〉及〈原道〉
諸篇，承歆、固之傳，推論學術流別，上考經出於史（史官），下探史（史籍）
源於經，然未先探論史官之本質（地位、性質等），以爲論斷之基礎。〈內篇〉
卷五雖有〈史釋〉一篇，亦僅於發明「禮時爲大」之義，重時王制度，以爲
《周禮》府史雖爲書吏，掌當代典章，與內史、外史、大史、小史、御史之
爲卿大夫士之職官司掌故者，皆「以法存先王之道」，與五史義固相通；且彼
於古代史官之了解，亦止於《周禮》之設官分職（《周禮》無左史、右史，故

〔註100〕《論戴震與章學誠》五、〈章實齋的六經皆史說與朱陸異同論〉。
〔註101〕《文史通義·內篇》卷二〈原道中〉。

章氏亦不取左史記言、右史記事之説），其餘則未遑深論。

江永《周禮疑義舉例》有〈釋史〉一節，云：

> 凡官府簿書謂之中，故諸官言治中、受中，〈小司寇〉：「斷庶民獄訟
> 之中」，皆謂簿書，猶今之案卷也。此中字之本義，故掌文書者謂之
> 史，其字從又從中，又者右手，以手持簿書也。吏字、事字皆有中
> 字，天有司中星，後世有治中之官，皆取此義。〔註102〕

「官府簿書謂之中」，可為〈史釋篇〉之佐證，然章氏采錄未及。章氏自云：
於考訂名物、小學音畫，「皆非所長，而甚知愛重」，〔註103〕唯其著述中，於
此類皆少徵引。

靜安所撰〈釋史〉，〔註104〕其可補證「六經皆史」說者二事。

（一）釋史官之職掌

據《周禮》、《儀禮》，釋簿籍稱「中」（中，非中正之中）之故，謂「中」
者所以盛筭，亦以盛策，史之義乃取諸持策；以證成江說。據《尚書・金縢》、
〈洛誥〉、〈顧命〉及《周禮》、《儀禮》、《禮記》、《詩經》中所記史之職掌，
證知「史之職專以藏書、讀書、作書為事」，為「掌書之官，自古為要職」。
則史所掌之「書」，與「政典」之關係乃明。

又章氏「易與史同科」之說，或有疑之者（如金毓黻《中國史學史》），
靜安謂「古者筮多用筴以代蓍，……古者卜筮亦史掌之，〈少牢饋食禮〉『筮
者為史』，《左氏傳》亦有『筮史』，是筮亦史事」。可補《文史通義・易教篇》
之闕。

（二）論史官之地位

就史、吏、事三字古本一字，論「史之本義為持書之人，引申為大官及
庶官之稱，又引申而為職事之稱」。更據書器所載，證《詩》、《書》之尹氏、
庶尹及百尹之名皆自史出，「則史之位尊地要可知矣」。確立古代史官崇高地
位，則章氏尊史之旨大明，而「六經皆史」之義益可了然。

論經之源，不能不及史；論史之源，當首及史官制度。靜安〈釋史〉，誠
探源之論也。

〔註102〕《周禮疑義舉要・秋官》，《皇清經解》卷二四八。
〔註103〕《文史通義・外篇》卷三〈家書三〉。
〔註104〕《集林》卷六。

次論靜安對「六經皆史」說之發展。

近人如胡適之、姚名達、金毓黻、劉節諸氏，俱釋「六經皆史」之「史」爲「史料」義，非惟失章氏之旨，〔註105〕且使此語之涵義轉隘。即靜安介弟國華論靜安之學尚不免蹈前人誤說，其云：

> 六經皆史之論，雖發自前人，而以之與地下史料相印證，立今後新史學之骨幹者，謂之始於先兄可也。〔註106〕

此所論者，「二重證法」是已。惟依此說，靜安僅取六經以與地下史料相證，猶未盡「二重證法」之精蘊，殆亦誤解「六經皆史」之義歟？

自章氏至靜安論六經皆史，其發展過程中，有龔自珍者，必須一述其說。龔氏〈古史鈎沈論・二〉曰：

> 周之世官，大者史。史之外無有語言焉，史之外無有文字焉，史之外無人倫品目焉。史存而周存，史亡而周亡。……夫六經者，周史之宗子也。《易》也者，卜筮之史也；《書》也者，記言之史也；《春秋》也者，記動之史也；〈風〉也者，史所采於民，而編之竹帛，付之司樂者也；〈雅〉、〈頌〉也者，史所采於士大夫也；《禮》也者，一代之律令，史職藏之故府，而時以詔王者也。……故曰：五（六）經者，周史之大宗也。孔子歿，七十子不見用，衰世著書之徒，蠭出泉流，漢氏校錄，撮爲諸子，諸子也者，周史之小宗也。〔註107〕

此承章氏之說，陳義非新，特蹈「六經皆史」之語隙耳；且據《漢書・藝文志》，諸子出於王官，則「諸子皆史」，班固早有此說。然乾嘉諸儒之治諸子，意在證經；龔氏則以之入史，〔註108〕亦見卓識。所言「六經者，周史之大宗；諸子也者，周史之小宗」，語甚明決，於史學觀念之刺激，當有推波助瀾之功。〔註109〕

〔註105〕胡適撰、姚名達訂補《章實齋先生年譜》〈六十一歲〉條、金毓黻《中國史學史》第二章〈古代之史家與史籍〉、劉節《中國史學史稿》十九〈章學誠的史學〉等，均釋「史」爲「史料」。此說之誤，錢穆先生《中國近三百年學術史》第九章〈章實齋〉及余英時先生《歷史與思想・章實齋與柯靈烏的歷史思想》等，均有批評。

〔註106〕《（靜安）全集》初編冊一卷首。

〔註107〕《龔自珍全集》第一輯。此篇又題〈尊史二〉，或題〈尊史〉。

〔註108〕侯外廬云：「（龔氏）言諸子皆史，則遠於實齋，而近於危言高論的『大義』了。」（《近代中國思想學說史》第三編第十二章〈經今文家的興起與龔定庵思想〉）

〔註109〕如張爾田之《史微》，其卷首凡例云：……嗣得章實齋先生通義，服膺之，始

由章氏而龔氏，由龔氏而靜安，古史之範圍乃推拓至極。古史不盡於六經諸子，六經諸子亦不足以盡古史，此靜安古史研究於「六經皆史」說之實踐。如吾人熟知之《古史新證》，所稱史料有二，曰紙上材料與地下材料。於紙上材料舉《尚書》、《詩》、《易》、〈五帝德〉及〈帝繫姓〉、《春秋》、《左氏傳》、《國語》、《世本》、《竹書紀年》、《戰國策》、周秦諸子及《史記》等為說，包經史子三部；然《新證》所考殷先公先王，實徵及《山海經》及《楚辭》，遍及四部。此見解，與章氏符同。章氏所撰〈論修史籍考要略〉，舉修史籍考之要目十五，其六曰「經部宜通」，七曰「子部宜擇」，八曰「集部宜裁」；〔註110〕所撰《史籍考》，即「包經而采子集」。〔註111〕尤有進者，靜安於紙上材料外，更拓及甲骨文字及金文之地下材料；章氏云：「盈天地間，凡涉著作之林，皆是史學」（同上註），靜安古史研究取材，為章氏理論之充分實踐。

三、論學術資料

史料雖非即史學，然無史料即無史學，此理之必然者也。靜安與章氏之學，皆以「通」、「識」見長。〔註112〕致二家之學術資料觀亦極近。例如資料之分類愈密，愈有助於吾人對資料性質之了解，然於運用之際，則務其通。章氏以為「凡涉著作之林，皆是史學」，凡屬資料無不可證史，以各類資料均歸於一大類之下；靜安雖分材料為紙上材料與地下材料二類，復以此二類互證，則亦為一類。二家觀念如此其同，唯不拘於資料類別，而能左右通采。如章氏云：「圖象為無言之史」，〔註113〕此通識也。靜安則據古人物畫磚，考「纚子髻」之制；〔註114〕據〈沈司馬石闕朱鳥象〉及漢朱鳥諸瓦，證朱鳥即「鶉」，亦《小雅》「非鶉非鳶」之「鶉」，正陸德明、沈括諸氏釋「鶡鶉鳥」之誤；〔註115〕據敦

於周秦學術之流別稍有所窺見。久之，讀太史公書，讀班孟堅書，無不迎刃而解，豁然貫通。……名曰《史微》者，以六藝皆古文，而諸子又史之支與流裔也。即本龔說而發明章氏之旨也。

〔註110〕《校讎通義》卷四。
〔註111〕《文史通義・外篇》卷三〈報孫淵如書〉。
〔註112〕章氏書名《文史通義》，〈內篇〉有〈釋通〉、〈橫通〉等篇；又著《校讎通義》，並可見其大旨。又「通」則需「識」，二語不相遠。靜安重「通」、「識」，見以下各章節。
〔註113〕〈和州志輿地圖序例〉，《方志略例》卷一。
〔註114〕〈古畫磚跋〉，《別集》卷二。
〔註115〕〈沈司馬石闕朱鳥象跋〉，同上註。

煌千佛洞所出〈于闐公主供養地藏菩薩畫像〉，考于闐李氏有國始末及族姓；〔註116〕又據〈曹夫人繪觀音菩薩像〉，考後唐沙州歸義軍節度使曹元忠卒年。〔註117〕蓋靜安於各類資料，能自學術觀點以認知其價值。〔註118〕其中所據圖象，或竟無文字。余曩批評靜安於資料之取用，僅留意及有文字者，〔註119〕及今思之，深慚前論之失。

　　章氏於史學之別一貢獻，則方志學之理論是已，〔註120〕梁啓超稱「方志學之成立，實自實齋始也」，〔註121〕允爲的論。章氏於方志體例，持「倣紀傳正史之體而作志，倣律令典例之體而作掌故，倣《文選》、《文苑》之體而作《文徵》」〔註122〕之說，欲以經紀一方之文獻。其持論與戴震頗異，章氏云：

> 戴君……見余〈和州志例〉，乃曰：「此於體例則甚古雅，然修志不貴古雅。……夫志以考地理，但悉心於地理沿革，則志事已竟。侈言文獻，豈所謂急務哉！」余曰：「余於體例，求其是爾，非有心於求古雅也。……方志爲古國史，本非地理專門。如云『但重沿革，而文獻非其所急』，則但作沿革考一篇足矣。……考沿革者，取資載籍；載籍具在，人人得而考之。雖我今日有失，後人猶得而更正也。若夫一方文獻，及時不與搜羅，編次不得其法，去取或失其宜，則他日將有放失難稽、湮沒無聞者矣。……然則如余所見，考古固宜詳慎，不得已而勢不兩全，無寧重文獻而輕沿革耳！」〔註123〕

蓋戴氏修志之見，即其治《水經注》之法也；章氏則通古今之變，重存一方文獻，〔註124〕所論「方志爲古國史」之義，尤前人未發之獨見。〔註125〕靜安於方志亦有《乾隆浙江通志考異》之作，然此特應沈增植之聘，並由沈氏擬

〔註116〕〈于闐公主供養地藏菩薩像跋〉，《集林》卷二十。

〔註117〕〈曹夫人繪觀音菩薩像跋〉，同上註。

〔註118〕如黃彭年有書畫待售，靜安致羅振玉書云：「……其明以後畫均帶學術性質，甚可貴寶，……中有王文成小像，乃文成生時畫者，其後題跋多文成門人，即此可見一斑也。」（《書信》，頁110）

〔註119〕見拙撰《王國維之詩書學》第二章第二節〈治學方法〉。

〔註120〕詳見張樹棻《章實齋之方志學說》，《禹貢》第二卷九期，收入《中國近三百年學術思想論集》五編。

〔註121〕《中國近三百年學術史》十五、〈清代學者整理舊學之總成績（3）〉。

〔註122〕〈方志立三書議〉，《方志略例》卷一。

〔註123〕〈記與戴東原論修志〉，同上註，卷三。

〔註124〕參余英時先生撰《論戴震與章學誠》四、〈章實齋的史學觀點之建立〉。

〔註125〕《方志略例》卷一「州縣請立志科議」亦云：「部府縣志，一國之史也。」

訂體例，故與戴氏之重地理沿革者無殊。〔註126〕惟靜安於地志復別有所見，
其〈隨志跋〉云：

> 此書實《隨州志》也。……所記事起於洪武十三年，訖於嘉靖十一
> 年。又隨州事惟載官吏遷除，其餘皆國家大事、耆舊佚聞，與方志
> 無涉，實野史之流。……全書文字雅馴，又多遺聞，且爲數百年僅
> 存舊帙，讀者勿以地志視之可也。〔註127〕

《隨志》體例，近章氏所論方志之理想。據此〈跋〉，雖不可遽論靜安之方志
主張爲何？然彼揭出此書爲野史之流，且力言「讀者勿以地志視之」，殆亦章
氏方志學重文獻之遺意歟！

　　二家皆重資料，因於所得資料不肯輕棄。章氏「盈天地間，凡涉著作之
林，皆是史學」（見前引）云云可見。彼修方志，稗野說部之流，不肯割捨，
彙作《叢談》一書，尤可證也，有云：

> 或曰：「子修方志，更於三書（愚案：志、掌故與文徵）之外別有《叢
> 談》一書，何爲邪？」曰：「此徵材之所餘也。古人書欲成家，非誇
> 多而求盡也。然不博覽，無以爲約取地；既約取矣，博覽所餘，闌入
> 則不倫，棄之則可惜，故附稗野說部之流而作《叢談》。」（同註122）

章氏所爲，合靜安所揭「材料之足資參考者，雖至纖悉不敢棄」〔註128〕之義。
靜安又云：「殷虛遺物，片骨隻字皆足資考證」，〔註129〕並可發明此一觀念。

　　能不輕棄資料，則無論高文典冊或俚語俗文，一視同仁。如章氏即予歌
謠諺語及私家著作以至高評價。〔註130〕而靜安早年治通俗文學，足徵亦具同
識。其後，考殷先公先王，取資《山海經》及《楚辭‧天問》，非前人所敢知。
甚且不以人廢言，純就學術價值取論，如明嚴嵩《南宮奏議》，靜安評云：

> 世多傳夏文愍南宮奏稿，而嵩書不行。然明代典制，至嘉靖而一大
> 變，嵩與文愍前後同掌禮部，其言爲一代典制所係，不容以人廢之
> 也。〔註131〕

〔註126〕〈乾隆浙江通志考異殘稿〉，《全集》續編冊二。靜安應沈氏之聘事，見致羅
　　　　振玉書（《書信》，頁 147、162）。又《宋元浙本考》亦爲《通志》而撰，亦
　　　　見致羅氏書。
〔註127〕《別集》卷三。
〔註128〕〈（第一）國學叢刊序〉，《別集》卷四。
〔註129〕〈隨庵所藏甲骨文字序〉，《別集》卷四。
〔註130〕參傅振倫撰〈章學誠在史學上的貢獻〉，《中國近三百年學術思想論集》三編。
〔註131〕《傳書堂藏善本書志‧南宮奏議》，《全集》續編冊七，頁 2961。

夏言字公謹諡文愍，嘉靖中，累遷至禮部尚書，後失帝意；嚴嵩用事，爲嵩所擠，坐棄市（事見《明史》卷一九六）。嚴嵩著，明一代權奸，專權用事，植黨營私，斥戮重臣（事見《明史》卷三百八）。世以不齒嚴嵩爲人，並鄙薄其書，致其書不行。靜安純就學術，論其書價值，而不因人廢書。子曰：「君子不以人廢言」，以靜安當之可也。

又評《增入宋儒議論杜氏通典》云：

> 此蓋南宋人科舉之書，故多取宋人論制度之文與古制相附，《文獻通考》附載諸儒議論，即用此例。所引文字頗有世所不經見者，如杜鎬……等集，今已散佚；又如蔡惇《祖宗官制舊典》三卷、黃琮《國朝官制沿革》一卷，……自元以來久無傳本，……言有宋官制之簡明者，無逾于此，今于此書中存其崖略，則安得以科舉書少之也。
> 〔註132〕

此書，前人多以增入宋儒議論爲明人所爲。〔註133〕靜安先考知此書爲南宋人所輯科舉之書，〔註134〕進而覈其內容，知所增入宋人議論部分具學術價值，而不以科舉之書遂輕也。

比較前文，知二家之資料觀念實近。惟靜安自有創發，非皆因襲。下論「新資料」之意義、「史外求史」觀、論資料之可信度等三項，皆以靜安說爲主述之。

（一）論「新資料」之意義

靜安躬逢新資料大出之世，所見新資料之多，前所不及，所撰〈最近二三十年中中國新發現之學問〉，極爲士林所重。其說云：

〔註132〕〈庚辛之間讀書記〉，《全集》初編冊四。又《傳書堂藏善本書志》亦錄此文，見《全集》續編冊八頁3239。

〔註133〕如杭世駿《道古堂集》卷十八〈欣託齋藏書記〉云：「古集皆手定，……明人皆妄行改竄，……甚至《說文》而儳入《五音韻譜》，《通典》而儳入宋人議論，《夷堅志》而儳入唐人事迹，與元書迥不相謀。明人之妄如此。」

〔註134〕靜安云：「常熟瞿氏已有『元至元丙戌重刊本《增入宋儒議論杜氏通典詳節》四十二卷』，……至元《詳節》已署重刊，則《詳節》初刊本必在至元以前；而《詳節》本所有宋儒議論，必本於未節本，則又在《詳節》初刊本以前。且所增議論，南宋止呂祖誼、陳傅良、葉適三人，餘皆北宋人，則其增入當在宋寧、理二宗之世。」案：瞿氏者，瞿紹基也，著《鐵琴銅劍樓書目》。又案：《四庫總目》卷八十三〈政書類存目一〉及瞿氏，俱以此書爲南宋人所爲；唯《總目》以爲「宋時麻沙刻本」，非是，瞿氏有辨。

古來新學問起，大都由於新發現。有孔子壁中書出，而後有漢以來古
文家之學；有趙宋古器出，而後有宋以來古器物、古文字之學。惟晉
時汲冢竹簡出土後，即繼以永嘉之亂，故其結果不甚著；然同時杜元
凱注《左傳》，稍後郭璞注《山海經》，已用其說，而《紀年》所記禹、
益、伊尹事，至今成爲歷史上之問題。然則中國紙上之學問，賴於地
下之學問者，固不自今日始矣。自漢以來，中國學問上之最大發見有
三：一爲孔子壁中書。二爲汲冢書。三則今之殷虛甲骨文字、敦煌塞
上及西域各處之漢晉木簡、敦煌千佛洞之六朝及唐人寫本書卷、內閣
大庫之元明以來書籍檔冊；此四者之一，已足當孔壁、汲冢所出，而
各地零星發見之金石、書籍，於學術有大關係者，尚不與焉。故今日
之時代，可謂之發見時代，自來未有能比者也。今將此二三十年發見
之材料，並學者研究之結果，分五項說之（愚案：除前舉四項外，尚
有古外族遺文一項）……。〔註135〕

　　靜安所以重視新發現之資料者，非以其新，乃因其足以引起「新學問」。
所舉漢代孔壁及宋代古器物，皆發展爲一代新學術；而甲骨、漢晉木簡、敦
煌書卷、內閣大庫檔案等，皆發展爲甲骨學、簡牘學、敦煌學及明清史研究。
其當日所預期者，今皆一一實現。其學術眼光，較諸章氏，更勝一籌；蓋章
氏僅論及史料與史學之關係，靜安則留意及新資料於刺激新學術之意義，其
資料觀較章氏益爲恢宏。

　　又新出之地下材料，與紙上材料異源；前者多屬直接而未經竄改者，故
尤其可珍。若異源而同說者有一，較諸同源之證據千百，尤可信據，此地下
材料之可以證明紙上材料也（此義，可與第五章第三節論「二重證據法」參
看）。如異源而異說，則可引致「新」問題，是以《竹書紀年》發現，而「禹、
益、伊尹事，至今成爲歷史上之問題」，此求眞、求是之學者所不宜忽。

　　綜此二義，則「地下學問」對於「紙上學問」之意義，不煩言可解矣。
然此類「新資料」，皆需「識」以知之，否則甲骨終將爲「龍骨」以療疾，而
內閣檔案亦幾不免於焚毀之數矣。（參《集林》卷二十三〈庫書樓記〉）

（二）「史外求史」觀

　　與前義相關，並足明靜安重新資料之故者，「史外求史」之觀念是也。

〔註136〕靜安致繆荃孫書，論《流沙墜簡》價值云：

> 歲首與蘊公（羅振玉）同考釋《流沙墜簡》，……此事關係漢代史事
> 極大，並現存之漢碑數十通亦不足以比之。東人不知，乃惜其中少
> 古書，豈知紀史籍所不紀之事，更比古書爲可貴乎！〔註137〕

所以珍異《流沙墜簡》者，正因其中多「紀史籍所不紀之事」足以補史之闕
遺，而不在其中古書之多寡，此非「識」無由知之。請更舉數例。

清末所出西域碑志，有〈闕特勤碑〉及〈回鶻可汗碑〉者，靜安致羅氏書
云：「〈闕特勤碑〉所記事，罕出《唐書》外者，而〈回鶻可汗〉所記，則多爲
史冊所未及」；〔註138〕爰撰〈九姓回鶻可汗碑跋〉，考回鶻可汗繼立事實及回鶻
南破吐番、北服葛祿等事，並云：「其事史皆不書，異時回鶻西徙之事，惟由此
碑始得解之」。〔註139〕則此碑價值可知。

〈魏毋邱儉記功石刻〉，靜安稱：「此刻可貴乃至無可比擬」，〔註140〕撰
〈跋〉云：「丸都之山、句驪之都，胥待此刻始得知之，可謂人間瑰寶矣」。
〔註141〕

「史外求史」既爲靜安治史之重要觀念，而其論定資料之價值，即視其
補益史事之多寡而定，不必宏文巨製即勝短幅小箋也。如〈虢季子白盤〉、〈不
娶敦〉、〈兮甲盤〉三器，靜安據考周宣王伐玁狁史事，並云：「此種重器，其
足羽翼經史，更在毛公諸鼎之上」。〔註142〕〈毛公鼎〉凡四百九十七字，爲今
傳世銘文之最長者，然靜安不以字數論其價值。復如尼雅北古城所出晉簡，
有「晉守侍中大都尉奉晉大侯親晉鄯善焉耆龜茲疏勒」及「于闐王寫下詔書
到」二簡，靜安據考中國假西域諸王以官號之制及尼雅一地沿革，文末並云：
「右二簡所存不及三十字，而足以裨益史事者如此」。〔註143〕此論資料價值不
繫乎字數多寡又一例也。此二簡考釋，傅斯年先生舉爲史學方法示範之作，

〔註136〕「史外求史」，爲徐亮之頌靜安語。徐氏云：「國維之大有造於現代學術者，
　　　　爲能史外求史。史外求史濫觴於宋歐陽修，修嘗纂《集古錄》，以爲所得雖出
　　　　荒林破塚間，往往可正史傳闕繆，……」（《中國文人新論》，轉引自《王譜》。）
〔註137〕《書信》，頁40。
〔註138〕同上註，頁290。
〔註139〕《集林》卷二十。
〔註140〕《書信》，頁227。
〔註141〕〈魏毋邱儉丸都山紀功石刻跋〉，《集林》卷二十。
〔註142〕〈兮甲盤跋〉，《別集》卷二。
〔註143〕〈尼雅城北古城所出晉簡跋〉，《集林》卷十七。

且云：

> ……近來出土之直接史料，可據以校正史傳者，尚有西陲所得漢簡。
> 此種材料，法人沙畹、德人康拉地皆試爲考證，而皆無大功，至王
> 靜安君手，乃蔚爲精美之史事知識。〔註144〕

其推崇如此。「人既需物，物亦需人」（靜安頌羅氏語），信然。

（三）論資料之可信度

資料之可信度判斷，涉及內外考證諸端，難以縷縷。本節僅述其對各類資料之取捨及批評。

直接資料較間接者可信，若同屬間接，則必求其古。此盡人皆知者。惟直接、間接何由分，則需識斷。靜安於資料之取捨，其一，即重目驗而輕傳聞。如《集林》卷十二〈浙江考〉，謂：「浙江」一水，漢人所稱不一，《史記》作「浙江」，《漢書・地理志》作「漸江」，《說文》乃誤分浙江、漸江爲二水。爰據《史記》所述「浙江」一語（凡六見），參以他書，證「浙、漸爲一」，謂即今之錢塘江也，以正《說文》之誤；且云：

> 史遷親上會稽，吳越諸水皆所經歷，所記不容有誤；且始皇經行皆
> 有記注（愚案：指〈秦始皇本紀〉所據），徹侯功伐亦書故府（愚案：
> 指〈高祖功臣侯表〉所本）。是秦漢之間已以今錢塘江爲浙江，不自
> 《史記》始。厥後袁康、趙曄、王充、朱育、韋昭等，凡南人所云
> 浙江，無不與《史記》合。許叔重之說，自不能無誤，乾嘉諸儒過
> 信其說，不復質之古書，是末師而非往古，重傳說而輕目驗，吾不
> 能從之矣。

此文辨浙江與漸江，出三力證：一、史遷親造會稽（殆指史公自序「二十而南遊江淮，上會稽」語）；二、《史記》所據爲檔案資料，「始皇經行，皆有記注」，則此檔案資料亦目驗資料；三、袁康、趙曄等「南人」所記（靜安意謂：此等南人，或亦經目驗，故不信傳聞）。凡目驗或檔案，皆屬直接資料，宜可信據；乾嘉諸儒雖亦多南人，但既不重目驗，復「重傳說而輕目驗」，有違取捨之原則。蓋地理爲徵實之學，貴「實踐」，史遷說之可信，即因彼嘗親踐其地，且所據者檔案也。章學誠論官府檔案云：

> 若夫比次之書，則掌故令史之孔目，簿書記注之成格，其原雖本柱下

〔註144〕《傅孟眞先生集》中編丁〈史學方法導論〉。

之所藏，其用止於備稽檢而供采擇，初無他奇也。然而獨斷之學，非是不爲取裁；考索之功，非是不爲按據。如旨酒之不離槽粕，嘉禾之不離乎糞土，是以職官故事、案牘圖牒之書，不可輕議也。〔註145〕

見二家俱重檔案類之直接資料。

　　唯愚以爲乾嘉諸儒恐未必不知目驗較傳聞可信，亦未必不質之古書，然或因信許學過甚，故遂不思《史記》所據爲目驗及檔案資料也。

　　與檔案同類者，「簿書」是也。《集林》卷十一〈太史公行年考〉「三十八歲」條云：

　　　案〈自序〉：「太史公卒三歲，而遷爲太史公，紬史記石室金匱之書。」《索隱》引《博物志》：「太史令茂陵顯武里大夫司馬遷，年二十八（原註：當作『三十八』。愚案：説詳註 146），三年六月乙卯除六百石也。」考史公本夏陽人，而云「茂陵顯武里」者，父談以事武帝，故遷茂陵也。「大夫」者，漢爵第五級也。漢人履歷，輒具縣里及爵，〈扁鵲倉公列傳〉有「安陵坂里公乘項處」，敦煌所出新莽時木簡，有「敦德亭閒田東武里士伍王參」是也；或并記其年，敦煌漢簡有「新望與盛里公乘□殺之，年卅八」，又有「□□中陽里大夫呂年，年廿八」。此云「茂陵顯武里大夫司馬遷，年三十八」，與彼二簡正同；「乙卯」者，以顓頊歷及殷歷推之，均爲六月二日。由此數證，知《博物志》此條乃本於當時簿書，爲最可信之史料矣。

「當時簿書」爲「最可信之史料」，其事易知。惟定何類資料屬當時簿書，則非學、識兼備者莫辦。《索隱》所引《博物志》此條，靜安謂當在逸篇中（見「一歲」條）；《博物志》此條，亦不註所本，靜安據〈扁鵲倉公列傳〉等四例推斷，知本於當時簿書，其鑒識之精，實可驚佩。《博物志》非記史遷生平之直接資料，然此條引當時簿書，其效力即與直接資料等。其後，郭沫若復檢視居延漢簡，得類似之簿書例百五十餘條，證《博物志》所引者確係簿書。〔註146〕

〔註145〕《文史通義・內篇》卷四〈答客問中〉。
〔註146〕〈太史公行年考有問題〉，《歷史研究》1955 年第 6 期。收入其所著《文史論叢》。郭氏從靜安説，謂《博物志》所引者爲簿書；唯不取靜安改《博物志》之「二」爲「三」，並博采證據，詳辨其誤。
　　　　靜安於〈太史公行年考〉史遷「一歲」條云：「案：〈自序〉《索隱》引《博物志》：『太史令茂陵顯武里大夫司馬（原註：此下奪『遷』字），年二十八，三年六月乙卯，除六百石也』。案『三年』者，武帝元封之三年。苟元封三年史公年二十八，則當生於建元六年。然張守節《正義》於〈自序〉『爲太史令五

　　檔案、簿書爲原始資料，所記事實，最近其發生時間。依此原則，故求資料愈古愈眞。如〈秦始皇本紀〉載始皇二十六年分天下爲三十六郡，《漢書・地理志》乃謂：三十六郡者，秦一代之郡數，而史家追紀之；《史記集解》則以爲：三十六郡爲始皇二十六年之郡數，而後此所置者不與焉。後人取舍不一，糾訟未決。靜安廣徵《史記》他篇及賈誼所論，證《集解》說是，並云：

> 以《漢書》證《史記》，不若以《史記》證《史記》。夫以班氏較裴氏，
> 則班氏古矣；以司馬氏較班氏，則司馬氏又古矣。……後人眩於《漢・
> 志》之說，而於賈傳之所論、史遷之所紀，瞢若無覩。或反據《漢・
> 志》以訂正《史記》及《漢書》紀傳，此余所以不能無辨也。〔註147〕

資料之古者，未必不誤，晚近者亦未必即非，蓋「考史者往往有正史所缺而旁見於諸家，亦有前人失載而轉詳於後世」者。〔註148〕雖然，吾人若不能證「古」說之誤，毋寧從古。靜安於資料先求其古，此原則未可厚非。

　　錢大昕論及家譜不可輕信，云：

> 顏師古云：「私譜之文，出于閭巷，家自爲說，事非經典，苟引先賢，
> 妄相假託，無所取信，寧足據乎？」……師古精于史學，於私譜雜
> 志，不敢輕信，識見非後人所及。《唐書・宰相世系表》，雖詳贍可
> 喜，然紀近事則有徵，溯遠胄則多舛，由於信譜牒而無實事求之

年而當太初元年』下云：『案遷年四十二歲』，與《索隱》所引《博物志》差十歲。《正義》所云，當亦本《博物志》。疑今本《索隱》所引《博物志》『年二十八』，張守節所見本作『年三十八』。三訛爲二，乃事之常；三訛爲四，則於理爲遠。以此觀之，則史公生年當爲孝景中五年，而非孝武建元六年矣。」余曩讀靜安此文，竊有所疑：《索隱》明云引《博物志》，而《正義》則否，其說又與《索隱》異，何以知其「當亦本《博物志》」？且據不明所本之《正義》，斷《索隱》爲誤字，其孰信之？及見郭著，深獲我心（施之勉先生亦有〈太史公行年考辨誤〉，見《史記會注考證訂補》附錄六。惟不如郭著博辨）。惟郭氏又云：「漢人寫二十作廿，寫三十作卅，寫四十作卌，這是殷周以來的老例。如就廿與卅，卅與卌而言，都僅一筆之差，定不出誰容易，誰不容易來。因此，這第一個根據便完全動搖了。」此恐誤解靜安意。靜安意謂：《博物志》宜作「三十八」，《索隱》所引，「三訛爲二」，此「事之常」；《正義》於「太初元年」下云：「遷年四十二歲」，當即據《博物志》之「三十八」而推算得之；若《正義》所見作「二十八」，則「太初元年」下當註「遷年三十二歲」，然今所見本作「四十二歲」，「三訛爲四，則於理爲遠」。「三訛爲二」云云，指《索隱》；「三訛爲四」云云，指《正義》。郭氏乃舉「殷周以來的老例」爲說，失靜安意。

〔註147〕〈秦郡考〉，《集林》卷十二。
〔註148〕錢穆先生語。見所撰〈秦三十六郡考〉〈後記〉，收入《古史地理論叢》。

識也。〔註149〕

「家乘譜牒，一家之史也」，〔註150〕然以多諛頌其先祖，每多溢美之詞，故錢氏不取。靜安於此類資料，亦不輕予采信，如張金吾之《兩漢五經博士考》，靜安評其書之不可徵信，曰：「譜牒之疏誤，尤不可究詰，張氏並取以入書」，〔註151〕撰〈補家譜忠壯公傳〉，取家譜文則先愼考其是非，如云：

> 太原城陷之日，《宋史》及《三朝北盟會編》皆云九月三日丙寅。而
> 吾邑公祠歲以九月十三日祀公，云：公殉節之；家譜亦載公以九月
> 十三日薨。蓋當時南北暌隔，子孫所傳公忌日得諸傳聞，不如官書
> 之翔實也。〔註152〕

蓋家譜爲私門著述，其體例與資料取捨，自不如官書嚴謹，所記之屬於傳聞者宜多。

又「帳籍」之研究，以靜安爲嚆矢，所撰〈唐寫本敦煌縣戶籍跋〉，考唐大歷四年沙州敦煌縣戶籍所載之勳官及職事官田、勳田，以爲多不符實，乃云：「可知唐時帳籍固未能核實也」。〔註153〕靜安說可信，得日人池田溫專題研究而肯定。池田溫謂唐時籍帳之僞濫，或係玄宗以下統治權力之鬆弛與「敦煌地方獨自的偏向」所致。〔註154〕則此類資料之可信與否，復當究其政治情狀，以定取捨。

以下略論與資料運用相關之類書及輯佚書，以爲本節之殿。

以類書校勘，其利在便捷。清人校勘學，王氏父子堪稱大師，即時引類書；靜安亦然，如以玄應、慧琳之《音義》，校陳其榮輯本《蒼頡篇》，以《和名類聚鈔》所引唐人《切韻》，《校廣韻》。惟類書之利用範圍，當視其性質而定，如靜安論《和名類聚鈔》所引《說文》，云：「此種于《說文》所補無多，蓋展轉援引，未可遽以爲據也」。〔註155〕輾轉援引，類書率多如此，靜安重原始資料，故不敢遽以爲據。又論《切韻》及《廣韻》云：「《切韻》、《廣韻》，其價值仍在音韻學上，而不在所引古書」；〔註156〕論《淨土三部經音義》云：

〔註149〕《十駕齋養新錄》卷十二〈家譜不可信〉條。
〔註150〕章學誠〈州縣請立志科議〉，《方志略例》卷一。
〔註151〕〈書續谿胡氏西京博士考昭文張氏兩漢博士考後〉，《集林》卷二十一。
〔註152〕《集林》卷二十三。
〔註153〕《集林》卷二十一。
〔註154〕《中國古代籍帳研究》第三章，四、〈天寶敦煌籍中所出現的僞濫傾向〉。
〔註155〕致唐蘭。《書信》，頁329。
〔註156〕《書信》，頁101。

「此書價值全在所引唐人諸韻書」，〔註157〕均其例。

　　至輯佚書之可信與否，視輯佚者之采錄標準是否嚴謹，及其真偽之辨是否精審而定。如靜安撰《史籀篇疏證》，用及馬國翰《玉函山房輯佚書》，遂生歧誤，致羅振玉書云：

> 《史籀篇疏證‧序錄》中，引張懷瓘《書斷》，末數語「案」字以下，原書所無，遂成一笑話矣。（原註：此次無原書可檢，從玉函山房所輯《史籀篇》採入，故有此誤。）（同註156）

又論嚴可均《全上古三代秦漢六朝文》云：

> 嚴氏《全上古三代秦漢六朝文》所收，亦頗雜以偽作，可以參考，
> 而不可據爲典要，是在觀其所引據者自何書，分別之耳。（同註157）

運用此類資料者，當引以爲戒。

　　靜安之資料觀，得章氏之啓發甚多。惟靜安較章氏更留意新資料，復啓示後人以審辨資料之方法，具新學術意義。此後人之所以稱其爲「新史學之開山」歟！

〔註157〕《書信》，頁339致何之謙等。

第四章　靜安與羅振玉、沈曾植之學術關係

　　靜安時輩中，其交往最密，且影響靜安學術最鉅者，有二人，曰羅振玉與沈曾植。

　　羅振玉浙江上虞人，乳名玉麟；稍長，名曰寶鈺；後赴紹興應童子試，改名振鈺，字式如；入學後，又改名振玉，字叔蘊。號曰雪堂（雪翁、雪堂翁）、刪存、寒中、仇亭、永豐鄉人、退叟、貞松老人、抱殘老人、老殘翁、歲寒退叟等。清同治五年生，民國二十九年卒，享年七十有五。

　　羅氏所居室或書齋名甚多。其命名之意，除少數與其政治思想有關外，其餘多因所得書器而名，饒學術意義。有：面城精舍、俑廬、唐風樓、豐樂堂、四源堂、馨室、殷禮在斯堂、永慕園、宸翰樓、大雲精舍、大雲書庫、赫連泉館、秦虎符齋、吉石盦、雲峰精舍、東山僑舍、夢鄣草堂、吉金貞石居、二萬石齋、凝清室、楚雨樓、寒松堂、待時軒、魯詩堂、雙觴館、貞松堂、歲寒堂、六經堪、七經堪、七經堂等。（以上略依題識年月，次其先後）。

　　沈曾植浙江嘉興人，字子培，號乙盦，晚號寐叟、東軒老人等，別號甚多，有薏盦等四十餘，難以僂指（參王蘧常編《沈寐叟年譜》），晚年題所居曰海日樓。清道光三十年生，民國十一年卒，享年七十有三。

第一節　《殷虛書契考釋》作者辨證

　　《殷虛書契考釋》（以下省稱《殷釋》）一書，或主靜安作，或主羅振玉

作，數十年來，爭訟未決。本論文於此懸案，擬予重探，其主要意義有三。一、靜安與羅氏學術關係之意義。二人交誼甚篤，亦緣此，遂使此一問題滋生糾繞；而此一問題若未獲解決，則其學術關係難明，其學術成績亦難以劃定。即單就靜安學術而言，其殷商史研究，殆從此書發展（詳第二節）；若此書作者未明，即難以論知靜安係發展己說，抑推衍羅氏說？二、學術史之意義。此書於甲骨學發展史之地位已有公論，則此書作者何人，自有考定之必要；此亦猶靜安論《紅樓夢考證》，當以作者考訂爲唯一題目之意也。（見第二章第二節）三、方法論之意義。此書作者問題，近人論者頗眾，本文擬就諸說，評議得失，藉觀近人於辨證此問題之態度與方法。

此書版本有三：一、民國四年靜安寫校、永慕園石印本，不分卷（以下省稱「初本」），卷首有羅振玉小照，沈曾植、柯劭忞所題二律，及羅振玉署「甲寅十二月十八日」（民國4年2月1日，近人多作民國3年，實誤。下倣此）〈自序〉、靜安署「甲寅冬十有二月」〈序〉各一篇，卷末有靜安署「甲寅冬十有二月祀竈日」〈後序〉一篇。二、民國十二年十月商承祚決定不移軒木刻節本，與《殷虛文字類編》並行。三、民國十六年二月東方學會石印增訂本三卷（以下省稱「增訂本」），書首有羅氏、靜安二〈序〉，書末有靜安〈後序〉。

討論此案，首須識明者三事：一、所謂《殷釋》作者之辨，係指《殷釋》初本之作者而言，非指增訂本。增訂本成於羅氏之手（雖亦頗取靜安說），本無可疑；若捨初本，而斤斤於增訂本作者之辨，則失論辨此案之意義。近人所爭議者，亦多指初本，而非增訂本。〔註1〕二、本文純就學術是非，辨明事實真相，思慮或有未周，但絕無先入成見；文中評及時人，亦皆本此旨。三、本文所述近人說，僅取其代表性意見，不煩一一備舉。

一、王著說述評

此書本題羅氏作，而近人頗有所疑，或云靜安代撰，或云羅氏竊名，或竟以一書分屬二人撰著。〔註2〕本節擬先述王著說之演變，次論諸氏之證據及

〔註1〕 楊寬《上古史導論》引及此書，有「羅振玉《殷虛書契考釋》云」及「王國維增訂《殷虛書契考釋》云」等語（見《古史辨》第七冊，頁231、250），以增訂本爲靜安作，甚誤。疑楊氏之意，或是「增訂《殷虛書契考釋》王國維云」，行文誤倒耳。

〔註2〕 如蕭一山《清代通史》，附表六〈清代學者著述表〉，於羅、王著述均錄此書，

其推論方法。

此書作者之疑，實起於靜安歿（民國 16 年 6 月）後。梁啓超〈王靜安先生墓前悼辭〉云：

> 若說起王先生在學問上的貢獻，那是不爲中國人所有，而是全世界的。其最顯著的，實在是發明甲骨文。和他同時，因甲骨文而著名的雖有人，但其實許多重要的著作，都是他一人做的。以後研究甲骨文的自然有，而能矯正他的絕少，這是他的絕學。〔註3〕

梁氏此語，雖未實指《殷釋》一書，亦未明言靜安代撰或羅氏竊取等語。然所謂「和他同時，因甲骨文而著名的雖有人」，究指何人？又「其實許多重要的著作，都是他一人所做的」，究指何書？梁氏何所慮而隱約其辭？夫甲骨之學，靜安與羅氏齊名，時人或譽爲「二大宗師」，〔註4〕或直以甲骨學爲「羅王之學」，〔註5〕梁氏乃云「都是他一人做的」、「這是他的絕學」，而不及羅氏，絃外之音，實動人疑想。此梁氏民國十六年九月二十日於靜安墓前，爲清華研究院諸生之演說辭，時距靜安之歿，纔三月耳。

類乎梁氏說者，則有同年十月靜安門人儲皖峰撰〈王靜安先生著述表〉所云：

> 先生代人作的東西，實在不少。除《觀堂集林》所明見的單篇外，有《密韻樓藏書志》如干卷，是代烏程蔣氏（汝藻）作的；《重輯蒼頡篇》二卷，代姬覺彌作的。還有許多最有價值的作品，是出自先生的手筆。凡是讀過王先生著作的人，在文體上也看得出來。〔註6〕

儲氏亦未明指「最有價值的作品」爲何書，代何人作。然觀其所云：靜安代作，「除《觀堂集林》所明見的單篇外，有……」等語，其意可推知。考《集林》明註代作者，僅《綴林》卷二〈國學叢刊序〉〔註7〕一篇，題下註云：「代羅叔言參事」。則儲氏固已暗示「人」之線索。又儲氏此文，本以表彰靜安學

實誤。疑蕭氏於靜安著述欄所列《殷虛書契考釋》一書，或係《戩壽堂所藏殷虛文字考釋》之誤，蓋後一書蕭〈表〉未見編收也。
〔註3〕《國學論叢·王靜安先生專號》。
〔註4〕見郭沫若《中國古代社會研究》第三編〈卜辭中的古代社會〉。
〔註5〕見陳夢家《殷虛卜辭綜述》第一章〈總論〉。又馮濤《羅振玉與甲骨學》，《人文雜志》1985 年 2 月。
〔註6〕《國學月報——王靜安先生專號》，收入《全集》附錄四。
〔註7〕此《國學叢刊》指民國三年於日本復刊者。羅氏於宣統三年春創辦《國學叢刊》，時靜安與羅氏各有一序，至民國三年復刊。

術成績，其於《密韻樓藏書志》、《重輯蒼頡篇》，均明云代某人作，而於「最有價值的作品」，竟隱諱不宣，甚且於《集林》中明著代羅作之篇，亦不逕予指出，則儲氏或有所顧忌，故留此間隙，以俟讀者自省耳。〔註8〕

張舜徽於〈考古學者羅振玉對整理文化遺產的貢獻〉一文，云《殷釋》作者之疑端，「是從王門弟子最先提出的」，並舉周傳儒、何士驥二氏說。其舉周說云：

> 例如周傳儒所著《甲骨文字與殷商制度》第五章，談到這事便說：「羅氏之印行《殷虛書契前編》、《菁華》諸書，王氏躬與其役。《殷虛書契考釋》，則王氏所手書也，題名雖爲羅氏撰，實則王氏亦與有力焉。王氏〈跋〉語有謂：『余從先生游久，時時得聞緒論，比草此書，又承寫官之乏，頗得窺知大體，揚榷細目。』絃外之音，蓋可知矣。」這裏雖沒有直接硬定爲王氏之書，卻已有極端懷疑的看法了。〔註9〕

張氏云周氏「已有極端懷疑的看法」，非盡懸揣之辭。周氏於《甲骨文字與殷商制度》一書，一則承認羅氏作《殷釋》「攻究之苦，用力之勤」，〔註10〕次則強調靜安「朝夕切磋，互相研討」（同上註），又爲手寫上石，故云「題名雖爲羅氏撰，實則王氏亦與有力焉」，又引靜安跋語，以證此「絃外之音」。周氏同書又云：

> 論甲骨之收藏與拓印，自當推羅氏爲泰斗。論甲骨文字之考釋，則王氏當首屈一指焉。王氏所書《殷虛書契考釋》，所著《戩壽堂文字考釋》，在清華所講《古史新證》，在倉聖大學所著與甲骨有關諸論文，若〈殷周制度論〉、〈卜辭中所見先公先王考〉，後之治甲骨者，每每奉爲圭臬。（同上註）

此以「王氏所書《殷虛書契考釋》」與其他著述並列，直欲以《殷釋》一書爲靜安甲骨著作矣。後復撰〈史學大師王國維〉一文，云：

〔註8〕儲氏於此表有附識，云：「趙萬里先生替我尋找參考的書籍，並於百忙中替我校閱這篇稿，補正了好幾處。」則儲氏此說，似亦趙氏所共喻。唯趙氏著述中，論及《殷釋》一書，俱明云羅作（如《王靜安先生年譜》）。豈趙氏亦不排除「靜安代撰」之可能，惟因無確據，又行文時不便質言靜安作乎？抑趙氏持見與儲氏不同，儲氏既未明指，趙氏自不宜正之？

〔註9〕見氏著《中國史論文集》。

〔註10〕《甲骨文字與殷商制度》第五章〈文字之研究〉。

羅、王寓居日本京都四、五年，專以研究甲骨爲事，先後成書有：《殷商貞卜文字考》，一九一○年石印本；《殷虛書契前編》，一九一二年影印本；《殷虛書契菁華》，一九一四年影印本；《殷虛書契考釋》，一九一四年寫印本；《鐵雲藏龜之餘》，一九一五年影印本；《殷虛書契後編》，一九一六年影印本；《殷虛書契待問編》，一九一六年石印本；《戩壽堂藏殷虛文字考釋》，一九一四年石印本〔案：宜爲一九一九年〕；《殷虛古器物圖錄》，一九一六年影印本。〔註11〕

又〈王靜安傳略〉云：

丁巳年（原註：一九一五。案：宜爲丙辰年，一九一六）海寧四十歲，返滬講學於廣倉明智學院，時羅振玉、姬覺彌，方從事甲骨蒐集與整理。海寧出其全力，加以鑒別、考釋；成殷虛出土前編、後篇、菁華。〔註12〕

此文所述《前編》、《菁華》之成書時間未確，亦與前文相牾。諸書之成，羅氏實主其事，靜安縱「出其全力」，亦僅居襄理之功。又所謂靜安「加以鑒別、考釋」者，宜爲《戩壽所藏殷虛文字及考釋》，周氏不提此書，反舉《前編》等書爲說。若合前二文以觀，周氏實有混同二氏學術成績之嫌。

張舜徽復舉何士驥之說云：

後來何士驥在一九一四年《讀書通訊》半月刊第十九期上面發表一篇〈近四十年來國人治學之新途徑〉，肯定了羅振玉在甲骨文字上的偉大貢獻；但是他硬說《殷虛書契考釋》一書是羅、王二人同作。他有力地敘述道：「甲骨搜藏之富，與各種古史材料著錄傳播之廣，當以羅叔言氏爲第一。羅氏於甲骨之學，著有重要之書十數種，又與王靜安先生著《殷虛書契考釋》，最稱巨作，……今之致力於斯學者，猶未能多出其範圍也。」（原註：何氏又自注云：「此書規模體例，大致均出王手。」）（同註9）

何氏云「規模體例，大致均出王手」，不知何據？豈亦據靜安〈跋〉語「窺知大體，揚搉細目」之「絃外之音」，而別有會解乎？據何氏此文，則已論《殷釋》爲二氏共撰，且靜安之力獨多。

至吳昌碩撰〈王國維先生生平及其學說〉乃云：

〔註11〕《歷史研究》1981 年第 6 期。
〔註12〕《木鐸雜誌》第 24 期轉載。

先生東渡後，乃完全沈潛於中國古史的探索。⋯⋯民國三年，《殷虛書契考釋》也用羅振玉的名義出版（原註：《殷虛書契考釋》對「夾」字曾有精詳考釋，後〈矢彝〉發現，羅得拓片，爲之作簡略的考釋，文載《支那學雜誌》。彝中有「夾」字，羅曰「未詳」，知該書非僅非羅所著，羅且未曾仔細閱讀一過也），羅振玉並因此得到法國國家學院的博士學位。〔註13〕

此則肯定《殷釋》一書爲靜安所作矣。

前述諸氏，梁氏與靜安共事清華研究院，其餘則靜安講學清華時弟子；張舜徽所云：此種疑端「是從王門弟子最先提出」，不爲無因；或靜安歿後，清華研究院中有此傳言？〔註14〕復就諸說之時間論之，梁（民國 16 年）、儲（民國 16 年）、周（民國 22 年）三氏說，俱撰於羅氏尙存之時，故閃爍其辭，不予實指；何氏說（民國 30 年）撰於羅氏新歿之後，乃云二氏共撰，且靜安之力爲多；吳說（民國 32 年）撰於羅氏歿後數年，遂直言無諱，此中消息，不難推知。要之，靜安卒後，而疑端起；羅氏卒，而「王著說」成。

此外，較常爲人稱引者，則有郭沫若說：

王對於羅似乎始終是感恩懷德的，他爲了要報答他，竟不惜把自己的精心研究都奉獻給羅，而使羅坐享盛名。例如《殷虛書契考釋》，實際上是王的著作，而署的卻是羅振玉的名字，這本是學界周知的秘密。單只這一事，也足證羅的卑劣無恥，而王是怎樣的克己無私，報人以德的了。同樣的事情，尚有《戩壽堂所藏殷虛文字》和《重輯蒼頡篇》等書，本是王所編次的，而書上卻署的是姬覺彌的名字。〔註15〕

〔註13〕《風土什誌》一卷 1 期。案：據羅氏《集蓼編》所云，係「東方通信員」，非「博士學位」。

〔註14〕愚疑：此傳言或亦與靜安弟子對靜安死因之揣測有關。靜安死因，雖難以確知，然王門弟子頗謂與羅氏有關。羅繼祖云：「溯自王先生辭世，危言日出。及門弟子知尊乃師而不能知乃師素志，於乃師之政治思想避不敢談，而專委其責於他人。」（見〈王國維先生的政治思想〉，收入《王國維學術研究論集》第一輯。）所謂「他人」，即指羅氏。滕咸惠亦云：「爲了解王國維的死因，筆曾訪問過趙萬里先生。趙先生認爲王國維死於羅振玉的逼迫。」（見所著《人間詞話新注》前載〈略論王國維的美學思想〉一文註5。）則靜安弟子豈亦由敬其師而憫其終，由憫其終而轉憎使其含憤以終者，進而論其作品眞僞？此說雖難以實證（靜安弟子必不承認），恐亦人情之或有。

〔註15〕轉引自王德毅編《王國維年譜》所引〈魯迅與王國維〉。又郭氏於民國 18 年

又有傅斯年先生說：

> 此書題羅振玉撰，實王氏之作，羅以五百元酬之，王更作一〈序〉，
> 稱之上天，實自負也。羅氏老賊於《南、北史》、兩《唐書》甚習，
> 故考證碑志每有見地，若夫古文字學固懵然無知。王氏卒後，古器
> 大出，羅竟擱筆，其偶輯《矢令尊》（案：即《矢彝考釋》），不逮初
> 學，於是形態畢露矣，亦可笑也。〔註16〕

其餘主王著說者，或未舉證，即下斷言；或所持理由，仍不出前述諸氏之外
者，〔註17〕不及備舉。

　　綜諸氏所舉證據及其推論方式，可約爲下列諸端，試予論評。

（一）以靜安代撰事例推論

　　諸氏論《殷釋》爲靜安所撰，率並舉靜安代撰或代編之作爲說。靜安代
撰或代編之作，除前舉代羅氏之〈國學叢刊序〉、代蔣汝藻之《密韻樓藏書志》、
代姬覺彌之《重輯蒼頡篇》及《戩壽堂所藏殷虛文字》外，尚有代姬覺彌、
太羅隆詩二氏之〈學術叢編序〉、〈又序〉，代況周頤之〈克鼎〉、〈曾伯霥簠〉
二〈跋〉，代樊志厚之《人間詞甲、乙稿》二〈序〉，代蔣汝藻、羅振玉之《集
林》二〈序〉，代蔣汝藻之〈重刻施國祁元遺山詩箋注序〉，代姬覺彌之〈唐
寫本校記並佚文〉等。以靜安與羅氏關係之密，謂羅氏著述中，有靜安代撰
者，非無可能。然「可能」非即「事實」，「吾儕當以事實決事實」（靜安〈再
與林浩卿博士論洛誥書〉語），不當爲鑿空無徵之論，或以彼例此，否則厚誣
他人，非所以實事求是。故下將驗以它事，用決信否。

（二）以此書爲靜安手寫推論

　　以二氏關係之深，靜安又多有代撰之例，《殷釋》一書又爲靜安所手寫上
石者，是以或疑此書即靜安所作，而以羅氏名義出版；或以爲羅氏竊取。然
靜安於《殷釋・後序》云：

> 昔顧先生《音學五書》成，山陽張力臣爲之校寫。余今者亦得寫先

　　　所撰之《中國古代社會研究》一書，以《殷釋》爲羅作；民國 35 年撰前揭文，
　　　始改作此說。
〔註16〕《殷曆譜序》，《傅孟眞先生全集》第四冊。
〔註17〕如溥儀於《我的前半生》一書云：「王國維求學時代十分清苦，受過羅振玉的
　　　幫助，……王國維爲了報答他這分恩情，最初的幾部著作，就以羅振玉的名
　　　字付梓問世。羅振玉後來在日本出版轟動一時的《殷虛書契》，其實也是竊據
　　　了王國維甲骨文的研究成果。」謂靜安報恩，羅氏竊取。說同郭氏。

生之書，作書拙劣何敢方力臣，而先生之書足以彌縫舊闕、津逮來
學者，固不在顧書下也。

僅言爲之書寫，甚且方張之於顧，謙居弟子之列。此〈序〉，主王著說者非不
見，猶且不信者，或以爲靜安「報恩」，或故尋其「絃外之音」，或云「更作
一〈序〉，稱之上天，實自負也」。而爲羅氏辨誣者，則云曾見及羅氏手稿，
足徵《殷釋》一書爲羅氏所撰、靜安所書（說詳下）。案：羅氏撰述，本有倩
他人或子弟校寫之例；且靜安爲羅氏校寫之書，亦不僅《殷釋》，據《趙譜》
云：

甲寅九月（民國 3 年 10 至 11 月），爲羅先生校寫《歷代符牌圖錄》、
《蒿里遺珍》、《四朝鈔幣圖錄》等書序目或所附考釋，付石印。

此校寫諸書，先於《殷釋》三月，其例與《殷釋》正同。不僅此也，羅氏亦
有爲靜安校寫刊印者，如〈頤和園詞〉即是一例。〔註18〕

（三）以羅氏人品推論

近人於羅氏人品或頗致非議，唯人品與學術眞僞宜否混爲一談，實可究
慮。靜安固亦主人品足以影響學術者，如於〈聚珍本戴校水經注跋〉，謂戴校
《水經注》，「厚誣大典本，抹摋諸家本，……私改大典，假託他本」，至云：

凡此等學問上可忌可恥之事，東原胥爲之而不顧，則皆由氣矜之一
念誤之。至於掩他人之書以爲己有，則實非其本意，而其跡則與之
相等。……然東原此書方法之錯誤，實與其性格相關。故縱論及之，
以爲學者戒，當知學問之事，無往而不當用其忠實也。〔註19〕

靜安雖主學術與人格有關，然其論證之方法，係歸納證據，就事實以推論人
格，而非就人格懸斷事實。

誠然，羅氏遺書中或亦雜有靜安之作者，唯此類之作，究爲羅氏襲取，
或別有他情，非經審辨，不宜輕論。〔註20〕且即或某篇有剽竊之嫌，亦不宜

〔註18〕據神田喜一郎編《觀堂先生著作目錄》，日・《藝文雜誌》18 年 8 號。

〔註19〕《集林》卷十二。

〔註20〕如《唐寫本太公家教》，靜安於宣統三年撰有一〈跋〉，民國 2 年羅氏影印《鳴
沙石室佚書》，即取此〈跋〉附入，並有靜安題署。民國 6 年，靜安改訂此〈跋〉，
收入《海內外雜文》卷上，民國 12 年復收入《觀堂集林》卷十七。今所見《羅
雪堂先生全集》（以下省稱「羅集」）《鳴沙石室佚書目錄提要》，收錄靜安初
〈跋〉，而刪去題署，似易使人誤以爲羅氏襲取。疑《羅氏全集》所收，或係
經羅氏子嗣纂輯整理，並有刪芟；否則羅氏即或襲取，亦必不取此〈跋〉以自

以彼概此，此斷斷也。

（四）以羅氏「學不足稱」推論

傅先生謂羅氏「古文字學固懵然無知」，於羅氏之撰述能力頗致其疑。其論羅氏能力，係就二事推證：一、靜安卒後，古器大出，羅竟擱筆；二、靜安卒後，羅氏偶輯〈矢令尊〉，不逮初學。並據斷《殷釋》一書非羅所作。

羅氏能力如何，此姑不論；至傅先生之推證是否合乎事實，宜就羅氏著述求解。考羅氏「古文字」著述，有「金石跋尾」之一類，殆記得器顛末，間發所見；文多散見於羅氏遺書中之《雪堂金石文字跋尾》、《遼居稿》、《遼居乙稿》、《遼居雜著乙編》、《丙編》、《松翁近稿》、《丙寅稿》、《丁戊稿》、《後丁戊稿》、《貞松老人外集》及《面城精舍雜文》等著中，復多為靜安歿後之作。若傅先生所謂「古文字」之作，指此類而言，則靜安歿後，羅氏未嘗「擱筆」。此外，復有為一器銘專作考釋之一類，然此類僅〈石鼓文考釋〉及〈矢彝考釋〉（傅先生稱〈矢令尊〉）二篇而已；前文撰於靜安生前，後文撰於靜安歿後，據此，亦不得謂「王氏卒後，羅竟擱筆」也。則傅先生此說，與事實殊有未合。至羅撰〈矢彝考釋〉，判為「不逮初學」，傅先生既未明判定之準據，遂為貶損，有失公允。以余觀之，未必膚淺若是，傅先生責之過甚矣！

吳其昌舉「爽，未詳」之例，[註21]以證《殷釋》「非僅非羅所著，羅且未曾仔細閱讀一過也」；且以為羅氏因此書而暴得大名。

欲觀吳說之確否，得分就下列兩層討論：一、據此「爽」字例，足推知羅氏於《殷釋》「未曾仔細閱讀一過」否？二、如羅氏見及（或考及）《殷釋》「爽」字，何以〈矢彝考釋〉竟云「爽，未詳」？

考羅氏於《殷釋·序》云：

> ……乃先考索文字，以為之階。由許書以溯金文，由金文以窺書契，窮其蕃變，漸得指歸，可識之文，遂幾五百。循是考求典制，稽證舊聞，途逕漸啓，扃鐍為開，稽其所得，則有六端。……四曰卜法：

表曝。又二氏交誼深篤，往往有以所著書器題跋相書贈者；如靜安既撰〈漢南呂編磬跋〉一文，復自此〈跋〉節取一段，書於羅氏所藏墨本上（說見《趙譜》）。此又論二氏學術者所宜知者也。

〔註21〕此「爽」字，吳氏所據《支那學雜誌》如此，愚所見羅氏遺書《遼居雜著》本（見《羅集》初編冊四）作「爽」。不知係吳氏書誤，抑遺書本之誤，抑羅氏先隸定為「爽」，後改作「爽」？俟考。此姑從吳氏。又羅編《貞松堂集古遺文》卷七有「叔爽（𤕬）父作文考尊」，作「爽」。

商人卜祀，十干之日各依祖名；其有奭者，則依奭名。……六曰文
字：召公之名，是奭非奭。

特舉「奭」字例者二，以為此書之發明。靜安所作〈序〉亦云：

……由是太乙、卜丙，正傳寫之譌文，……至於諏日卜牲之典，王
賓有奭之名，……凡諸放逸，盡在敷陳。

亦舉此例。若謂《殷釋》、羅〈序〉俱出靜安代撰，而羅氏於《殷釋》「未曾
仔細閱讀一過」，豈於二〈序〉亦未嘗閱讀一過乎？此理之不可通者也。

羅氏既見及（或考及）《殷釋》「奭」字，何以〈矢彝考釋〉竟云「未詳」？
愚謂：據此非但不足以否定羅氏，轉可表見羅氏之治學態度。蓋此字於甲文
中雖不下千百見，然異體甚繁，本義難詳；其用義，除甲文「王賓有奭」之
例外，亦無他例可相比勘，金文之例尤為罕覯，是以近人之說此字，歧見互
出，「百說雜陳」（李孝定先生《甲骨文集釋》語）。《殷釋》雖解此「奭」字
為盛義，為妃義，然〈矢彝〉云：「今我唯命女二人太眾矢，奭眘右于乃寮乃
以友事。」（從羅氏釋文。郭沫若《周代金文圖錄》及釋文「太」作「亢」，「奭」
作「奭」，「乃以」作「以乃」。）依《殷釋》之訓，於此「奭」字乃無可解，
復無其他金文辭例可參照，故羅云「未詳」也。

矧羅於〈矢彝考釋〉中，云「未詳」者，除「奭」之例外，又有𣲼、禖、
𡧛、𢦏諸字，及「疑為某」、「殊不可曉」者，羅氏跋云：

此彝中有數字不可識，謹守蓋闕之義，不敢強解。〔註22〕

至其闕疑之標準，則羅氏《殷虛書契待問編·序》云：

昔南閣祭酒作《說文解字》，說解中注「闕」者數十字。金壇段先生
曰：「〈自序〉云：於所不知，蓋闕如也。凡言闕者，或謂形，或謂
音，或謂義。」是知許君之書，蓋並不知其形、音、義三者諸文而
悉載之矣。〔註23〕

《待問編》所收之字，有僅知其形義者，有僅知其音者，非必形、音、義三
者俱闕也，此沿《說文》例也。至其用此例之意，亦見該〈序〉，有云：

今日所不知者，異日或知之；在我所不知者，他人或知之。予往昔
撰《考釋》，所識之文再逾歲而增什一，吳中丞《說文古籀補》附錄
諸字，當日以為不可釋，今得確定者，什佰中亦恆二三，此均其明

〔註22〕《遼居稿·矢彝考釋跋》，《羅集》初編冊三。
〔註23〕《雪堂校刊群書敘錄》，《羅集》初編冊一。

驗矣。（同上註）

羅氏此語，與靜安「古文字學在今日不過粗具萌芽，今日五六分之見，他日或成八九分、十分之見，亦未可知」〔註24〕之說，立意正同，則二氏之闕疑，實具積極意義。是以羅氏既撰〈矢彝考釋〉，繼撰〈矢彝跋〉，除於前釋多有訂正外，又據文字偏旁變化，考得前釋所「未詳」之「祒」為「出」字；〔註25〕後復撰〈矢敦跋〉，有云：

> 「敢揚皇王宲」語，宲字亦見前人著錄之〈父丁鼎〉，不可識。〈矢彝〉有「揚明公尹人宲」，〈作冊大鼎〉亦有「大揚皇王尹大保宲」語，其義殆與他器之「揚王休」、「揚公休」同，卒不能定為何字也。
>
> （同上註）

此雖猶未能定「宲」為何字，然比較他器銘辭，略得推知其義為「休」；而於「爽」字，則仍缺釋者，蓋無以解此於〈矢彝〉之義也。若合此二〈跋〉觀之，則羅氏《待問編》之旨可以了然，而不可以「未詳」二字即推其未見《殷釋》也。竊謂羅氏此篇，與靜安之〈克鼎銘考釋〉頗近，〈克鼎銘〉凡二百八十九字，靜安考釋僅二百九十九字，〔註29〕其中多云「未詳」、「疑為某」，或竟闕釋者；〈矢彝銘〉凡一百八十五字，羅氏考釋五百四十三字，雖不及〈克鼎銘考釋〉之簡略，然就考釋而言，亦可云略之甚矣。豈二文同欲示後人以「闕疑」之法乎？

闕疑之法，非肇自羅、王，然彼等針對時代風氣，特倡此義，自有其意義與價值。〔註27〕又〈矢彝考釋〉與《殷釋》一書，本無絕對關係，惟傅先

〔註24〕靜安〈與某君論治古文字學書〉殘稿，轉引自蠹舟撰〈王靜安先生之考證學〉，見《全集》附錄三。

〔註25〕《遼居乙稿》，《羅集》初編冊四。

〔註29〕見〈觀堂古金文考釋〉，《全集》初編冊十一。

〔註27〕靜安與羅氏之治學俱重闕疑，尤以古文字考釋為然，蓋有感於「近世之考釋古文者，往往憑臆武斷」（羅撰〈祖癸觥跋〉，見《羅集》初編冊二）。靜安亦云：「古器文字有不可識者，勢也；……古器文義有不可強通者，亦勢也。自來釋古器者，欲求無一字之不識，無一義之不通，而穿鑿附會之說以生。」（〈毛公鼎考釋序〉，《集林》卷六）又云：「古文之不可輕釋，而後有可釋之字。」（蠹舟撰〈王靜安先生之考證學〉引，見《全集》附錄三）而郭沫若乃云：「嗚呼勤慎！嗚呼闕疑！汝乃成為偷惰藏拙之雅名耶？」（《卜辭通纂・序》）陳夢家論云：「在早期的考釋過程中，如羅、王諸家闕疑待考的精神還是勝於射覆式的闕必說之、疑必釋之的妄為。」（《殷虛卜辭綜述》第二章〈文字〉）陳氏雖單就甲文而言，實則靜安、羅氏於古文字考釋，均嚴持此義。

生與吳其昌均據〈矢彝考釋〉以推《殷釋》，故不惜詳辨於此。

　　綜前數事，知主王著說者多憑推想，難以取信。

二、羅著說述評

　　主羅著說與主王說者絕異，率就證據立說，陳夢家即其一，彼就《殷釋》手稿本舉證，云：

> （民國 40 年）我得到《考釋》的原稿本，都是羅氏手寫，其中書頭上常有某條應移應增改之處，並有羅氏致王氏便箋，請其補入某條者，稱之爲「禮堂先生」。《考釋》的綱領和分類次第，與羅氏以前諸作，實相一致，不過有所改善而已。〔註 28〕

陳氏言之鑿鑿，似所見非虛。爲羅氏辨誣者，如馮濤、陳邦懷、羅繼祖諸氏，亦樂道其說。〔註 29〕如陳氏此說屬實，當爲堅實之證據。唯自陳說之出，迄今三十餘年，何以仍未見此手稿公諸於世？使後人徒殫精敝神於無端之爭辯中？又陳氏既見及此稿本，何以羅氏後人反不得見，需仰藉陳氏語以爲佐證？是以吾人雖樂聞陳說，唯就徵實之態度而言，非經目見，或得有力之證實，不敢遽引爲證據者也。

　　董作賓先生乃就《殷釋》一書之內容舉證，云：

> 書中引用王國維之說處，均有「王國維曰」字樣，如考唐、土、季、王亥、王恒、上甲六條，釋邦、旬、祐、毓四條（原註：據增訂本）。間有附列己見的，則加「王案」。這足證《考釋》一書爲羅氏自撰，謂爲「王氏之作」，近誣。〔註 30〕

董先生此文據增訂本，以證「《考釋》一書爲羅氏自撰」。夫所謂《殷釋》作者之辨，係指初本之作者，而非指增訂本；近人之疑，亦正以初本出自靜安手書也，愚於前言中已述及。則據增訂本，並無助於此問題之解決。初本引

〔註 28〕《殷虛卜辭綜述》第二章〈文字〉。

〔註 29〕馮濤〈羅振玉與甲骨學〉，《人文雜誌》1985 年 2 月。陳邦懷〈王國維書信跋〉，見《書信》附錄。羅繼祖〈王國維先生的政治思想〉，收入《王國維學術研究論集》第一輯。又據陳煒湛、曾憲通合撰〈論羅振玉和王國維在古文字領域內的地位和影響〉一文（收入《古文字研究》第四輯），謂此稿「當亦在」考古研究所。未審確否。

　　附記：頃得羅振玉《殷虛書契考釋》手稿影印本（2008 年 5 月北京文物出版社出版），證陳夢家所述屬實。國樑記於民國 98 年（2009）五月。

〔註 30〕《甲骨學六十年》三、〈前期研究的經歷〉。

靜安說者六條，稱曰「王徵君」、「吾友王徵君」、「吾友王徵君國維」；增訂本引靜安說者二十一條（卷中〈文字〉章之象、鳳、罕、裘、眔、纙、罝、昱八條，卷下〈禮制〉章之衣祭、先公先王皆特祭而不祧、先妣亦特祭三條，董先生漏引），稱曰「王國維」、「王氏國維」、「吾友王君國維」、「王徵君」（案：稱「王徵君」者二條，在卷下，用靜安《殷禮徵文》說。蓋增訂本乃陸續增訂而成，初用「王徵君」，後改用「王國維」等，卷下二條，殆改之未盡者。商承祚《殷虛文字類編》引靜安語或商氏案語所稱，俱曰「王徵君」，可證）。初本羅氏案語，作「予案」，增訂本方作「玉案」。又董先生所引十條，無一見於初本者，是所據之材料可商。此其一。

　　董先生舉《殷釋》中有「王國維曰」、「玉案」等語，斷《殷釋》爲羅撰，似足釋傅先生「實王氏之作，羅以五百元酬之，王更作一〈序〉」之疑，猶無以解「王氏代撰」之說。蓋靜安若先撰《殷釋》，誠不得於書中預著「某曰」、「某案」語以求售；若靜安初即有意代撰，則書中雖著有「某曰」、「某案」等語，亦不足以據判眞僞也。〔註31〕請以靜安代撰例明之。如代姬覺彌撰〈學術叢編序〉云：「海寧王靜安徵君噬肯適我，出其書」，〔註32〕代太隆羅詩撰〈戩壽堂殷釋文字考釋序〉云：「海寧王靜安徵君國維據此以定殷先公之世系」（同上註），代蔣汝藻撰《密韻樓藏書志·宋刊爾雅疏》云：「海寧王君靜安爲余跋此本，……其言曰……。其考此本源流，至爲精確，故備錄之」。〔註33〕是以單據「某曰」、「某案」等語，而斷此書作者，其不足服人之心、杜人之口也明矣。此其二。

　　陳邦懷則以書信爲證，陳氏曰：

　　　　右海寧王靜安先生手札四通，乃一九一九年余求教於先生，先生之
　　　　答書也。……按第二札云：「叔言參事歸國後，現寓天津，其於《書
　　　　契考釋》，補正前稿甚多，但尚未寫定印行。」其「補正前稿甚多」
　　　　一語，可證明《殷虛書契考釋》前稿，實出於羅氏之手。〔註34〕

書信當爲考定作者事實之有力證據之一，即羅氏平生亦頗致力於前人書信之蒐集，並據以考定事實（詳下節）。唯書信之證據效力，亦因性質而異。依其效力而言：本擬公開者，不及不擬公開者；關係疏者，不及關係密者；關係

〔註31〕　馮濤撰〈羅振玉與甲骨學〉一文，用董先生說，並云：「若非羅氏所作，對這些註、案作如何解釋呢？」其失並同。見《人文雜誌》1985年2月。
〔註32〕　《別集補遺》。
〔註33〕　《全集續編》冊七。
〔註34〕　《書信》，附陳氏跋。

密者，又不及關涉事實之當事者。陳氏於靜安爲弟子行，設若《殷釋》爲靜安代撰，則於致陳氏書，未必即據實相告。此就證據效力言，固當作如是觀，則陳說但以爲佐證可也。

爲羅氏辨誣最力者爲張舜徽，張氏於所撰《中國史論文集》〈考古學者羅振玉對整理文化遺產的貢獻〉一節，《中國文獻學》〈羅振玉對整理文獻的重大貢獻〉一章，及〈王國維與羅振玉在學術研究上的關係〉一文，〔註 35〕均不惜筆墨，力辨此事，欲「從可靠的材料裏，找出有力的證據，來實事求是說明事實的眞相」。〔註 36〕其論證之方式，自云：

> 如果要把問題弄清楚，最好讓事實說話。一是羅振玉學問根柢如何？有無能力寫這樣的書？二是王國維治學途徑的轉變，和羅氏給予的影響如何？三是王國維生前對羅氏學問造詣的評價如何？這三個提問如果得到明確的解答，眞相自可大白。……羅氏在三十歲以前，早就刊行了不少考證經史碑版的專著，……羅氏學問早成是肯定的。從他一生治學精進不已的發展情況來看，到他四十九歲時（原註：1914），寫出《殷虛書契考釋》，完全是可能的。況且這部書是在四年前撰《殷商貞卜文字考》的基礎上，擴大門類而寫成的。那時的王國維，還沒有可能撰述這一類的書。其次，王國維早年治學，興趣很廣泛，……聽到羅氏的勸告和啓牖後，才開始「摒平日所學以治國學」。……最後，我們看看王國維生前對羅氏是怎樣評價的（下引王撰〈殷虛文字類編序〉、〈近二三十年中中國新發見之學問〉、〈殷虛書契考釋序〉、〈後序〉諸文，茲從略），……這是何等的推崇備至。……像羅氏這樣一個學問博通的人，著書立說，豈仍假手於人？……事實如此，用不著旁人妄逞臆斷，淆亂聽聞了。〔註 37〕

其後，羅氏之孫羅繼祖亦撰文辨論此事，茲先引羅繼祖說，次就與張說之相關部分，綜合評論。羅說云（爲方便以下討論，特分作五段）：

> 一、王先生的學問是多方面的，而且都有成就，辛亥革命以後，成果更碩大。王先生在京都給繆藝風（原註：荃孫）書札中談到下面一些話：「移居以後，日讀注疏一卷，擬自三《禮》始，以及他

〔註 35〕收入《王國維學術研究論集》第一輯。
〔註 36〕〈考古學者羅振玉對整理文化遺產的貢獻〉，《中國史論文集》。
〔註 37〕《中國文獻學》第十編第二章〈羅振玉對整理文獻的重大貢獻〉。

經，期以不間斷，不知能持久否？今年溫經之興（案：『年』下當脫『發』字），將三《禮》注疏圈點一過……近爲輶公（羅振玉）編《封泥集存》，因考兩漢地理，始知《漢·志》之疏。」「比年以來，專治三代之學，因先治古文字，遂覽宋人及國朝諸家之說，此事自宋迄近數十年，無甚進步。……最後得吳清卿（大澂），乃爲獨絕……蘊公繼之，加以龜板等新出文字，乃悟《說文》部目之誤……此實小學上一大發見，而世尚未之知也。」

二、各札雖不記干支，但大概都在民國元、二年間。我的祖父羅振玉作王先生〈傳〉說：「……予乃勸公專研國學，先於小學訓詁植其基。……公聞而聳然，自慨以前所學未醇，取行篋《靜安文集》百餘冊悉摧燒之。」又說：「公居東後，爲學之旨與前迥殊。」這些話，有人懷疑其失實。今繆札確出王先生手筆，可以置信不疑。

三、而且從中可以證明三事：一、王先生居東後開始治三代之學，先從治古文字下手，其步驟是一面溫經，一面覽宋人及清代諸家學說。二、王先生首先推崇清代文字學家吳清卿，接著是「輶公繼之，加以龜板等新出文字」。這說明殷虛文字爲吳所未見，吳所研求限於金文。三、王先生重視甲骨，在其研究古文字學之後，那麼《殷虛書契考釋》出於王先生代庖之說可以澄清了。

四、本來問題很清楚，記得東北師大楊公驥教授曾對我說過：「羅作《考釋》，是以平日文字學（原註：《說文》）作基礎的，王則夙精《史》《漢》，繼涉《說文》，所以他能寫出〈殷周制度論〉、〈殷卜辭中所見先公先王考〉一類文章，說《考釋》出王代作，我就不信。」（下論及陳夢家見及手稿云云，茲從略。）

五、王先生致繆札說：「爲輶公編《封泥集存》」，卻是事實。羅氏〈齊魯封泥集存序〉說：「吾友王靜安徵君精熟《史》、《漢》，請其仍《考略》之例爲之類次，並考其旨要。」如果《殷虛書契》的類次及《考釋》的撰寫，都有王先生的一份勞績的話，我想《書契》和《考釋》的序裏不會不提到的。〔註38〕

〔註38〕　〈王國維先生的政治思想〉，收入《王國維學術研究論集》第一輯。

　　羅繼祖此文，其一段，引靜安致繆氏書札。二段，據此札證羅撰〈海寧王忠慤公傳〉〔註39〕語可信。愚案：據此札，可證「公居東後，爲學之旨與前迥殊」，似不足證「公聞而……《靜安文集》百餘冊悉摧燒之」之事實（摧燒《靜安文集》一案，辨已見第二章第一節）。

　　三段，乃藉一、二兩段靜安致繆氏札及羅撰〈海寧王忠慤公傳〉，以證明「三事」，此三事與張舜徽之「三個提問」大旨無殊。綜張、羅二氏說，其要有三：一、就正面證明羅氏撰述《殷釋》之能力；二、就反面證明靜安於時尚無撰述《殷釋》之能力；三、就靜安對羅氏之稱頌不已，輔證羅氏之能力及撰述《殷釋》之事實。以下即就此三點評論。

　　羅氏有能力撰述《殷釋》，毋庸置疑。張氏於此文歷舉羅氏著作爲證，則羅氏之能力問題，至此可以澄清，誠有助於「事實」之了解；然而猶非即「事實」，蓋「能力」僅爲撰著之客觀條件，若執「能力」以爲即「事實」，無異持桼以謂酒也。

　　二氏復據靜安治學之轉變，謂其東渡後，「摒平日所學以治國學」，「補讀注疏和樸學家著述」，「開始治三代之學」（案：靜安致繆札，云「專治」，不云「始治」），證知靜安無撰著《殷釋》之可能。愚案：靜安東渡日本後「爲學之旨與前迥殊」，此事實也；惟據此以論靜安之能力，殊未易易。考靜安於民國元年赴日，是年，即撰有《簡牘檢署考》之作，沈曾植譽云：「此書雖短短十數葉，然非貫通經史者不能爲也。」又云：「即此箋箋小冊，亦豈今世學者所能爲？」〔註40〕民國二年所撰〈明堂廟寢通考〉、〈釋幣〉諸文，亦莫不如此，而謂之「開始治三代之學」可乎？愚謂靜安國學根柢實大植於東渡前，《集林·（羅）序》有云：

　　　君治哲學，未嘗溺新說而廢舊聞；其治通俗文學，亦未嘗尊俚辭而
　　　薄雅故。（已見第二章第一節引）

得其實矣。

　　羅繼祖復舉靜安「重視甲骨在其治古文字之後」爲說。愚謂：靜安重視甲骨即或在治古文字（金文）之後，亦必不在《殷釋》成書之後。蓋《殷釋》中徵及靜安說（此可信其出於靜安，說詳後），又靜安於民國二年所撰〈明堂

〔註39〕羅編《海寧王忠慤公遺書》卷首附。
〔註40〕見羅撰《五十日夢痕錄》引，《羅集》三編冊三十。又見容庚〈王國維先生考古學上之貢獻〉所述，《燕京學報》第2期，收入《全集》附錄四。

廟寢通考〉（見《雪堂叢刻》本）亦用及甲骨材料，並可證。羅繼祖據此前提以斷靜安之能力，猶未掌握論證之要點。

是以欲論靜安有無撰著《殷釋》之可能，宜就：《殷釋》成書前，靜安研究甲骨之狀況如何，此狀況與《殷釋》一書是否相稱，以求解釋；非空言「治學之轉變」，而用以定其未撰《殷釋》之事實也。

二人又據靜安對羅氏之稱頌，以證羅撰《殷釋》之事實。張氏別有一文，云：

> 王國維所作〈最近二三十年中中國新發見之學問〉一文，是一九二五年六月，他在清華大學暑期學校學術講演會上的演說辭。既是在學校公開講學的場合所說的話，王氏自然對取材的眞實性要負責任，更用不著來替羅氏捧場，乃至降低自己的身分了。這種材料應該是可靠的。〔註41〕

張氏此語，殊難論其是非。蓋前引梁啟超〈王靜安先生墓前悼辭〉，固亦「在學校公開講學的場合所說的話」。且所謂「公開場合」，固不限於演講，撰文刊布所負責任，較之演講或又過之，以其非僅對一時一地人負責也。

次就張氏此一取捨標準而言，亦有不可行者二。一、吾人於「王著說述評」，論諸氏據人品以推論作品眞偽之無當；於此，自亦不能同意張氏，責王氏「對取材的眞實性要負責任」。二、靜安〈最近二三十年中中國新發見之學問〉一文，張氏以爲「可靠」；然靜安〈殷釋序〉，傅先生則頗不取直。是同爲靜安語，而張、傅二氏之取捨標準不同。且張說於方法亦有可議，章實齋有云：

> 凡有推獎於人，不難屈己；凡欲求知於人，不嫌炫己，人之情也。有所爲而言之，不必遽爲定論，聖人所不免也。而炫己者人情所易，故聞者不甚取平；屈己者人情所難，故聞者多據爲實，而不知其不盡然也。〔註42〕

章氏就「人情」論證據之消極意義，自屬有見。是以吾人當立於超然地位，擺脫近人是非，施訂嚴格之取捨標準，以定曲直；未可輕執靜安對羅氏稱頌語，即引爲信據也。

綜張、羅二氏之見，終嫌「破」多而「立」少也。（張氏言及：《殷釋》

〔註41〕〈考古學者羅振玉對整理文化遺產的貢獻〉，《中國史論文集》。
〔註42〕《文史通義》外篇卷二〈讀史通〉。

一書，「是在四年前所撰《殷商貞卜文字考》的基礎上，擴大門類而成」。論及二書之關係，惜無多證發。）

四段，引楊公驥說。楊氏以數語簡括二氏之長，至為精覈。撰著《殷釋》需以《說文》為條件，而〈殷周制度論〉等文，則需「夙精《史》、《漢》」，兼通《說文》，此不刊之論也。惟楊說猶有可商者三事。一、靜安「繼涉《說文》」，始於何時？楊氏既無說，乃逕云「說《考釋》出王代作，我就不信」，是以靜安所長之前提，推得靜安所短之結論。此推論之不合邏輯。二、楊氏論靜安不能撰著《殷釋》，乃不就《殷釋》成書前之靜安學術論，而係就靜安一生之學術論（所舉諸篇，皆成於《殷釋》之後，可證），未能劃定時間標準，論辯方法已自有誤。三、即就靜安一生學術而言，楊氏復置《戩壽堂所藏殷虛文字考釋》及《集林》中釋字諸篇不談，亦見其於材料但取便於立說，而不顧反證也。

五段，據〈齊魯封泥集存序〉推及他書，乃先執定《殷釋》為羅撰，及凡有「一份勞績」者，羅氏必於序中稱及，姑不論其推論之有否乖於邏輯，先已使人致疑其辨證事實之客觀態度矣。

三、羅著說申證

主王著說者，多不能就證據立說，難以取信；主羅著說者，雖能舉證駁辯，但多屬旁證。愚以為《殷釋》一書當為羅氏所作，茲以四事為證。其一、二兩證得自近人說之啟發，而取證之方式及解釋不同；後二證則自《殷釋》內容求解，所謂內證也，期予事實真相有所辨明。

（一）以羅氏自述語為證

羅氏自述語，主王著說者見而未引；主羅著說者徵引雖及，而疑議猶未平。是以吾人於此類資料之徵引，宜就其證據效力，分別觀之。

先就《殷商貞卜文字考》（以下省稱《貞卜考》）、《殷商貞卜文字考補正》（以下省稱《貞卜考補正》）及《殷釋》三書之撰述先後一貫觀之。初（清宣統二年），羅氏撰《貞卜考》一書，既而覺其一二違失，於舊所知外，亦別有啟發，乃復有民國四年《殷釋》之作。其自述撰作之志云

> 光緒二十五年，歲在己亥，實為洹陽出龜之年，……先後數年間，
> 僅孫仲容徵君詒讓作《契文舉例》，此外無聞焉。仲容固深於《倉》、

《雅》、《周官》之學者，然所爲舉例，則未能闡發宏旨，予至是始有自任意。……宣統改元之二年，東友林君泰輔，寄其所爲〈考〉至，則視孫徵君《舉例》秩然有條理，並投書質疑。爰就予所已知者，爲《貞卜文字考》以答之。已而，漸覺其一二違失，於舊所知外，亦別有啓發，則以所見較博於疇昔故。……擬先編墨本爲《殷虛書契前編》，《考釋》爲後編。〔註43〕

愚之有取於此〈序〉者，以此〈序〉撰於民國二年一月（羅氏自題「壬子十二月」），據此〈序〉，是羅氏於《貞卜考》後，已有撰述《考釋》之志；其後《殷釋》即從《貞卜考》發展（詳下），足徵其撰《考釋》，乃償其夙志也。

　　前引張舜徽語，謂《殷釋》一書乃從《貞卜考》之基礎擴大門類而成。《貞卜考》分四章：考史第一（一、殷之都城；二、殷帝王之名諡），正名第二（一、籀文即古文；二、古象形字因形示意，不拘筆畫；三、與金文相發明），卜法第三（一、貞；二、契；三、灼；四、致墨；五、兆坼；六、卜辭；七、獵藏；八、骨卜），餘說第四（一、古書契形狀；二、古人文字之行款讀法；三、古器多塗朱墨）。而《殷釋》凡八章：都邑第一，帝王第二，人名第三，地名第四，文字第五，卜辭第六，禮制第七，卜法第八。後書體例乃自前書發展、修正，其迹甚顯。然據體例以決兩書成篇先後可矣，猶未足證羅撰《殷釋》之事實，故須進而求諸兩者內容。

　　《殷釋》一書，乃自《貞卜考》發展；而二書間復有《貞卜考補正》一書，足證知其發展之迹。《貞卜考補正》乃對《貞卜考》內容之刪、補及文字潤飾者，凡八十八條，其中多經采入《殷釋》，並更予補充或潤飾。茲舉二例爲說：

　　《貞卜考》〈考史〉章〈殷之都城〉條：

　　　　《史記‧殷世家》（當作「本紀」）：「武乙立殷，復去亳，徙河北。」

　　　　今本《竹書紀年》：「武乙三年自殷遷於河北，十五年自河北遷於沫。」

　　　　此盤庚以後再遷之明證也。

　　《貞卜考補正》云：

　　　　河北下，補注「〈三代世表〉作庚丁，徙河北。」

　　《殷釋》〈都邑〉章云：

　　　　《史記‧殷本紀》：「武乙立殷，復去亳，徙河北。」（原註：〈三代

〔註43〕〈殷虛書契前編序〉，《羅集》初編冊一。

世表〉作「庚丁徙河北」。）今本《竹書紀年》：「武乙三年自殷遷於河北，十五年自河北遷於沬。」王氏《詩地理考》……，是殷庚以後至於末季，凡再遷也。

此《殷釋》之文章結構已大體見於《貞卜考》，作《貞卜考補正》時增〈三代世表〉一證，日後復得王氏《詩地理考》一證，撰《殷釋》時復就文字潤飾，其發展之迹犂然可尋。

又《貞卜考》〈考史〉章〈殷帝王之名謚〉條：

𡉈𡉈，疑即巫咸，惜無他證也。

《貞卜考補正》云：

「咸戊，疑即巫咸」：乙「疑」字。

「惜無他證也」：此五字乙，下補「《白虎通·姓名篇》言：『于臣民亦得以甲乙生日名子。殷臣有巫咸，有祖己也。』王氏引之《經義述聞》云：『巫咸，今文並作巫戊。《白虎通》用《今文尚書》，故與古文不同。後人但知古文之作咸，而不知今文之作戊，故改戊爲咸耳。』今以卜辭證之，乃是咸戊，此證《尚書》與《白虎通》者也。咸戊，卜辭中亦稱咸。」

《殷釋》〈人名〉章云：

（伊尹，亦曰伊，）咸戊，亦曰咸。伊尹、咸戊之名，或但舉一字，曰伊，曰咸。又《白虎通·姓名篇》：「臣名亦得甲乙生日名子。殷有巫咸，有祖己也。」王氏《經義述聞》云：「巫咸，今文作巫戊。《白虎通》用《今文尚書》，故與古文不同。後人但知古文之作咸，而不知今文之作戊，故改戊爲咸耳。」今卜辭有咸戊，殆即巫咸矣。

據此，則《貞卜考》之「疑」咸戊即巫咸，又「惜無他證」，經《貞卜考補正》之蒐得「他證」，益堅信曩疑之非誤。

即此二例，已足覘《貞卜考》、《貞卜考補正》及《殷釋》三書之先後一貫。《貞卜考補正》一書，羅福頤後記云：

《殷商貞卜文字考》，家大人寓海東時，曾手自刪訂，後以之剪裁，入《殷虛書契考釋》中，致棄即廢棄。往歲，海上書肆覆印此書時，曾乞改訂本，乃覓棄不得。頃頤于舊筍中偶獲之，謹讀所改定、刪節處甚多。全書雖已均囊括入《考釋》，然有此可窺是學遞進之迹。且此書，近世學者猶多奉爲圭臬，則所補正，亦不可或廢。爰盡二

日力，錄成一卷。此冊在家大人雖謂爲橐不足存，然舉以示今日治
卜文史學者，或亦有資於博聞乎！〔註44〕

羅福頤刊印此書，但取其「不可或廢」及「有資於博聞」，不知其於考辨《殷
釋》作者之疑案，裨益尤宏也。

　　復就羅氏著述中稱及撰作此書論之。羅氏著述，如〈殷釋序〉、〈殷虛書
契後編序〉、〈殷虛書契待問編序〉、〈鐵雲藏龜序〉等，均稱及撰作此書，此
皆在靜安生前，自較可信。〔註45〕〈殷釋序〉且道其甘苦云：

　　予爰始操翰，訖于觀成，或一日而辨數文，或數夕而通半義；譬如
　　冥行長夜，乍覯晨曦，既得微行，又蹈荊棘，積思若痗，雷霆不聞，
　　操觚在手，寢饋或廢；以茲下學之資，勉幾上達之業，而既竭吾才，
　　時亦戈獲，意或天啓其衷，初非吾力能至。

又有詩〈撰殷虛書契考釋成漫題〉一首記云：

　　海溢桑枯靈骨見，鱗（疑當作「麟」）來鳳去我生非。射牲疇復貞牢
　　禮，去國依然夢畫衣。並世考文誰史許，當年抱器感箕微。摩挲法
　　物窮鑽仰，學易曾聞屢絕韋。〔註46〕

此詩，固反映羅氏思想之一面，若與〈殷釋序〉合觀，此中所言，實非親撰
其書者不能道也。

　　羅氏撰述甘苦如此，此書又爲甲骨研究開無數門徑，是以晚年自述云：

　　予平生著書百餘種，總二百數十卷，要以此書最有裨於考古。厥後
　　忠愨繼之，爲〈殷先公先王考〉，能補予所不及。於是斯學乃日昌明
　　矣。〔註47〕

〔註44〕原載《考古社刊》第5期，收入《羅集》續編冊十三。
〔註45〕本文取羅氏語，以見於靜安生前者爲主，蓋鑒於：一、羅氏敘及爲劉鶚編
　　　　《鐵雲藏龜》一事於劉氏歿後（〈殷商貞卜文字考序〉、〈殷虛書契前編序〉
　　　　等），與居劉氏生前所說者（〈鐵雲藏龜序〉）不同；二、羅氏敘及靜安摧燒
　　　　文集一事於靜安歿後（《海寧王忠愨公傳》），然靜安代羅撰〈觀堂集林序〉，
　　　　云及《靜安文集》，而不及「摧燒」一事；三、繆荃孫敘及張之洞「命撰《書
　　　　目答問》四卷」一事於張氏歿後（《藝風自訂年譜》），與居張氏生前所說者
　　　　（〈四庫簡明目錄標註序〉）不同。此三事是非，近人頗有爭論。本文寧取
　　　　見於當事雙方皆存時語。又案：余既撰此文，後檢閱《援庵史學論著選》
　　　　有〈藝風年譜與書目答問〉一文，所持標準與余不謀而合。喜前賢已先有
　　　　是論，附識於此。
〔註46〕《貞松老人外集》卷四，《羅集》續編冊四。
〔註47〕《集蓼編》，同上註，冊二。

則其所以亟稱此書者，其心理亦可想見矣。

　　再就羅氏書札及友人投贈詩證之。靜安撰〈先公先王考〉既畢，羅氏索稿甚亟，乃以草稿寄之，羅氏致書，爲補正上甲一事，並云：

> 往者寫定《考釋》，尚未能自慊，固知繼我有作者，必在先生，不謂捷悟至此也。上甲之釋，……。尊稿當已寫定，可不必改正，或以弟此書寫附大著之後。〔註48〕

此札述及撰作《殷釋》事。難者猶可曰：此札本擬發表者，若此書爲靜安代撰，二人心照不宣，自不必道破，不足取信。請再徵羅氏致日人林泰輔書，有云：

> 拙著《殷虛書契考釋》，以四十日之力匆匆寫定，譌誤至多，待補訂者不少，其《考釋》之文亦失之太簡。〔註49〕

此札亦擬發表者，然與前札性質殊異。蓋此時，靜安與羅氏均居日本，與日友時相通問；《殷釋》亦撰於日本，日友中知羅氏撰《殷釋》一事者必不鮮；而此札發表於日人雜誌，就羅氏心理而言，《殷釋》若非羅撰，羅氏寧無顧慮而爲此言乎？

　　又羅氏居日本時，與國內友人如沈曾植、柯劭忞諸氏魚雁往返。二氏知羅氏方撰《殷釋》，沈氏寄以七律一首，云：

> 二酉山深是首陽，千秋孤索炯心光。十緯鄭説文能補，六太殷官府有藏。夢裏儻逢師摯告，書成不借廣微商。殘年識字心猶在，海水天風跂一望。〔註50〕

柯氏亦寄以五律一首，云：

> 老作東瀛客，無人記姓名。衣冠非夙昔，風義自平生。學已攀三古，書還擁百城。名山留著作，未覺一身輕。〔註51〕

羅氏記云：

> （沈、柯二氏）去歲知予將考訂殷虛遺文，先後贈詩，均及此事，所以期予者至厚。此編告成，爰錄之簡首，以志予之樗散放廢，尚

〔註48〕〈殷卜辭中所見先公先王考〉附，《集林》卷九。
〔註49〕林泰輔〈羅王二氏の王賓に關する答書〉附，日・《東亞研究》五卷 12 號。又見〈與林浩卿博士論卜辭王賓書〉，《羅集》初編冊一。
〔註50〕《海日樓詩》卷一〈寄叔言〉。
〔註51〕《蓼園詩鈔》卷三〈歲暮無憀感傷存沒作懷人詩四首（之一）〉。以上二首，又見《殷釋》初本卷首附。

能勉力寫定者，其得於二老敦勉之力者爲多也。〔註52〕
則羅氏撰作《殷釋》，不惟國人知之，日人亦知之，此皆人證也。

（二）以靜安稱述語為證

靜安著述中，若代羅撰《集林・序》，若〈殷卜辭中所見先公先王考序〉、〈殷虛文字類編序〉及〈最近二三十年中中國新發見之學問〉諸文，或道及羅撰《殷釋》一書，或力稱羅氏此書之功；近人亦多舉靜安此諸序爲證。吾人非不信此諸序語，惟就取證標準而言（說已見前評張舜徽語），欲人之信，不得不別求他證。

靜安致羅書有云：

> 自夏後所得公書，每想見懷抱不暢，邇年心情想亦今茲爲劣矣。……
> 以公之體，用心與動作不能爲病，唯鬱結爲致病之源，須以動作與
> 閒散二法排遣之。前年《殷虛書契考釋》成時，前印公寫照，維本
> 擬題詩四首，僅成一首故未題。其詩云：「不關意氣尚青春，風雨相
> 看各愴神。南沈（曾植）北柯（劭忞）俱老病，先生華髮鬢邊新。」……
> 公年力俱尚未艾，此數年中學問之活動總可繼續二十年。試思此十
> 年中之成績，以度後之二十年，其所得當更何如！〔註53〕

羅氏懷抱不暢，靜安致書勸慰，自首至末，皆用對羅氏之語氣立言，故有「公如何」、「公如何」等語，態度誠摯，期望殷切，見二氏交誼之厚。此札，以《殷釋》爲羅氏「此十年中之成績」，並勉以「後之二十年」之「學問上之活動」，語意貫串明白。且更有一書云：

> 今日草《殷禮小記》（案：即《殷禮徵文》），得五則，共五、六頁，
> 皆祭禮事，補公《考釋》所未備者。〔註54〕

此則逕稱「公《考釋》」云云。二札皆爲關涉事實之當事雙方書札，且本不擬公開，札中語爲靜安無意流露者，無容不信。考靜安交遊未廣，其視爲一生知己者，羅氏一人而已；其一生除學術活動外，不願涉及政治，唯於致羅氏書中暢發所感；亦向不於他人前臧否人物，〔註55〕唯於致羅氏書中直抒所見；

〔註52〕見《殷釋》初本卷首。
〔註53〕《書信》，頁169。
〔註54〕同上註，頁62。
〔註55〕張爾田〈與黃晦聞書〉云：「（與王氏）相處數十年，未嘗見其臧否人物。」見《學衡》60期。金梁〈王忠愨公殉節記〉云：「公于時事，不輕置可否，于人不輕加毀譽，而衆感其誠。」見《全集》附錄〈王忠愨公哀挽錄〉。

其爲人代撰之作，向不欲揭露，亦唯於致羅氏書中直言無隱。此二札，向無
被引爲證據者，惜乎羅繼祖雖言曰：「我家掌握他（靜安）自白的材料，可以
說比任何人都多」，〔註56〕而辨證此書作者時，竟不徵及此。亦幸此二札不見
引於近人說中，故吾得信其爲眞。（此二書，前書原件爲羅福頤所藏，後書原
件藏北京圖書館。）

（三）以《殷釋》所引靜安說爲證

《殷釋》引及靜安說六條。吾人縱或不信《殷釋》爲羅著，亦無由不信
此六條爲王說。茲就此可信之六條，分析靜安於《殷釋》成書時之甲骨研究
情況，並據論靜安此時有無撰著《殷釋》之可能。

《殷釋》初本葉二四「西」字「……（卜辭）作卤卤等形者，吾友
王徵君國維因卜辭中以東卤卤卤對舉，以爲亦是西字。今以卜辭中
他文考之，曰……，依其文觀之，均當作西。王說是也。」

葉二八「王」字：「……卜辭或徑作大，王徵君謂亦王字。其說甚
確。蓋王字本象地中有火，故省其上畫，義已明白，且據編中所載
諸文觀之，無不諧也。」

葉三七「鳳」字：「……王徵君曰：『卜辭中屢云其遘大鳳，即其遘
大風。《周禮·大宗伯》風師作飄師，从䳒，而卜辭作鳳，二字甚相
似。』予案，王說是也。考卜辭中……，據此，知古者假鳳爲風矣。」

葉四一「斝」字：「《說文解字》：『斝，从吅从斗冂，象形，與爵同
意。』案，斝从吅，不見與爵同之狀，從冂亦不能象斝形……。予
嘗以此說質之吾友王徵君，徵君然之，並謂：寶鷄所出銅禁，備列
諸飲器，有爵一、觚一、觶二、角一、斝一，與〈少牢饋食禮〉之
『實二爵、二觚、四觶、一角、一散』，數雖不同，而器則相若，則
散、斝信爲一物。又，《詩·鄘風·碩人》『赫如渥赭，公言錫爵』，
《傳》言：『祭有畀煇胞翟閽者，惠下之道，見惠不過一散』，《疏》
言：『散謂之爵，爵，總名也。』予謂此爵字本當作斝，斝與赭爲韻
也。《傳》云『見惠不過一散』，則經本當作『錫斝』，轉譌爲散，後
人因散字不得其韻，又改爲爵。其實散本斝字，斝、赭同部，不煩
改爵也。其說至精確，著之以爲吾說左證。」

葉四五「裘」字:「卜辭中又有作 ![字] 者,王徵君謂亦裘字。其說甚確。蓋……。徵君又謂卜辭中又有 ![字] 字,以文意觀之,亦當爲求字。惟字形稍異,附此俟考。」

葉六六「昱」字:「卜辭諸昱字,變狀至多,初不能定爲何字。王徵君因〈盂鼎〉『粤若昱乙酉』之昱作 ![字] ,謂卜辭中『癸酉卜貞 ![字] 日乙亥』之 ![字] 日亦是昱日。予徧推他辭,無不相合,知王君之說信也。」

綜此諸例,可知:

一、此時靜安嫻於故籍,通於音韻;釋「郢」一節,尤見其非僅於「開始治三代之學」而已。

二、此六例均在《殷釋》八章之〈文字〉一章中。知此時靜安所用力於甲骨者,祇在文字,即此時其於甲骨之研究,尚無如《殷釋》之普及各類者。

三、此時識字之法,多就字形直觀(如裘、昱),或從語詞詞例判斷(如東、西之相對,知「東晉 ![字] 晉」之 ![字] 爲西),而罕就文字結構分析;其所舉文字之例,亦多單文孤證,罕有綜括諸例,驗其變化者。與《殷釋》他文之「由許書以溯金文,由金文以窺書契;窮其蕃變,漸得指歸」(羅氏《殷釋·序》語)者殊異;亦與「會合偏旁之文,剖析孳乳之字,參伍以窮其變化,比校以發其凡」(靜安《殷釋·序》語)者不類。

四、此諸例,除「郢」字外,語均甚簡略,疑是靜安校寫時偶發所見,斯一時之見解,未盡周密;故《殷釋》引之多用商榷語,並廣爲蒐證,反以證成王說。

五、諸例既爲一時之見解,尚未著爲專文(日後多經擴充成文,收入《集林》),與代蔣汝藻撰《密韻樓藏書志》中《宋刊爾雅疏》之有舊跋可引者異例。若謂《殷釋》爲靜安代撰,復特著此一時見解爲「王徵君曰」,且爲羅氏別著「予案」云云,似悖常理。

(四)以靜安駁正《殷釋》說爲證

靜安之甲文說,有與羅氏或異者,往往直抒所見,不著羅說;至如既明著羅氏說,復駁正之者,則可斷《殷釋》非靜安作矣。其駁正《殷釋》說者,如《殷禮徵文》:

羅參事曰:「卜辭之例,凡卜祭日,皆以所祭之祖之生日爲卜日;凡

以妣配食者，則以妣之生日爲卜日；如大乙、妣丙同祭，則以丙日卜，而不以乙日卜。」余謂：卜祭先王以其妣配，舍先王之生日而用其妃之生日，於事爲不順。疑以上諸條，皆專爲妣祭而卜，其妣上必冠以「王賓某（原註：如大乙、大甲之類）奭」者，所以別於同名之他妣，如後世后謚上冠以帝謚，未必帝、后並祀也。」〔註57〕

所引「羅參事曰」，見《殷釋》初本〈卜辭〉章。增訂本刪去「凡以妣配食」諸句，並取靜安說，入〈禮制〉章「先妣亦特祭」條。又如〈毛公鼎考釋〉：

羅參事振玉《殷虛書契考釋》云：「《說文》分辛、辛爲二部，卜辭只有辛字，……是不當分爲二部明矣。」案，參事謂辛部皋、辜以下諸字，皆當入辛部，其說甚確。惟謂辛、辛一字，則頗不然。余謂……。〔註58〕

所引《殷釋》，見初本〈文字〉章。增訂本存辛字，刪去說解，並增入辛字。又如《戩壽堂所藏殷虛文字考釋》：

𡠥𠂤，羅參事釋寅父。然卜辭寅字皆從矢，而人名之𡠥尹皆從大，疑非寅字。𠂤確是尹字。〔註59〕

所引「羅參事」說，見《殷釋》初本〈人名〉章，作「寅父」。靜安於𡠥字亦無定說，故增訂本僅改作「寅尹」。

綜前四證，有羅氏合乎實情之自述；有林泰輔、沈曾植、柯劭忞之見證；有靜安尊重事實之稱述；復有靜安不作《殷釋》之間接證明（後二證）：雖欲不視《殷釋》爲羅作，不可得矣。

> 附記：羅氏《殷釋》手稿既經布於世，幸喜本文論證之確，則本文當具辨僞之方法論意義，可用以檢視諸家論說之得失。國樑記於民國九十八年（2009）五月。

第二節　靜安與羅振玉之學術關係

認識人才、拔擢人才，若亦得計入學術成績，則羅氏之識擢靜安，誠近代學術史上所宜特書者也。據《靜安文集續編》所載〈（三十）自序〉云：「甲

〔註57〕《全集》初編冊十一。
〔註58〕《觀堂古金文考釋》，《全集》初編冊十一。
〔註59〕《全集》續編冊三。

午之役，始知世尙有所謂新學者，家貧，不能以貲供遊學」。而羅氏先提携靜安入東文學社，繼「助以貲，使遊學於日本」。若無羅氏，則靜安非惟難有日後經史研究之成績，且其早年文哲研究，亦未必能暢如所願。

　　靜安之學術成就，其個人稟賦特優一也，外在因素二也。外在因素，概括言之有三端曰：師友商榷、資料獲取及刊物編纂；而此三者莫不與羅氏密切相關。

　　論靜安與羅氏之學術關係，需先略述羅氏學術，蓋二人學術觀念最近，學術事業合作無間故也。又上節考定《殷釋》作者時，於二人學術關係亦略述及，本節則就前文未盡者論之。

一、羅氏學術述略

（一）學術志業之轉變

　　羅氏初有志於經史考訂，繼轉爲學術資料之刊印；其學術志業雖先後重點不同，然精神實相承貫。

　　其早歲治學，從《皇清經解》入手，〔註60〕有志經史考訂之學，〔註61〕且用力甚勤。其治金石文字，目的亦在證經考史，每得一古刻，即攤書爲之考訂。柯昌泗綜羅氏早年之學術成績云：

> 先生最初所著之書，爲《眼學偶得》（愚案：據羅氏《集蓼編》，
> 當爲《讀碑小箋》），皆考訂經史之作，入手途徑，於此可見。……
> 據先生《面城精舍雜著》：辛卯以前，專研經詁；辛卯以後，始治
> 史學；中間留意金石文字，以爲考據之助。辛卯，先生時年二十
> 六歲；雜著兩編，成於乙未，先生時年三十歲。其時所撰著者，
> 已不下十數種，以經史爲大宗。其關於經學之著作：群經，則有
> 《毛鄭詩斠議》、《毛詩草木鳥獸魚蟲疏新校正》；小學，則有《干
> 祿字書箋證》、《釋人證誤》。關於史學之著作：正史，則有《三國

〔註60〕《集蓼編》云：「光緒壬午（十七歲），爲鄉試大比之年，與伯兄同往。試畢，
　　　紆道至白下，省視先府君，因流覽書肆，見粵刻《皇清經解》，無力購買，鐙下
　　　爲先府君言之，府君乃以三十千購以見賜。聞先輩言：讀書當一字不遺；乃以
　　　一歲之力，讀之三周，率日盡三冊，雖觀象、授時、疇人傳諸書，讀之不能解，
　　　亦強讀之。予今日得稍知讀書門徑，蓋植基於是時也。」（《羅集》續編冊二）
〔註61〕〈貲碑圖記〉云：「光緒癸未（愚案：當是「壬午」），玉年十有七，始學治經，
　　　爲考訂之學，以其餘力究心金石文字。」（《羅集》三編冊一）

志證聞校勘記》、《梁陳北齊後周隋五史斠議》、《唐書宰相世系表考證》、《唐書藝文志斠議》；年代學，則有《重訂紀元編》；姓氏學，則有《元和姓纂校勘記》；金石學，則有《寰宇訪碑錄斠議》、《補寰宇訪碑錄刊誤》、《再續寰宇訪碑錄》、《淮陰金石厪存錄》、《讀碑小箋》、《碑別字》。觀於上列諸書，知先生早年治學之根柢，固極篤實而平易者。〔註62〕

臚陳羅氏早年著述甚悉。據所列諸作，其屬史部者較經部爲多，知羅氏雖以《經解》爲入學門徑，其興趣則在史學；此或因酷嗜金石，遂及於史籍歟？又羅氏自述其讀碑法曰：

家貧，無藏碑，乃與碑賈謀賃碑讀之。……伯兄每得一碑，輒疏其別字，玉則必檢孫氏星衍《寰宇訪碑錄》、王氏昶《金石萃編》，比較異同。二書有誤，據碑正之；其有關考訂者，則錄之別紙，久之，伯兄遂成《碑別字》五卷，玉成《寰宇訪碑錄（刊謬）》、《金石萃編校字記》、《讀碑小箋》各一卷。（同註61）

此「比較異同」、「據碑正之」之法，即前述校議、校正、校勘記、刊誤諸作所由出。日後，羅氏學術事業雖轉爲刊印群書，然所撰諸跋，輒就文字校諸本異同，即本於早年之治學旨趣。即此而論，其先後所從事者，均爲資料斠理工作，精神原自一貫。

羅氏於古器物之興趣，發端甚早，幾二十歲前即已觸及古器物之大部範圍，且蓄藏日富。〔註63〕其嗜之也篤，故訪求彌勤，不以難得而隳其志，「冥行孤注，志不可奪」；〔註64〕爲求一器，夢寐以之，既而得之，驚喜欲狂。此蒐求資料之

〔註62〕〈弔上虞羅先生〉，收入《羅集》五編冊二十附錄一。

〔註63〕羅氏二十歲前，於古器物之興趣，範圍至廣，略舉數例：

〈赫連泉館古印存序〉：「予年十五，始學製印，……此予有印癖之始。」（《羅集》初編冊一）

又〈續存序〉：「予之於古印璽也，嗜之最早。」（同上）

〈唐風樓秦漢瓦當文字序〉：「志學以來，即有藏弆。」（同上）

〈雪堂金石文字跋尾〉：「予年十六，即喜治金石文字。」（同上）

〈龍泓洞造象題名序〉：「予以光緒辛巳（十六歲）始遊聖湖，摩擬諸山題刻，流連不忍去……。」（同上）

〈西陲石刻錄序〉：「予年十七，始蓄金石墨本。」（同上）

〈廣陵冢墓遺文序〉：「光緒壬午（十七歲）秋，……藏墓誌拓本之始。」（同上）

〔註64〕〈鳴沙石室佚書序〉，同上註。

狂熱，自少迄衰曾無稍改，蓋即以此爲樂趣，且以爲生命所寄者。〔註65〕

彼於資料蒐求雖勤，然其意，初不在傳布與流通。既而恍然於「蒐求之視考釋爲尤亟」〔註66〕及「流傳尤亟於考訂」〔註67〕之義，有云：

> 弱齡志學，不賢識小，囿於訓詁名物者垂三十年。中更世變，翻然知悔，始從事于成己成物之學。〔註68〕

所謂「成己成物之學」，即指資料之刊印與流傳也。靜安致羅書亦云：

> 先生平日所爲學，於後人甚有益，而與自己甚苦，如錄碑及編纂諸事皆是。〔註69〕

可與羅氏語相發明。

考羅氏於宣統三年所創《國學叢刊》，已輯印《殷虛書契前編》、《隋唐兵符圖錄》等書，「將以續前修之往緒，助學海以涓流」；〔註70〕則其刊印群書，非始於「世變」之後，「世變」云云，乃事後追記語（民國32年）。蓋羅氏學術志業之轉變，與清末社會之動盪有關；民國後，而其念益熾；除外，復別有他故焉。試綜合推度如下。

一、鑒於前人著錄未成，器已星散。清末民初，爲吾國史上政治、社會之巨大變動時代，致使昔日「士夫所藏乃大出：北則盛伯希祭酒意園所藏、端忠敏公匋齋所蓄、陳壽卿京卿簠齋所儲，南則吳、陸諸家故物及鐵雲藏器質於人者，往往充斥肆廛」。〔註71〕羅氏「鑒於前人著錄未成，而器已星散」

〔註65〕 羅氏蒐求書器，既勤且篤，始終如一，茲舉數例：
〈隋唐以來官印集存〉：「蒐求歷代古官印，垂三十年。」（同上註）
〈蒿里遺珍序〉：「……此五種，或久佚人間，或傳拓至罕，予以三十年之力，僅乃得之。」（同上）
〈王子安集佚文序〉：「……此集雖以三夕之力成之，而夢想者且十年。昔之難也如彼，今之易也如此。」（同上）
〈松江石本急就章跋〉：「……丁未在京師，乃忽於廠肆邂逅遇之，爲之驚喜欲狂，亟選工欲鋟之木……。」（同上）
〈鳴沙石室佚書序〉：「……宣統改元，伯希和博士始爲予言之，既就觀目錄，復示以行笈所攜，一時驚喜欲狂，如在夢寐。」（同上）
類此者，於羅氏著述中，觸處皆是。
〔註66〕 〈殷虛書契前編序〉，《羅集》初編冊一。
〔註67〕 〈漢石經殘字集錄補遺後序〉，同上註，冊三。
〔註68〕 〈遼居雜著乙編自序〉，同上註，冊六。
〔註69〕 《書信》，頁180。
〔註70〕 〈國學叢刊序〉，《羅集》初編冊一。
〔註71〕 〈夢郭草堂吉金圖序〉，同上註。

（同上註），感「昔人有言：金石雖壽，或轉借楮墨以永之」〔註72〕語之非虛。律以己之所藏，則有若古鏡，「三十年嗜之之篤，今且散亡垂盡，而墨本幸存」，〔註73〕「集錄之願，用是益熾」（同上註）。遂有傳拓之志。

二、鑒於古物或有脆弱而不易存者。羅氏「嘗謂：古物之出，漸滅隨之」；〔註74〕以甲骨言之，「骨甲古脆，文字易滅，……不汲汲蒐求，則出土之日，即漸滅之期」。〔註75〕則傳拓之業，不可或緩。

三、鑒於古物既出，往往流入異域，求覩斯難。有云：「念洛陽之在往昔，屢爲都會，古刻如林。《中州金石記》所載，乃不及什一，而異邦人之訪古於我河朔，購古刻以去者，趾相接，有朝出重泉夕登市舶，未傳拓一紙者，士夫所獲，或亦展轉歸於海外，其幸存者，亦不謀流傳，……故集錄之事，其在今日，誠不宜或後」，〔註76〕否則他日徒有求諸異域而已。如敦煌石室遺書，「石室甫開，縹緗已散，我國人士初且未知」，幸得伯希和氏允爲寫影，先後三載，次第郵致，羅氏校理既畢，「欣戚交併，有不能已於言者七事焉」。〔註77〕不僅此也，古物既出重瀛，或永無再見之日，羅氏因興「古物而至異域，殆不殊再入重泉」〔註78〕之嘆。

四、以保存學術資料自任。民國肇建後，羅氏亡居日本，以清室遺老自命，不免固執；然彼於傳統文化，亦確有自任之意。〈殷虛書契後編序〉云：

> 天不出神物於我生之前、我生之後，是天以畀予也；舉世不之顧，
> 而以委之予，此人之召我也。天與之，人與之，敢不勉夫！〔註79〕

〈殷虛古器物圖錄序〉亦云：

> 私念殷虛遺物，雖殘闕斷爛之餘，而可窺見古代良工制作，兼可
> 見古器之狀，收多識之益。秘予篋中，且將十年，世莫得而見也，
> 其存其亡，惟予是繫，不即今著錄，後且無復知是者，遺憾將不可

〔註72〕 〈古鏡圖錄訂〉，同上註。
〔註73〕 〈漢石經殘字集錄補遺後序〉，同上註，冊三。
〔註74〕 〈殷虛書契前編序〉，同上註，冊一。
〔註75〕 〈芒洛冢墓遺文序〉，同上註。
〔註76〕 〈芒洛冢墓遺文序〉，同上註。又〈古玉墨本跋〉：「關中近所出古玉，入商船一出重瀛者至多，中土士夫往往不獲一見。恐異日欲爲譜錄，將轉於異域求之，能無令人思之長喟耶！」（同上）亦參看。
〔註77〕 〈鳴沙石室佚書序〉，同上註。
〔註78〕 〈海外貞珉錄序〉，同上註。
〔註79〕 同上註。

弭。（同上註）

頗有「今我不作，後來何述」〔註80〕之意。

以上諸念錯綜，使羅氏居清末即漸有刊印之業，至民國後，遂傾其全力於此。

（二）資料之蒐求

羅氏自云：「身世遭逢，事事不如古人，而眼福則勝之」；〔註81〕於七十三歲，有自輓聯一首，上聯云：「畢生寢饋書叢，歷觀洹水遺文、西陲墜簡、鴻都石刻、柱下秘藏，守缺抱殘差自幸」。〔註82〕所舉甲骨文、流沙墜簡、漢石經及敦煌遺書，特就其大者言之，其餘見知並足以傲視前賢者，尚不計其數。然羅氏所見之博，實時代寵賜，先哲遺芳，是以決不鄙薄前人，云：「吾人眼福突過古人，固不可因是詆諆前哲」，〔註83〕誠知本之論也。

羅氏於清人古器物學之「重文字而略圖象，貴鼎彝而忽任器」，謂轉遜於宋人，及至「百年以來，乃始擴其範圍」。〔註84〕故羅氏之古器物學，其精神乃上追宋人，因於器物資料之認識，亦往往先推本宋人說。如符牌、璽印、瓦當、古鏡、明器、磚瓷等，或檢尋宋人著錄器物專書，或旁及筆記雜說，〔註85〕見其於宋人著述之熟稔，且於宋人學術成績之重視。至其欲正「金石學」之名爲「古器物學」，亦得自宋人啓發。〔註86〕

羅氏於資料蒐求：文字與圖象兼收，〔註87〕鼎彝與任器並重（此義易知，

〔註80〕〈歷代符牌錄序〉，同上註。

〔註81〕〈增訂漢熹平石經殘字集錄序〉，《羅集》初編冊二；羅繼祖〈大雲書庫藏書題識跋〉亦引此語，同冊四。

〔註82〕〈貞松老人外集卷四〉，《羅集》續編冊四。

〔註83〕〈宋拓邕禪師塔銘跋〉，《羅集》初編冊四。

〔註84〕〈雪堂藏古器物目錄序〉，《羅集》續編冊一。此意，復見〈古器物識小錄・自序〉（初編冊七）。

〔註85〕見〈歷代符牌圖錄序〉、〈齊魯封泥集存序〉、〈唐風樓秦漢瓦當文字序〉、〈古鏡圖錄序〉、〈古明器圖錄序〉（以上俱見《羅集》初編冊一）及《俑廬札記》（五編冊十七）。

〔註86〕〈與友人論古器物學書〉云：「……『古器物』之名，亦創于宋人，趙明誠撰《金石錄》，其門目分古器物銘及碑爲二；金蔡珪撰《古器物譜》，尚沿此稱。嘉道以來，始于禮器外，兼收他古物，至劉燕庭、張叔未諸家，收羅益廣。然爲斯學者，率附庸于金石學，卒未嘗正其名，今定之曰『古器物學』，蓋『古器物』能包括『金石學』，『金石學』固不能包括『古器物』也。」（《羅集》初編冊一）。

〔註87〕〈古器物識小錄自序〉：「往備官京師，每流覽都市，見古器無文字人所不注

不煩證明），雅品與俗製等觀，〔註88〕三古與當代兼蓄。〔註89〕其所蒐集多世所輕忽者，非於資料價值，認識眞切者，不克臻此也。惟彼於資料雖欲囊括萬有，「初見時，有所遇必盡之」，〔註90〕然「一人所得有限，而古物之出世不窮」，〔註91〕乃更定蒐求重點，不復泛求。

靜安重視「新學問」之資料，如前章所舉甲骨文字、流沙墜簡、敦煌秘籍及內閣大庫檔案等是也；而此四事，亦靜安所以稱道羅氏於學術之大功者也。〔註92〕此羅氏資料蒐求重點之一。又靜安重四裔史料，羅氏亦云：「古刻之裨益史事，以邊裔石刻爲尤宏」。〔註93〕靜安之經史研究，重原始資料，羅氏於資料蒐求，亦重古人「手迹」。抑羅氏所謂「手迹」，其含義頗廣，或指古器手工制作，或古寫本，或前賢手札；〔註94〕凡此，於史料價值屬原始史料，或可考見古代器物之制作水平，或可校正傳本之誤，或藉考作品眞僞，〔註95〕而不僅於

〔註88〕意者，如車馬器之類，見輒購求。」（《羅集》初編冊七）又〈五十日夢痕錄〉：「……因往履其地（小屯），則甲骨之無字者，田中纍纍皆是……。」（三編冊二十）

〔註88〕〈恒農冢墓遺文序〉：「……私謂此百餘專（磚）者，不異百餘小漢碑也。」（《羅集》初編冊一）即其例。

〔註89〕如保存內閣大庫檔案，即其例。此事始末，詳靜安〈庫書樓記〉（《集林》卷二十三）。又據靜安所述，並可見羅氏保存資料之苦心孤詣。除外，羅氏復道及一事，可相比觀，云：「歐人何樂模者，骨董商也，至西安，欲竊取〈唐景教流行中國碑〉，復刻一本，將以易原碑。定海方藥雨太守（若）之宗人爲何樂模舌人，以告藥雨，藥雨以告予。予乃白部發電致陝撫及提學司，將此碑由金勝寺移置學宮碑林中，何樂模乃不得竊取，運復刻以去。當予以此陳，當事頗以爲多事，強而後可。」（《集蓼編》，《羅集》續編冊二；又見《五十日夢痕錄》，三編冊二十。）

無怪乎羅氏嘗太息曰：「我國若不定古物保存律，恐不數十年，古物蕩盡矣，可不懼哉！」（《俑廬日札》，五編冊十七）見羅氏於保存國家文物確盡心力，其識見亦超軼時流。

〔註90〕〈古明器圖錄序〉，《羅集》初編冊一。

〔註91〕〈金泥石屑序〉，同上註。

〔註92〕〈雪堂校刊群書敘錄序〉，《集林》卷二十三。

〔註93〕〈西陲石刻錄序〉，《羅集》初編冊一。

〔註94〕見〈殷虛古器物圖錄序〉、〈敦煌本漢書王莽傳殘卷跋〉、〈昭代經師手簡序〉等。（均同上註。）

〔註95〕〈昭代經師手簡序〉云：「予好藏前賢墨迹，尤喜聚手札，以爲不啻親接几席而聆話言也。……季仉先生駢儷文字，根柢齊梁，當時之士莫與抗手，而考證之事多疏，惟所著《尚書古今文注疏》，完密有條理，與他著不同，今觀其手札，言欲邀宋定之疏《尚書》，知《注疏》之作實出宋手。」（同上註）

使人倍感親切，足以發思古之幽情而已。

其所藏書器，多初拓、足拓、初刻、精刻、孤本、精品、異品、稀品，為「前此考古家所未見」者，或「人間僅見」者，羅氏並有題跋以識其要。若選諸跋之尤精者，都為一編，於士林當不無小補云。

（三）資料之整理

羅氏所藏書器，多經親自選材、拓墨、類次、校錄，而後刊印，其中涉及資料之辨偽、綴合、訂名、斷代、校寫諸學術工作，甚為繁巨，非一般書估所能。其所以重視此類工作者，蓋鑒於前人之得失。如〈匋齋吉金錄及續錄跋〉舉端方此錄及續錄之失者五，曰：鑒別之疏、器名之誤、時代之誤、釋文字之誤、編訂之疏。〈愙齋集古錄序〉舉前人著錄四失，曰：「傳橅失真，點畫譌舛，一也；見聞所限，蒐輯未備，二也；疏於鑑別，真贗雜糅，三也；昧于古文義例，考釋或疏，四也」；並稱吳大澂此書「甄別精嚴，考釋確定」。〈台州金石錄序〉稱此書有三善，曰：析出古專甓別為一錄、別志「闕訪」、未見墨本者輒為說明。（以上俱見《羅集》初編冊一）羅氏於刊書前之資料辨偽、綴合、訂名、斷代、校寫、著錄與編次等事，即汲取前人經驗，益以心得，而臻乎至當。

於辨偽，則有如〈歷代符牌錄序〉所云，據虎符制度及地理建置，論翁方綱《兩漢金石記》所載「五原太守符」為偽。〔註 96〕蓋羅氏以為：研究古器物，其首要之事曰「鑒定」，有云：

> 古器每多偽造，或真器而偽文，或仿古而復製，其精巧者至可亂真。
>
> 古人著錄，贗器甚多，宜知鑑別，乃無詒誤。〔註 97〕

是以「有未敢確信為真品者，則汰之」，〔註 98〕即其刊印群書標準之一。所編《三代吉金文存》，容庚評：「搜羅之富，鑑別之嚴，印刷之佳，洵集金文之大成」，〔註 99〕即謹守此一標準之作。

〔註 96〕 羅氏云：「……兩漢諸符，以建初尺度之，長皆二寸許，無逾三寸者，新莽之符倍之，魏晉以後則大於漢而小於莽。翁氏《兩漢金石記》載〈五原太守符〉，乃云『長三寸四分』，而中間剖別處書『弟一』，有此兩徵，當是魏晉之符而非漢符（愚案：羅氏以為兩漢諸符皆中間不書弟幾）。然魏以後無『五原郡』，是此符亦贗作。」（同上註）

〔註 97〕 《與友人論古器物學書》，同上註。

〔註 98〕 〈唐風樓秦漢瓦當文字序〉，同上註。

〔註 99〕 《商周彝器通考》第十五章〈著錄〉。案：羅書所收商周器物銘文，凡四千八

　　於綴合，則有如《敦煌本太玄眞一本際經殘卷》，其前後斷爲兩截，中復有脫佚，羅氏據前後文義，確定爲一經。〔註100〕又有〈魏公先廟記〉，王昶《金石萃編》著錄時，舛誤至甚，有「天吳倒裝」之誚，羅氏既予訂正，「又將碎石嵌爲整本」，云：「此後可無錯亂之虞矣」。〔註101〕至如前人或以一石之兩面並刻而誤以爲二石者，亦皆一一是正。〔註102〕

　　於訂名，〈雪堂藏古器物目錄序〉云：

　　　……有道咸以來有其器，而前人不能確定其名者，若車轄，若鉦，

　　　若鐃，若門鋪等，今均一一爲之定正。〔註103〕

其定正諸器名理由，多載於《古器物識小錄》及《俑廬日記》中。餘如〈魚匕跋〉云：「匕之爲物，知而名之蓋自予始」（同上註）；〈漢黃腸石拓本跋〉云：「漢石刻三十，中有二石但紀石工名，其他二十八石則均詳記年月尺寸及人名及石之次第，……涇陽端忠敏公（方）載之《匋齋藏石記》，顧不能定爲何物，……予考定爲古陵墓中之黃腸石」（同上註），均其例。

　　於斷代，或先辨僞刻，以正前人之誤，如〈隋唐以來官印集存序〉云：「……馮氏（雲鵬）誤以金行軍都統印屬之唐，不知武成之款爲後人所加」；〔註104〕或比較相關器物以定其時代，如〈赫連泉館古印存序〉云：「漢人或鑄物象印，其所繪人物與漢石刻畫像同，前人稱爲『古蠟封印』，不能斷其時代，今乃確知爲漢物」（同上註）。

　　於校寫，則持術嚴謹，蓋亦有懲於前人之失而如此作者，如〈唐三家碑錄序〉云：

　　　……三原石刻之存者，於李氏得二碑，于氏得四碑，臧氏得二碑，

　　　皆整紙精拓，往嘗據以校《金石萃編》者。此整裝諸本外，予所藏

　　　尚有翦裝古拓，……其先者四五百年，近者亦且百年，皆非一時所

　　　易致者。因復取校《萃編》，補正舛誤，少者數十言，多者數百言。

　　　而于知微、于大猷兩碑，首行碑題皆多至數十字，雖磨泐殆盡，而

　　百三十一器，據屈萬里先生所考，猶有僞器及可疑器各七（《先秦文史資料考辨》第三章〈金文資料〉）；然較諸他書，精審多矣。

〔註100〕〈敦煌本太玄眞一本際經殘卷跋〉，《羅集》初編冊一。

〔註101〕〈魏公先廟記跋〉，同上註。

〔註102〕如〈重訂漢石存目序〉論王懿榮誤〈射陽畫像〉之兩面刻爲二石。（同上註）

〔註103〕《羅集》續編冊一。

〔註104〕《羅集》初編冊一。

　　殘迹可尋，《萃編》乃以意寫定，一題〈容州都督于知微碑〉，一題
〈唐明堂令于大猷碑〉，以原石存迹校之，全不符合，蓋出自校錄者
之臆定也，鹵莽至此，爲之駭絕，蘭泉先生成是書時，已廹耄期，
不及檢定，宜也；然使予不得善本爲之詳校者，亦不能知其繆戾至
於斯極，……因手自移寫。……〈于德芳碑〉，錢竹汀先生曾得吳門
蔣氏本，〈跋〉稱失其前半；吾鄉魏稼孫先生箸其文於《非見齋碑錄》，
亦云拓本前半全失，……蓋由未見整紙足拓也。魏氏所錄與予寫定，
存字互異，不敢取魏《錄》補予之闕，此予寫碑之例，蓋亦懲《萃
編》之失而過乎正者也。校理既完，付之劂氏。（同上註）

此爲羅氏校寫碑文之佳例。所錄于知微、于大猷兩碑，足糾王氏臆定之謬；〈于
德芳碑〉，則彌錢、魏二家之憾。蓋羅氏於校寫前，必先遍求足拓、精拓，爲之
詳校，至有一碑率校以六七本或十餘本，「丹黃旁午，至不可讀」者（同上註〈昭
陵碑錄序〉）。其「寫碑例」至謹，凡所校錄皆據所見拓本，不敢輕取前人所錄；
此意，於〈西陲石刻錄序〉、〈石屋洞造象題名序〉等篇，均再三言之。

　　於著錄，恒以己所藏者爲限，如〈隋唐以來官印集存序〉云：「斯編所載，
以予有印本者爲斷；其出於前人舊藏十六七，予手鈐者十三四」（同上註）；〈續
彙刻書目序〉云：「就予儲書所有者補之，其不可見者，寧闕之不補也」（同
上註）。

　　於資料編次，或依文體，或依時代、地域，或依物類，其方法略見於〈金
泥石屑序〉（同上註）中。

（四）刊印群書述略

　　羅氏所刊群書，據羅福成、福葆、福頤所共述之〈先府君行述〉云：「自
旅東（日本）以迄居遼，校刊書目凡四百餘種」，〔註105〕僅撮其總數（未含「旅
東」前所刊）。今試依性質，分羅氏所刊群書爲目錄、器物資料及文獻資料三
類；器物資料又分甲骨、金石、竹木三項；於金石復釐爲金石文、金文、碑
刻、磚、璽印、瓦當、鏡、錢幣、符牌及其他等十目；文獻資料分叢書及專
書二目。度於羅氏所刊群書門類，或能見其要略。

1. 目錄　二十九種

　　《淮陰金石僅存錄》等二十九種（限於篇幅，不便一一列舉。又凡初編、

〔註105〕《集蓼編》附錄二，《羅集》續編冊二。

續編等，各以一種分計）

2. 器物資料　八十四種

（1）甲骨：《殷虛書契前編》等五種

（2）金石

金石文：《秦金石刻辭》等七種

金文：《殷文存》等五種

碑刻：《昭陵碑錄》等三十一種

磚：《恒農磚錄》等五種

璽印：《齊室所藏鉨印》等十種

瓦當：《唐風樓秦漢瓦當文字》一種

鏡：《古鏡圖錄》等三種

錢幣：《四朝鈔幣圖錄》一種

符牌：《隋唐兵符圖錄》等三種

其他：《古器物範圖錄》等十一種

（3）竹木：《流沙墜簡》等二種

3. 文獻資料　四二三種

（1）叢書：《敦煌石室遺書》等三十二部，四〇三種

（2）專著：《權衡度量實驗考》（吳大澂撰）等二十種

如上所計，凡五百三十六種，且多係新刊。彼以爲資料流傳，其事刻不容緩，是以所得資料，積累稍富即予刊印，續有所獲，則爲後編、續編、三編、四編、補遺等。此亦其整理資料之方法。刊印時，兼復「選工精印，躬自督視，以校原刻不差銖黍」；〔註106〕或以影照精印「所挈文字，雖細如秭米，亦明晰可讀」，〔註107〕印刷之精，勝逾前人，亦吾國印刷史上盛業。

綜前所述，竊以爲羅氏之博識毅力有難及者五事焉。前人於資料，或收藏或傳拓或箸錄，而羅氏一人兼此三事，一難也。前人或重文獻或重器物，而羅氏兼此二者，二難也。前人於器物資料，多專力於一二類之蒐求，羅氏則兼及各類，廣蒐博采，三難也。前人或重往古而輕當代，羅氏所藏既已爲「三古文化學術之淵藪」，〔註108〕復力存明清史料，四難也。羅氏之斠理方法

〔註106〕〈萬里遺珍序〉，《羅集》初編冊一。

〔註107〕邵子風《甲骨書錄解題》卷一評《殷虛書契菁華》語。

〔註108〕《集林》卷二十三〈庫書樓記〉靜安稱羅氏語。

雖承自前人，然運用益爲周密，刊印之精亦前人所未有，五難也。凡茲五難，愚以爲：羅氏殆吾國近代於學術資料貢獻最多之一人。

二、羅氏予靜安經史研究之助益

羅撰〈海寧王忠慤公傳〉（見羅編《遺書》卷首），以下省稱〈王傳〉云：

> 初，公治古文辭，自以所學根柢未深，讀江子屛《國朝漢學師承記》，欲於此求修學塗徑。予謂江氏説多偏駁，〔註109〕國朝學術導源於顧亭林處士，厥後作者輩出，而造詣最精者爲戴氏（震）、程氏（易疇）、錢氏（大昕）、汪氏（中）、段氏（玉裁）及高郵二王，因以諸家書贈之。公雖加流覽，然方治東西洋學術，未遑專力於此。……至是（愚案：居日本後），予乃勸公專研國學，而先於小學訓詁植其基，並與論學術得失。……公既居海東，乃盡棄所學，而寢饋于往予所贈諸家之書。予復盡出大雲書庫藏書五十萬卷、古器物銘識拓本數千通、古彝器及他古器物千餘品，恣公搜討，復與海內外學者移書論學。……每著一書，必就予商體例，衡得失，如是者數年，所造乃益深且醇。

據此傳，見羅氏予靜安之影響爲：推尊顧亭林、牖導專研國學、提示治學塗徑、商論學術得失、提供學術資料。若靜安移書與海內外學者論學，學者如繆荃孫、沈曾植、柯劭忞、沙畹、伯希和、內藤湖南、藤田豐八諸氏，亦皆經羅氏爲之引介也。

靜安學術根柢植於東渡之前（見第一節），其東渡後所得於羅氏者，以小學及古器物學爲多。日人狩野直喜記云：

> 王君寓居京都期間，日夜與羅叔言君生活與共。正如眾所周知，羅君在小學金石文學字方面，是冠絕一時的學者，而且也收藏甚多古物。王君與羅君在學問上朝夕相切磋，……此次投湖，報紙一齊報導他在金石文字學方面的造詣，這一點羅君的影響是很大的。〔註110〕

狩野氏於靜安居日本時，相與往來，所言當不虛。靜安日後致羅氏書亦云：「維

〔註109〕　自江氏書出，清人如龔自珍、方東樹、朱一新等即多所批評，近人徐復觀衍龔說而益發皇（《兩漢思想史》卷三附錄二〈清代漢學衡論〉）。羅氏評曰「偏頗」，厥意難詳，或以江書抑顧氏及宋學之故歟？

〔註110〕　〈王靜安君を憶ふ〉，《藝文》第18年8號。譯文據《王譜》。

在東數年，始明《說文》之理」，〔註111〕即指所得羅氏教益也。

羅氏於資料蒐求，善資前人著錄，其治學亦重目錄編纂，〈三代吉金文存序〉有云：

> 往在海東，亡友王忠愨公從予治古彝器文字之學，予以古金文無目錄，勸公編《金文著錄表》。〔註112〕

靜安〈國朝金文著錄表序〉亦云：

> 國維東渡後，時從參事問古文字之學，因得盡閱所藏拓本。參事屬分別其已著錄與未著錄者，將以編類印行，又屬通諸家之書列為一表，……既具稿，復質之參事，略加檢定。〔註113〕

其《宋代金文著錄表》、《國朝金文著錄表》，乃承羅氏之意而作；《齊魯封泥集存》亦然。且每著一書，必就羅氏「商體例，衡得失」。

羅氏嘗云：

> 予嘗與王靜安徵君言：「宋人考古之學不讓於乾嘉諸老……。」靜安亦謂然。〔註114〕

此文撰於民國四年，則羅氏告靜安語當在此年之前，殆即發於靜安撰《著錄表》（三年）之時。

靜安居東數年，與羅氏相互切劘，學問大進；民國五年，先羅氏返國，與羅氏猶魚雁不絕，所商論者多學問事，如靜安致羅書云：

> 一別五月，公致書在篋中已盈半寸有餘，維卷紙二束，亦已用罄，其中十分之八九乃致公書。兩人書中雖有他事，而言學問者約居其半，中國恐無第三人。〔註115〕

見二人為學問之交，直諒之友，相與數十年，論學不輟。類此者，恐世亦少有也。

姚名達論靜安於學術資料之際遇有云：

> 成學固不易，靜安先生所以有如此成就，固由其才識過人，亦由其憑藉彌厚。辛亥以前無論矣，辛亥以後至丙辰（民國五年），則上虞羅氏之書籍碑版金石甲骨任其觀摩也。丙辰以後至壬戌（十一年）

〔註111〕《書信》，頁282。
〔註112〕原書卷首。又收入後《丁戊稿》，《羅集》續編冊二。
〔註113〕《集林》卷六。
〔註114〕《五十日夢痕錄》，《羅集》三編冊二十。
〔註115〕〈觀堂書札〉，《中國歷史文獻研究集刊》第一集。

則英倫哈同、吳興蔣氏（汝藻）、劉氏（承幹）之書籍聽其研究也。
癸亥（十二年）、甲子（十三年），則清宮之古本彝器由其檢閱也。
乙丑（十四年）以後至丁卯（十六年），則清華學校之圖書亶其選擇
也。計其目見而心習者，實可至驚。人咸以精到許先生，幾不知其
淵博為有數。返觀身後所遺藏書，則寥寥萬卷，無以異人，古物尤
不數數覯。後之學者可以省矣！〔註116〕

其中「丙辰以後至壬戌」，宜增「嘉興沈氏（曾植）」，「癸亥、甲子」宜增「京
師圖書館」，二者為姚氏所忽，其餘則大體皆賅舉。其中，羅氏所藏，較之
諸家裨益靜安尤宏，蓋靜安受惠於羅氏，在專治經史之初；其得益於諸家，
乃在學問大成之後，其意義不同。羅氏所藏兼及書器，而諸家或專書籍，或
專器物，其範圍不同。諸家除哈同所藏甲骨外，其餘多屬舊藏，羅氏則兼及
新舊，且肆力於新資料之蒐求，其性質不同。故靜安歸國後，欲作《金文通
釋》，苦資料難求，遺羅氏書曰：

滬上集書甚難，各家著錄不易會合，與曩在大雲書庫中左右采獲，
難易不啻霄壤。〔註117〕

據此知：於資料裨益靜安最多者，羅氏也；於師友商榷影響靜安最鉅者，
亦羅氏也。靜安居東五年，其撰著之富為畢生之冠，亦其成學歷程中最重要
階段。

除外，靜安一生主編刊物凡四，曰《教育世界雜志》（光緒二十七年至三
十年）、《國學叢刊》（宣統三年）、《（第二）國學叢刊》（民國三年至五年）、《學
術叢編》（民國五年至八年）。前三者均羅氏主辦，後者亦與羅氏有關。〔註118〕
主編刊物所予靜安之歷練，遂使其名論迭出，新作如涌矣。

三、〈先公先王考〉、〈續考〉於靜安成學歷程之意義——《殷虛書契考釋》之發展

清光緒二十六年（靜安二十四歲），靜安首篇著作〈歐羅巴通史序〉見於

〔註116〕〈友座私語之一〉，《國學月報——王靜安先生紀念號》。
〔註117〕羅氏〈三代吉金文存序〉引，同註114。
〔註118〕《學術叢編》為猶太人哈同所辦，靜安既應其請，任主編，《國學叢刊》遂輟。
　　　　然《叢編》所刊古書，多羅氏藏本，靜安致羅書云：「維告以渠（哈同）所未
　　　　備可以尊藏補之，將來成一大書。如此，則《國學叢刊》雖停而未停，當亦
　　　　公所樂聞也」（《書信》，頁53）。則《叢編》與羅氏亦有關矣。

世；宣統三年（三十五歲）撰〈隋唐兵符圖錄附說〉，為治名物考證之始；民國元年（三十六歲）至五年（四十歲），與羅氏留居日本，請業問難，為學問大進之期；民國五年，於學界已負譽望，應哈同之聘歸國，為學問自立期；民國六年（四十一歲），撰〈先公先王考〉、又〈續考〉，而靜安學術地位於焉確立，其與羅氏之學術關係，於性質上亦有絕大轉變。

　　羅氏《殷釋》（以下凡未註明「增訂本」者，皆指「初本」）〈文字〉章引靜安說六條，於時，靜安所用力者多在文字；此後，靜安於甲骨又續有攻究，至民國六年止，所撰殷史諸作，亦皆發展《殷釋》其餘各章者。

　　《殷釋》卷首羅〈序〉云：

> 商之遷都，前八後五；盤庚以前，具見《書序》，而小辛以降，眾說多違。洹水故墟，舊稱亶甲，今證之卜辭，則是徙于武乙，去于帝乙。又史稱盤庚以後商改稱「殷」，而徧搜卜辭，既不見「殷」字，又屢言「入商」，田游所至，曰「往」，曰「出」，商獨言「入」，可知文丁、帝乙之世，國尚號「商」；《書》曰「戎殷」，乃稱邑而非稱國。

其《殷釋》〈都邑〉章，於「前八後五」考及武乙徙河北及帝乙遷沬二事。靜安發展羅說，於紛繞眾說中，有所裁斷，民國四年，成〈說自契至於成湯八遷〉、〈說商〉、〈說亳〉、〈說耿〉及〈說殷〉五篇；〈說殷〉一篇正羅氏之誤（見第一節），其餘補羅說不足。

　　《殷釋》〈地名〉章，舉殷地名百九十三，綜為「王在某」、「俴于某」等十六類（增訂本增為地名三百三十，十七類），靜安繼之，有〈殷虛卜辭中所見地名考〉之作（民國 4 年）。

　　羅氏〈殷釋序〉又云：

> 商之祀禮，敻異周京，名稱實繁，義多難曉。人鬼之祭，亦用柴燎；牢豢之數，一依卜定；王賓之語，為〈洛誥〉所基；騂牡之薦，非鎬京始刱。

靜安〈洛誥箋〉（民國 4 年）即承此意，並以〈洛誥〉文末之紀年法與殷彝銘相較，證周初猶用殷禮。

　　《殷釋》〈禮制〉章：

> 殷商禮制，徵之卜辭其可知者六端，曰授時，曰建國，曰祭名，曰祀禮，曰牢豢，曰官制。取以校《周禮》，其因革略可知也。

靜安所撰《殷禮徵文》五則（民國 5 年），皆祭禮事，即欲補羅氏《考釋》所未備者（已見前），羅氏後於《殷釋》增訂本采入其中三則，曰「先公先王皆特祭而不祧」，曰「先妣亦特祭」，曰「其外祭可考者曰社」。〔註 119〕

靜安發展羅氏學術，用力最深、成就最大者，爲〈先公先王考〉及〈續考〉二文，二者乃發展《殷釋》之〈帝王〉、〈人名〉、〈禮制〉諸章而作。

靜安考訂殷先公先王，發端於《殷釋》「王亥」〔註 120〕之研究。〈先公先王考自序〉云：

> 甲寅歲莫，上虞羅叔言參事撰《殷虛書契考釋》，始於卜辭中發見王亥之名。嗣余讀《山海經》、《竹書紀年》，乃知王亥爲殷之先公，並與《世本・作篇》之胲、〈帝繫篇〉之核、《楚辭・天問》之該、《呂氏春秋》之王氷、《史記・殷本紀》及〈三代世表〉之振、《漢書・古今人表》之垓，實係一人。嘗以此語參事及日本內藤博士虎次郎。參事復博蒐甲骨中之紀王亥事者，得七、八條，載之《殷虛書契後編》，博士亦采余說，旁加考證，作〈王亥〉一篇，載諸《藝文雜誌》，并謂「自契以降諸先公之名，苟後此尚得於卜辭中發見之，則有裨於古史學者當尤鉅」。余感博士言，乃復就卜辭有所攻究，復於王亥之外，得王恒一人。〔註 121〕

今檢內藤撰〈王亥〉、〈續王亥〉諸文，〔註 122〕所稱靜安與羅氏說，與〈先公先王考序〉所言悉合，知靜安此〈序〉一皆符實也。其「王亥」研究，乃居日本時得羅氏啓發，並與羅氏、內藤相互攻錯者也。

〈先公先王考〉及〈續考〉，其發展《殷釋》之大者，爲：

（一）先公先王名號之辨認及先公人數之增補

《殷釋》〈人名〉、〈卜辭〉諸章，有僅知爲人名，而不識其爲先公先王者，

〔註 119〕案：靜安於《殷禮徵文》釋[illegible]爲土，假爲社；於〈先公先王考〉仍釋爲土，然謂即相土。《殷釋》增訂本〈帝王〉章增入〈先公先王考〉「相土」一條；於〈禮制〉章「其外祭可考者曰社」條，則取《殷禮徵文》說。此亦增訂本非成於一時之證。

〔註 120〕《殷釋》〈帝王〉、〈人名〉章均無「王亥」，〈卜辭〉章「曰貞尞于王亥」條注云：「王亥，人名。卜辭又有『貞之（愚案：當作「又」）于王亥』，前〈人名〉失載，補記於此。」

〔註 121〕《集林》卷九。

〔註 122〕〈王亥〉，《藝文》第 7 年第 7 號。〈續王亥〉，日・《藝文》第 8 年第 8 號、第 12 年 2 號、4 號。

静安或考事實，或辨文字，得知：𡿩若𡿩即㚒字，乃帝嚳之名，「為契父，乃商人所自出之帝」（《古史新證》改釋為夒，餘同）；「季」，謂「亦殷之先公，……當是王亥之父冥矣」；「王亥」，謂即《史記》等書之振、胲、核、該、垓、王氷（案：《殷禮徵文》已稱「王亥」為殷先公；十若十釋為上甲；「唐」，謂即湯。）

又〈帝王〉章，於諸王之後列帝甲、示丁、示壬、示癸四人，云「殆湯之先世及其祖若考矣」；𠃊、𠕁及𠃊三人，「初不能定為何人」，後據「王賓」辭例，疑是報乙、報丙及報丁，「苦無以證之」。静安既考得𠃊、𠕁、𠃊確是報乙、報丙、報丁，乃於大乙（湯、唐）前之先公增入㚒、相土、季、王亥、王恒、上甲、報乙、報丙、報丁等九人，並鉤稽史籍，考其事實。

（二）稱謂之通釋

静安釋「報某」之義云：

報乙、報丙、報丁稱「報」者，殆亦取「報上甲微」之報以為義，自是後世追號，非殷人本稱。

釋卜辭稱「示」之義，以為《史記》之「主壬」、「主癸」即卜辭之「示壬」、「示癸」，繼云：

示者，先公先王之通稱……；又諸臣亦稱示……；卜辭又有小示，蓋即謂二示以下，小者對大示言之也。

於「祖某、父某、兄某」條，從《殷釋》「疑所稱父某、兄某者，即大乙以下諸帝之通稱」，更釋云：

其云帝與祖者，亦諸帝之通稱。

於「多后」條釋云：

曩疑「多𩵋」亦先公先王之名（愚案：見《學衡》本〈先公先王考・餘考〉，《集林》刪。又案：《殷釋》謂「多𩵋與𩵋疑是一人」，又以「多父」為人名；静安殆初從此說），今觀《戩壽堂所藏殷虛文字》，乃知其不然。毓、后、後三字實本一字也。商人稱先王為多后，……是故多后者猶言多子、多士、多方也。

（三）殷先王世數之系統整理

《殷釋》鉤列卜辭中殷帝王及祖某、父某、兄某之稱，静安更考知祖某、父某、兄某所指何人；復彙合〈殷本紀〉、〈三代世表〉、〈古今人表〉及卜辭所載，成〈殷世系異同表〉，使諸書及卜辭異同粲若眉目，復使散無友紀之卜

辭王名，貫若串珠。

　　此二文乃自《殷釋》發展無疑，且文中屢著「羅參事疑……，而苦無以證之」、「羅參事謂……，而證之至難」或「羅參事謂之……」、「羅參事曰……」等語，繼舉證以證成羅說，亦可見。至二文所據甲骨材料，〈前考〉則「《鐵雲藏龜》及《殷虛書契前後編》諸書耳」（〈續考序〉），〈續考〉乃益以《戩壽堂所藏殷虛文字》及羅氏新拓甲骨片。據此，知靜安所以上承《殷釋》而成就視前修卓絕者，除材料外，別有它故。試爲析論。

（一）捷　悟

　　靜安作〈先公先王考〉畢，羅氏致書云：

> 憶自卜辭初出洹陰，弟一見以爲奇寶，而考釋之事未敢自任；研究十年，始稍稍能貫通。往者寫定《考釋》，尚未能自慊，固知繼我有作者必在先生，不謂捷悟至此也。〔註123〕

自《殷釋》告成至〈先公先王考〉，尚不足三年，而成就若此；其每究一業，亦不數年遂造其極，均可證其捷悟也。

（二）專題攻研

　　羅氏論清人治學方法有云：

> 本朝經史考證之學冠於列代：大抵國初以來，多治全經，博大而精密略遜；乾嘉以來，多分類考究，故較密於前人。〔註124〕

《殷釋》成於甲骨學初起未久，乃「先考索文字，以爲之階」（《殷釋》羅〈序〉），故書中考釋文字，約全書一半有奇，其他則未遑深究。靜安則既有《殷釋》分類及釋字爲之基礎，更專題深研，自易爲功。

（三）善用條例

　　《殷釋》除釋字外，並歸納若干卜辭條例，靜安撰《殷釋徵文》復有補充；凡此，靜安皆善加運用。如「王亥」，羅氏不知即殷先公，靜安據《殷釋》「祭先卜日卜牲，其祭恒以所祭之祖之生日」例，並「觀其祭日用辛亥，其牲用五牛」，斷爲殷先公。其考「上甲」，亦據此「卜辭通例」也。

（四）創新研究方法

　　靜安之甲骨研究，其資料處理及論證方法均勝時人一籌。「新方法」爲靜

〔註123〕〈先公先王考〉附，《集林》卷九。
〔註124〕《集蓼編》，《羅集》續編冊二。

安學術特色之一，亦其獲致新成績之重要因素。

　　靜安於運用資料前，首重復原。以甲骨言之，其久藏地下已多所毀傷，復經挖掘，出土後往往殘破支離；若善加綴合復原，可以提昇其利用價值。此方法，靜安首開先例。如據《戩壽堂所藏殷虛文字》葉一、一〇與《殷虛書契後編》卷上葉八、一四綴合，其摹片如下：

靜安記云：

　　　　丁巳仲春，余作〈殷卜辭中所見先公先王考〉，……越一月，為愛儷園主人編其所藏殷虛甲骨，發見一骨文字與此半之第七片（愚案：即前述《後編》）大小相同，文義亦聯續，以斷痕驗之若合符節，乃知由一片折而為二也。其一藏羅氏，一由丹徒劉氏歸愛儷園，而余得合而讀之，可云巧矣，……有商一代先公世係（疑當作「系」），得此二片證之，甚可貴，益在天球、河圖上矣。〔註125〕

此據二片之大小、文義及斷痕（齒縫），而判其由一片折而為二。經此綴合，而：

　　　　先公之名具在，不獨 十 即上甲， 乙 、 丙 、 丁 即報乙、報丙、報丁，示壬、示癸即主壬、主癸，胥得確證；且足證上甲以後諸先公之次當為報乙、報丙、報丁、主壬、主癸，而《史記》以報丁、報乙、報丙為次，乃違事實。又據此次序，則首甲次乙次丙次丁，而

────────────

〔註125〕廣州中山大學古文字研究室藏靜安《殷虛書契後編考釋》第8頁眉端手書，
　　　　收入李圃編《甲骨文選讀》。

終於壬癸，與十日之次全同，疑商人以日爲名號，乃成湯以後之事，其先世諸公生卒之日，至湯有天下後定祀典名號時，已不可知，乃即用十日之次序以追名之，故先王之次乃適與十日之次同，否則不應如此巧合也。〔註126〕

不僅殷先王名號得藉以辨識，且可正《史記》世次之誤，推知上甲至示癸之命名法，其可貴眞「在天球河圖上矣」。自靜安後，「從此拼合殘片，已成爲治甲骨學者重要工作之一」。〔註127〕

　　補闕法亦靜安首用，〈續考〉引《殷虛書契後編》卷上葉五，其文殘闕，靜安「以意補之」，其摹片及補文如下：

　　靜安云：「以〈殷本紀〉世數次之，并以行款求之，其文當如是也。」此其補文根據也。又云：

　　　惟據〈殷本紀〉，則祖乙乃河亶甲子，而非中丁子；今此片中有中丁而無河亶甲，則祖乙自當爲中丁子；《史記》蓋誤也。

此又據「殷人祭祀中，有特祭其所自出之先王，而非所自出之先王不與」條例，證以此片，知祖乙乃中丁子，非河亶甲子，則中丁爲直系，河亶甲乃旁

〔註126〕　〈先公先王考續考〉，《集林》卷九。
〔註127〕　董作賓先生撰〈甲骨實物之整理〉，《中央研究院史語所集刊》第二十九本。
　　　　　董先生又云：「靜安所拼合之二片，尚有丙片（《殷契粹編》112），由郭沫若所搨合。」郭氏《粹編考釋》，則云係董先生所搨合。未知孰是。

系。《史記》果誤。

　　甲骨之綴合與補闕，固靜安所開創之新方法；惟此法靜安於漢晉簡牘研
究時，已廣用及。〔註128〕蓋其於資料之離析殘闕者無不先予以復原。如《集

〔註128〕靜安綴合漢晉簡牘之例，如《屯戍叢殘・簿書類》第一簡：
　　　　制詔酒泉太守敦煌郡……遠候望毋
　　　　第二簡：
　　　　　　……陳却適者賜黃金十斤□□元年五月辛未下

　　　　靜安釋云：
　　　　　　右二簡書法相似，又自其木理觀之，乃一簡裂爲二者，第二簡「斤」字
　　　　　　之半，尚在第一簡末可證也。(〈敦煌所出漢簡跋一〉，《集林》卷十七)
　　　　此據書法、木理及殘字斷之。又第四簡：
　　　　　　……以時遇可不冒哉……勉于考績……
　　　　第五簡：
　　　　　　斷金之利焉……始建國三年X月乙丑下

　　　　靜安釋云：
　　　　　　右二簡簡式、書法一一相同，當爲一書。(《全集》缺收，見《羅集》續
　　　　　　編冊七)
　　　　此據簡式、書法斷之。
　　　　又《流沙墜簡補遺》第三簡：
　　　　　　晉守侍中大都尉奉晉大侯親晉鄯善焉耆龜茲疏勒
　　　　第四簡：
　　　　　　于寘王寫下詔書到

　　　　靜安釋云：
　　　　　　右二簡文義相屬，書跡亦同，今定爲一書之文。(〈尼雅城北古城所出晉
　　　　　　簡跋〉，《集林》卷十七)
　　　　此據文義及書法斷之。
　　　　至「補闕」例，如《集林》卷十七〈敦煌漢簡跋二、六〉等篇，均據文例補

林》卷十七〈尼雅城北古城所出晉簡跋〉，據二簡寥寥二十餘字發明重要史實（同上註），傅斯年先生亟稱之（已見第三章第二節）。然靜安若非先經綴合，知此二簡爲一書，則亦不能有所啓發。其甲骨資料處理乃自簡牘研究所得經驗。

其次斷代。《殷虛書契後編》卷上葉一九有「父丁、兄己、兄庚」語，葉八有「兄己、兄庚」語，靜安斷爲祖甲時所卜；葉二五有「父甲、父庚、父辛」語，因斷爲武丁時所卜。此二事，董作賓先生稱曰「已引出以稱謂定時代的端緒」。〔註129〕董撰《甲骨文斷代研究例》即循此而發展。

靜安作〈毛公鼎考釋序〉（見第一章第一節），自許爲「研究方法則頗開一生面」，後之治文字考釋者無不奉爲圭臬。〔註130〕此〈序〉撰於民國五年，時靜安於釋字方法已極純熟；且此法，靜安不僅用於釋字，且用於考史。以此二文爲例，其「求時代之情狀」則有王亥、王恒諸例；「求文之義例」則有大乙、多后諸例；「通義之假借」則有土（社）、狄（易）諸例；「驗文化之變化」則有王亥、王恒、唐諸例。或先釋字以考史，或嚲史事以釋字，四通六闢，了無阻礙。董作賓先生論云：

> 在甲骨文字的初步研究，能夠把王亥二字看作一個人名，把孫詒讓認爲「立」字的斷定是「王」字，這已是不容易了（愚案：釋🔶爲「王」者靜安，以「王亥」爲人名者羅氏）。王氏更把〈殷本紀〉訛爲「振」的，考定就是王亥，尤其令人驚奇。一個亥字，在許多古籍中，增加了偏旁成爲垓、該、核、胲，還算保存著原狀的一半，等到又從核訛爲振，或訛爲冰，就不容易找到原形了。王氏能細心對證，考定了卜辭中王亥，就是《史記·殷本紀》的振，確是難得。〔註131〕

愚案：以「王亥」字與振、垓等字相較，非始自靜安；〔註132〕然博蒐諸證，詳

關文。不煩詳引。
〔註129〕《甲骨文斷代研究例·前言》。
〔註130〕如戴家祥撰〈王靜安先生與甲骨文字學的發展〉，引靜安此〈序〉，並云：「并世學者取得令人信服的成績，一般說來，都沒有脫脫王先生所規定的基本原則。」收入吳澤主編《王國維學術研究論集》第一輯。楊樹達《積微居甲文說·卜辭瑣記》，亦有類似之說。餘不具列。
〔註131〕《甲骨學六十年》三、〈前期研究的經歷〉。
〔註132〕徐文靖《竹書紀年統箋》卷四〈帝泄十六年〉條，引《漢書·古今人表》「垓」及〈天問〉「該」，證《竹書》「殷侯子亥」，謂「亥讀爲垓」。此條，靜安當見

考訛變之迹，且與〈毛釋序〉所述其他方法交互運用，此靜安所超軼前人者也。

　　若其論證之縝密，亦可舉一例爲說，如考田爲上甲，先廣蒐證據，繼云：

　　　是故田之名甲，可以祭日用甲證之；田之爲十（原註：古甲字）在口中，可以乙、丙、口三名乙、丙、丁在匸中證之；而此甲之即上甲，又可以居先公先王之首證之。

其推論之致密如此，是以敢爲確論曰：

　　　此說雖若穿鑿，恐殷人復起，亦無以易之矣。

（五）突破傳統觀念

　　前一章論及靜安於吾國史學貢獻之一，爲擴大史之範圍，今以〈先公先王考〉、〈續考〉二文爲例，其取以證史者，有卜辭、金文、《詩》、《書》、《逸周書》、《左傳》、《國語》、《孟子》、《竹書紀年》、《史記》、《漢書》、《楚辭》、《山海經》、《呂氏春秋》、《荀子》、《孔叢子》所引逸書、《太平御覽》所引《歸藏》及《博物志》等。其中或前人偶用之者，或前人夢寐未及者。此史料新觀，突破傳統，予文獻難徵之古史研究，擴充無量疆域。

　　《學畧》本〈先公先王考·餘考〉述及「古諸侯稱王」說，突破傳統歷史與道統合一之觀念。（此意將於下章第三節中詳論）若羅氏則不然，如《殷釋》〈帝王〉章〈示壬、示癸〉條云：

　　　此示壬、示癸、當即主壬、主癸，與報丁之稱示丁正同。殆湯有天下後以神之禮祀之，其猶周之追王矣。

是承認傳統之「追王」說。於〈人名〉章，列王夨一人，於〈卜辭〉章列王亥一人，但以爲人名，而不敢視爲殷之先公，殆亦無以解「王」字之疑故也。

　　至此，〈先公先王考〉、〈續考〉二文之意義可得而說。

　　就發展羅氏學術而言，二文爲最重要且具轉變意義之作。此後，靜安雖或亦徵引羅說，然多就羅氏零餘見解予以補正。如：《集林》卷十八〈宋一貫背合同銅印跋〉，定此印爲宋物；釋羅氏「不能遽定爲宋爲金」〔註133〕之疑。卷二十〈于闐公主供養地藏菩薩畫像跋〉，謂曹元忠之後爲延恭，次爲延祿；

及（因《殷釋》數引徐書），唯靜安以亥爲本字，與徐說異。

雷學淇《竹書紀年義證》卷九「帝芒三十三年」條，則引《史記》之「振」，以證《竹書》，且云：「亥即核、垓之古文，振乃核之別字（原註：《世本》作『核』，見〈殷紀〉《索隱》；《漢書·古今人表》作『垓』）。」與靜安說近，唯靜安或未見雷書。

〔註133〕〈赫連泉館古印存序〉，《羅集》初編冊一。

正羅氏「延祿當為延恭之譌」〔註134〕之誤說。又此二文之前，靜安資羅說為證者多；其後，則羅氏資靜安說為證者轉多。如《殷釋》增訂本取靜安說增補，或據訂正，或刪削者，不下二十條；〈古器物識小錄〉〔註135〕從靜安〈說盉〉、〈宋三司布帛尺摹本跋〉；〈徐王義楚耑〉（同上註）從〈釋觶觚厄縛耑〉；〈遼史拾遺續補序〉〔註136〕從〈南宋人所傳蒙古史料考〉；〈矢彝考釋〉〔註137〕從〈釋史〉：皆其例也。至如〈漢石經殘字集錄序〉，〔註138〕推崇靜安之《魏石經考》，且云：

> 今予所考證，有足證成公說者；有公所未及見未及知者，及知之而
> 未詳審者：得五事焉。……公既不及考《漢石經》，予乃為是編，彌
> 公之憾。

愚案：靜安撰《魏石經考》，中有〈漢石經經數石數考〉、〈漢魏石經經本考〉二節（見《學窘》本，《集林》刪去各節題稱），以《漢、魏石經》相較，唯未及見後出《漢石經》耳。故羅氏《漢石經殘字集錄》諸篇（含補遺、續編、三編、四編），實為發展《魏石經考》而作，與靜安之作，合為一《漢、魏石經考》之系統者也。

就甲骨學之發展而言，此二文為「自有卜辭研究以來之最大貢獻」，〔註139〕使甲骨之價值由證字而提昇至證史；使甲骨學由孫詒讓、羅振玉手中之文字學，而發展至史學，「促使卜辭為系統之研求者，當自王氏始也」；〔註140〕其所導示之方法，已為甲骨研究立具規模。

不惟是也，此二文鉤沈汲斷，窮闢榛蕪，而有殷一代先公先王史實大明，「其中雖有少許當更正之處，然其大體固皎然無恙」（同註139）；後人承此，或於先公先王事實續有發明，或即以為討論古史之基礎。自二文行世後，地下材料之價值益為世人所認知，史學之地位因而提昇，而靜安於學術史之地位亦從此確立不移矣。

〔註134〕〈瓜沙曹氏年表序〉，《羅集》三編冊二十。
〔註135〕《羅集》初編冊七。
〔註136〕《羅集》續編冊四。
〔註137〕《羅集》初編冊四。
〔註138〕同上註，冊三。
〔註139〕郭沫若撰《卜辭通纂》〈述例〉。
〔註140〕孫海波〈讀王靜安先生《古史新證》書後〉，《考古社刊》第2期。收入《（靜安）全集》初編冊十一。

四、餘　論

　　二人學術異同，有爲前數節所未及者，綜爲數目綴論於下：

　　一、靜安早年治文哲之學，然關心教育；羅氏雖初志經史考訂，亦留心農業（創有農學社）、水利、兵防、教育。二人初均留意新學，有經世致用之志。

　　二、俱重學術分工。如民國後，二人共事學術資料之整理與考訂（如《流沙墜簡》、《齊魯封泥集存》、《敦煌遺書》等），均各就所長，分任其事。即或同事一物之考訂，亦往往重點不同，如「魚匕」，二人各有一跋，靜安既考其文字，羅氏乃論其形制。〔註141〕

　　三、二人均博極群書，若語其所精，則各有所擅。靜安深於三代，羅氏詳於中古（魏晉至唐）學術；靜安長於彝銘，羅氏精於碑刻文字；羅氏於文字每有懸解，靜安則兼及音韻，通達訓詁；〔註142〕羅氏尤留意今隸與古文（甲、金文）之關係，力主「古文間存於今隸」說，〔註143〕並廣蒐俗字、異體，〔註144〕而靜安則鮮涉此道。蓋靜安於金石之學，由金文入，而羅氏則自碑刻始；二家學術雖大體相近，然復有獨具風貌者，此或其一因歟？

　　綜言之，羅氏之學廣，靜安之學深。羅氏憑博識毅力，成刊書宏業；靜安抱絕世之才，發不朽文章。若無羅氏，靜安固難以展其天才；若無靜安，羅氏傳布資料之心，亦必不能大昭於宇內。

第三節　靜安與沈曾植之學術關係

　　民國四年，靜安與羅氏一度返國，經羅氏引介，與沈氏訂交（據《趙譜》）。五年，靜安歸國後，與沈氏並居上海，昕夕相從，談論移晷，《趙譜》云：

　　　　先生自海外歸國後，與沈先生過從最密。沈先生寓居新閘路，與先
　　　　生寓所相距甚近。沈先生每見一書畫或金石墨本，必招先生往，相

〔註141〕羅〈跋〉云：「予往歲手寫其文，寄亡友王忠愨公，公既釋其文字，予乃考其
　　　　形制」。見《羅集》續編冊一。靜安撰〈跋〉，見《別集》卷二。
〔註142〕如靜安〈明拓石鼓文跋〉云：「羅叔言參事〈石鼓文箋釋〉最爲精審，……然
　　　　其書於解字爲詳，訓詁爲略……。」（《別集》卷二。羅氏〈石鼓文考釋〉見
　　　　《羅集》三編冊三）。案：羅撰金文跋尾亦重釋字而略訓詁。
〔註143〕《車塵橐》，《羅集》初編冊七。又《集林》卷九〈先公先王考〉附羅氏書，
　　　　有「今隸源流之古」等語，亦其證。
〔註144〕如《增訂碑別字》（《羅集》初編冊八）及〈夆鼎跋〉（同上冊二）等金文跋尾、
　　　　〈齊彭城王勰脩寺功德碑〉（同上冊四）等石刻跋尾，均列舉俗字、異體。

與商榷。沈先生篤老不著書，惟以吟詠自娛，故常與先生相唱酬。
先生每成一文，必先以質沈先生。後先生治西北地理及元史學，似
受沈先生相當之影響也。

《集林》收錄靜安與友人酬唱詩，以與沈氏者為最多，見交誼之篤。靜安之
於沈氏，虛衷請業，執禮甚恭，有〈小除夕東軒老人餉水仙釣鐘花賦謝〉一
首記云：

……公詩天下雄，揖讓蘇與韓；我慙籍湜輩，來廁晁張間；冀以寸
莛細，一叩洪鐘宣。〔註145〕

迨沈氏歿，靜安哭之慟，且夕縈思，有〈夢得東軒老人書醒而有作時老人下
世半歲矣〉云：

昨宵忽見夢，發函粲琳琅。細書知意密，一牘逾十行。古意備張索，
近勢雜倪黃。且喜得翁書，遑問人在亡。儻有討謨告，不假詔巫陽。
倉皇未卒讀，鄰雞鳴東墻。欹枕至天曙，涕泗下沾裳。（同上註）

二人相交，先後歷八年之久，促膝談心，詩文酬唱，遂成莫逆。

一、靜安予沈氏學術之評價

沈氏學問，博通經史、小學、文學、釋道、書法等，皆加深究，尤邃於
遼、金、元史及西北南洋地理沿革，著有《元親征錄校注》、《元秘史補注》、
《蒙古源流箋證》、《島夷志略廣證》等書。

靜安於沈氏學問傾倒之至，致羅氏書有云：

此間學者僅乙老一人。此老於學問無不留意，亦無不研究，但從未
動筆，致所心得者，將來不免與生俱盡。若先生思捷而筆勤，世殆
無第二人，使維得十年功力，或可步後塵耶！〔註146〕

綜靜安致羅氏書札，其於當世學者之推揚，殆無過乎此者。又有〈沈乙庵先
生絕筆楹聯跋〉，稱沈氏「四通六闢之識，深極研幾之學，邁往不屑之韻，沈
博絕麗之文」。〔註147〕雖推頌備至，然皆由景慕之心感發，非諛辭也。

以上所稱，僅籠統概括，於沈氏學術特質，尚難見分曉。靜安別有〈沈
乙庵先生七十壽序〉，有較具體評述，論云：

〔註145〕《集林》卷二十四。
〔註146〕〈觀堂書札〉第七札，《中國歷史文獻研究集刊》第一集。
〔註147〕《別集》卷三。

世之言學者，輒倀倀無所歸，顧莫不推嘉興沈先生，以爲亭林、東原、竹汀者儔也。先生少年顧已盡通國初及乾嘉諸家之說，中年治遼金元三史，治四裔地理，又爲道咸以降之學；然一秉先正成法，無或逾越。其於人心世道之污隆，政事之利病，必窮其原委，似國初諸老；其視經史爲獨立之學，而益探其奧窔，拓其區宇，不讓乾嘉諸先生；至於綜覽百家，旁及二氏，一以治經史之法治之，則又爲自來學者所未及。……夫學問之品類不同，而其方法則一，國初諸老用此以治經世之學，乾嘉諸老用之以治經史之學，先生復廣之以治一切諸學，趣博而旨約，識高而議平；其憂世之深，有過於龔、魏，擇術之慎，不後於戴、錢；學者得其片言，具其一體，猶足以名一家，立一說；其所以繼承前哲者以此，其所以開創來學者，亦以此，使後之學術變而不失其正鵠者，其必由先生之道矣。〔註148〕

此〈序〉，或謂於沈氏推挹稍過，如錢仲聯云：

王氏的這個概括，雖然對沈氏的學術面目作了一些基本的鉤勒，但對沈氏的整個評價，卻有過分推崇之處。〔註149〕

考此〈序〉爲靜安與孫德謙聯名，以賀沈氏者（靜安撰文，孫氏所書：《王譜》說），自當遷就孫意，而壽序常體，亦不可不顧。「趣博而旨約，識高而議平」，「議平」云云，於此誠爲過獎，觀靜安致羅氏三書可知也。一書云：

乙老談論，須分別觀之，時有得失；得者極精湛，而寄突者亦多出人意外。〔註150〕

又一書云：

此老於音韻功力不淺，識見亦極公平，不似對他學時有異說也。

〔註151〕

又云：

前日晤乙老，談次知其方閱韻書，蓋欲爲維之《聲韻續考》作序。此老好勝，其於音韻議論本甚通徹，惟恐求之過深，或發奇論耳。

〔註152〕

〔註148〕《集林》卷二十三。
〔註149〕錢編《海日樓札叢》〈前言〉。
〔註150〕《書信》，頁160。
〔註151〕〈觀堂書札〉第七十五札，《中國歷史文獻研究集刊》第一集。
〔註152〕《書信》，頁282。

靜安治學務為平實，雖求新而不驚奇。沈氏好為奇突、異說、奇論，正緣於性格好勝所致。則「議平」云云非沈氏學術之的評也。又沈氏雖極博學，然著述不勤，故靜安就沈氏請業，每獲啟發輒記之，蓋以「乙老萬無成書之日，非記其說不可也」；〔註153〕亦靜安憂沈氏「所心得者，將來不免與生俱盡」，故即書之以傳也。沈氏既沒，門人等自書眉及廢紙所記，頗有纂輯，雖不乏珠璣，尚難貫以統系；其餘專著（多屬「校注」），亦多不存，影響後世較微。靜安所予評價，後人疑其溢過者厥以此歟！

　　靜安仰慕沈氏，據〈序〉文所稱，佐以它文，知亦非盡矯飾。如前引致羅書所云：「……世殆無第二人，使維得十年功力，或可步後塵」，及〈楹聯跋〉所記，均見其由衷之情；〈序〉云「學者得其片言，具其一體，猶足以名一家，立一說」，亦非虛語，蓋靜安自承受之如此也（詳下）。不惟靜安，即時人亦共以「大儒」尊之，〔註154〕以李慈銘（愙伯）之睥睨一世，不輕許可，尚且見而倒屣（參《沈寐叟年譜》〈三十六歲〉條），俄人卡伊薩林至云：

> 余夙聞儒者沈子培之名，茲得相見之機，余於彼所以期待之者甚至。
> 前在北京，日與中國儒者談論，偶涉歐羅巴事，每多舛誤，余意沈氏
> 亦未必有理解歐羅巴實際之知識，迨一接其言論丰采，而宿蔽頓袪。
> 沈氏實中國之完人，孔子所謂君子儒也。年逾六十，而精神毅力不異
> 少年，蘊藉淹雅，得未曾有，殆意大利列鄂那德達蒲恩評論古代西歐
> 之文明，所謂「意識完全」者，誠中國文化之典型也。（同上註）

就時人對沈氏博學之讚譽有加、眾口一辭觀之，則〈壽序〉雖多揄揚之辭，亦不盡靜安私見也。

　　至〈序〉立定經史與經世二語，為一篇主題，此靜安之學術觀也（前章第一節已有詳論），謂取以說明沈氏學術亦甚宜，故藉〈序〉發之。

　　沈氏學術特質，可以「通」字釋之。其論古事，常援古證今（《年譜》說，見〈五十二歲〉條）；靜安〈商三句兵跋〉亦稱云：

> 往者嘉興沈乙庵先生語余：「箕子之封朝鮮事，非絕無淵源」，頗疑
> 商人於古營州之域，夙有根據，故周人因而封之。及示以此器拓本，
> 先生又謂：「《北史》及《隋書・高麗傳》之大兄，或猶殷之遺語乎？」

〔註153〕同上註，頁163。
〔註154〕如孫德謙撰〈有大儒沈子培序〉，日人西本白川撰〈大儒沈子培小傳〉，俄人卡伊薩林撰《中國大儒沈子培》。以上均見王蘧常著《沈寐叟年譜》引。

此説雖未能證實，然讀史者不可無此達識也。因附記之。〔註155〕

此通源流之史識也。沈氏《海日樓札叢》卷一「顧諟天之明命」條云：

> 道家朝元，釋家念佛。儒家如何？曰：顧諟天之明命。

此通乎異學之慧識也。卷四「道德仁義」、卷五「佛理與莊子相通」等條，均其例也。除外，復有「通變」説，卷八「論行楷隸篆通變」條云：

> 篆參隸勢而姿生，隸參楷勢而姿生，此通乎今以爲變也。篆參籀勢而質古，隸參篆勢而質古，此通乎古以爲變也。故夫物相雜而文生，物相兼而數賾。

此通古今之變也，雖論書法，亦可推見其論學主張。

〈楹聯跋〉稱沈氏「四通六闢之識，深極研幾之學」；沈氏之「識」即由「通」而生者也。

靜安所予沈氏評價至高；沈氏亦視靜安爲不世出，稱所撰〈簡牘檢署考〉「亦豈今世學者所能爲」（已見第一節引），復評驚〈釋幣〉及考地理諸作「並可信今傳後，毫無遺憾」。〔註156〕二人平居論學，多在經史、小學，蔣穀孫先生云：「先生（靜安）一生最佩服沈曾植，二人做學問的路線完全相同」，〔註157〕當即指此而言。

二、沈氏予靜安學術之影響

沈氏富藏書，多善本，有《海日樓藏書目》。其予靜安之助益，或借予圖書資料，如《集林》卷八〈江氏音學跋〉云：

> 余曩讀段懋堂先生《經韻樓集》，見有江氏〈音學序〉及〈與江晉三論韻書〉，知嘉道間言古韻者，有歙縣江氏一家。嗣讀當塗夏心伯（炘）《詩古韻表廿二部集説》，以江氏殿顧、江、段、王四家後，舉其説略備。客游南北，求江氏書未得也。丙辰（民國5年）春，始於嘉興沈氏海日樓見之，乃咸豐壬子重刊本……。

沈氏精於音韻、訓詁，自多此類藏書。又如自沈氏所藏，借摹日本奈良正倉院所藏六唐尺影本〔註158〕及借「類帖本」《急就篇》，〔註159〕均其例。

〔註155〕《集林》卷十八。
〔註156〕羅撰《五十日夢痕錄》引，《羅集》三編冊二十。
〔註157〕《王譜》〈四十八歲〉條引。
〔註158〕〈日本奈良正倉院藏六唐尺摹本跋〉，《集林》卷十九。
〔註159〕〈校松江本急就篇自序〉，《全集》初編冊八。

或提供資料線索，如唐《切韻》作者李舟，《新、舊唐書》俱無傳，靜安欲考其事蹟而無門，沈氏爰「以得《月移叢書》本《國史補》見示，中有李舟事數則」，又告以「《全唐詩》中憶有李舟贈盜詩」；〔註160〕《集林》卷八〈李舟切韻考〉，即承沈氏之惠而撰。又卷二十一〈唐寫本大雲經疏跋〉，亦承沈氏見告內典故事而作。此亦見沈氏博聞強識，至老不衰。

或所撰藏書題跋任予取觀，如靜安致羅氏書云：

> 晨詣乙老，見澄清堂帖一、三、四卷，……此帖乙老考得係施武子刊於海陵，「澄清堂」者，海陵公署堂名也。並謂此帖共甲乙丙丁戊五卷，趙子固極重此帖，蓋去「淳化」之僞，而輔以「元祐續帖」者。乙老有長跋，急切索不得，索得當鈔呈。此帖竟考得刊者主名，可快孰甚，想公欲觀此跋甚亟也。〔註161〕

此跋，靜安竟得先睹，沈氏其厚遇靜安矣。

或以己之校本，借予傳校，如《集林》卷十二〈宋刊水經注殘本跋〉：

> 宋刊《水經注》殘本，……卷三十九之後半及四十，出於吳縣曹氏。……先是，曹氏書出，嘉興沈乙庵先生以一昔之力，校出卷三十九之半及卷四十，余從之傳校。

或導示爲學次第，同卷〈聚珍本戴校水經注跋〉云：

> 壬戌春，余於烏程蔣氏傳書堂見《永樂大典》四冊，全載《水經注》河水至丹水二十卷之文，因思戴校聚珍版本出於《大典》，乃亟取以校戴本，頗怪戴本勝處全出《大典》本外，而《大典》本勝處戴校未能盡之，疑東原之言不實，思欲取全、趙二家本一校戴本，未暇也。既而嘉興沈乙庵先生以明黃省曾刊本，屬余錄《大典》本異同，則又知《大典》本與黃本相近。先生復勸余一校朱王孫本，以備舊本異同，亦未暇也。癸亥入都，始得朱王孫本，復假江安傅氏所藏宋刊殘本十一卷半，孫潛夫手校殘本十五卷，校於朱本上，又校得吳琯《古今逸史》本，於是於明以前舊本沿襲，得窺崖略。乃復取全、趙二家書，并取趙氏《朱箋刊誤》所引諸家校本，以校戴本，乃更恍然於三四百年諸家讐訂之勤。

此述其治《水經注》歷程至悉。《水經注》爲古代地理要籍，近代治此書者，

〔註160〕《書信》，頁 233 致羅氏書。

〔註161〕同上註，頁 87。

靜安爲大家，其能「怳然於三四百年諸家釐訂之功」，沈氏勸以「備舊本異同」，牖導之功不可沒也。

或予觀念上啓發，如前舉箕子封朝鮮事，即其例。又如所撰〈漢以後所傳周樂考〉，論「古樂家次第與詩家不同」之義，乃「由乙老一語所啓發」。〔註162〕則〈壽序〉所言：「學者得其片言，具其一體，猶足以名一家，立一說」者，非虛美也。

沈氏影響靜安之大者，尤在小學與西北史地及元史學二事，茲論之。

（一）小學研究

沈早年即通知音韻，宜乎靜安稱其「功力不淺」、「議論通徹」（見前）。二人交識之初，靜安即質以音韻訓詁之學，〈爾雅草木蟲魚鳥獸釋例自序〉記其事云：

> 甲寅歲莫，余僑居日本，爲上虞羅叔言參事作〈殷虛書契考釋後序〉，略述三百年來小學盛衰。嘉興沈子培方伯見之，以爲可與言古音韻之學也。然余於此學殊無所得，惟竊怪自來治古韻者，詳於疊韻而忽於雙聲，……近世言古韻者十數家，而言古字母者，除嘉定錢氏論古無輕脣、舌上二音，番禺陳氏考定《廣韻》四十字母，此外無聞焉。因思由陸氏《釋文》上溯諸徐邈、李軌、呂忱、孫炎，以求魏晉間之字母，更溯諸……。乙卯春，歸國展墓，謁方伯於上海，以此願質之；方伯莞然曰……。余又請業曰：「近儒皆言古韻明而後詁訓明，然古人假借、轉注多取諸雙聲，……毋寧謂古雙聲明而後詁訓明歟？」方伯曰：「豈直如君言，古人轉注、假借雖謂之全用雙聲可也，……君不讀劉成國《釋名》乎？每字必以其雙聲釋之，其非雙聲者，大抵譌字也。」余因舉首章「天顯也」三字以質之，方伯曰……。余大驚，且自喜其億而中也。……丙辰春，復來上海，寓所距方伯居頗近，暇輒詣方伯談。一日，方伯語余曰：「棲霞郝氏《爾雅義疏》，於詁、言、訓三篇，皆以聲音通之，善矣！然草木、蟲魚、鳥獸諸篇，以聲爲義者甚多，昔人於此似未能觀其會通，君盍爲部分條理之乎？」……乃略推方伯之說，爲〈爾雅草木蟲魚鳥獸釋例〉一篇。……方伯音學上之絕識，與余一得之見之合於方伯者，乃三百年來小學極盛之結果；

〔註162〕同上註，頁 78。諸語之意又見《學窘》本附記。

他日音韻學之進步，必由此道。此箋箋小冊者，其說誠無足觀，然其指不可以不記也。〔註163〕

序長一千三百餘字，「書僅十八頁，序乃有三頁，專述乙老口說並與乙老談論之語」，〔註164〕意在多存沈氏說也。茲分析如下。一、據此文，靜安居日本時即已治音韻訓詁，迨返國後，與沈氏日相切磋而識力愈進，自云：「返滬後始明訓詁及音韻」，〔註165〕即指沈氏之牖發也。二、靜安平居治學，能思善悟，多心得。以古字母之學草萊初闢，知其待墾植者尚多；見古人轉注、假借多取諸雙聲，因悟知雙聲與詁訓關係。凡此，既得質證於沈氏，乃「喜其億而中」也；日後，撰有〈五聲說〉，云「惜寐叟不在此，無由共證此說」。〔註166〕其音韻研究心得，仰重沈氏之印證可見。三、靜安論古字母之學，留意及錢大昕、陳澧二人；論雙聲與訓詁之關係，初未及《釋名》一書，沈氏乃舉此書為說。靜安歸國展墓後，再次東渡，又書詢古字母之學，沈氏再舉陳澧及《釋名》說覆之。〔註167〕《釋名》一書，沈氏向極重視，〔註168〕又沈氏與陳澧亦有交誼，其音韻研究，當有得陳氏啟發，〔註169〕復予靜安以影響後者也。

沈氏曾有音韻學之作，惜未刊布（《年譜》說）。今存者，惟《札叢》卷一〈聲類〉等數則而已。其〈倭名類聚鈔引唐以前小學書〉一則，與靜安有關，茲分二段引述，並以靜安相關說條繫於後，見靜安對沈說之補正。

沈氏云：

《（倭名）類聚抄》所引小學書，有《四聲字苑》、……孫愐《切韻》、《唐韻》、《文字集略》、陸詞《切韻》……，皆唐以前不傳古書也。

所引有《玉篇》，又有「野王案」；有陸詞《切韻》，又有「陸詞曰」；

〔註163〕〈爾雅草木蟲魚鳥獸釋例自序〉，《別集》卷四。

〔註164〕《書信》，頁163致羅氏書。

〔註165〕同上註，頁282。

〔註166〕同上註，頁204。

〔註167〕《沈寐叟年譜》「六十六歲」條引。

〔註168〕〈海日樓題跋〉卷一〈釋名跋〉云：釋名以音言義，先輩之意多以為不足依據者。然此例自古有之，如祖之為言且也、庠者養也之類，鄭君注經多用之。此書尤足考漢魏舊音，詁訓之支流，古音之淵藪，不可忽也。

〔註169〕據《沈寐叟年譜》云：（光緒三年，二十八歲）是年赴粵，省覲連州公（沈之叔父）於廣州。是行，得交陳蘭甫（原註：澧），講學甚娛。此行與陳氏論學，疑多在音韻訓詁。《海日樓詩》卷二「節庵自粵歸，以蘭甫先生書畫扇面見貽」云：通德鄉前請益時，講堂接武夕陽遲。列和晉樂宮聲辨，成國齊言舌腹知。亦見沈氏音韻研究與陳澧之關係。

有孫愐《切韻》，又有「孫愐曰」。而陸、孫《切韻》文與今《廣韻》
同者多；所稱「陸、孫曰」者，文與今《廣韻》不同者多。此當有說，
倉卒未能得其證也。……源氏（愚案：源順，編《類聚抄》者）標《唐
韻》者，出於孫氏本書；標「孫愐曰」者，蓋他家《切韻》所徵歟？

若如沈說，則《類聚抄》所引孫韻，有孫愐《切韻》，有《唐韻》，又有「孫
愐曰」。然所論與今《廣韻》異同，不及《唐韻》；論源氏編纂體例又遺《切
韻》；意殊難曉。可知者，彼以爲《類聚抄》所引孫《韻》，與今《廣韻》所
存者，頗有參差。靜安則云：

唐人盛爲詩賦，韻書當家置一部，故陸、孫二《韻》，當時寫本當以
萬計。陸《韻》即巴黎所藏三本，已有異同；孫《韻》傳之後世，
可考見者，如歐陽公見吳彩鸞書葉子本……，傳寫既多，故名稱部
目不能盡同。《倭名鈔》所引，有《唐韻》，有孫愐《切韻》，遼希麟
《續一切經音義》又引孫愐《廣韻》，……蓋孫氏書，本因法言《切
韻》而廣之，故亦名《廣切韻》，略之則稱《切韻》，或稱《廣韻》，
而據其自序則確名《唐韻》，是其書名已自不同。又《倭名鈔》所引
《唐韻》及孫愐《切韻》，與淨土三部經《音義》所引孫愐說，以《唐
韻》殘本所有者校之，頗有不合；即大徐《說文》所用孫愐反切，
亦與《唐韻》殘本有異同。蓋傳寫既多，寫者往往以意自爲增損，
即部目之間，亦不免小有分合。如夏英公《四聲韻》所據之《唐切
韻》，與《唐韻》相去尤近，即視爲《唐韻》別本爲後人增加者，亦
無不可。學者苟一思《唐韻》寫本之多，則不必疑其參池不合矣。

〔註170〕

據靜安所計，《類聚鈔（抄）》引孫愐《切韻》二十五條，引《唐韻》三百八
十四條（見同篇），別無「孫愐曰」者，蓋併入《切韻》中。其意：唐代陸、
孫二《韻》多異本，傳寫既多，內容自有增損，部目亦不盡合。則《類聚鈔》
所引者不必單據一本，與今《廣韻》所存不必盡合；而與他書所引，尤不能
無異同。所釋雖未必即針對沈說，要可爲沈氏之疑得一解釋。沈說先作（光
緒二十七年），疑靜安或返國後與沈氏商論及此，或見及沈氏《箚記》而撰。

沈氏又云：

尋《廣韻》卷首所列，自郭知玄以下增加字者凡九家。郭知玄《拾

〔註170〕〈書吳縣蔣氏藏唐寫本唐韻後〉，《集林》卷八。

遺緒正》別以朱箋，蓋如《本草》之黑白字；然其諸家加字，理亦
當標其名字。

此謂《廣韻》卷首所列「增加字」者凡九家，然僅郭知玄一家標舉書名，其
餘則但列姓名，云「△△增加字」而已，於例不純。靜安〈唐諸家切韻考〉，
考及郭知玄以下九家，謂「以上九家皆有專書」；除外，更廣及李舟等十餘家。
〔註171〕

　　沈又云：

　　據孫愐〈自敍〉，頗以訓注繁博自矜。今世所傳廣略兩本，略本固自
　　不論，廣本亦不能稱〈敍文〉所指。《廣韻》題目本自張參（原註：
　　《通志》載《唐廣韻》五卷，張參撰），陳彭年等重修，疑即據張本，
　　非孫氏原書也。其卷首所列，疑亦張氏原文：「勅賜絹五百疋」，是
　　張氏進上時事，非陳氏進上時事也。大中祥符敕改為《大宋重修廣
　　韻》，明為對《唐廣韻》而言。句中正等詳定《雍熙廣韻》一百卷，
　　《宋志》載之，《通志略》亦載之。此尚在景德前二十年，當為箋注
　　繁博之書，或據孫氏原本，惜其不傳耳。臆測張參所謂《唐廣韻》
　　者，以增加字為「廣」，非以箋注為「廣」也。

其意為：張參《唐廣韻》對孫愐《唐韻》而言，以增加字為「廣」；陳彭年等「重
修」《廣韻》者，對張參《唐廣韻》而言；陳彭年等重修《廣韻》之稱，乃本自
張書；《雍熙廣韻》或據孫氏原書。以上諸書，俱與孫書為一系。靜安則云：

　　《唐韻》別有《廣韻》、《廣切韻》之名，前既述之。然唐人以《廣
　　韻》名書者，尚不止此。《通志・藝文略》有「張參《唐廣韻》五卷」，
　　《玉海》（原註：四十五）引《崇文目》亦有「《唐廣韻》五卷」，二
　　者不知是否一書，然其非孫愐書，則可決也。釋文瑩《玉壺清話》
　　云：「句中正有字學，同吳鉉、楊文舉同撰《雍熙廣韻》」（原註：《宋
　　史》句中正傳；《玉海》同），是宋雍熙中曾修《廣韻》，故景德、祥
　　符所修，名《大宋重修廣韻》。然《玉海》引《崇文目》「《雍熙廣韻》
　　一百卷」，則殆《韻海鏡源》之流，是類書而非韻書，且卷帙過鉅，
　　不易頒行，故景德有重修之舉，是景德以前自有《廣韻》。〔註172〕

如靜安說，則張參《唐廣韻》與孫書無必然關係；陳彭年等「重修」《廣韻》者，

〔註171〕《集林》卷八。
〔註172〕〈唐泫韻宋雍熙廣韻考〉，同上註。案：羅、趙本俱無「考」字，密韻樓本有。

乃對《雍熙廣韻》而言；且陳氏等所修《廣韻》之稱，亦不必本自張書，蓋「景德以前自有《廣韻》」。持見與沈氏大異。甚且靜安以爲孫恓《唐韻》與陳氏等所修《廣韻》本非一系也（詳第六章第一節）。沈氏意見，日後是否已有修正，不得而知；然彼予靜安影響，且靜安說即自沈說發展成文，此則可信已。

（二）西北地理及元史學

靜安西北地理及元史研究與沈氏之關係，據可見資料，始於民國七年。〈聖武親征錄校注序〉云：

> ……余前在海上，於嘉興沈先生座上，見其所校《說郛》本《親征錄》，爲明弘治舊鈔，與何本（愚案：何秋濤《聖武親征錄校正》）異同甚多。先生晚歲不甚談元史學，然於《說郛》本猶鄭重手校。未幾，先生歸道山，其校本遂不可見。比來京師，膠州柯鳳孫（劭忞）學士爲余言：元太祖初起時之十三翼，今本《親征錄》不具，《說郛》本獨多一翼，乃益夢想《說郛》本。〔註173〕

「前在海上」云云，爲民國七年事，〔註174〕彼時，蓋尙未專力於元史研究，故僅於沈氏座上隨意取觀。文中并及柯氏，氏爲近代治元史大家，以著《新元史》一書負盛名，亦與靜安論學弗衰，唯予靜安影響究不如羅、沈二人。又〈九姓迴鶻可汗碑跋〉云：

> 〈和林九姓回（迴）鶻可汗碑〉，自來金石家皆未著錄。光緒中葉，俄人始訪得之，拉特祿夫《蒙古圖誌》中始揭其影本。光緒十九年，俄使喀西尼以拉氏書送總理各國事務衙門，屬爲考釋，時嘉興沈乙庵先生方在譯署，作〈闕特勤碑〉、〈苾伽可汗碑〉及此碑三跋，以覆俄使，俄人譯以行世，西人書中屢引其說，所謂「總理衙門書」者也。……順德李仲約侍郎（原註：文田）始錄拉氏書中各碑之文，爲《和林金石錄》。……己未夏日，偶讀法國伯希和教授所撰〈摩尼教考〉，見所引此碑三行，與李《錄》殊異，乃假沈先生所藏全碑之形狀及碑文之次序，於是碑文略可通讀。前

〔註173〕《集林》卷十六。

〔註174〕此年，致羅氏書云：「沈處《雲麓漫鈔》確係贋品，中有《皇元聖武親征錄》半部，極佳，寐叟已校出矣，其中有與《說郛》同者，亦異物也。」（《書信》，頁244）據沈氏云：「丁巳冬，書賈以明抄《雲麓漫鈔》來，僞書也，實殘本《說郛》之改名，而中有《聖武親征錄》。」（《年譜》〈著述目〉引沈氏〈親征錄校本跋〉）

沈先生跋此碑時，僅據前三段及第七八段，今得通讀全碑，自有前〈跋〉所不能盡者，先生因命書其後。……既釐正其文，復考釋之如左，因書以質沈先生，庶匡其不逮焉。〔註175〕

此〈跋〉補沈說所不及，然沈說實爲靜安先導。又據此〈跋〉，知靜安治西北地理，亦由金石研究而漸次轉入，沈氏則有默化誘導之功。又〈長春眞人西遊記校注序〉云：

光緒中葉，吳縣洪文卿侍郎創爲之注，嘉興沈乙庵先生亦有箋記，而均未刊布。國維於乙丑夏日始治此書，時以所見疏於書眉，於其中地理人物亦復偶有創獲，積一年許，共得若干條；遂盡一月之力，補綴以成此注，蓋病洪、沈二家書之不傳，聊以自便檢尋云爾。〔註176〕

此則憾沈書不傳，而有續成其業之志。

　　沈氏西北史地及元史學相關著述，據《年譜》附〈著述目〉「史地之屬」，凡十有五種；其中附記「未見」者十一種，恐皆已不存。其吉光片羽，反有藉靜安著述而存者，如靜安撰《黑韃事略箋證》，引「沈乙庵先生曰」者五條，〔註177〕殆沈撰《黑韃事略注》語；《元朝秘史》之〈主因亦兒堅考〉，引「沈乙庵先生所校《備錄》」者一條，〔註178〕即沈撰《蒙韃備錄》注語。說皆至精，可爲了解沈氏學術之助。

　　第二章第一節檢討葉嘉瑩先生論靜安治學轉變，僅針對葉著所舉時代、性格二事，未遑其他；本章則專論與羅、沈之學術關係，見其轉變意義。《趙譜》繫靜安「始擬治西北地理及元史學」於民國十四年（四十九歲），吳其昌同說。〔註179〕二人皆親炙靜安，當言之有據；又前引靜安〈長春眞人西遊記校注序〉，亦自云此年（乙丑）方治此書，則趙、吳二氏說未即非是。唯元史（含遼、金）與西北地理似不宜割裂，而靜安治西北地理則甚早（可溯自民國2年之《屯戍叢考釋》）；更就靜安治學歷程觀之，亦非十四年方「擬治西北地理及元史學」也。愚意：毋寧定於民國八年（四十三歲），較具意義。茲論之。

　　一、靜安何時究心遼史，不得而知，然十四年已撰有〈西遼都城虎思斡耳朵考〉，則用力遼史當不甚晚。若其於金、元史料之接觸則甚早，如所撰《宋

〔註175〕《集林》卷二十。
〔註176〕《集林》卷十六。
〔註177〕《全集》初編冊七。
〔註178〕《集林》卷十六。又此條（札蠟兒元帥）亦見引於《蒙韃備錄箋證》。
〔註179〕〈王觀堂先生學述〉，《國學論叢》一卷三期。收入《全集》附錄二。

元戲曲史》，則頗參取金、元史料；〔註180〕《錄曲餘談》考及孟琪事，爲日後考《蒙韃備錄》作者所本；〔註181〕民國二年撰〈書宋舊宮人詩詞湖山類稿水雲集後〉，考宋元之際史事甚詳；〔註182〕五年，爲廣倉學窘叢書選刊《大元馬政記》、《大元官制雜記》等書多種，並撰有跋語；五、六年間撰〈元銅虎符跋〉，有「往讀元史」等語；七年，見及《說郛》本《親征錄》（已見上）。彼於此類資料，蓋續有所及，否則決難於十四年即有〈蒙文元朝秘史跋〉、〈蒙韃備錄跋〉、〈韃靼考〉及〈遼金時蒙古考〉等作，亦難以遽知李文誠之《元秘史注》「紕繆甚多」。〔註183〕

　　二、靜安撰〈序〉壽沈，有「使後之學術變而不失其正鵠者，其必由先生之道矣」等語，雖恭維沈氏，亦可視爲靜安對學術轉變方向之自覺。其學術本與沈氏諸多符同，治域外史地復得諸沈氏影響，則就此〈序〉論其治學轉變，益具意義。

　　三、此年譯有伯希和講詞〈近日東方古言語學及史學上之發明與其結論〉，以爲伯氏所言至爲重要，然伯氏說「迄今雖經八年，我國人士殆未有見者，故爲重譯（愚案：據日人榊亮三郎譯文迻釋），以餉學者」。〔註184〕其重視此文可知，而此文與西北地理研究關係至切。

　　四、此年撰述與前此之作頗異，如〈摩尼教入中國考〉、〈高昌寧朔將軍麴斌寺碑跋〉、〈書虞道園高昌王世勳碑後〉、〈九姓迴鶻可汗碑跋〉、〈西胡考〉、〈西胡續考〉、〈西域井渠考〉、〈唐李慈授勳告身跋〉及〈西域雜記〉等，均屬西北地理之作。

　　綜此四事，愚以爲定民國八年爲靜安轉治西北地理及元史學，或較具意義也。

附：靜安弟子題名錄

　　附靜安弟子於此，用見靜安學術之流衍。

〔註180〕如〈致日本鈴木虎雄書〉：「前聞大學藏書中有明人《堯山堂外紀》一書，近因起草《宋元人戲曲史》，頗思參考其中金元人傳一部分，能設法代借一閱否？」（《書信》，頁23）即其例。
〔註181〕《錄曲餘談》，《全集》續編冊五。〈蒙韃備錄跋〉，《集林》卷十六。
〔註182〕《集林》卷二十一。
〔註183〕《書信》，頁425致羅氏書。
〔註184〕見譯文附記，《全集》初編冊六。又《書信》，頁292致羅氏書，亦參看。

一、北京大學研究所國學門〔註185〕

何之蒹（達安）	李滄萍（菊生）	安文溥（仲智）	王盛英（翰存）
郝立權（翯蘅）			

二、清華國學研究院〔註186〕

徐中舒	謝國楨（剛主）	王力（了一）	周傳儒
姜寅清（亮夫）	高亨（晉生）	蔣天樞（秉南）	史念海
戴家祥	王靜如	何士驥	衛聚賢
杜剛百	劉盼遂	陸侃如	吳其昌
方壯獻（欣安）	陳守貴	羅根澤	黃淬伯
楊筠如	姚名達	王庸	侯堮
余永梁	黃綬	藍文徵（孟博）	馮國瑞
趙邦彥	朱芳圃（芸僧）	劉節（子植）	程憬
謝星朗	楊鴻烈	陶國賢	吳金鼎
顏虛心	朱廣福	王竟弟	王竟
劉紀澤			

〔註185〕據《書信》頁337。
〔註186〕據周傳儒撰《王靜安傳略》（下），《木鐸雜誌》第25期轉載。

第五章　靜安論學術風氣

靜安關心學術風氣，開新風氣及挽風氣之弊，爲其學術事業重點之一，唯周予同論及靜安之學術風格有云：

> 王氏是一位很篤實淳樸的學者，只顧自「立」，不願「破」他。對於歷史方法論的論爭，不大願意參加。〔註1〕

「只顧自立，不願破他」，此周氏所予靜安學術風格之概括描述。茲就周說，略予評論。

靜安早期（暫以民國爲界）具批評意義之著述，多英氣風發，直陳批評對象，不稍苟假，如《文集・論性》：

> ……余故表而出之，使後之學者勿徒爲此無益之議論也。

《紅樓夢評論》：

> ……故爲破其惑如此。

〈論哲學家與美術家之天職〉：

> 願今後之哲學美術家，毋忘其天職而失其獨立之位置，則幸矣！

〈教育偶感四則〉：

> ……其弊，余又烏知其所底哉！……余惡夫正義之德之墜於地也，故不得不辨。……此則愚所大惑不解者也，……此又愚所大惑不解者也。

〈論平凡之教育主義〉：

> 抑亦不思之甚者也，……此則可大息者也，……故爲之破其惑如左。

《文集續編・書辜氏湯生英譯中庸後》：

〔註 1〕〈五十年來中國新史學〉，《學林》第四輯。

　　……由前之說，則失之固陋；由後之說，則失之欺罔。……故列論
　　其失，世之君子或不以余言爲謬乎！
又有《別集》卷四〈國學叢刊序〉云：
　　「學」之義不明於天下久矣！今之言學者，有新舊之爭，有中西之
　　爭，有有用之學與無用之學之爭。余正告天下曰：學無新舊也，無
　　中西也，無有用無用也；凡立此名者，均不學之徒，即學焉而未嘗
　　知學者也。
此靜安早期之議論文章，皆直指所欲「破」者，並著其論意於篇首或篇末。
則周氏之意，殆指後期文章風格而言。
　　唯靜安後期文章風格復可分爲二類。其一，傾力於開創新風氣，宣揚學
術資料之價值，用語謙和，如〈戩壽堂所藏殷虛文字序〉：
　　雖區區數十葉書，其有裨於經史文字之學者，要非淺鮮也。〔註2〕
《集林》卷九〈先公先王考序〉：
　　……使世人知，殷虛遺物之有裨於經史二學者，有如斯也。
此皆弁於書首或篇章之首。其殿於篇末者，有如《集林》卷三〈說玨朋〉：
　　古文字之學，足以考證古制者如此。
卷五〈書郭注爾雅後〉：
　　孰知其有關於訓詁者有如斯也。
卷六〈釋䠱〉：
　　此敦（愚案：滕虎敦）不獨存滕薛之本字，亦有裨於經訓矣。
其餘如〈說㠯〉、〈五聲說〉、〈旗爵跋〉等文，其例並同。所謂「使世人知」、「孰
知」云云，乍視之，似不見批評之意，苟詳察之，則又不然。蓋靜安與羅氏均
汲汲於新資料之傳布，然此類資料初出，「舉世莫之知，知亦莫之重也。其或重
之者，蒐集一二以供秘玩，斯已耳」，〔註3〕此靜安所以扼腕也。而羅氏刊印《殷
虛書契前編》既竟，亦序而嘆曰：「茫茫斯世，知誰復有讀吾書者」，〔註4〕感懷
正同。是靜安之諄諄曉喻，即因世人「莫之知」也。不寧惟是，自晚清以來，
如康有爲疑鼎彝銅器爲僞（詳後），章太炎則疑甲骨，〔註5〕並斥彝器文字，指

────────────

〔註2〕　《全集》續編冊三；題太隆羅詩撰。又《觀堂別集補遺》亦收錄此文，唯作
　　　　〈戩壽堂所藏殷虛文字考釋序〉，誤。
〔註3〕　〈雲堂校刊群書敘錄序〉，《集林》卷二十三。
〔註4〕　〈殷虛書契前編序〉，《羅集》初編冊一。
〔註5〕　見《國故論衡》上卷〈理惑論〉。

爲「破篆籀正文，而析言亂名者滋起」，〔註6〕此世人「知亦莫之重」也。則靜安於篇章首末多兼著地下材料有益經史等語，宜有深意，若比較〈古文考〉諸篇之寫作方法（詳第二節），益可了然，靜安蓋即以「立」爲「破」也。

除外，靜安復有〈今本竹書紀年疏證序〉，〈戴校水經注跋〉及《古史新證》等作，前者評今本《竹書》爲「無用無徵」，並論陳逢衡輩篤信今本之失；次則批評戴震治學之有失忠實；後者則批評當時學風，均語至峻厲，且多屬方法論批評，此又一類也。知周氏所指爲「只顧自立，不願破他」者，就靜安後期文章風格言，雖大體如是，而不盡然；若詳審靜安撰意，其前後期文章之風格雖不盡相同，然繫心學術風氣之精神，正先後如一，此又周氏所忽者也。

第一節　靜安倡論宋代學術之意義

有清經學，初宗程、朱，乾嘉以後，「惠（棟）、戴（震）諸儒，爲漢學大宗，已盡棄宋詮，獨標漢幟」（皮錫瑞《經學歷史》語）；雖亦有一二卓犖之士，不欲以門戶自限，奮厲其間，然風會所趨，此其大較也。緣此「學派意識」〔註7〕所衍生，漢學家所排擯者，遂不止於宋儒經學，乃漸次及於他學，靜安慨乎言曰：

> 國朝乾嘉以後，古文之學復興，輒鄙薄宋人之書，以爲不屑道。〔註8〕

清人古文字學本自宋儒發展，反鄙薄宋人之書者，亦時代風氣之反映。又如顧棟高之《毛詩訂詁》，《四庫全書》未收，靜安論云：

> 此書專論《詩》事《詩》義，條例先儒之說，或加辨證，語極平實，蓋與所撰《毛詩類釋》專講名物者，相輔而行。然《類釋》得錄入《四庫全書》，而此書不顯，蓋以多采宋儒之說，爲近世學者所不喜歟？〔註9〕

評價《毛詩訂詁》「語極平實」、可與《毛詩類釋》「相輔而行」，似爲此書不顯，暗寓不平。夫《四庫》不收《毛詩訂詁》，果因此書「多采宋儒之說」，抑別有

〔註6〕　《太炎文錄續編》卷一〈漢學論〉。
〔註7〕　用徐復觀語，見氏著《兩漢思想史》卷三附錄二〈清代漢學衡論〉。余英時先生稱「宗派意識」，見《歷史與思想》〈從宋明儒學的發展論清代思想史〉。
〔註8〕　〈宋代金文著錄表序〉，《集林》卷六。
〔註9〕　《傳書堂藏善本書志》，《全集》續編冊七，頁2630。

他故，不得而知；然據此事，可見靜安對四庫館臣不喜宋儒之批評。〔註10〕

靜安以超越前人之史學眼光，論宋代學術之歷史地位；復就近代新學術之特質，溯源於宋人金石學，〔註11〕並予表彰，俾具發展宋代學術之意義；而不婞婞於前人義理、考據之辨。此其眼光獨到處，亦其胸次恢廓處也。

一、論宋代學術之歷史地位

靜安通論宋代學術之歷史地位者，一則以擴大討論範圍，再則以稽考其特質，有云：

> 宋代學術，方面最多，進步亦最著。其在哲學，始則有劉敞、歐陽修等脫漢唐舊注之桎梏，以新意說經；後乃有周敦頤、程顥、程頤、張載、邵雍、朱熹諸大家，蔚為有宋一代之哲學。其在科學，則有沈括、李誡等，於歷數、物理、工藝均有發明。在史學，則有司馬光、洪邁、袁樞等，各有龐大之著述。繪畫，則董源以降，始變唐人畫工之畫，而為士大夫之畫。在詩歌，則兼尚技術之美，與唐人尚自然之美者蹊徑迥殊。考證之學，亦至宋而大盛。天水一朝人智之活動，與文化之多方面，前之漢唐，後之元明，皆所不逮也。近世學術多發端於宋人，如金石學亦宋人所創學術之一。宋人治此學，其於蒐集、著錄、考訂、應用各方面，無不用力，不百年間遂成一種之學問。……原其進步所以如是速者，緣宋自仁宗以後，海內無事，士大夫政事之暇，得以肆力學問；其時哲學、科學、史學、美術，各有相當之進步，士大夫亦各有相當之素養，……其對於金石之興味，亦如其對書畫之興味，一面賞鑒的，一面研究的也。漢唐元明時人之於古器物，絕不能有宋人之趣味。故宋人於金石書畫之學，乃陵跨百代。近世金石之學復興，然於著錄、考訂皆本宋人成法，而於宋人多方面之興味，反有所不逮。故雖謂金石學為有宋一代之學，無不可也。〔註12〕

所論宋代學術之歷史地位，分四義：一、學術領域最廣。二、進步最著。三、

〔註10〕 《魏源集》上冊〈書宋名臣言行錄後〉，謂紀昀雅不喜宋儒；梁啓超《中國近三百年學術史》，亦稱「四庫館為漢學家大本營」，並可與靜安說參看。

〔註11〕 羅氏欲正「金石學」之名為「古器物學」（見第四章第二節），此自後世學術之意義而言；靜安則以宋人古器物仍以金石為主，故襲用舊稱。

〔註12〕 〈宋代之金石學〉，《文集續編》。

爲清代學術之淵源。四、金石學爲有宋「陵跨百代」之學。

據此，見靜安乃就學術史觀點，論宋代學術；綜括哲學、科學、史學、繪畫、詩歌，考證、金石諸學，正前人「點」之執著，而擴及於「面」之討論。此其評價前代學術之原則，亦其治學之觀念（如治經史，務擴充資料，即此意）。又此文篇題爲〈宋代之金石學〉，必兼論其餘諸學者，蓋各類學術輒有相互刺激之連鎖關係，是以哲學、史學、美術之進步，可助長金石學之進步；書畫之興味，亦刺激金石研究之興味。此靜安兼論相關學術之意也。至學術之進步，又與政治相關，故靜安復自政治因素推尋學術進步之原因。

靜安所予宋代學術之評價，可以一語總括，曰：「進步」。「進步」一語，實涵因、創二義。宋人「因」乎前人，而延續舊學，又具獨創精神，爲後世學術之發端，其於學術史地位，開新之意義遠較因襲者爲大。宋代學術地位如此，而漢學家之薄宋者，自失公允。

二、論宋儒經學

宋人學術，實根柢於六經，無論「六經注我」或「我注六經」，均返之六經。然清代漢學家所詬病宋儒者，尤在經學，以爲宋儒蔑棄舊注、空說義理。實則宋儒不盡蔑棄舊注，惟不拘守耳，如朱子有云：

> 治經者，必因先儒已成之說而推之。借曰未必盡是，亦當究其所以得失故，而後可以反求諸心而正其謬。此漢之諸儒所以專門名家，各守師說，而不敢輕有變焉者也。但其守之太拘，而不能精思明辨以求眞是，則爲病耳。〔註13〕

此議至爲通達，漢儒經注得失，數言盡之。又朱子又嘗論唐人《五經注疏》之得失，謂「《周禮疏》最好，《詩》與《禮記》次之，《書、易疏》亂道，《易疏》只是將王輔嗣《注》來虛說一片」（《朱子語類》卷八十六），亦見其潛心注疏，而未輕棄舊注也。

靜安治學之基本精神，曰「求新」；其評論宋儒經注特色之一，即「脫漢唐舊注之桎梏，以新意說經」。「以新意說經」之意義，在「脫舊注之桎梏」，靜安亦自云：

> 凡吾智之不能通，而吾心之所不能安者，雖聖賢言之，有所不信焉；

〔註13〕〈學校貢舉私議〉，《朱文公文集》卷六十九。

雖聖賢行之，有所不懍焉。〔註14〕

即肯定獨立思考之價值。故以「新意」說經，未必即蔑棄舊注，乃不安於舊注而脫其桎梏耳。如劉敞《七經小傳》及歐陽修《詩本義》等著，輒先引漢人舊說而後評議得失，斷以己意，即潛心舊注之例。然「新」未必皆是，故求「新」當立於徵實基礎，而後不致游談無根。靜安論宋人以新意說經，既首舉劉敞、歐陽修二家；於〈宋代金文著錄表序〉，論宋人之古器物研究，亦舉此二人為說；蓋彼等之「新意」，乃立於徵實之基礎，既脫漢唐舊注之桎梏，且開啓新學術之途徑也。此即靜安經史研究之精神，靜安之說其有深意乎！

靜安所謂「以新意說經」，乃著眼大體，就時代學術風氣而言，蓋若就個別現象論之，則無代不有。如董仲舒《春秋繁露》，自成一家之言；鄭玄以《禮》箋《詩》，又兼揉今古文、以漢制況周制；王弼以《老》、《莊》解《易》，舍象數而言義理；何晏以《老》、《莊》解《論語》等，均具求新精神。若就時代風氣觀之：兩漢經學重師法、家法；魏晉至唐承兩漢，守一家之注而為義疏之學；宋人一則用義理說經（司馬光《溫公易說》則用史說《易》），一則直體經文而疑經、改經（如歐陽修之疑《十翼》、朱子之疑《詩序》、王柏之改《詩》、《書》），視前代經學為一大轉變，此所以為「新」。「以新意說經」，就學術發展之意義而言，自有其歷史價值。靜安以為：自是以後，「乃有周敦頤……諸大家，蔚為有宋一代之哲學」。蓋劉氏等既脫「桎梏」於前，而後學界思想乃轉趨自由，當有助於理學之興起；自宋代經學之變化，探得理學興起之原因，則「以新意說經」所影響者，乃開啓一代新學術。案：宋代理學興起原因非一，靜安亦不以此為唯一因素（以為佛教之影響亦有與焉，見《靜安文集・論近年之學術界》），然此說究可視為一「新解釋」（靜安稱戴震、阮元語）。

至宋人經注得失如何？靜安《經學概論講義》略云：

《周易》：「宋時程子頤作《程氏傳》，亦說義理，朱子復參以象數，作《周易本義》，……要皆得《易》之一端云。」

《尚書》：「自宋以來，儒者已疑〈泰誓〉及二十四篇之偽，歷元明至清四代，遂為定論。」

《詩》：「今之《毛詩故訓傳》，漢毛萇所作也，漢末鄭玄復為之箋。……

〔註14〕〈（第一）國學叢刊序〉，《別集》卷四。

宋人始舍舊注而以新意說詩，朱子《詩集傳》其一也。……二者各有得失，未可偏廢。」

《禮記》：「宋朱子特取其中〈大學〉、〈中庸〉二篇，爲之章句，與《論語》、《孟子》並稱「四書」。」

歷代經學：「……唐時學者，皆謹守舊注無敢出入。宋劉敞、歐陽修、蘇軾、王安石等，始以新意說經；同時周（敦頤）、程（顥、頤兄弟）、張（載）、邵（雍）等，復爲心性之學，至朱子而集其大成。朱子於《易》作《本義》，於《詩》作《集傳》；唯《尚書注》未成，以授門人蔡沈，沈作《集傳》；朱子又作《四書集注》：皆與漢魏以來舊注不同，其說義理，或校（較）舊注爲長。……元明二代篤守宋注，與唐人之篤守舊注無異。……有清一代考證之風大盛，窮經之方法既定，又得小學、史學之助，故其於經學之成功，實非元明之所能及也。」

雖寥寥數節，所評宋代經學，多深中肯綮。於《周易》稱程、朱之注「皆得《易》之一端」；於《尚書》，稱宋儒爲辨僞古文之先河；於《詩》，謂漢宋注「未可偏廢」；於《禮記》，稱朱子取〈中庸〉、〈大學〉合以《論》、《孟》，表彰四書之功；綜論歷代經學，則稱宋人以新意說經，勝乎唐人之篤守舊注，「其說義理，或較舊注爲長」，至於元明，則又篤守舊（宋人）註。就前引數節，知靜安之意：一、肯定清儒「窮經之方法」。二、不廢宋人義理，以爲「其說義理，或較舊注爲長」。三、重創新而戒篤守；其評價歷代學術，即從創新與篤守二者衡論。

　　朱子說經，善審辭氣，直體經文。其四傳弟子金履祥（居宋元之交）亦承此風，時有新解。如《尚書·高宗肜日》，《書序》謂是「高宗祭成湯，有飛雉升鼎耳而雊，祖己訓諸王」者，金氏云：

此篇首稱「高宗肜日」，終言「無豐于昵」。「高宗」，廟號也，似謂高宗之廟；「昵」，近廟也，似是祖庚繹于高宗之廟。……祖己「乃訓于王」，似告幼君。《書序》大誤，惟《史記》謂此書作於祖庚之時爲得之，而其說又不分明。〔註15〕

金氏特詳味其辭，別無他證，故連用三「似」字。蓋不安於《書序》以此篇

〔註15〕《尚書表注》卷上，《通志堂經解》冊十三。

為「高宗祭成湯」事并作於高宗朝之說；《史記》雖論為「作於祖庚之時」，然猶持《書序》「高宗祭成湯」說，故金氏評曰：「其說又不分明」。靜安據出土甲文，舉三事以證成金說：一、以卜辭「肜日」文例證之，高宗為「所祭之人，而非主祭之人」；二、以祖己為武丁子證之，「以子訓父，於辭為不順」；三、以「昵」為禰廟證之，當非高宗祭成湯事。〔註16〕此說既出，乃成定論。舊注未可盡恃，「新意」未必即非，此得其證矣；地下材料足以解前人是非，於此可見矣；而靜安倡論宋代金石學之目的與意義，亦不言可喻矣。

三、就宋代金石學論宋學特質

論宋學地位及宋儒經學，當究及宋學特質；而宋學特質，可自宋人精神及識見（靜安文中例用「識」字）二者見之。宋人精神為何？靜安云：

> 賞鑒趣味與研究之趣味，思古之情與求新之念，互相錯綜，此種精神，於當時之代表人物蘇（軾）、沈（括）、黃（庭堅）、黃（伯思）諸人著述中，在在可以遇之。〔註17〕

由「賞鑒之趣味」即引致「思古之情」，由「研究之趣味」即引致「求新之念」，趣味與情、念二者亦「互相錯綜」，數語實曲盡形容之妙。靜安特概括言之，釋宋代學術所以居學術史上承舊與開新地位之故。又云：

> 宋人蒐求古器之風，實自私家開之（下舉劉敞、李公麟、王復齋、歐陽修、趙明誠諸家），……徽宗之古器，受私家藏器之影響實不少也。（同上註）

宋人蒐集古器，先由私家開之，進而影響帝王，至於南宋「國勢未定，而高宗孜孜蒐集古器」，上下好古成風，且著錄之，考訂之，應用之，見宋人於古器物，非止於「賞鑒之趣味」，乃擴及研究，使宋代金石學「不及百年已達完成之域」。且不僅金石學，又如繪畫，自「董源以降始變唐人畫工之畫，而為士大夫之畫」，亦由賞鑒及於研究之一例。此宋代金石學等，雖承自前人，然至宋代方發展成為一種學術之故也。

至宋人之「識」，清人頗譏之，如王鳴盛云：

> 識暗心粗，膽大手滑，宋人通病。〔註18〕

〔註16〕〈高宗肜日說〉，《集林》卷一。
〔註17〕〈宋代之金石學〉，《文集續編》。
〔註18〕《十七史商榷》卷八十八〈臧玠殺崔瓘〉條。

心麤膽大，而自以爲是，蔑棄前人，落筆便謬，宋人往往如此。
〔註 19〕

清儒治學方法、精神與宋儒異，於經史考證亦較宋儒精密，然若以「宋人通病」、「宋人往往如此」一筆抹煞宋人成就，則有失公允。王氏所謂「膽大」、「蔑棄前人」，殆指「以新意說經」之類歟（乾嘉學風重「徵實」而不重「求新」）？且疏漏、謬誤之事，何代無之，似未可以此獨議宋人也，如靜安論宋人古文字研究云：

> 至於考釋文字，宋人亦有鑿空之功，國朝阮吳諸家不能出其範圍；若其穿鑿紕繆，誠若有可譏者，然亦國朝諸老之所不能免也。〔註 20〕

宋人雖或有穿鑿紕繆者，然清人亦不免。靜安又云：

> 宋人說古器銘中所見姓名事實，則頗多穿鑿可笑，如見「甲」字，而即以爲孔甲，見「丁」字而即以爲祖丁，其說極支離難信，然宋人亦自知之。趙氏《金石錄》跋〈中姑匜〉云：「右中姑匜銘，與後兩器皆藏李公麟（愚案：原跋作『伯時』）家。初伯時得古方鼎，遂以爲晉侯賜子產器，後得此匜，又以爲晉襄公母偪姞器，殊可笑。凡三代以前諸器物出於今者，皆可寶，何必區區附託書傳所載姓名，然後爲奇乎？此好古之蔽也。」後洪邁評《博古圖》，陳振孫評劉原父、呂大臨、黃伯思等，議論略同。可知宋人未嘗不知其誤，亦不必盡蹈其失。〔註 21〕

此可矯王鳴盛之武斷。靜安又云：

> 宋代古器之學，其說雖疏，其識則不可及也。〔註 22〕

此不以說之疏與「識」混爲一談，此亦靜安之「識」也。

靜安特表彰宋人之「識」，茲舉數例以見旨要。靜安云：

> 私家藏器莫先於宋劉仲原父，爲古器之學及著錄所藏者，亦自原父始。……其（《先秦古器記》）自序中，具言攷究古器之法，曰：「禮家明其制度，小學正其文字，譜牒次其世謚，乃爲能盡之。」嗚呼！

〔註 19〕同上註，卷七十三〈宣武帥劉董李韓事〉條。
〔註 20〕〈宋代金文著錄表序〉，《集林》卷六。羅振玉謂：宋人於古文字考釋，雖得失相半，然清人「尚沿宋賢之舊，訂正無多」。（〈貞松堂集古遺文序〉，《羅集》初編冊一）亦參看。
〔註 21〕〈宋代之金石學〉，《文集續編》。
〔註 22〕〈說觥〉，《集林》卷五。

古器之學略盡於此數語，著錄古器之法亦蔑以進於此矣！〔註23〕
劉氏居古器物學萌芽之初，即明示攻究及著錄之法，且爲後人宗奉不移，此
即「識」也；其後學者即本此觀念，用正禮圖及注疏之誤。〔註24〕又宋人著
錄諸書，如《考古圖》、《博古圖》、《續考古圖》等，「於形制、文字外，兼著
其尺寸，權其輕重，乃至出土之地、藏器之家亦復記載」，〔註25〕見宋人徵實
之態度。此一著錄觀念，恐亦與宋人重「應用」之觀念有關，靜安云：

> 宋初郊廟禮器，皆用聶宗義《三禮圖》之說，⋯⋯及宋時古器大出，
> 於是陸農師（佃）作《禮象》十五卷，以改舊圖之失；⋯⋯逮徽宗
> 政和中，圜丘方澤太廟明堂皆別鑄新器，一以古禮器爲式；⋯⋯仁
> 宗景祐間，李照⋯⋯（倣〈寶龢鐘〉）作新鐘一縣十六枚，而高若訥
> 奉詔詳定新樂，亦據漢錢尺寸造《隋書・律歷志》所載十五種尺上
> 之。可見宋人金石之學並運用於實際，非徒空言考訂而已。〔註26〕

宋人之古器物研究既重實用，並據器物尺寸以恢復古尺，則著錄之兼著尺寸、
輕重亦所宜然。「非徒空言考訂」，見宋學固有其篤實者，安得以一「虛」字
盡行抹煞。除外，如訂正古禮器之名，宋人亦功不可磨，靜安云：

> 凡傳世古禮器之名，皆宋人所定也。曰鐘，曰鼎，曰鬲，曰甗，曰
> 敦，曰簠，曰簋，曰壺，曰盉，曰盤，曰匜，曰盦，皆古器自載其
> 名，而宋人因以名之者也。曰卣，曰罍，曰爵，曰觚，曰觶，曰角，
> 曰斝，古器銘辭中均無明文，宋人但以大小之差定之，然至今日仍
> 無以易其說。〔註27〕

古器之有本名者，因以名之，此事非難；至器無本名者，但以大小之差定之，
此則需識。蓋形制之學本宋人所擅，故所定器名多精審不易。如靜安以新出
器物，證宋人名圓酒器爲「觶」之說云：

> 近世江西出徐器三，其形皆宋人所謂「觶」也。其一，銘曰：「郘王
> 義楚嬰其吉金自作祭鍴」，其一曰：「義楚作祭嵩」。案：鍴、嵩即《說

〔註23〕 〈隨庵吉金圖序〉，《集林》卷二十三。
〔註24〕 參葉國良《宋代金石學研究》第五章第一節。
〔註25〕 〈宋代之金石學〉，《文集續編》。羅氏〈雪堂藏古器物目錄序〉亦有是說，見
《羅集》續編冊一。
〔註26〕 同上註。羅氏〈權衡度量實驗考序〉，說略同，見《羅集》初編冊一。
〔註27〕 同上註。又見〈說觚〉，《集林》卷五。羅氏云：宋人「定古禮器之名，其
誤者固十二，其確者則十恆七八」，見《五十日夢痕錄》，《羅集》三編冊二
十。

文》腨、膞字，亦即「觶」字之異文。則宋人名圓酒器爲「觶」，於
此得其證矣。〔註28〕

則宋人所定爲「觶」者，竟得證於後世。雖然，其所定器名非必無誤，靜安
亦爲之釐正云。〔註29〕

　　靜安嘆賞宋儒之「識」，企慕宋儒寓研究於興味中之優游涵泳與自得其
樂，而宋儒所具「思古之情」與「求新之念」，於靜安著述中亦在在可以遇
之。

　　茲就前文所述，予靜安倡論宋代學術之意義作一綜括。

　　一、靜安以燭照全面之眼光，綜宋代學術之「面」及其特質，論其歷史
地位及價值，以正前人偏失。後此學者，亦多就此眼光，論宋學價值。如陳
寅恪先生以爲：華夏民族之文化，歷數千載之演進，造極於趙宋之世，「將來
所止之境，今固未敢斷論，惟可一言蔽之，曰：宋代學術之復興，或新宋學
之建立是已」；〔註30〕張舜徽撰〈論宋代學者治學的博大氣象及替後世學術界
所開闢的新途徑〉一長文，述宋人於經籍、古物、史料、天文算法、建築工
程等各類學問之整理與研究；〔註31〕周祖謨則云：「清人雖卑視宋人著作，實
際上還是受宋人之啓發，如聲韻學」。〔註32〕

　　二、靜安論前代學術，不侷於一「點」；其治經史，亦無往而不肆力於「面」
之拓展，如所倡「二重證明」、「二重證據」即是（詳第三節）。又云：「自宋
人始爲金石之學，歐、趙、黃、洪各據古代遺文以證經考史，咸有創獲，然
塗術雖啓，而流派未宏」；〔註33〕金石之學餘蘊猶多，況地不愛寶，古物出土
無窮，靜安躬逢其盛，乃於宋人學術中特彰「陵跨百代」之金石學，以爲新
學術研究之方向。其慧眼獨照，不僅恢擴學術區宇，由「點」及「面」，且弘
揚先賢遺業，並予更新，誠無愧「觀堂」之號。

　　三、靜安所處時代，正信古者固閉自守，而疑古之風橫決泛濫；其特倡
金石學，自有導正學術風氣之意義。此意，將於後文中賡續述明。

〔註28〕同上註。又見〈釋觶觛厄膞腨〉，《集林》卷六。
〔註29〕如《博古圖》以似敦而小者名曰彝，靜安謂亦當作敦，見〈說彝〉，《集林》
　　　　卷五。
〔註30〕〈鄧廣銘宋史職官志考證序〉，《陳寅恪先生文集》冊二。
〔註31〕見氏著《中國史論文集》。
〔註32〕〈吳棫的古韻學〉，《問學集》上冊。
〔註33〕〈齊魯封泥集存序〉，《集林》卷十八。

第二節 靜安之「古文」辨

靜安不滿康有爲、崔適之尊護今文輕詆古文,及因而導致疑古、蔑古,如錢玄同、顧頡剛輩,遂與辨論古文問題,藉力矯時弊。

自康有爲《新學僞經考》(民國 6 年重刊時改名《僞經考》,以下即用省稱)行世迄今,學者持議不一,討論之作已蔚爲大觀;其間,雖或亦徵引靜安之「古文」說者,唯多節取一二以爲己說佐據,罕有深探靜安諸作之目的,殆多視靜安乃爲文字學而作也。靜安之古文說,自有其文字學意義與價值,此近人所首肯者;惟復有辨正康有爲以降疑古文經之目的,則近人論或未及。

《集林》卷七有「古文考」九篇,九篇總題曰〈漢代古文考〉(以下省稱〈古文考〉),與《新學僞經考》正相對;收入《集林》時,刪去總題,原意遂不彰。

考靜安於撰著中,或與友人閒論,向不欲明指康氏其人,或緣其心中有一康氏迴翔不去之故歟?〔註 34〕〈古文考〉九篇,雖無一語及康氏,然取與《僞經考》比勘,似篇篇皆有所指,非泛論之作。如康氏謂篆籀相承,無從有古文,而靜安有〈戰國時秦用籀文六國用古文說〉;康氏謂《史記》中「古文」一詞爲劉歆所竄改,靜安爰有〈史記所謂古文說〉;康氏謂《漢書》所稱之「古文」皆僞古文,靜安有〈漢書所謂古文說〉;康氏謂《說文》古文爲劉歆僞造,靜安有〈說文所謂古文說〉;康氏疑古文經本之淵源,靜安有〈漢時古文本諸經傳考〉及〈漢時古文諸經有轉寫本說〉二文;康氏指兩漢小學家均與劉歆有關,靜安有〈兩漢古文學家多小學家說〉;康氏指「科斗書」爲劉歆所僞,靜安有〈科斗文字說〉(均詳下)。自九篇體例視之,其撰述宗旨宜在辨證古文經,而不僅爲文字學之著述而已。〈史記所謂古文說〉云:「孔壁書之可貴,以其爲古文經故,非徒以其文字爲古文故也。」然孔壁書已不可見,「古文」(文字)問題復多糾繞,世人遂「疑《魏石經》、《說文》所出之壁中古文爲漢人僞作,此則惑之甚者也」;〔註 35〕靜安考證《說文》古文之來源,即欲證古文經之淵源有自也。

〔註 34〕 如早期所撰〈論近年之學術界〉,言及康氏,則用「南海□□□」、「□氏」、「南海□氏」(見《靜安文集》);若後期著述,并此諸語亦難見。至其與人閒論,向不及康氏,參蔣復璁先生撰〈追念逝世五十年的王靜安先生〉,《幼獅文藝》第四七卷 6 期。

〔註 35〕 〈桐鄉徐氏印譜序〉,《集林》卷六。

　　康撰《僞經考》，以破劉歆「僞經」、定孔子「本經」爲目的，「冀以起亡經，翼聖制」。〔註36〕梁啓超歸納此書要點有五：

　　一、西漢經學，並無所謂「古文」者，凡古文皆劉歆僞作。二、秦焚書，並未厄及六經，漢十四博士所傳，皆孔門足本，並無殘缺。三、孔子時所用字，即秦漢間篆書，即以「文」論，亦絕無今古之目。四、劉歆欲彌縫其作僞之迹，故校中秘書時，於一切古書多所羼亂。五、劉歆所以作僞經之故，因欲佐莽篡漢，先謀湮亂孔子之微言大義。〔註37〕

　　除外，康氏復有《孔子改制考》（以下省稱《改制考》）一書，與《僞經考》相羽翼，旨在揭「三代文教之盛，實由孔子推託」之義，〈自序〉且云：

　　　夫兩漢君臣、儒生，尊從《春秋》撥亂之制而雜以霸術，猶未盡行也。
　　　聖制萌芽，新歆遽出，僞《左》盛行，古文篡亂。於是削移孔子之經
　　　而爲周公，降孔子之聖王而爲先師，《公羊》之學廢，改制之義湮，
　　　三世之說微，太平之治、大同之樂，闇而不明，鬱而不發，……耗矣，
　　　哀哉！

據此〈序〉，又知《僞經考》、《改制考》二書之撰旨，均在《公羊》三世之大同理想；其《大同書》即此二書之要義所歸。且不僅二書，即康氏其他著述，亦無不可視爲《大同書》之前趨也。

　　康氏之後，有崔適者，嚴守今文壁壘，撰《春秋復始》、《論語足徵記》、《史記探源》等書，大抵皆推本康說。〔註38〕民初學者，如錢玄同、顧頡剛等，雖未即信今文經爲孔子眞經，然於古文經之觀念，則頗襲康、崔二人辨「僞經」之成業而予修正；〔註39〕復推闡《改制考》之「上古茫昧無稽」說，以探論古史，引致學界古史討論之風。此義，將著於下節中，茲不具論。

　　靜安留意古文問題，自文字始，民國三年，致繆荃孫書云：

　　　……蘊公繼之（愚案：謂羅氏繼吳大澂之金文研究），加以龜板等新
　　　出文字，乃悟《說文》部目之誤，並定許（愼）所謂古文指壁中書，

〔註36〕　《僞經考》卷首〈自序〉。
〔註37〕　《清代學術概論》二十三。
〔註38〕　崔氏諸書之撰意及論旨，參顧頡剛撰〈五德終始說下的政治和歷史〉（《古史辨》冊五下編）及周予同撰〈近五十年來中國新史學〉（《學林》第四輯）等文。
〔註39〕　見錢玄同撰〈論說文及壁中古文經書〉（《古史辨》冊一下編）、〈重論經今古文學問題〉（《古史辨》冊五上編）及顧頡剛撰〈五德終始說下的政治和歷史〉（《古史辨》冊五下編）等文。

　　　　所謂籀文指漢代尚存之《史籀篇》，此實小學上一大發見，而世尚未

　　　　之知也。〔註40〕

日後靜安論《說文》古文出於壁中書，即本羅說。民國五年，撰《史籀篇疏證》，指古文、籀文為周秦間東西土文字；同年續作《魏石經考》，論及《魏石經》經文、古文諸事；又撰《古文考》九篇。民國十五年，致羅福頤書云：

　　　　近有人作一種議論，謂許書古文為漢人偽造，更進而斷孔壁書為偽

　　　　造。容希白亦宗此說。擬為一文以正之。〔註41〕

後乃藉〈桐鄉徐氏印譜序〉以發之。以上諸文，為靜安「古文辨」之系列著述。

　　清末民初疑古風氣之形成，雖與今文家關係至深，然靜安非以彼等為今文家或疑古故撰文評驚。蓋靜安亦治今文，如：於《春秋》嘗治《公羊》，〔註42〕於《詩》嘗治《齊詩》；〔註43〕其證經考史，或采今文，或采古文，或融取今古，或並不取；其運用史料，蓋視今古文為異源史料。故若「偽經」說成立，則古文經即無證史價值，此靜安所不能無辨者。又「疑古」本與「辨偽」相關，皆所以求真、求是也；靜安既表彰宋人疑偽《古文尚書》，其治學復具疑古精神（詳下節），則「疑古」亦非靜安所不容，其所深斥者，乃彼等所疑失當耳。

　　且靜安亦非欲迴護劉歆者，故於劉說之失當，輒糾彈指瑕，不稍寬假。如《集林》卷一〈生霸死霸考〉，釋「霸」字之義，舉許氏《說文》、馬融《古文尚書注》之古文說，及揚雄《法言》、《漢書‧王莽傳》、《白虎通》之今文說，皆以月之二日或三日而成「霸」，謂：漢儒之今古文說「於生霸、死霸無異辭」，而〈漢志〉載劉歆《三統歷》，獨為異說曰：「死霸，朔也；生霸，望也」。則劉說非今文亦非古文，乃「異說」也。就此例，可知：一、靜安非曲護劉歆，凡所論辨，皆居於學術立場；此猶致容庚書所云：「鄙人當日發此議論，實以此種

〔註40〕《書信》，頁 40。

〔註41〕《書信》，頁 435。

〔註42〕參張爾田〈與王靜安論治公羊學書〉、〈與王靜安論今文家學書〉，並見《學衡》第 23 期。又《集林》中如〈書春秋公羊傳解詁後〉等文，亦可參看。

〔註43〕如致羅氏書有云：「前日與乙老言《齊詩》五際事。以《後漢書‧郎顗傳》所云之法推至今日，則自甲寅入戌盂，今年為戌三年，又三十年入亥，更三十年乃入子，以此注於『紀元編』之眉，凡歷代遇戌亥子丑，無一佳者，而五際之中戌亥二際相接。可知古人說災異，亦有偶合者，不可解也。」（《書信》，頁 138）沈氏亦善《齊詩》，《海日樓札叢》卷一〈午亥之際〉、〈迮鶴壽齊氏翼奉學〉諸條，頗有發明。

事實爲根據，決非欲辨護許書古文，如錢君及兄所云云也」。〔註44〕二、劉歆與古文說無必然關係，蓋劉歆自有「異說」也。三、今古文說未必絕異，故所釋「霸」義「皆無異辭」。四、馬融、許愼之學雖出於劉歆，然非如康氏所云：二人皆「純乎歆之僞學」。〔註45〕五、揚雄與劉歆無必然關係，非如康氏所論之「受歆學」或「密交」也。〔註46〕六、《漢書・王莽傳》「……八月載生霸庚子」，據太初術，平帝元始四年八月二日得「庚子」，合今古文說，而與劉說異；則康氏所謂「歆亂諸經，作《漢書》」〔註47〕、「劉歆爲《七略》，修《漢書》」〔註48〕者，非也。靜安此文，乃欲破劉歆釋「霸」之譌說，並證晚出僞《古文尙書》之襲用劉說（見第一章第二節）；然藉此可見劉歆與古文經、古文說無必然關係，並見靜安於「古文辨」之態度。章實齋有云：「學業者，所以關風氣也。風氣未開，學業有以開之；風氣既弊，學業有以挽之」，〔註49〕靜安之謂也。

　　康氏之立場在於「經」，靜安之立場則在「史」；康氏昧經學源流，因斥古文經爲僞造，靜安則自經學之淵源流變以正其紕謬；康氏之事業爲經生事業，靜安之事業則爲史家事業，此其異也。靜安蓋得於顧炎武、章學誠重經學源流之遺意；此亦其反康、崔、錢、顧諸氏說之故也。

　　以上略論靜安〈古文考〉諸篇之撰旨及其辨證之態度。下文則釐爲：「古文」辨名、論古文經來源及論今古文盛衰等三目述論。

一、「古文」辨名

　　《僞經考》首重「正名」之意，謂：凡古經、古說、古文之以「古」爲名者，皆劉歆僞竄，以助莽篡者，必也正名，無使亂實」，當名曰「新學僞經」。（書首〈自序〉）

　　靜安之「古文考」，特就問題關鍵——「古文」一詞，究其內容演化，辨其名實，蓋亦有「必也正名，無使亂實」之意；對康說爲一根本摧陷，可謂「發蒙曉然，絕其根株」（用康氏語）者。茲綜合諸篇，先述「古文」一語之內容。

〔註44〕《書信》，頁437。
〔註45〕《僞經考・漢書藝文志辨僞第三下》。
〔註46〕同上註，〈僞經傳於通學成於鄭玄考第八〉。
〔註47〕同上註，〈史記經說足證僞經考第二〉。
〔註48〕同上註，〈漢書藝文志辨僞第三上〉。
〔註49〕《文史通義・內篇》卷六〈天喩〉。

一、殷周古文：指甲骨及彝器文字。漢人未見甲骨文，至「拓彝器文字，趙宋以前未之前聞」，則「郡國所出鼎彝，許君固不能一一目驗，又無拓本可致，自難據以入書」；故所謂「殷周古文」者，乃今人所稱。

二、六國古文：出於殷周古文，戰國時行於東土者，即漢世所謂「古文」（文字）。又有籀文者，亦出於殷周古文，為戰國時行於西土者。

三、《史記》古文：先秦寫本舊書。其書體為六國古文或籀文，其書籍來源為漢中秘所藏、河間獻王所存及壁中書。

四、《漢書》古文：1. 壁中書（如〈藝文志〉所錄經籍之冠以「古文」二字或「古」字者。）2. 古文學派（如〈地理志〉所稱「古文」。）3. 彝器文字（如〈郊祀志〉所記：張敞好「古文字」。）

五、《說文》古文：1. 漢時所存先秦文字（出壁中書及《左氏傳》，如書中正字、重文之古文。）2. 古文學派（如稱《易》孟氏、《書》孔氏者是。）

六、科斗文字：起東漢末，盛行魏晉後，凡異於通行隸書之周時古文、篆書等皆可蒙以此名。

次論「古文」一詞轉為學派名之發展歷程。

夫所謂「古」者，後代稱前代之詞，本即有時間性；靜安論「古文」一詞，即依時代賦予演化之性格。漢人之稱「古文」，初就六國文字而言，「漢人以六藝皆用此種文字，又其文字為當日所已廢，故謂之古文」；次由文字意義而演化為書籍之稱，「凡先秦六國遺書，非當時寫本者」，均稱「古文」；自武、昭之後，「先秦古書傳世益少，其存在者往往歸於秘府，於是古文之名漸為壁中書所專有」；至「後漢之初，所指古文者，專指孔子壁中書」，蓋漢初所傳古文經，其存於後漢者，唯壁中書及《左氏傳》耳；六藝於書籍中最尊，「而古文（壁中書）於六藝中又自為一派，於是古文二字遂由書體之名而變為學派之名」。

「名實」考辨為靜安經史考證之重要觀念，所論「古文」一詞，探其由書體而為古籍泛稱、而壁中書專稱、而學派名，其間之演化、發展歷程。惟周予同釋靜安說云：

> 靜安先生對於孔壁得書一案，雖不像經今文學者的過激，以為完全是假造的鬼話；但以為《說文》所載的古文都根據於壁中書及張蒼

所獻的《春秋左氏傳》；假使我們能以新出土的「殷周古文」證實《說
文》所載古文的誤謬，那末，孔壁得書一案也因之可以定讞了。所
以依靜安先生的意見，「古文」一詞至少須加以限制詞，如稱為「殷
周古文」、「六國古文」、「孔壁古文」，而不能含糊的總稱為「古文」，
因為其地大有真偽是非先後的區別呢！〔註50〕

所論除「古文一詞……含糊的總稱為古文」諸句合靜安意而外，其餘均故為
曲解。若如周說，則靜安亦以孔壁古文不合殷周古文，因視為偽者；不思此
正靜安斥為「惑之甚者」（見前引）。且靜安所釋「古文」一詞，亦但論其「先
後」發展，而不及「真偽是非」之意。周說頗傷忠實。

　　「古文」固有同名而異實者，康氏未能詳審，復偏持今文，以為凡「古」
者皆在必攻之列，否則不足以倡明「今文」。其出於劉歆之後者，如《漢書》
古文、《說文》古文、科斗書等，康氏猶能肆其口說，論為劉歆所偽；至《史
記》所稱古文，出劉氏之前，康氏乃指為劉歆竄改；崔適《史記探源》，益張
其說。茲擇舉靜安與康、崔二氏論《史記》「古文」數則，以較異同。

　　〈五帝本紀〉：

　　　孔子所傳〈宰予問〉、〈五帝德〉及〈帝繫姓〉，儒者或不傳。余嘗西
　　　至崆峒，……至，長老皆各往往稱黃帝、堯、舜之處，風教固殊焉；
　　　總之，不離古文者近是。予觀《春秋》、《國語》，其發明〈五帝德〉、
　　　〈帝繫姓〉章矣，顧弟弗深考，其所表見皆不虛；書缺有間矣，其
　　　軼乃時時見於他說。

康氏云：

　　　《史記·五帝本紀》依〈五帝德〉、〈帝繫姓〉而作。古文如《周官》、
　　　《左傳》、《國語》，則添出伏犧、神農、少昊，與《史記》大相違謬，
　　　何為忽以「古文」為「近是」，得無自相矛盾乎？其添設之迹，不攻
　　　自破。〔註51〕

崔氏云：

　　　此等「古文」，謂何經耶？惟《說文解字》有此名，別於小篆、籀書
　　　也；此又非其例也，直不成語矣。此不通文理者所增竄，不當歸咎

────────────

〔註50〕〈追悼一個文字學的革命者——王靜安先生〉，《文學周報》第五卷1、2期。
　　　　收入《（靜安）全集》附錄四。
〔註51〕《偽經考·史記經說足證偽經考第二》。

劉歆矣。〔註52〕

靜安云：

> 凡先秦六國遺書，非當時寫本者，皆謂之古文。……《索隱》云：「古文，謂《帝德》、《帝繫》二書也」，是〈五帝德〉及〈帝繫姓〉二篇本古文也。

愚案：「不離古文者近是」，謂長老所稱黃帝、堯、舜事各異，而折衷於「古文」也；康氏何緣有伏犧、神農、少昊之奇想？（康氏本不以《國語》爲「古文」，亦不知何以舉此？）又此「古文」一語，乃承上「儒者或不傳」並續下「所表見皆不虛」之〈五帝德〉及〈帝繫姓〉而爲言；下文云：書缺有間矣，其軼乃時時見於「他說」，亦指「或不傳」之二篇。史遷此文似有表彰二篇之意，所謂「古文」者，或當如《索隱》及靜安所釋。〔註53〕又案：崔氏以爲「古文」需著明「何經之古文」乃能「成語」；然《史記》中「古文」則否，慮劉歆不至淺率若此，因設爲轉圜，曰「不當歸咎劉歆」。雖修正康說，實桴鼓相應，要皆立於古文經之反對立場而爲言也。

〈十二諸侯年表〉：

> 太史公讀《春秋歷譜牒》，……《譜牒》獨記世謚，其辭略，欲一觀諸要難。於是譜十二諸侯，自共和訖孔子，表見《春秋》、《國語》，學者所譏盛衰大指著於篇，爲成學治古文者（《集解》引徐廣曰：「一云『治國聞者』也）要刪焉。

康氏云：

> 上云「著盛衰之大指」，其爲「治國聞者」之要刪無可疑，忽插「古文」二字，作何解？徐廣所見，猶爲原本，其餘可推。

〔註52〕《史記探源》卷一〈序證〉。

〔註53〕清人沈濤則持異見曰：「『總之不離古文者近是』，是古文即謂《尚書》。〈太史公自序〉：『年十歲則誦古文』，亦謂《古文尚書》。小司馬于紀贊則以爲《帝德》、《帝繫》等書，于自序則以爲《左傳》、《國語》等書，皆非是。」（《史記會注考證》引）殆以《索隱》二處所指「古文」不同，遂生責難。愚案：《索隱》於史公〈自序〉注云：「案遷及事伏生，是學誦《古文尚書》；劉氏以爲《左傳》、《國語》、《系本》等書，是亦名古文也。」《索隱》誤孔爲伏（《會注考證》說），然彼固釋此「古文」爲《尚書》；又引劉氏云云，則亦不以「古文」單指《尚書》也。又案：近人陳直有言：「古文蓋謂戰國時書寫原本之竹簡，仍保存於漢代者，或漢代儒生從竹簡傳抄，而非以隸古寫定者，通謂之古文，非專指《尚書》而言。」（《史記新證·五帝本紀第一》）並可參。

崔氏云：

> 古乃國之聲誤，復改聞爲文爾。〔註54〕

靜安云：

> 太史公作〈十二諸侯年表〉，實爲《春秋》、《國語》作目錄，故云「爲
> 成學治古文者要刪焉」。是《春秋》、《國語》皆古文也。

徐廣所見別本，自康氏視之，當如獲重寶，殆以爲未經劉歆竄改本也。《史記》
原本何作，既無他古本可據，自難臆斷。惟作「古文」二字本，如靜安所釋，
或較別本爲長。蓋「要刪」即「大旨」也；譏，評也。史遷表見《春秋》、《國
語》「大指」，以成此「要刪」；而學者循此「要刪」，則可得《春秋》、《國語》「大
指」：故靜安謂史遷之作〈年表〉，「實爲《春秋》、《國語》作目錄」。俞正燮云：
「明刊《索隱》附《史記》本云『爲成學之人、攻文之士，欲覽其要，故刪爲
此篇』；《索隱》單行本無『攻文之士』字，亦不解『治古文』。案徐云『一曰治
國聞』，是晉宋時傳彼本者，已不知『古文』何解，更無責於小司馬矣。此〈序〉
云『古文』者，謂《春秋》、《國語》。」〔註55〕豈晉宋時傳「彼本」者，以《春
秋》、《國語》非「古文」因改爲「國聞」歟？崔氏謂「古乃國之聲誤，復改聞
爲文」，殊乏理據，蓋「古」亦可誤爲「國」，且此處恐非偶然之誤也。

> 〈仲尼弟子列傳〉：

> 《弟子籍》出孔氏古文近是。

康氏云：

> 「孔氏古文」者何？殆指魯共王壞壁所得之古文《論語》也；無如
> 〈共王世家〉無是事何！

崔氏云：

> 「孔氏古文」謂何經之古文？如謂《論語》，何不曰「古文《論語》」，
> 而爲此歇後語耶？即上所載姓名文字，亦今文《論語》所有，何必
> 以古文別之？此後人竄入。〔註56〕

靜安云：

> 此「孔氏古文」非謂壁中書，乃謂孔氏所傳舊籍，而謂之古文，是
> 《孔子弟子籍》亦古文也。

〔註54〕《史記探源》卷四。
〔註55〕〈史記十二諸侯年表序索隱書後〉，《癸巳存稿》卷七。
〔註56〕《史記探源》卷七。

「孔氏古文」者何？康、崔二氏均試以「古文《論語》」爲解，並糾「竄入者」之謬。然《弟子籍》出古文《論語》或壁中書，未之前聞，故靜安釋「孔氏古文」爲孔氏所傳舊籍（與下條參看）。又《會注考證》引王鳴盛曰：「《弟子籍》出孔氏古文，所云少孔氏若干歲云云，的確可信。」非如崔說「所載姓名文字」云爾。

〈太史公自序〉：

> 年十歲則誦古文。

康氏云：

> 《史記·賈生傳》稱「以能誦《詩》、《書》」，《漢書·東方朔》亦稱「學《詩》、《書》，誦二十二萬言」，無言「誦古文」者。且「古文」者，如《索隱》以爲《古文尚書》邪？如劉氏以爲《左傳》、《國語》、《世本》邪？則其妄已辨之矣。

靜安云：

> 太史公所謂古文，皆先秦寫本舊書，……太史公自父談時已掌天官，其家宜有此種舊籍也。

此條，崔氏無說。案：史遷十歲時，孔壁書未出；設若孔壁出書事爲劉歆虛構，劉氏即不至竄入此條。《漢書·景十三王傳·河間獻王傳》：「獻王所得書，皆古文先秦舊書，《周官》、《尚書》、《禮》、《禮記》、《孟子》、《老子》之屬。」舉《孟子》、《老子》，則「古文」非古文經，當即靜安所云「先秦寫本舊書」。

《史記》所見「古文」諸條，如靜安之釋，自可怡然理順，而無扞格之病矣。要之，康氏於「古文」一詞，未留意其歷史意義，均攝入古文經一系統，可謂昧名實之辨者也。

二、論古文經來源

古文經來源問題，可分就經本與文字二者論之。

嬴秦有焚書之政，此不爭事實也，惟其事與六經存亡、殘全之關係若何？後人論見不一。靜安與康氏之異，在論斷之前提不同。康氏謂「焚書阬儒雖有虐政，無關六經存亡」、「孔氏之本，具在不缺」；〔註57〕據此前提，乃有〈漢書藝文志辨僞〉，論舉壁中古文事「十僞」，證劉歆託共王壞壁事，以「肆其烏有

〔註57〕《僞經考·秦焚六經未嘗亡缺考第一》。

之辭」；又有〈漢書河間獻王魯共王傳辨僞〉，謂劉氏「將生平僞撰之書，一舉而附於〈河間傳〉中，以證成其眞而陰滅其跡」。其於孔壁、河間事之態度，在破其僞妄。靜安則舉孔壁等事，以證古文淵源，〈史記所謂古文說〉有云：

> 自秦并天下，同一文字，於是篆隸行而古文、籀文廢，然漢初古文、籀文之書未嘗絕也。《史記・張丞相列傳》：「張丞相蒼好書律歷，秦時爲御史，典柱下方書」，而許氏《說文・序》言：「北平侯張蒼獻《春秋左氏傳》」，蓋即柱下方書之一，是秦柱下之書至漢初未亡也。〈太史公自序〉言：「秦撥去古文，焚滅《詩》、《書》，故明堂石室金匱玉版圖籍散亂」，而武帝元封三年司馬遷爲太史令，「紬史記石室金匱之書」，是秦石室金匱之書至武帝時未亡也。……六藝之書爲秦所焚，故古寫本較少，然漢中秘有《易》古文經，河間獻王有古文先秦舊書《周官》、《尚書》、《禮》、《禮記》，固不獨孔壁書爲然；至孔壁書出，於是《尚書》、《禮》、《春秋》、《論語》、《孝經》皆有古文。

所論漢初古文經籍之來源有三，曰：秦石室金匱之書、孔壁書與河間獻王所得，證秦焚而古文「未嘗絕」。「未絕」與「未缺」，二者固不盡同。

質實言之，書籍亡佚，何代無之？況嬴氏虐政，兼秦漢擾攘之際乎？康說未免失之武斷。且康氏既以「孔氏之本，具在不缺」矣，又謂「孔子定本之《書》，伏生傳二十八篇，無數十篇之亡，亦無百篇之《序》，可斷斷也」；〔註58〕唯又信《論衡》所述河內女子所得古文〈泰誓〉，且云：「今學以《尚書》二十八篇比二十八宿，以後得〈泰誓〉一篇比北斗，其說可據」（同上註）。何依違兩可，全無定準？蓋古文家信逸《書》十六篇，故康氏攻之；今文家合河內女子〈泰誓〉於其書，故康氏左祖之。其心理正務尊今文而與古文家爲難也。

治古文經須得小學之助，然彼既攻「僞古文」矣，遂不得不併與「僞古文」相關之古文字亦盡行否定，因謂：劉歆僞造古文字，贋作鐘鼎，〔註59〕散所造古文字於天下。〔註60〕《漢書・藝文志・六藝略・小學類》及許慎《說文・序》二篇，尤爲康氏集矢之的，其文字學見解亦概見於此。其說略爲：

〔註58〕同上註，〈史記經說足證僞經考第二〉。
〔註59〕同上註，〈漢書藝文志辨僞第三上〉。
〔註60〕同上註，〈隋書經籍志糾繆第十一〉。

一、〈漢志〉所舉八體、六技，皆劉歆僞撰。二、凡文字之先也必繁，其變也必簡；然古文反簡，籀文乃繁，證古文之僞。三、子思作〈中庸〉，曰：「今天下書同文」，則自春秋至戰國，絕無異體異製，其體即籀文也，孔子書六經自用籀體。四、古無籀、篆、隸之名，但謂之「文」耳；〈漢志〉謂「秦時始建隸書」，蓋皆劉歆僞撰古文，欲黜今學，故以「徒隸之書」比之，以重辱之。五、〈漢志〉小學諸書，半爲劉歆所竄定。〔註61〕

　　比較靜安與康說異同，有可論者數事。其一，康氏據「古文經僞造」之前提，論古文字爲僞；靜安則謂古文字之存在爲一「多量之事實」，〔註62〕因深究《說文》古文、壁中古文及古文字之關係，繼而肯定古文經淵源有自，與康氏之論證順序相反。其二，靜安論古文學家多小學家之故曰：「原古學家之所以兼小學家者，當緣所傳經本多用古文，其解經須得小學之助，其異字亦足供小學之資，故小學家多出其中」；〔註63〕所舉兩漢古文學家兼小學家，有張敞、桑欽、杜林、衛宏、徐巡、賈逵、許慎七人，獨不及劉歆。則靜安固不視劉氏爲小學家，焉得如康氏所云「〈漢志〉小學諸書，半爲劉歆所竄定者」？其三，康氏謂「古無籀、篆、隸之名」；靜安訓「史籀」之「籀」爲「讀」，「史籀」非人名，「籀文」非書體之名，特撰一專文申詳，〔註64〕或因康說激發，亦未可知。又康氏於《史籀篇》之時代殆從舊說，以爲周宣王太史所作，孔子書六經即用此體；靜安則以籀文爲「秦之文字，即周秦間西土之文字」（同上註），則孔子焉能用此以書六藝？其四，《說文》之文字系統觀爲：古文、籀文、篆文先後相承，所論「古文」意指殷周古文。康氏否定古文，其系統觀與《說文》異；靜安肯定《說文》古文，惟以之爲六國古文，而與籀文同時並行於戰國東西二土者，〔註65〕與《說文》、康氏均異。惟詳審康說，康氏所論籀文之時代較許說爲古。又云：「周既有籀書，何以復作古文？必不然矣」，是康氏亦曾慮及古、籀同時之可能性，而後否定古文。靜安以二者並置於戰國，或亦就《說文》、康說而修正乎？請先表列靜安之文字系統觀，以清眉目（仿朱芳圃製表而略改），後繼論此說。

〔註61〕同上註，〈漢書藝文志辨僞第四下〉。其意又略見〈後漢書儒林傳糾繆第九〉附〈說文序糾謬〉。
〔註62〕《書信》，頁 437 致容庚書。
〔註63〕〈兩漢古文學家多小學家說〉，《集林》卷七。
〔註64〕〈史籀篇疏證序〉，《集林》卷五。
〔註65〕〈戰國時秦用籀文六國用古文說〉，《集林》卷七。

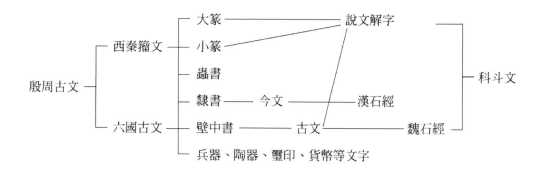

　　《集林》卷六〈桐鄉徐氏印譜序〉，總結前撰《史籀篇疏證》、〈戰國時秦用籀文六國用古文說〉諸篇之意，並益證以六國器物文字，曰：

　　　近世所出，如六國兵器，數幾逾百，其餘若貨幣，若璽印，若陶器，其數乃以千計；而《魏石經》及《說文解字》所出之壁中古文，亦為當時齊魯間書。此數種文字皆自相似，然並譌別簡率，上不合殷周古文，下不合小篆，不能以六書求之。而同時秦之文字，則頗與之異。傳世秦器作於此時者，若〈大良造鞅銅量〉，……皆秦未并天下時所作，其文字之什九與篆文同，其什一與籀文同，其去殷周古文較之六國文字為近。……夫兵器、陶器、璽印、貨幣，當時通行之器也，壁中書者，當時儒家通行之書也，通行之器與通行之書，固當以通行文字書之，……其上不合殷周古文，下不合秦篆者，時不同也；中不合秦文者，地不同也；其譌別草率，亦如北朝文字上與魏晉、下與隋唐、中與江左不同。……余謂欲治壁中古文，不當繩以殷周古文，而當於同時之兵器、陶器、璽印、貨幣求之。

其論六國器物文字之目的，即欲為壁中古文尋求有力佐據，其意仍在古文經。惟錢玄同引靜安此文，乃云：

　　　王氏這幾段話，明明白白告訴我們三件重要的事實：（ㄅ）壁中古文經的文字，與殷、周、秦的文字都不相合。（ㄆ）這種文字，與六國的兵器、陶器、璽印、貨幣四種文字為一系。（ㄇ）這種文字的字體譌別簡率，不能以六書求之。根據這三件事實，更可證實「孔子用古文寫六經」之說之確為偽造，足為康氏考辨偽經加一重要證據。蓋劉歆偽造古文經，當然要用古字來寫。但他那時甲骨固未發現，尊彝也極少極少；而六國的兵器、陶器、璽印、貨幣，時代既近，

當時必尚有存者，……字體譌別簡率，奇詭難識，拿它來寫僞古文
經，是很合式的：所以壁中古文經就拿這種「古文」來寫了。……
王氏最精於古代文字，以其研究所得證明壁中古文經爲用六國時譌
別簡率之字體所寫，適足以補康氏之闕。〔註66〕

錢氏之意亦在經學而不在文字。先是，錢氏嘗據康說，論《說文》中所謂「古
文」，所謂「奇字」，「乃是劉歆輩依仿傳誤的小篆而僞造的」，〔註67〕此則以
壁中古文（文字）爲眞，謂劉歆據此以僞造古文經者。其援引靜安說，以遂
廻護康、崔之目的；所論劉歆僞造事，別無他據，即直以康氏之斷案爲據；
且靜安亦不曾謂「孔子用古文（六國古文）寫六經」，錢氏似亦故爲曲解，與
前引周予同說俱失靜安之意。

三、論今古文盛衰

康氏論今古文盛衰之故云：

後漢之儒，皆今學也，……而傳僞古學者，終後漢世不過杜、鄭、
賈、馬數人而已。……劉歆僞經不過如晉薛眞之僞《歸藏》，……
人人皆知其僞，不甚信之。然則僞古學宜將滅矣，何能轉熾盛乎？
今推其故，一由劉歆所傳皆一時之通學，一則博學必典校書，校
書東觀者必惑歆所改中古文之本而笑今學之固陋。……濫觴於
杜、鄭，推行於賈逵，篡統於鄭玄，於是僞古行於九州暨海外，
而今學亡矣。〔註68〕

康氏此說，殊無理致，蓋劉歆「僞經」既已「人人皆知其僞，不甚信之」，
而所傳則「皆一時之通學」；豈「人人」難欺，而「通學」易紿乎？又中秘
所藏各書，僅一本乎？抑多本乎？劉歆皆盡予竄改而無疏漏乎？抑改之有未
盡乎？劉歆所改之本既藏諸中秘，「通學」見其與先日所受者異，寧皆不疑
而甘爲所謾乎？且夫今文既爲孔子「眞學」矣，而古文爲劉歆之「僞學」，
通學既見「僞學」，反笑「今學之固陋」：劉歆豈非賢於孔子乎？劉歆果如康
氏所稱「規模彌密，證據深通」〔註69〕、「心思巧密，城壘堅嚴」〔註70〕乎？

〔註66〕〈重論經今古文學問題〉，《古史辨》冊五上編。
〔註67〕〈答顧頡剛先生書〉，《古史辨》冊一中編。
〔註68〕《僞經考‧僞經傳於通學成於鄭玄考第八》。
〔註69〕同上註，〈漢書藝文志辨僞第三上〉。
〔註70〕同上註，第四下。

抑又如其所疵「未必有甄綜九流之識」（同上註）、「淺學者一加詳考，未有不失笑其紕漏嗤點者」〔註71〕乎？適暴康氏之情見辭拙，難以自圓而已。

　　《集林》卷七有〈漢時古文本諸經傳考〉、〈漢時古文諸經傳有轉寫本說〉二文，循名求義，知謂古文自兩漢以降即授受不絕。復云：

> 漢世所立十四博士，皆今文學也，古文諸經，終漢之世未得立於學官。惟後漢中葉後，博士之選不如先漢之嚴，故周防以治《古文尚書》爲博士，盧植本事馬融，兼通今學，亦爲博士。又中平五年所徵博士十四人，若荀爽，若鄭元（玄），若陳紀，亦古文學家。爽等三人，雖徵而不至，若周防、盧植固嘗任職矣；而當時實未立古文學，此三人者，蓋以古文學家爲今文學博士，猶孔安國雖傳《古文尚書》而實爲《今文尚書》博士（原註：觀安國之學傳爲兒寬，寬之傳爲歐陽高可知）；胡常、翟方進雖兼傳《左氏》，而實爲《穀梁》博士也。古文之學立於學官，蓋在黃初之際。自董卓之亂，京洛爲墟，獻帝託命曹氏，未遑庠序之事，博士失其官守，垂三十年，今文學日微，而民間古文之學乃日興月盛，逮魏初復立太學博士，已無復昔人，其所以傳授課試者，亦絕非曩時之學，蓋不必有廢置明文，而漢家四百年學官今文之統，已爲古文家取而代之矣。……學術變遷之在上者，莫劇於三國之際，而自來無能質言之者，此可異也。〔註72〕

此自經學內外原因，釋今古文學升降之故，非深明漢魏史，無以知此；其定今古文興廢關鍵在三國，則前人未發之義。兩漢雖今文博士亦頗治古文，且「後漢中葉後，博士之選不如先漢之嚴」，則古文雖名爲私學，其勢乃漸陵今文，浸假而上之矣：此自學術內部發展之勢言之。漢末「博士失其官守，垂三十年」，而今文學日微：此自政治變動之外在因素釋之。探究此「所以然」，亦靜安〈漢魏博士考〉所由作也。

　　靜安「古文考」諸篇，近人多未能深論其意，因特予揭出，述其要旨，及其對康氏等之批評立場、原則與方法，用表靜安於此一歷史問題中之地位，及其批評精神。

〔註71〕同上註，〈漢書河間獻王魯共王魯共王傳辨偽〉。
〔註72〕〈漢魏博士考〉，《集林》卷四。

第三節　靜安對民初疑古風氣之批評

一、靜安之古史觀念與疑古精神

　　靜安疑古而不蔑古，甄定古史，唯憑證據；信古而不泥古，尊重前人，自有裁量。此其古史研究之基本信念，亦其對民初疑古風氣之批評原則。

　　論靜安之古史觀念及其批評原則，當首述〈（第一）國學叢刊序〉、《古史新證》（以下省稱《新證》）二文。前文撰於尚未專力經史研究之時，然已見批評眼光之正大；後文撰於民國十四年，乃其浸淫經史既久，深味有得之言。先後二文，大旨一致，唯後文思慮益密，指陳益切，復舉實例以爲佐證耳。靜安著述中，考證縣密者多，批評理論較寡，〈叢刊序〉與《新證》二文，於靜安著述中別具意義。

　　〈國學叢刊序〉云：

> 凡記述事物，而求其原因、定其理法者，謂之科學；求事物變遷之跡而明其因果者，謂之史學。……然各科學有各科學之沿革，而史學又有史學之科學。……凡事物必盡其眞，而道理必求其是，此科學之所有事也；而欲求事物之眞與道理之是者，不可不知事物道理之所以存在之由與其變遷之故，此史學之所有事也。……然治科學者必有待於史學上之材料；而治史學者，亦不可無科學上之知識。今之君子，非一切蔑古即一切尚古。蔑古者出於科學上之見地，而不知有史學；尚古者出於史學上之見地而不知有科學；即有調停之說者，亦未能知取舍之所以然。〔註73〕

此方法論之文，所論者科學與史學之異同；時人紛紛，累千百言猶不能喻其旨，而靜安此文明之。析言之，科學與史學各有宗旨：科學者，求其「原因」（科學因果），定其「理法」（定理、定律）是也；史學者，所以求「事物變遷之跡」（淵源流變），而明其「因果」（歷史因果）是也。若論其關係，則可分二層。一、交互關係。「科學所有事」在求眞、求是，「史學所有事」在明因、知變。然欲求眞、求是，不可不知「所以存在之由與變遷之故」，且治科學「必有待於史學上之材料」：科學不能離乎史學方法及材料。而治史學「不可無科學上之知識」，且明因、知變之目的亦在「求事物之眞與道理之是」：

〔註73〕《別集》卷四。

史學不能離乎科學方法及科學精神。二、包孕關係。「各科學有各科學之沿革，而史學又有史學之科學」：科學中有史學，史學中有科學。二者非惟相關，且即不可分，故靜安舉科學必兼及史學，易之亦然，此其故也。

至靜安所批評「一切蔑古」及「一切尚古」之「君子」，其「蔑古」者，雖「出於科學上之見地」（具求眞、求是精神），而非即科學；若彼等抹煞前人經驗，否定傳統，更無論史學矣。其「尚古」者，雖「出於史學上之見地」（知事物必有「存在之由」），而非即史學；若彼等佞信古人，不辨是非，更無論科學矣。蓋吾生有涯而知識無窮，文化貴有薪傳，學問重乎心得；是以知識、信念之獲取，非必先否定前人，而後銖積錙累，考之、辨之，方得其眞是；亦非必盡信前人，不復置疑。此靜安論信古與疑古，必兼就科學、史學二者，衡其得失之故也。

《新證》〈總論〉章末數語云：

> 雖古書之未得證明者，不能加以否定；而其已得證明者，不能不加以肯定：可斷言也。〔註74〕

「古書之未得證明者，不能加以否定」，此尊重前人之史學精神；「已得證明者，不能不加以肯定」，此尊重證據之科學精神。靜安此文斷案，實兼具史學與科學之雙層意義。下一小節將自此數語溯上，擇全篇重要論點予以疏證。

靜安之疑古精神，擬舉二例爲說。

例一：《別集》卷一〈古諸侯稱王說〉

文王曾否及身稱王，此傳統史學中所爭議之論題。《禮記‧大傳》曰：「牧之野，武王之大事也。即事而退，柴於上帝，祈於社，設奠於牧室，遂率天下之諸侯，執豆籩，逡奔走，追王大王亶父、王季歷、文王昌，不以卑臨尊也。」此一說也，謂武王滅殷之後，追王三世：則文王未及身稱王。《史記‧周本紀》則云：「詩人道西伯，蓋受命之年稱王，而斷虞芮之訟。」此又一說也，乃以爲文王及身稱王，而緯書中亦多著此說。〔註75〕

《史記》「受命之年稱王」說，後人或議爲「反經非聖，不可爲訓，莫此爲甚」者，〔註76〕蓋以爲：「王」者有天下之稱，「天無二日，民無二王」，文

〔註74〕《古史新證》初載於《國學月報——王靜安先生專號》，《全集》即據此本，唯誤字甚多。民國24年北平來薰閣影印靜安手稿本，以下引文均據此本。又《古史辨》冊一下編亦收錄此文一、二兩章。

〔註75〕見《詩‧大雅‧文王》《疏》。

〔註76〕《史記會注考證》引梁蕭之說。

王於殷尚爲諸侯，以文王之聖，當不爲僭悖之事也。

靜安論云：

世疑文王受命稱王，不知古諸侯於境內稱王，與稱君稱公無異。《詩》
與〈周語〉、《楚辭》稱契爲「玄王」，其六世孫亦稱「王亥」（原註：
《山海經》作「王亥」，郭璞注引古本《竹書紀年》作「殷王子亥」，
今殷虛卜辭中屢見「王亥」，是《山海經》稱名不誤。……），此猶
可曰後世追王也。湯伐桀，誓師時已稱王，《史記》又云「湯自立爲
武王」，此亦可云史家追紀也。然觀古彝器銘識，則諸侯稱王者頗不
止一二覯。徐楚之器無論已，〈矢王鼎〉云：「矢王作寶尊」，〈散氏
盤〉云：「乃爲圖矢王於豆新宮東廷」，而〈矢伯彝〉則稱「矢伯」，
是矢以「伯」而稱「王」者也。〈彔伯敦〉蓋云……，〈𠑽伯敦〉云……，
亦以伯而稱王者也。而彔伯、𠑽伯二器，皆紀天子錫命以爲宗器，
則非不臣之國。蓋古時天澤之分未嚴，諸侯在其國，自有稱王之俗，
即徐楚吳楚之稱王者，亦沿周初舊習，不得盡以僭竊目之。苟知此，
則無怪乎文王受命稱王而仍服事殷矣。

此說與傳統之歷史觀頗異，蓋傳統歷史觀輒與道統、王統觀念合一，故古諸
侯「稱王」，世鮮不以「僭竊」目之者，靜安乃提出「天澤之分未嚴」以爲解
釋。清人劉獻廷有一說，堪與靜安相發明者，有云：「古之諸侯，即今之土司
也。後之儒者，以漢唐宋之眼目看夏商周之人情，宜其言之愈多而愈不合也。」
〔註77〕此誠好學深思、讀史有得之言。惟靜安之推論，乃立於確切材料之證
據，故敢爲破傳統之說。

靜安雖敢於大膽疑古，突破傳統，然持術至謹。其雖引《詩經》、《國語》、
《史記》等書所載契、王亥、商湯之稱「王」爲例，復預爲設難曰：「此猶可
曰後世追王也」，「此亦可云史家追紀也」；其自註中雖引及「殷虛卜辭中屢見」
之王亥，然此時尚未考及王亥事實，故亦不敢據以推論；所據彝銘，亦僅推
至周初，不敢遽及殷商。迨撰〈先公先王考〉，則據《詩經》「玄王勤商」，及
載籍、卜辭中之王亥、王恒、王矢例，論云：

……是稱王者，不止一人。若云「追王」，則上甲中興之主，主壬、
主癸又湯之祖父，何以不稱王，而獨王始祖之契與七世祖之王亥、
王恒乎？則玄王與王亥、王恒等，自係當時本號。蓋夏、商皆唐

〔註77〕《廣陽雜記》卷四。

虞以來古國，其大小強弱本不甚懸殊；所謂「有天下」者，亦第
以其名居諸侯之上，數世之後即與春秋戰國之成周無異。……
《書‧湯誓》於湯伐桀誓師時稱「王」，文王亦「受命稱王」，蓋
夏殷諸侯之強大者皆有王號，本與君、公之稱無甚懸隔；又天子
之於諸侯，君臣之分亦未全定，天澤之辨蓋嚴於周公制禮之後；
即宗周之世，邊裔大國尚有稱王者，蓋仍夏殷遺俗，不能遽以僭
竊論矣。〔註78〕

此則將「稱王」之俗推至夏殷。〈殷周制度論〉、〈散氏盤考釋〉等文，並著此
說，見其於此持論甚堅。

　　不惟是也，其所撰〈周開國年表〉，亦與此說相輔。蓋前人或有以文王不
改元爲不及身稱王之證者，〔註79〕〈年表〉乃從「文王元祀」起，條繫各年
史事，並以武王十一年伐紂爲冒文王之年。〔註80〕頗疑靜安此說或亦得朱子
啓發，朱子云：「歐陽公說文王未嘗稱王，不知『九年大統未集』是自甚年數
起？且如武王初伐紂之時，曰：『惟有道曾孫周王發』，又未知如何便稱王？」
〔註81〕唯朱子第就歐陽修之說而興疑，未進論其詳，且所據者僞古文耳。

　　靜安此說所予後人之影響，如郭若沫云：

　　……王國維更有一個重要的發現，便是古諸侯在其國內可以稱王，
他的結論是：古時天澤之分未嚴……不得盡以僭竊目之。這結論是
很有根據的。古諸侯在國內既可稱王，因而其臣下亦每自稱其首長
爲「天子」，如〈獻簋〉稱其君棷伯爲「朕辟天子棷伯」，便是絕好
的例證。但近時的新史學家有的竟連這個發現都不承認，以爲稱王
者仍是化外諸國的「僭竊」。其實如像〈散氏盤〉之「矢王」，那是
與散氏同在大散關附近的國家，以年代言則在屬王之世。這個宗周
畿輔附近的小國也公然稱王。且除〈散氏盤〉之外，還有〈矢王尊〉
自稱曰「矢王作寶尊」，有同卣曰「矢王錫同金車弓矢」。別有〈散
伯作矢姬簋〉，可見矢還是姬姓之國，這是斷難目爲化外的。〔註82〕

〔註78〕　《學窘》本〈先公先王考‧餘考〉。
〔註79〕　見江藩撰《經解入門》卷八附鄔特夫（伯奇）〈文王稱王辨〉。
〔註80〕　《別集》卷一。
〔註81〕　《朱子語類》卷七十八。
〔註82〕　《十批判書‧古代研究的自我批判》。先是，郭撰《金文叢考‧金文所無考》
　　　　　已引及靜安此說。

所釋〈獻簋〉例，可爲「古諸侯稱王說」添一佳證。此說之價值，的是「重要的發現」，經此發現而啓導後人治古史之新觀念。如羅香林云：「西周以前，天子與諸侯只有名分上的長幼分別，沒有名位上尊卑上下的分別」，〔註83〕疑即本靜安說而發揮。

例二：《集林》卷十〈殷周制度論〉

〈制度論〉一文，第三章已論其經世意義，唯於靜安突破傳統、不爲綱常名教所縛之精神，未遑申論，特述之於此。此文，馬衡稱云：

> 他在考古學上的貢獻，當然很多，但是最大的成績，要算一篇〈殷周制度論〉，是他研究甲骨文學的大發明。他能不爲綱常名教所囿，集合許多事實，以客觀的態度判斷之，即如他說：「大王之立王季也，文王之舍伯邑考而立武王也，周公之繼武王而攝政稱王也，自殷制言之皆正也」。這種思想，豈是衛道的遺老們所能有的？即使有這種思想，也是不敢寫的。……所以我說他的辮子是形式的，而精神上卻沒有辮子。〔註84〕

此說，頗能發明靜安史學精神之一端。靜安所以能突破傳統，即因不爲綱常名教所囿，且不爲無徵之論，必「集合許多事實，以客觀的態度判斷之」。

惟〈制度論〉之精神，不僅如馬說而已。如此文考殷周制度異同，首就族類與地理背景論之，有云：

> 自上古以來，帝王之都皆在東方，……惟史言：堯都平陽，舜都蒲坂，禹都安邑。俱僻在西北，與古帝宅京之處不同。然堯號陶唐氏，而冢在定陶之成陽；舜號有虞氏，而子孫封於梁國之虞縣，孟子稱舜生卒之地皆在東夷……；禹時都邑雖無可考，然夏自太康以後以迄后桀，其都邑及他地名之見於經典者，率在東土，與商人錯處河濟間蓋數百歲；商有天下，不常厥邑，而前後五遷不出邦畿千里之內。……都邑之自東方而移於西方，蓋自周始。故以族類言之，則虞夏皆顓頊後，殷周皆帝嚳後，宜殷周爲親；以地理言之，則虞夏商皆居東土，周獨起於西方，故夏商二代文化略同。……文化既爾，政治亦然。

〔註83〕《中國民族史》第一講〈中華民族的長成〉。

〔註84〕（題「殷南」撰）〈我所知道的王靜安先生〉，《國學月報──王靜安先生專號》。收入《全集》附錄四。案：馬氏引文不全，易導人誤解「周公攝政稱王」之義。靜安之意：以歷代之制，周公繼武王而自立，固其所矣，「而周公乃立成王而已攝之，後又反政焉」。（詳第三章第一節）

傳統史觀以虞夏商周一系相承，而此文則摧破此一觀念。彼以族類、地理二者論殷周異同，說雖新異，然實爲古史研究中頗富啓發性之新提案。是以此說既出，學者競相研索，或從「族類」深考，或得「地理」之啓發，幾爲古史研究之新趨向。其較著者，如徐中舒、姜亮夫、胡厚宣、楊向奎、丁山及傅斯年先生等諸氏之作是也。〔註85〕至顧頡剛所論「推翻非信史」之四項標準：一、打破民族出於一元的觀念，二、打破地域向來一統的觀念，三、打破古史人化的觀念，四、打破古代爲黃金世界的觀念。〔註86〕其前二者，疑即得之靜安啓發。顧氏爲民初疑古派之健將，卒亦稱揚靜安曰：

> 他對於學術界最大的功績，便是經書不當作經書（原註：聖道）看，
> 而當作史料看；聖賢不當作聖賢（原註：超人）看，而當作凡人看。
> 他把龜甲文、鐘鼎、經籍、實物作打通的研究，說明古代的史蹟，
> 他已經把古代的神秘拆穿了許多。……所以我們單看靜安先生的形
> 狀，他確是一個舊思想的代表者；但細察他的實在，他卻是一個舊
> 思想的破壞者。如果他能再活上二三十年，給他繼續拆穿的神秘一
> 定很不少，中國古史的眞象就暴露得更多。……因爲這樣，我對於
> 他的學問，不承認他是舊學，承認他是新創的中國古史學。〔註87〕

所論靜安對聖賢之觀念，請以靜安白述語爲解，有云：

> 聖賢所以別眞僞也，眞僞非由聖賢出也；所以明是非也，是非非由
> 聖賢立也。〔註88〕

至顧氏謂靜安爲「舊思想的破壞者」，亦異乎憑臆肆說、一切蔑古者，靜安自云：「其說或爲後世所駭，然抑有確證焉」，〔註89〕此爲其疑古精神之自白。

　　惟靜安亦信古，特非漫信或迷古，乃有其「信」之條件。以經書爲例，經者聖賢所訂之書也，靜安信經非迷信權威，乃重聖賢別眞僞、辨是非之能

〔註85〕　徐中舒〈從古書中推測之殷周民族〉，《國學論叢》一卷1期。姜亮夫〈夏殷
　　　　　民族考〉，《民族雜誌》一卷11、12期及二卷1期、2期。胡厚宣〈楚民族起
　　　　　於東方考〉，《北京大學潛社史學論叢》1期。楊向奎〈夏民族起於東方考〉，《禹
　　　　　貢》半月刊七卷6、7期。丁山〈由三代都邑論其民族文化〉，《中央研究院歷
　　　　　史語言研究所集刊》第五本。傅斯年先生〈姜原〉，收入《傅孟眞先生全集》
　　　　　冊四中編庚；又〈夷夏東西說〉，同上註。
〔註86〕　〈答劉胡兩先生書〉，《古史辨》冊一中編。
〔註87〕　〈悼王靜安先生〉，《國學月報——王靜安先生專號》。收入《全集》附錄四。
〔註88〕　〈國學叢刊序〉，《別集》卷四。
〔註89〕　雪堂叢刊本〈明堂廟寢通考〉。

力；又經者三代之書也，「書更無古於是者」（〈與友人論詩書中成語書〉），苟無其他證據，以證其不可信，則亦不得不信，此尊重前人、重視傳統之史學精神也。

靜安自述其治學方法曰：

> 其術在由博返約，由疑得信。〔註90〕

「由疑得信」非謂凡事皆先疑而後信，其過程宜爲：由信而之疑，由疑而得信（深信）。黃宗羲云：

> 疑，固將以求其深信也。彼泛然而輕信之者，非能信也，乃是不能
> 疑也。〔註91〕

此謂求信須先能疑。章學誠云：

> 近從朱先生（筠）游，亦云甚惡輕雋後生枵腹空談義理。故凡所指
> 授，皆欲學者先求徵實，後議擴充，所謂「不能信古，安能疑經」，
> 斯言實中癥結。〔註92〕

此謂致疑須先信，與黃氏說非惟不相悖，且正相輔相成。三氏皆深於經史，所示諸語，堪爲治學箴言。

二、《古史新證》〈總論〉章疏證

《古史新證》爲靜安之傑作，所予後世之影響不下於〈先公先王考〉、〈制度論〉等文。其撰意，門人朱芳圃云：

> 先師晚年感於近世泥古、疑古之弊，而於古史材料不曾爲充分之處
> 理，故撰《古史新證》一書，以教後學。〔註93〕

知靜安此文乃有爲而作，文中雖兼評泥古、疑古之弊，然辭鋒所指，尤多嚮疑古一事。

民初疑古風氣之形成，其因雖非止一端，而康氏之影響則爲大。蓋康氏爲人善言辯，著書辭鋒犀利，頗能動人。《僞經考》、《改制考》二書，復出以考證形式，似若信而有徵；後一書又有進化論觀念，能迎合時代風氣。〔註94〕是以

〔註90〕 代羅撰〈集林序〉。

〔註91〕 〈答董吳仲論學書〉，《南雷文案》卷三。

〔註92〕 〈與汝楠書〉，《章氏遺書》卷二十二《文集》七。

〔註93〕 〈述先師王靜安先生之治學方法及國學上之貢獻〉，《東方雜誌》二十四卷 19
號。

〔註94〕 〈改制考〉具進化論見解，或得自西洋思想影響，唯周予同以爲「當在讀了

梁啓超（本治乾嘉考據之學）、陳千秋既見康氏，乃「一見大服，遂執業爲弟子」。〔註95〕崔適亦本治「許鄭之學」，既見《僞經考》，乃專主今文。〔註96〕錢玄同初受學於章太炎，自得見康、崔二氏書，始專宗今文。〔註97〕顧頡剛則初有志爲古文家，自見及《僞經考》，「翻覽一過，知道它的論辨的基礎完全建立於歷史的證據上」，既而折服於康氏「銳敏的觀察力」；又其推翻古史之動機，「固是受了《孔子改制考》的明白指出上古茫昧無稽的啓發」，並擬撰「僞史考」，其命名亦仿《僞經考》，〔註98〕其古史理論多自康說蛻演。不僅國內，國外學者如法人沙畹、日人白鳥庫吉、橋本增吉諸氏，亦受康說感染，而疑及堯、舜、禹人物之眞實性。〔註99〕其說之歆動人心也可知。

　　《僞經考》之所以作，在辨「新學僞經」，本屬康氏理論系統之破壞部分；《改制考》則在明孔子託古改制之義，爲康氏理論之建設部分。惟自民國學者視之，《僞經考》乃辨僞經，《改制考》則辨僞史，二書相乘，所予傳統之破壞，誠如梁啓超所喻之「颶風」、「地震」矣。

　　以下就《新證》〈總論〉章予以分段，並疏證如次：

（一）《新證》云：

> 　　研究中國古史，爲最糾紛之問題。上古之事，傳說與史實混而不分。史實之中，固不免有所緣飾，與傳說無異；而傳說之中，亦往往有史實爲之素地：二者不易區別，此世界各國之所同也。在中國古代已注意此事，孔子曰：「信而好古」，又曰：「君子於其所不知，蓋闕如也」。故於夏殷之禮，曰：「吾能言之，杞宋不足徵也，文獻不足故也」。孟子於古事之可存疑者，則曰：「於傳有之」；於不足信者，曰：「好事者爲之」。太史公作〈五帝本紀〉，取孔子所傳〈五帝德〉及〈帝繫姓〉，而斥不雅馴之百家言；於〈三代世表〉，取《世本》，而斥黃帝以來皆有年數之諜記，其術至爲謹愼。

此段旨論二事：一、古史中史實與傳說之異同，二、孔、孟及史遷之謹愼。

　　嚴（復）譯《天演論》之後」（說見〈五十年來中國之新史學〉，《學林》第四輯），恐未確，擬別爲一文論之。

〔註95〕梁著《清代學術概論》二十五。
〔註96〕見錢玄同〈論說文及壁中古文書〉，《古史辨》冊一下編。
〔註97〕〈論今古文經學及辨僞叢書書〉，同上註，上編。
〔註98〕上四引文竝見《古史辨》冊一〈自序〉。
〔註99〕見楊寬《中國上古史導論》第一篇，《古史辨》冊七上編。

請先論後者。

　　靜安於全文首段，引孔子語爲說，殊有味。蓋康撰《改制考》，其首篇〈上古茫昧無稽考〉，開宗明義即先引孔子語，有云：

> 子曰：「夏禮吾能言之，杞不足徵也。殷禮吾能言之，宋不足徵也。文獻不足故也，足，則吾能徵之矣。」（原註：《論語·八佾》）子曰：「吾說夏禮，杞不足徵也；吾學殷禮，有宋存焉……。」（原註：《禮記·中庸》）子曰：「……杞而不足徵也，……宋而不足徵也。」（原註：《禮記·禮運》）「杞宋無徵」，說凡三見，且著於《論語》、〈中庸〉，引於《史記》〈世家〉、《白虎通》，並非僻書。則孔子時，夏殷之道、夏殷之禮，不可得考，至明。孔子謂「足則吾能徵之」，則三代之不足，孔子之不徵，可徵者僅有《夏時》、《坤乾》二書，自此外皆無存。此可爲夏殷禮制全亡無徵之據。

康氏引孔子語，以證「上古茫昧無稽」，如其說，則今見孔子前之文化傳統，似皆孔子所託（《改制考》論旨即此）。靜安則否，其引孔子「信而好古」及「吾能言之」句，即證知孔子前文獻非「全亡無徵」；特孔子持術至爲矜愼，於所不知則「闕如」，是以有「文獻不足」之歎。二人皆並引孔子語，而解釋乃大相逕庭，亦緣治學態度之異耳。案：晚近甲骨出土，靜安爲考之、證之，則殷禮有徵矣（所撰《殷禮徵文》，或即取此意），殷禮非全亡及孔子之謹愼，均即此可證，而康氏理論自失據依。又案：據康氏所引「子曰」三例，就文辭觀之，後二例當仿《論語》而稍變，則三例宜爲同源史料，實即一例也。康氏既並引之，以多其佐證，然〈中庸〉云「吾學殷禮，有宋存焉」，與《論語》「宋不足徵」異義，康氏無一語之辨，遂斷云「此可爲夏殷禮制度全亡無徵之據」，無乃悍乎？

　　繼孔、孟之後，靜安特舉史遷，以爲上繼孔、孟之謹愼、闕疑，有深意焉。蓋事實之傳述是否可信，需視傳述者之品格、學養及所用資料如何而定。此數者，靜安皆予史遷以至高評價。如早年所撰〈詠史詩〉，於歷代文人獨舉史遷，云：

> 《春秋》謎語苦難詮，歷史開山數腐遷。前後故應無此作，一書上下二千年。〔註100〕

其景仰也何如！其後所撰〈太史公行年考〉，就史遷一生覈考盡悉，此論世以

〔註100〕《別集補遺》，《全集》初編冊四。

知人也；〈先公先王考〉、〈續考〉，證《史記》為「實錄」，所記皆信而有徵；
又云：

> 《史記》〈年表〉起於共和，屬王以前，年祀無考。……《汲冢紀年》
> 雖有夏商年紀，此太史公所謂「不同，乖異」，不足取信者；今茲所
> 傳又非原本，自皇甫謐以下嚮壁虛造者，更無論已！〔註101〕

史公所見諜記，黃帝以來皆有年數，然《史記》紀年自共和始，其謹慎態度，
非後世「嚮壁虛造」者可比。綜前靜安所述數事，史遷斥百家言之不雅馴者，
態度謹慎，鑒裁精覈。

　　靜安論馬遷史識，不以他篇，獨舉〈五帝本紀〉者何？蓋自靜安證《史
記·殷本紀》為「實錄」後，世人不復疑〈殷本紀〉矣，然遂上疑〈夏本紀〉
及〈五帝本紀〉，此「毀所不見」也。故靜安於《新證》中，舉「禹」為證（詳
下），又以《史記》中世代遙遠、事實難明者，厥為〈五帝本紀〉，故特舉此
篇，用明「古書之未得證明者，不能加以否定」之義。

　　靜安所論「上古之事，傳說與史實混而不分」云云，為其古史研究之重
要觀念，此疑古者所不及也。

　　康氏謂後世所傳上古史事，多因「託古」而生，則古史無異偽造。顧頡
剛則以為是「傳說中的古史」，雖不以為偽造，然彼所謂之傳說，乃由神話而
演變，無事實根據也。其古史理論，最重要者為「層累地造成的中國古史」
說，其早年古史研究之性質，不在史蹟之整理，而在探究傳說之經歷。〔註102〕
則顧氏所謂之傳說，其價值乃在民俗學，而不在史學。

　　靜安則以為：古史中不免有所緣飾（案：猶言「潤色」、「附會」），與傳說
無異；而傳說之中，亦往往有史實以為素地（案：猶言「背景」），非盡幻設。
前者如群經、《史記》諸書是也；後者如《山海經》、《楚辭·天問》等是也。二
者雖「混而不分」、「不易區別」，然非無可區分，要在研究者就史實中去其緣飾，
就傳說中鈎稽史實耳。是靜安以為傳說亦古史材料，不可輕言廢棄。

　　靜安此說，非一時見解。始民國二年所撰〈明堂廟寢通考〉，即云：「制
度之書或多附會，而其中所見之名與物不能創造也；紀事之文或加緣飾，而
其附見之禮與俗不能盡偽也」（已見第一章引），已略及此義；四年撰〈鬼方
昆夷玁狁考〉，六年撰〈先公先王考〉，均重申此說（詳下）。蓋此即其古史研

〔註101〕《書信》，頁335〈致沈兼士書〉附「研究發題」。
〔註102〕〈與錢玄同先生論古史書〉，《古史辨》冊一中編。

究之方法論也。

爲述明此一理論，請舉實例爲證。

《新證》第三章（並見《集林》卷九〈先公先王考〉，文字略異）據甲骨文及《竹書紀年》、《山海經》等，考殷先公王亥一人，繼云：

> 夫《山海經》一書，其文不雅馴，其中人物，世亦以子虛烏有視之；《紀年》一書，亦非可盡信者；而王亥之名竟於卜辭見之。其事雖未必盡然，而其人則確非虛構。可知古代傳說存於周秦之間者，非絕無根據也。王亥之名及其事蹟，非徒見於《山海經》、《竹書》，周秦間人著書多能道之。……是《山海經》、〈天問〉、《呂覽》、《世本》皆以王亥爲始作服牛之人。……蓋古之有天下者，其先皆有大功德于民：禹抑洪水，稷降嘉種，爰啓夏周；商之相土、王亥，蓋亦其儔。然則王亥祀典之隆，亦以其爲制作之聖人，非徒以其爲先祖，周秦間王亥之傳說，胥由此起也。

《山海經》爲荒誕之書，然所記王亥其人，竟得卜辭之證明，則「其人確非虛構」、「非絕無根據」，此傳說中有史實爲之素地也。至諸書所載事蹟，頗有異同，蓋不免傅會、緣飾之故；然諸多傳說中，復有一共同之事（楊寬稱之爲「初相」，見《中國上古史導論》），曰「制作服牛」，此當亦史實；而傅會、傳說起因之一，即出於對聖賢之景慕。藉此例，亦可略知審辨史實與傳說之方。郭璞撰《山海經注》，序曰：「若《竹書》不潛出於千載，以作徵於今日者，則《山海》之言，其幾乎廢矣！」《山海經》之史料價值，郭氏先據《竹書》發之於前，靜安更據甲骨證之於後，從此，學者咸知此書「確有若干極貴重之史料，出乎群經諸子以外者」，〔註103〕靜安功不可沒。

又《集林》卷十三〈鬼方昆夷玁狁考〉，先考及殷時鬼方一族，繼云：

> 宗周之末尚有隗國，春秋諸狄皆爲隗姓。……此隗國者，殆指晉之西北諸侯，即唐叔所受之「懷姓九宗」；春秋隗姓，諸狄之祖也，原其國姓之名，皆出於古之畏方，（以下論畏、鬼、隗、媿字形之變）……畏方之畏，本種族名，後以名其國，且以爲姓，理或然也。……鬼方禮俗，與中國異，或本無姓氏之制，逮入中國，與諸夏通婚媾，因以國名爲姓。《世本》：「陸終取鬼方氏之妹，謂之女嬇」，（以下論嬇、媿字形之變）……雖《世本》所紀上古之事未可輕信，又上古

〔註103〕梁啓超語，見所撰《中國歷史研究法》第四章。

之女亦不盡以姓爲稱，然後世附會之說，亦必有所依據，……或殷
周間之鬼方，已以媿爲姓，作《世本》者因傳之上古歟？

此「史實之中，固不免有所緣飾」之例。「宗周之末尙有隗國，春秋諸狄皆爲
隗姓」，此事實也；其國其姓出於畏方，亦事實也；畏方乃以國名爲姓，殆亦
事實。至《世本》稱「陸終取鬼方氏之妹」，其事未可輕信；又稱「鬼方氏之
妹謂之女嬇」，亦未必然，蓋「上古之女亦不盡以姓爲稱」也：或係《世本》
作者，以後世例傳會上古。此亦傳會形成之一例。

　　古史年代久遠，復以載籍殘闕，是以上古之事，若存若亡，傳說與史實
亦多混而不分。靜安深悉古史性質，因不輕棄傳說，爲古史研究闢一新境。
周予同評云：

這種承認傳說之史學研究上的價值，比今文學派及疑古派將傳說一
筆勾消，使中國悠久的歷史只剩下東周以來的下半截，實較爲審愼。
〔註 104〕

其餘學者，如劉掞藜、繆鳳林、范文瀾、陳槃先生、呂思勉、錢穆先生等，
或持論與靜安同，或即本靜安說發揮。〔註 105〕徐炳昶撰《中國古史的傳說時
代》第一章〈論信古〉（增訂本改爲〈我們怎樣來治傳說時代的歷史〉），亦此
類著作之佳作。

（二）《新證》云：

然好事之徒，世多有之。故《尚書》於今古文外，在漢有張霸之《百
兩》篇，在魏晉有僞孔安國之《書》。《百兩》雖斥於漢，而僞孔《書》
則六朝以降行用迄於今日。又汲冢所出《竹書紀年》，自夏以來皆有
年數，亦諜記之流亞；皇甫謐作《帝王世紀》，亦爲五帝三王盡加年
數；後人乃復取以補太史公書：此信古之過也。至於近世，乃知孔
安國本《尚書》之僞、《紀年》之不可信，而疑古之過，乃併堯舜禹
之人物而亦疑之。其於懷疑之態度及批評之精神，不無可取，然惜
於古史材料，未嘗爲充分之處理也。

〔註 104〕〈五十年來中國之新史學〉，《學林》第四輯。
〔註 105〕劉掞藜〈讀顧頡剛君與錢玄同先生論古史書的疑問〉，《古史辨》冊一上編。繆
　　　　鳳林〈評馬衡中國之銅器時代〉，同上，冊二上編。范文瀾〈與顧頡剛論五行說的
　　　　起源〉，同上，冊五下編。陳槃先生〈寫在五德終始說下的政治和歷史之後〉，
　　　　同上。呂思勉〈唐虞夏史考〉，同上，冊七下編。錢穆先生〈唐虞禪讓說釋疑〉，
　　　　同上。

史遷不輕取「不同、乖異」之諜記入書，而後世「信古之過」者，乃爲五帝三王盡加年數，並取以補《史記》，有史學而無科學也。然此文之批評重點，實在「至於近世」以下之「疑古之過」。疑古者具求眞、求是之精神，故靜安以爲「不無可取」；唯併堯舜禹之人物亦疑之，則予古書之未得證明者亦悉否定，乏尊重前人之史學精神也。所謂「充分之處理」，綜言之，即史學與科學之通識；析言之，凡古史性質之了解、新舊史料價值及其運用限度之認識、史實與傳說之釐辨及其他內外考證等均屬之，其內容實涵括方法論之全部。《集林‧（羅）序》亦云：

> 今之學者，於古人之制度、文物、學說無不疑，獨不肯自疑其立說
> 之根據。

「立說之根據」即由「充分之處理」而來，「今之學者」於此蓋不無欠缺也。

「近世」疑堯舜禹者，始發自康氏，而大張於顧氏。顧說於民初學界引致軒然巨波，《古史辨》一、二冊所載，即以此問題爲論辨焦點。顧說得失，近人多有評述，〔註106〕不擬詳論，謹略舉一二事，見靜安所批評「於古史材料，未嘗爲充分之處理」者所指。

顧說之最受疵議者，爲運用「默證」之不當。何謂「默證」？張蔭麟云：

> 因某書或今存某時代之書無某史事之敍述，遂斷定某時代無此觀
> 念，此種此法謂之默證。〔註107〕

顧氏運用默證之例，如論古人對禹之觀念云：

> ……〈生民篇〉敍后稷事最詳，但只有說他受上帝的保衛，沒有說
> 他「纘」某人的「緒」。因爲照〈生民〉作者的意思，后稷爲始事種
> 植的人，用不到繼續前人的業。到〈閟宮〉作者就不同了，他知道
> 禹爲最古的人，后稷應該繼續他的功業。在此，可見〈生民〉是西
> 周作品，在〈長發〉之前，還不曾有「禹」一個觀念。〔註108〕

又論黃帝堯舜云：

> 〈閟宮〉說：「是生后稷，……俾民稼穡，……奄有下土，纘禹之緒。」
> 這詩的意思，禹是先「奄有下土」的人，是后稷之前的一個國王，

〔註106〕除《古史辨》所收諸文外，梁園東有〈古史辨的史學方法商榷〉（《東方雜誌》二十七卷22、24號），楊向奎有〈論古史辨派〉（收入《中華學術論文集》），並可參。

〔註107〕〈評近人對於中國古史之討論〉，《古史辨》冊二下編。

〔註108〕〈與錢玄同先生論古史書〉，同上註，冊一上編。

后稷是後起的一個國王。他爲什麼不説后稷纘黃帝的緒、纘堯舜的

緒呢？這很明白，那時並沒有黃帝堯舜，那時最古的人王（原註：

有天神性的）只有禹，所以説后稷纘禹之緒了。（同上註）

《詩經·生民》未敘及禹，顧氏因斷爲此時尚無禹之觀念；〈閟宮〉敘及禹，

而無黃帝堯舜，則又以爲黃帝堯舜較禹爲後起。此之謂默證。〈閟宮〉一詩，

何以云「纘禹之緒」，而不及黃帝堯舜？劉掞藜有說，〔註109〕不贅。至顧氏運

用默證，張蔭麟論爲「根本方法之謬誤」（同註107）。考康有爲著述中，即多

用默證法，殆顧氏之所本，如云：

堯舜爲民主，爲太平世，爲人道之至，儒者舉以爲極者也。然吾讀

《書》自〈虞書〉外，未嘗有言堯舜者，〈召誥〉曰：「我不可監於

有夏，亦不可不監於有殷」，又曰……。皆夏殷並舉，無及唐虞者，

蓋古者大朝惟有夏殷而已，故開口輒以爲鑒。……若〈虞書·堯典〉

之盛，爲孔子手作，……其爲孔子所作，至明矣。〔註110〕

此據堯舜始見於〈堯典〉，又謂〈堯典〉爲孔子所作，故以爲堯舜之觀念至孔

子時方有。

默證法不宜濫用，前人早已論及，如毛奇齡云：

古書不記事始，今人但以書之所見者，便以爲權輿於此，此最不通者。

人第見《易》、《詩》、《書》無「騎」字，祇〈曲禮〉有「前有車騎」

語，遂謂「騎」字是戰國以後之字，古人不騎馬；若然，則六經俱無

髭鬚字，將謂漢後人始生髭鬚，此笑話矣！《孟子·滕文公》「好馳

馬」，則必前此亦有馳馬者；《國策》趙武靈王「好騎射」，則必前此

亦有騎射者。馳馬、騎射于此見之，不必于此始之也。〔註111〕

靜安亦云：

因所不紀，遂疑其無，此可謂「目論」者矣。〔註112〕

「目論」云者：因其所記，乃謂其有；因所不記，遂疑其無。即「默證」也。

據目論或默證，輒以資料之時代，即斷爲該資料所記事物之時代，如前舉顧、

康二氏論黃帝堯舜禹是也。靜安則否，如所云：

〔註109〕〈討論古史再質顧先生〉，同上註，下編。

〔註110〕《改制考》卷十二〈孔子改制法堯舜文王考〉。

〔註111〕《經問》，《皇清經解》卷一六九。

〔註112〕〈明堂廟寢通考〉，《集林》卷三。

方、版二字始見於《周禮》，然古代必已有此物。〔註113〕

此不以方、版二字始見於《周禮》（云「始見」者，亦僅就見存載籍言之），遂謂其物亦至《周禮》撰成時方有。蓋靜安多據所見資料，以定事物時代之下限；疑古者反是，乃定其上限。此其異也。

靜安既不滿於疑古者「併堯舜禹之人物而亦疑之」，《新證》第二章爰先取禹爲證，有云：

「鼏宅禹賣」（原註：〈秦公敦〉）

「棠棠成唐……處禹之堵」（原註：〈齊侯鎛鍾〉）

〈秦公敦銘〉……，春秋時器也。〈齊侯鎛鍾〉，以字體定之，亦春秋時器。〈秦敦〉之「禹賣」，即〈大雅〉之「維禹之績」，〈商頌〉之「設都于禹之蹟」。……〈齊鎛〉言「棠棠成唐（原註：即成湯）……處禹之堵」，……「處禹之堵」亦猶〈魯頌〉之「纘禹之緒」也。夫自〈堯典〉、〈皋陶謨〉、〈禹貢〉皆紀禹事，下至〈周書‧呂刑〉亦以禹爲三后之一，《詩》言禹者尤不可勝數，固不待藉他證據；然近人乃復疑之，故舉此二器，知春秋之世，東西二大國無不信禹爲古之帝王，且先湯而有天下也。

此章爲「近人乃復疑之」而撰。《詩》、《書》至古之書也，多記禹事，本「不待藉他證據」：靜安固已信《詩》、《書》所記矣。〈秦公敦〉、〈齊侯鎛鍾〉二器，爲春秋時器，非證禹之直接材料，舉之者，乃欲證《詩》、《書》之可信也。且夫齊、秦分居東西，「知春秋之世，東西二大國無不信禹爲古之帝王」；則春秋之世其餘諸國，蓋亦無不信禹爲古之帝王，且「先湯而有天下」，非如顧氏所論「天神性」之「人王」。靜安於〈先公先王考〉既已證《史記‧殷本紀》爲實錄矣；殷之先公，時居有夏之世，事見〈殷本紀〉，則殷先公之證明，亦間接爲〈夏本紀〉添一佐證。《新證》復首舉禹事爲說，非僅證《詩》、《書》，亦證〈夏本紀〉，其意乃自首段論〈五帝本紀〉直貫而下。

靜安之說既出，學者多樂從，如容庚云：

如欲辨顧先生謂古無夏禹其人之說，當取〈秦公敦〉「鼏宅禹賣（原註：即績）」，〈齊侯鎛鍾〉「棠棠成唐……處禹之緒」證之。〔註114〕

〔註113〕〈簡牘檢署考〉，《全集》續編冊一。

〔註114〕〈論說文誼例代顧頡剛先生答柳翼謀先生〉，《古史辨》冊一下編。

唯顧氏見及靜安之作後乃云：

> 讀此，知道春秋時齊秦二國都說到禹，而所說的正與宋魯二國的〈頌〉
> 詩中所舉的詞意相同。他們都看禹爲最古的人，都看自己所在的地方
> 是禹的地方，都看古代的名人（原註：成湯與后稷）是承接著禹的。
> 他們都不言堯舜，髣髴不知道有堯舜似的。可見春秋時人對於禹的觀
> 念，對於古史的觀念，東自齊，西至秦，中經魯宋，大部分很是一致。
> 我前在〈與錢玄同先生論古史書〉中說：「那時（原註：春秋）並沒
> 有黃帝堯舜，那時最古的人王只有禹。」我很快樂，我這個假設又從
> 王靜安先生的著作裏得到了兩個有力的證據！〔註115〕

顧氏雖重靜安說，惟特引之以就己意而已，其所持方法猶不外乎默證。

（三）《新證》云：

> 吾輩生於今日，幸於紙上之材料外，更得地下之新材料。由此種材
> 料，我輩固得以據以補正紙上之材料，亦得證明古書之某部分全爲
> 實錄，即百家不雅馴之言亦不無表示出一面之事實。此「二重證據
> 法」，惟在今日始得爲之。

此段特揭出「二重證據法」，其文所以名曰《新證》者，意義在此，靜安之學
術精神及學術特質亦於此見之。考史遷所據者僅紙上材料而已，今人乃「更
得地下之新材料」，此史遷所不及見。史遷以個人學養，持謹愼之術，考信於
六藝，「斥不雅馴之百家言」；今人乃可輔以新材料，證知「即百家不雅馴之
言，亦無不表示一面之事實」，此今人於史實、傳說之辨，及紙上材料異同之
折衷，較諸史遷益有可恃者。故曰「此二重證據法，惟在今日始得爲之」，不
可謂非今人之幸也。

「二重證據法」爲靜安古史研究之新提案，其意義可分析如下。

1. 爲靜安古史研究之發明

始民國二年，靜安已提出「二重證明法」，所撰〈明堂廟寢通考〉云：「居
今日而欲考上古之制度，將安所正哉？……吾輩生於今日，始得用此二重證
明法，不可謂非人生之幸也。」（詳見第一章第二節引）《新證》特就舊說增
潤耳。則靜安之治經史伊始，即重紙上材料與地下材料之運用。

「二重證據法」本靜安所提出者，此無可疑。今人馮濤乃云：「羅氏認識

二重證據法，在王氏前」，〔註116〕殆指羅氏治金石等地下材料在靜安之先。馮氏或爲提高羅氏之學術地位，故有此說；惟若如馮說，則「二重證據法」之意義轉淺。蓋此法若僅指運用地下材料之單純概念，則漢人早知之，〔註117〕宋人且蔚爲一代學術，更無待羅氏與靜安矣。且羅氏治金石甲骨，雖較靜安爲早，然未嘗揭示「二重證據法」此一鮮明提案爲天下倡。靜安不惟提出此語，復有周浹之理論以闡發此法精義，更有示範之作，以爲理論之實踐。地下材料之運用非始於靜安，然至靜安而意義始大；此亦與論經史之關係非始於章學誠，然至章氏「六經皆史」說而意義轉新，其致一也。

2. 倡論「二重證明」與「二重證據」之目的

就方法學之意義而言，「二重證明」與「二重證據」均爲史料之比較；若深察二語之背景，則知靜安乃針對時代風氣而提出者，不僅爲個人治學方法之準則而已；且二語雖僅一字之異，意義不盡相同。

靜安倡「二重證明法」，乃發於世人或尙未深知地下材料價值或抱殘守闕、深閉固拒之時，其目的在提倡地下材料，俾與紙上材料得爲「二重」之「證明」；其所撰諸文，多兼著「有裨於經史二學者，有如斯」、「足以考證古制者如此」等語（見第一節），亦此意也。故此語之意義，在「開風氣」，並針對信古者而發。迨撰〈先公先王考〉、〈殷周制度論〉諸文後，世人幾無不知地下材料之價值矣。

至民國八年前後，疑古之風瀰漫，學者競言懷疑之科學精神，強調「證據」（如胡適之先生云：「有一分證據，説一分話。」），然彼所謂之「證據」，乃重地下而輕紙上（詳下）。靜安有云：

> ……此新出之史料，在在與舊史料相需；故古文字、古器物之學與經史之學實相表裏。惟能達觀二者之際，不屈舊以就新，亦不絀新以從舊，然後能得古人之眞，而其言乃可信於後世。〔註118〕

「達觀二者之際」，即通知新舊史料之價值及其限制。「不屈舊以就新，亦不絀新以從舊」，爲靜安對新舊史料之平等觀。故靜安揭櫫「二重證據法」，除已涵具「二重證明」之意義外，復有倡論紙上材料不可輕棄之目的，「二重」

〔註116〕〈羅振玉與甲骨學〉，《人文雜志》1985 年 2 月。
〔註117〕參閱若璩《潛邱劄記》答傅山語。又今人于大成先生所撰〈二重證據〉，亦詳引其例，收入《理選樓論學稿》。
〔註118〕〈殷虛文字類編序〉，《別集》卷四。

兩字，亦已隱示此意；見此語之意義乃在「挽風氣之弊」，爲針對彼時強調「證據」風氣之嚴正諫言。

3. 地下材料之性質

地下材料之價值，第三章第二節已有詳論，唯世人或僅見其價值，而未深省其限制。《新證》云：「此種材料，我輩固得據以補正紙上材料，亦得證明古書之某部分全爲實錄，即百家不雅馴之言亦不無表示一面之事實。」諸語所示意義有二：一、地下材料之證據效力，乃「足以」補正或證明紙上材料。二、地下材料之運用目的，乃「用以」補正或證明紙上材料，而難以取代紙上材料。前一義見其價值，後一義見其限制；而其價值，亦正藉紙上材料而後見。

靜安於地下材料性質之了解，乃自經史研究中所得之經驗。如殷先公先王之考證，苟無〈殷本紀〉，靜安固難以展其長才，至其考證所得，亦僅能補正並證明〈殷本紀〉而已。蓋地下材料猶散落珠璣，紙上材料乃其繫結之綱維也。又如所見殷虛卜辭中地名，多至二百餘，「其文大抵不可識，其可識者，亦罕見於古籍，其見於古籍者，如齊鄇……，皆距殷頗遠，未敢定爲一地」；〔註 119〕其見於古籍者，猶不敢妄爲牽附，況不見於古籍者，竟無從考矣。

地下材料之證據效力較紙上材料爲高，然亦有其限制。惟顧頡剛有云：

> 要建設眞實的古史，只有從實物上著手的一條路是大路。〔註 120〕

又云：

> 照我們現在的觀察，東周以上只好說無史。〔註 121〕

二者比觀，知顧氏乃因地下材料之可信，遂輕棄紙上材料。繆鳳林嘗記一事云：

> 靜安王氏嘗以甲骨金石證史，倡爲「二重證據」之論。及某君往見，以據古彝器或其他實物以改編東西周之史事爲請，王氏默不置答。
> 〔註 122〕

「某君」者不知何許人也，靜安雖「默不置答」，其意已盡在其中。傅斯年先生有云：

〔註 119〕〈殷虛卜辭中所見地名考〉，《別集》卷一。
〔註 120〕《古史辨》冊一〈自序〉。
〔註 121〕〈自述整理中國歷史意見書〉，同上註。
〔註 122〕〈評馬衡中國之銅器時代〉，同上註，冊二上編。事又見蠡舟撰〈王靜安先生之考證學〉，《學術》24 期，收入《全集》附錄三。

抱殘守缺，深閉固拒，不知擴充史料者，固是不可救藥之妄人；而
一味平地造起，不知積薪之勢相因然後可以居上者，亦難免于狂狷
者之徒勞。〔註123〕

陳寅恪先生亦云：

自昔長於金石之學者，必爲深研經史之人。非通經無以釋金文，非
治史無以治石刻。群經諸史乃古史資料之所匯集，金文石刻則其少
數脫離之片段；未有不瞭解多數匯集之資料，而能考釋少數脫離之
片段不誤者。〔註124〕

二家之語，皆可深味，或亦可代靜安答疑古多士乎！

（四）《新證》云：

雖古書之未得證明者，不能加以否定，而其已得證明者，不能不加
以肯定，此斷斷也。

此總論章之總結，爲靜安經史研究之基本信念，亦其批評疑古風氣之原則。「未
得證明者」，如《史記·五帝本紀》是也；「已得證明者」，如夏禹是也。

《新證》以徵實之法抑疑古之風（用周予同說）。自此文行世後，學者幾
無不知有「二重證據法」矣，甚且奉爲治古史之「金科玉律」（楊寬語）。于
省吾汲靜安之意，有《尙書新證》、《詩經新證》等作，陳直亦有《史記新證》、
《漢書新證》，浸浸乎古籍「新證」遂爲撰述新體。至於顧氏，得靜安影響亦
深，自云：

靜安先生教我怯，他（康有爲）教我勇；靜安先生教我細針密縷，
他教我大刀闊斧。〔註125〕

又嘗致書靜安，願「爲始終受學之一人」（同上註）。其早年疑古雖勇，隨歲
月遞增而持論愈慎，敬服靜安亦愈篤；於運用經書、實物之觀念漸有轉異，
以爲古人取經書不取遺物與今人取遺物不取經書，二者俱非；〔註126〕於古文
經及古文說，則漸脫罪劉歆之窠臼；〔註127〕逮其晚年，已承認「夏朝有四百
年」，〔註128〕且云：「河南……是古代文化的搖籃地，虞夏商周均建國在那裡，

〔註123〕〈史學方法導論〉，《傅孟眞先生集》冊二中衡丁。
〔註124〕〈積微居小學金石論叢續稿序〉，《金明館叢稿》二編。
〔註125〕〈悼王靜安先生〉，《國學月報王靜安先生專號》。收入《全集》附錄四。
〔註126〕《古史辨》冊三〈自序〉。
〔註127〕楊寬說。見所撰《中國上古史導論》，同上註，冊七上編。
〔註128〕見何啓君所錄《中國史學入門》（又名《顧頡剛講史錄》）。

可惜的是安陽甲骨以前的文字還不曾發現過，……可恨者，夏代史迹無文字可證明耳」。〔註129〕豈非靜安學術精神之化誘乎？

　　清代之學術重心在經學，今日則轉入史學。章學誠雖倡「六經皆史」說，然彼時史學猶未足與經學相抗；龔自珍雖有「尊史」之論，然史學地位未即因此而尊。靜安既開風氣之先，復矯風氣之弊，不僅發爲理論，並有作品實踐；其經學研究之要旨，既重人倫道德，復重以經證史，遂使經之性質轉化，而史之地位亦因之提昇。今日史學進步，靜安實居關鍵，吾人於其當日斬關榛蕪、斡旋轉化之功，能不致馨香之誠！

〔註129〕見李民《尚書與古史研究》附顧氏〈論夏史與明堂書〉。

第六章　靜安之經史研究成績

　　靜安居新舊時代交替之際，承繼舊學，淪以新知。胡適之先生譽爲「始創新經學的大師」，[註1] 郭沫若稱曰「新史學的開山」，[註2] 吳其昌贊爲「新史學家」、「文化史的考證家」，[註3] 顧頡剛亦綜括靜安學術爲「新創的中國古史學」。[註4] 諸所評價，可以一言蔽之，曰：「新」。靜安學術足以當「新」字之譽者，《集林·〔蔣〕序》云：

> 君新得之多，固由於近日所出新史料之多，然非君之學識，則亦無
> 以董理之。蓋君於乾嘉諸儒之學術方法無不通，於古書無不貫串，
> 其術甚精，其識甚銳，故能以舊史料釋新史料，復以新史料釋舊史
> 料，輾轉相生，所得乃如是之夥也。

解靜安學術所以能新，甚是。彼於學術資料，新舊兼采；其董理資料之憑藉，爲學（於古書無不貫串）、識（其識甚銳）與方法（其術甚精）三者；其董理之「術」，除「於乾嘉諸儒之學術方法無不通」外，復益以「世界最進步之學術」之研究方法（見第二章第二節）：故能以新舊史料互釋，而新意乃「輾轉相生」。

　　靜安之經史研究成績，其較勝先儒者爲何？此固難一一程量，約言之，可分爲三類。

〔註 1〕　〈我們今日還不配讀經〉，《胡適文存》四集卷四。
〔註 2〕　《十批判書·古代研究的自我批判》。
〔註 3〕　〈王觀堂先生學述〉，《國學論叢》一卷 3 期，收入《全集》附錄二。
〔註 4〕　〈悼王靜安先生〉，《國學月報——王靜安先生專號》，收入《全集》附錄四。
　　　　又此諸語，並見第五章第三節引。

其一，曰：正舊說之譌誤，解前修所未喻。如《集林》卷二〈與友人論詩書中成語書〉云：

> 《詩》、《書》爲人人誦習之書，然於六藝中最難讀，以弟之愚闇，於《書》所不能解者殆十之五，於《詩》亦十之一二，此非獨弟所不能解也，漢魏以來諸大師，未嘗不強爲之說，然其說終不可通，以是知先儒亦不能解也。其難解之故有三：譌闕，一也；古語與今語不同，二也；古人頗用成語，其成語之意義與其中單語分別之意義又不同，三也。

諸語可視爲靜安經史研究之方法論，而不必視爲專指《詩》、《書》而言。據此，知靜安較勝先儒者有五：一、知古籍有似易實難者，如《詩》、《書》爲「人人誦習之書」，而靜安謂其「於六藝中最難讀」，不敢率爾帶過，其治學嚴謹如此。二、尋繹舊說是非，判其得失，而不敢輕取一說，或崇奉「大師」、尊信不移。三、於難解者即承認「不能解」，不以雖心所未必安亦務爲曲說，如先儒之「強爲之說」，然「其說終不可通」。四、考其難解之故，如《詩》、《書》之難解者，其故有三，曰譌闕、古語、成語是也。五、尋求解釋之新途徑，如提出《詩》、《書》成語研究之方法及其範例。即靜安無往而不於前修所未至或誤說之「殆十之五」、「十之一二」用力。又如卷六〈毛公鼎考釋序〉云：

> （毛公鼎初出）一時學者競相考訂，……於是此器文字可讀者十且八九。顧自周初迄今，垂三千年，其詫秦漢亦且千年，此千年中文字之變化脈絡，不盡可尋，故古器文字有不可盡識者勢也。古代文字假借至多，自周至漢，音亦屢變，假借之字不能一一求其本字，故古器文義有不可強通者，亦勢也。自來釋古器者，欲求無一字之不識，無一義之不通，而穿鑿附會之說以生。穿鑿附會者非也，謂其字之不可識、義之不可通而遂置之者，亦非也，……茍……，則於字之不可釋、義之不可通者，必間有獲焉，然後闕其不可知者以俟後之君子，則庶乎其近之矣！

若以此文與前文相較，其意義益可了然。古器文字、文義不可盡識、盡通，勢也；亦猶《詩》、《書》之難解也。其難識、難通之故，曰：文字變化脈絡，不盡可尋，且古代文字假借至多，音亦屢變；猶《詩》、《書》之多譌闕、古語、成語也。而自來釋古器文字不免穿鑿附會者，亦猶漢魏諸大師之「強爲

之說」。故靜安於〈毛公鼎銘〉，亦就前賢所未識、未通之「十之一二」用力，且揭示考釋古文字方法之新提案，而不以字之不可識、義之不可通，遂置之，所恃者態度、方法與材料耳。此靜安經史研究成績之較勝先儒「殆十之五」或「十之一二」者，其補苴、正誤之作，皆此類也。

其二，曰：廣先賢之舊緒，探前人所遺忽。前者如金石學弘宋人之業而益其園囿，西北地理及元史學承道咸以降而拓其區宇；後者如古韻書系統之整理是也。

其三，曰發前人所未聞，開學術之新運。如晚近所出殷商甲骨、漢晉簡牘及唐人手卷等之研究是也。

靜安淹有清三期學術之長而變化之，其專研經史，雖先後僅十五年，衡其著述之量已斐然可觀，若併校勘群書百九十餘種（趙萬里說）論之，即廁諸有清大儒間亦無愧色。至其創獲之豐，又非前人所及。其學術內容，為後人研治經史所必資，其學術方法亦示後學以軌則。以下即分就內容與方法二者，綜其經史研究之成績。

第一節　經史研究內容

一、小學研究

（一）文　字

《集林·（羅）序》云：「君之學，實由文字、聲韻以考古代之制度文物。」小學為靜安之治學工具，其指導後學，亦必「先以通《說文》，而後再治《詩》、《書》、三《禮》」相告。」（見《趙譜》）

靜安治文字之法：由《說文》而上溯金文，由《說文》、金文而上溯甲骨；復以甲文正金文，以甲、金文正《說文》。其研究基礎，乃植立於清人之《說文》及金文研究，所推稱者三人，曰段玉裁、吳大澂及孫詒讓。

段氏小學精貫，兼擅文字、音韻、訓詁之學，其《說文注》，浩博精深，為治《說文》不祧之祖。其書以精識勝，輒未見古本，而所改正者乃冥合古初；〔註5〕其所考證，亦多確當不移，如「雗」字條云：

〔註 5〕如莫友芝所得唐寫本《說文》木部，與今本頗有異同，以與段《注》相較，凡段氏所改訂增刪者，多與之相合。見〈唐寫本說文解字木部箋異敍〉，《說

自魏黃初以前，伊雒字皆作此，與雍州渭洛字迴判。曹丕云漢忌水
改「洛」為「雒」，欺世之言也。

謂伊雒、渭洛其字本別，至黃初時始改「雒」為「洛」，曹氏又妄言漢變「洛」
為「雒」，以揜其妄改之私意。此意，復於「洛」字條詳為申論。靜安云：

〈雒陽武庫鍾〉明記元封年號而作「雒」，不作「洛」，足證懋堂先生
之說不誣。考之甚難，而得一器即不考而自明者，此類是也。〔註6〕

段說得此證殆可為定論矣，此靜安所謂「凡說之合理者，久之必得其證」〔註7〕
是也。靜安云：「平生於小學，最服膺懋堂先生，以為許浚長後一人也」，〔註8〕
豈偶然哉！

吳大澂於古文字研究，有《字說》、《說文古籀補》等書，其著述之量未
豐，然靜安論云：

（古文字研究）最後得吳清卿乃獨絕，惜為一官所累，未能竟其學。
然此數十年來，學問家之聰明才氣未有大於彼者，不當以學之成否、
著書之多寡論也。〔註9〕

靜安之亟稱吳氏者二事，曰：「於古文字尤有懸解」；〔註10〕曰：「撰《說文
古籀補》，別以字之不可識者為附錄一篇，乃有合於《說文》注『闕』之例」，
〔註11〕而不為穿鑿奇衺之說，此進步之關鍵也。

至孫詒讓之《契文舉例》，撰於甲骨出土未久，「所釋之字雖多誤，考證
亦不盡然，大輅椎輪此為其始，其用心亦勤矣」，〔註12〕雖此書尚難與乎著述
之林，然不能不推為此學開山。至其金文研究，靜安評曰「閎通」（同註10），
又云：「《籀頠述林》頗有佳處，其晚歲金文所得亦勝於壯年，視《契文舉例》
所得多矣」。〔註13〕

靜安之文字學研究，囊諸家成績而益窮奧賾。其主要著述，分見於《集
林》卷六釋字之屬及〈桐鄉徐氏印譜序〉、卷七「古文」說、卷十八金文跋尾

文解字‧詁林》前編上。

〔註6〕《書信》，頁249致羅氏書。
〔註7〕同上註，頁57。
〔註8〕《觀堂遺墨》。
〔註9〕《書信》，頁40致繆荃孫書。
〔註10〕〈毛公鼎考釋序〉，《集林》卷六。
〔註11〕〈金文編序〉，《別集》卷四。
〔註12〕《書信》，頁159致羅氏書。
〔註13〕同上註，頁207。

諸篇，及專著如《戩壽堂所藏殷虛文字考釋》、《觀堂古金文考釋》、《魏石經考》、《重輯蒼頡篇》、《說文練習筆記》〔註14〕等。

徐中舒撰〈王靜安先生與古文字學〉，舉靜安於古文字學之貢獻者五事：一、打破倉頡造字之說，二、糾正《說文》中的錯誤，三、根據古文字解釋六書中的指事，四、古文字的訂正與證明，五、關於古韻的主張。〔註15〕周予同亦撰有〈追悼一個文字學的革命者——王靜安先生〉一文，稱靜安於文字學之「革命性的表現」者三：一、打破史籀造字之說，二、訓釋「古文」一詞，三、糾正《說文》之誤謬。（同上註）與徐說大旨無殊，僅多「古文」一項。二文易得，不擬詳述，謹就二家所未及或未盡者論之。

一、破以六書歸字之執著

徐氏論靜安「根據古文字解釋六書中的指事」，有云：「先生對於六書說，雖仍主張《說文》的義例，而對於指事的解釋，已經逸出許氏的範圍，引用古文字為例證了」，且舉《集林》卷六〈釋天〉為說，唯猶未指陳靜安說之重點，余為補陳如次。靜安曰：

> 古「天」字本象人形，殷虛卜辭或作天，〈盂鼎〉、〈大豐敦〉作天，其首獨巨，……特著其所象之處也。殷虛卜辭及〈齊侯壺〉又作天，則別以一畫記其所象之處：古文字多有如此者，如二、二字，「二」字之上畫與「二」字之下畫，皆所以記其位置也。……天字於天上加一，正以識其在人之首，與上諸字同例，此蓋六書中之「指事」也。近儒說象形、指事之別曰：「形謂一物，事賅眾物」，其說本於徐楚金。然楚金於指事本無定說，又與本、末諸字，楚金均謂之指事，元楊植諸人，尚用其說。蓋此數字正與上下二字同例，許君所謂「視而可識，察而可見（當作『見意』）」者，惟此類字足以當之。而數目、干支等字，今所公認為指事者，許君往往謂之象形，不謂之指事。竊謂楚金此說，頗勝於其又一說。今日古文大明，指事之解恐將復歸於此矣。故天、天為象形字，天為指事字，篆文之從一大者為會意字。文字因其作法之不同，而所屬之六書亦異，

〔註14〕《全集》續編冊六有《說文練習筆記》，為靜安晚年講授《說文》，由劉盼遂所記者。劉氏別有《說文師說別錄》（附入所著《文字音韻學論叢》），與前者大致相同，唯《筆記》文字譌誤甚多，至有不可卒讀者，宜以《別錄》為據。
〔註15〕《文學周報》五卷1、2期，收入《全集》附錄四。

－215－

知此可與言小學矣。

此文之意：一、釋「指事」義，二、論依六書歸字之觀念；而其要義尤在後者。蓋靜安於「指事」之定義，仍從《說文》「視而可識，察而見意」之「義例」及徐鍇以刃、本、末諸字爲指事之說，特舉古文字以爲證明，故曰：「今日古文大明，指事之解恐將復歸於此」；是彼於指事定義，別無新解。其創見乃在：一字當屬六書何類，不可拘泥，宜視其作法而定，且「古人作字，往往任意，非可執一以說」，〔註16〕故「天」字可爲象形，亦可爲指事、會意。「知此可與言小學矣」，其深意在此。愚案：一字之最初形構如何，往往難以考知；且文字形體復因時代不同，而有演變，或因地域之異，而不盡一致；況「古人作字，往往任意」，是以單執小篆以畫定所屬之六書，時或不免扞格。靜安則以爲：論某字宜屬何書，當以單獨字體爲準，未可執一爲說；殆亦有見於古文字多異體而云然。唯靜安此說未留意文字省變之現象，如「天」字，甲文除作 𠀡 外，尚有作 𡗗（《鐵雲藏龜拾遺》）、𡗚（《殷虛書契前編》）、𡗼（同上）者，或即由 𠀡 而省變，且〈齊侯壺〉之 𡗚 及小篆之 𡗶，於甲文中亦可尋得淵源，則諸字之異未必即「作法之不同」。竊謂靜安此例（「天」字）未必是，然所揭「文字因其作法之不同，而所屬之六書亦異」之觀念，可據釋若干或體字之現象，如「一」與「弌」，仍不失其價值。

二、發明《說文》條例

徐、周二氏論靜安於文字學之貢獻，均舉「糾正《說文》之誤謬」爲說，然靜安亦發明《說文》條例，此有功《說文》者也。如釋《說文・敍》「今敍篆文合以古籀」語，以爲此語「當以正字言，而非以重文言」，且謂：「正字中之古、籀，則有古、籀、篆文俱有此字者，亦有篆文所無而古籀獨有者」，補段注之缺（段未釋「篆文所無而古籀獨有」一類），正前人以爲「《說文》正字皆篆文，而古文、籀文惟見於重文」之誤。〔註17〕此就《說文》紬繹詳勘而得之者。

又釋《說文》中「大篆」及「籀文」例云：

> 《說文解字・艸部》：「蓬，蒿也。从艸，逢聲」，大篆从𦾔，「𦿉，籀文，蓬省」。……段氏玉裁《說文注》謂：「籀文當作古文」，並引蚰部「𧎮」，古文作「𧍙」以證之。蓋段氏意謂：大篆即籀文，大篆、籀文不當互異。故欲改「籀」作「古」。余謂未必然也。許書於〈艸

───────────────

〔註16〕《史籀篇疏證》「騷」字條，《全集》初編冊八。

〔註17〕〈說文今敍篆文合以古籀說〉，《集林》卷七。

部〉末芥、蔥等五十三字，目之曰：「左文五十三，重二，大篆从艸」（原註：出大徐本，小徐無此十一字）。案〈敘〉云：「周宣王太史籀著大篆十五篇」，是許君固以籀文爲大篆也。然說解中皆云「籀文」，不云「大篆」，惟〈艸部〉末獨言「大篆」，蓋此五十三字不出《史籀篇》，而采自他書。《漢書・藝文志・小學類》有《八體六技》一書，……許君謂秦書有八體，一曰「大篆」，則此書自當有大篆。……芥、蔥以下五十三字从艸作者，蓋出此書；以其不出於《史籀篇》，故不謂之「籀文」；以其體係秦之大篆，故謂之「大篆」；以史篇中字有與之異者，故重以籀文。雖其中諸字，容或在《史籀》已佚六篇中，然許君時固無以證之，故變文而言「大篆」。〔註18〕

段氏據蠢（小篆）、蟲（古文）字例推斷，改莑（蓬之重文）字說解之「籀文」爲「古文」；靜安則以爲不煩改字。二說是非，固難據實證驗判。惟《說文》例既「皆云籀文不云大篆」，而芥、蔥等五十三字獨曰「大篆从艸」（段氏亦從大徐本，以爲此語「斷非鑿空」），是《說文》中籀文、大篆二語互出，段氏於此無解。靜安謂芥、蔥等五十三字大篆或體即自「八體六技」出，亦屬懸測；惟若承認大徐本不誤，則靜安說當爲《說文》中「大篆」、「籀文」互出之合理解釋。如此，「莑」下之說解「籀文」二字即不煩改字矣。

又釋《說文》重出字。如又部「燮」字，籀文作「燮」；炎部小篆復出「燮」字（羊、辛俱「丁」之譌，靜安說）。靜安云：

　　又部既重「燮」字，又出之於炎部者，亦如「歌」字例也。〔註19〕

愚案：《說文・口部》「嘯」，籀文作「歗」，訓曰：「吹聲也」；〈欠部〉復出小篆「歗」，訓曰：「呻吟也」。是篆文嘯、歗二字異義，本非同字。〈又部〉「燮」，訓「和也」；〈炎部〉「燮」，訓「大熟」也，與「燮」之籀文形同義異。二例正同，故曰「亦如歗字例也」。

論說文从某之字，必有本字。如《說文》从「由」之字二十餘，獨無「由」字。自李陽冰以下，說之者皆不厭人意，靜安謂《說文》「甶」字即「由」字也。《集林》卷六〈釋由上〉，舉四證爲說，〈釋由下〉益以五證。此不僅考訂說文有「由」字而已，乃闡明凡《說文》从某之字必有本字。（靜安著述中持此觀點以釋本字，其例多見。）

〔註18〕　《史籀篇疏證》「莑」字條，《全集》初編冊八。
〔註19〕　同上註，「燮」字條。

三、考字形變化

古文字形構每多歧亂，靜安細審同異，抽絲剝繭，挈其綱維，考知變化之迹。如《集林》卷十三〈鬼方昆夷玁狁考〉，據金文「畏」字作🔲、🔲、🔲、🔲等形，云：

> 卜與攴同音，又攴字之所從，當爲攴之省字。而或從卜，在鬼字之右；或從攴，在鬼字之左；或從攴，在鬼頭之下：此古文變化之通例，不礙其爲一字也。

此先考定「卜」爲「攴」之省，而後比較諸字，得「古文變化之通例」。其勝乎前人者，在無往而不持「類聚群分」之觀念，綜合相關之字，詳爲比勘，尋其異同，歸納「通例」。古文字研究得以步入科學途徑者，靜安居功厥偉。

又卷六〈釋辥〉上：

> 彝器多見辥字，……其字或作辥，或作辥，余謂此經典中乂、艾之本字也。……經典乂字，壁中古文作𡚁。此𡚁字蓋辥字之譌，初以形近譌爲辟，後人因辟讀與辥讀不同，故又加乂以爲聲。經典作乂，作艾，亦辥之假借。……殷虛卜辭有🔲字，其字從𠂤從丯（原註：即《說文》亍字），與辥字從人從丯同意。𠂤者眾也，金文或加止，蓋謂人有亍，𠂤以止之，故訓爲治。或變止爲中，與小篆同。中者止之譌，猶「奔」字〈孟鼎〉作「🔲」，從三止，〈克鼎〉及〈石鼓文〉均變而從三中矣。

此就經典乂、艾字本義，求得本字，並尋其變化之跡。其發展途徑，略如下表：

> 𠂤（甲文）→辥（金文，加義符）→辥（金文，形譌）→辟（「辥」字之譌）→𡚁（壁中書，加聲符）→乂或艾（經典字，去形存聲，假借字）。

除外，復如卷九〈先公先王考〉，舉「恒」字之甲文、金文、《說文》古文、小篆諸體，論其譌變，謂：「古從月之字，後或變而從舟」。均其例。

若論其心思細密，雖筆畫長短、曲直之微殊，亦辨其異，如：

> 卷九〈先公先王考〉，釋「田」之口中橫直二筆與四旁相接者爲田字；「🔲」之橫直二筆與四旁不接者，爲人名「上甲」。

> 卷六〈釋辥下〉，論🔲、🔲、🔲與🔲、🔲、🔲之別，「不在橫畫多寡，而在縱畫之曲直」。

> 又〈釋西〉，謂：「《說文》訓𡿨之🔲，則古作🔲，與🔲（西）字有

別」。

語其識解宏通，則結構雖異，不礙爲同字，如前舉「畏」字例，又如：

卷三〈說俎〉，謂：「俎字篆文作俎，象半肉在且（俎）旁，而殷虛卜辭及〈貉子卣〉則作作，具見兩房兩肉之形。」

《別集》卷二〈父丁鼎跋〉，謂：、同字。釋爲「」。

或析偏旁，如：

卷六〈釋匋〉，分析金文、等字，考知甲文「匋」字。

又〈釋西〉，分析金文、等形，而得甲文「西」字。

又〈釋㽞〉，分析金文、《說文》古文等形，謂即「席」也。

或識合文，如：

卷九〈先公先王考〉，以爲上甲，以、、爲報乙、報丙、報丁。

蓋靜安以爲：文字之變化，「自其變者觀之，則文字殆無往而不變，……自其不變者而觀之，則文字之形與勢皆以漸變」，〔註 20〕故於古文字，或觀其變，或觀其不變，撢造字本旨，尋變化脈絡，識議通徹，方法條貫。

論文字之偏旁通借，段氏《說文注》已有闡發，靜安復予補充；〔註 21〕古文字之偏旁分析法，發端於吳大澂、孫詒讓諸氏，至靜安而塗術乃精；近人唐蘭《古文字學導論》，兼取二者，益爲舖陳，寖寖乎古文字研究乃發展爲一門科學矣。

（二）音　韻

靜安之音韻研究，於音理發明無多，其貢獻乃在音韻學史。

《集林》卷八〈周代金石文韻讀序〉（其音學著述多在此卷，以下凡同卷者不復註明），論有清學術之卓絕者在小學，小學之中復以音韻學堪稱「前無古人，後無來者」，有云：

古韻之學，自崑山顧氏而婺源江氏，而休寧戴氏，而金壇段氏，而曲阜孔氏，而高郵王氏，而歙縣江氏，作者不過七人，然古音廿二

〔註 20〕〈史籀篇疏證序〉，《集林》卷五。

〔註 21〕靜安論偏旁通借，如籀文「蓁」字，甲文从四木，靜安云：「从木从艸，其義一也」（《史籀篇疏證》，《全集》初編冊八）。又如：〈毛公鼎〉「䌛」字，靜安謂即禮書之「幦」，「或从巾，或从糸，其誼一也」（〈毛公鼎銘考釋〉，《全集》初編冊十一）。其補充段氏者，在古文字之證明。

部之目，遂令後世無可增損。故訓詁、名物、文字之學，有待於將
來者甚多；至古韻之學，謂之前無古人後無來者可也。……余讀諸
家韻書，竊歎：言韻至王、江二氏已無遺憾。……前哲所言既已包
舉靡遺，故不復有所論述。

此意，復著於〈江氏音學跋〉中。彼既以前哲所言「已包舉靡遺」，故於音韻
學著述多踵武前修之作。如王念孫有未竟之作《諧聲譜》，靜安繼撰《補高郵
王氏說文諧聲譜》；〔註22〕戴震有《聲韻考》，而靜安改定舊作〈唐韻別考〉
及〈音學餘說〉爲《聲韻續考》，亦師戴意也。〔註23〕至其自抒古音見解者，
有〈五聲說〉，以爲：「陽聲一與陰聲平上去入四，乃三代秦漢之五聲」。此說
之誤，在淆混濁平聲母之別，未可據依；其日後亦覺未安，謂「存而不論可
也」。〔註24〕

今日古韻研究，雖大體不出清人範圍，然審音愈精，非如靜安所云「後
無來者」或「無可增損」者，其推崇清人未免稍過；唯據此可知靜安之用韻
標準當不出清人之外。考顧炎武於古韻部目分十部，江永十三部，戴震二十
五部，段玉裁十七部，孔廣森十八部，王念孫二十一部，江有誥二十一部，
無言「二十二部」者，蓋靜安所據，乃王念孫、江有誥二氏部目，〔註25〕惟
前者東、多不分，後者至、質無別，〔註26〕靜安兼之，爲「二十二部」，此其
《周代金石文韻讀》之分韻標準。

其言音理雖創獲無多，然不可不記者，其「古字母研究」之提案是也。
蓋靜安鑒於前人治古音者，詳於叠韻而忽雙聲，「久思繼錢竹汀、陳蘭甫諸老
之業，爲古雙聲、古字母之學」；〔註27〕其後，任北大研究所通信導師，所擬
研究發題，有「古字母之研究」一目，並揭示研究材料與方法云：

……今舉其委，約有五端：一、經傳異文。……二、漢人音讀。……
三、音訓。……四、雙聲字。……五、反切。……苟以此數者參互
相求，但順材以求合，而不爲合以驗材，仿顧氏《唐韻正》之例，

〔註22〕《全集》續編冊三。
〔註23〕《書信》，頁280致羅氏書有說。
〔註24〕《書信》，頁395致唐蘭書語。
〔註25〕〈周代金石文韻讀序〉，稱王念孫、江有誥二氏言古韻「已無遺憾」；〈江氏音
學跋〉，謂江氏於古韻分部與王氏尤近；〈高郵王懷祖先生訓詁音韻書稿敘
錄〉，稱王氏於古韻分部在戴、段之上。（並見《集林》卷八）
〔註26〕〈江氏音學跋〉。
〔註27〕《書信》，頁232致柯劭忞書。

勒爲一書，庶幾古字母部目或覩其全，不讓古韻之學專美歟！〔註28〕
其善承前人遺緒，拓闢發展園囿者如此；其循循善誘，提挈綱維以導示後學
者復如此。雖其古字母研究之業未成，然所陳研治矩矱，嘉惠後學亦已多矣。

　　靜安於音韻學之貢獻，在音韻學史：審辨韻書源流，考證韻書作者，論
定韻書價值及作者之歷史地位。其意義乃在史學，專史之學也。

　　陸法言《切韻》爲唐韻之祖，李舟《切韻》爲宋韻之祖，然前人無考及
二人事實者。靜安〈書巴黎國民圖書館所藏唐寫本切韻後〉，考此本作者爲陸
法言，並稽其生平事迹，考訂撰著年代。又其〈李舟切韻考〉，鈎列李氏事實，
並論其於音韻學之大功者二事，曰：一、使各部皆以聲類相從，二、四聲之
次相配不紊。又於〈書內府所藏王仁昫切韻後〉，論此書合塩、添以下八韻爲
一類，已開李舟《切韻》與《廣韻》之先；合江、陽、唐爲一類，又爲菉斐
軒《詞韻》與周德清《中原音韻》之祖；合歌、佳、麻爲一類，又與近世言
古韻者合，「其於音理固非無所貢獻也」。又據此書，可見六朝韻書部目之一
斑，則「此書於音韻學上之價值，豈在陸（法言）、孫（愐）二《韻》之後乎」。

　　案：靜安著眼於開創、影響二義，以論諸書之價值及其地位，此其史識；
若夫不忘表彰前人，則其史德。陸氏《切韻》，自宋後公私書目俱無著錄，其
人事迹亦闇然不彰；李舟之名雖見於唐人說部，然新、舊《唐書》均無傳，
其事跡亦隱微不顯。靜安既肯定二書於韻學之地位，爰考其作者及撰著年代，
此猶其論《紅樓夢》考證，「作者之姓名與其著書之年月，固當爲唯一考證之
題目」意也。表彰陸、李二氏，論王仁昫《切韻》之價值，靜安殆第一人也。

　　唐人韻書源流，此「前人絕未注意」者。〔註29〕茲就靜安論見，擇其要
語條列如下。〈李舟切韻考〉云：

　　　　唐人韻書，以部次觀之，可分爲二系：陸法言《切韻》、孫愐《唐韻》
　　　　及小徐《說文解字篆韻譜》、夏英公《古文四聲韻》所據韻書爲一系；
　　　　大徐改定《篆韻譜》與《廣韻》所據者爲一系。

〈書巴黎國民圖書館所藏唐寫本切韻後〉云：

　　　　先儒以《廣韻》出於陸《韻》，遂謂陸《韻》部目及其次序與《廣韻》
　　　　不殊，此大誤也。以余曩日所考，則《廣韻》部目次序並出李舟，
　　　　而《切韻》、《唐韻》則自爲一系。

〔註28〕《書信》，頁334致沈兼士書附「研究發題」。
〔註29〕《書信》，頁240致羅氏書語。

〈天寶韻英陳廷堅韻英張戩考聲切韻武玄之韻詮分部考〉云：

> 唐人韻書皆祖陸法言，雖部目有增損，次序有移易，要皆以法言爲
> 本。然法言之書，用六朝正音，至唐時已稍變易，於是有根據唐時
> 言語以作韻書者，其分部乃不得不與法言大異。此從來音韻學家所
> 未嘗留意也。……《韻英》反切，以當時秦音爲據，與陸法言之據
> 南北朝舊音者不同，故所增部目，乃視陸《韻》踰倍。……《韻詮》
> 之作根據唐音，雖與《韻英》同，然《韻英》大分析舊韻部目，而
> 《韻詮》則大合併其部目；非所根據之唐音不同，乃其分部之見地
> 異也。……《韻詮》之作與《韻英》旨趣略同，故慧琳《音義》於
> 《韻英》及《考聲切韻》外，多引《韻詮》。

其能考訂唐人韻書二系，以正前人之誤者，乃多見唐寫本韻書之故；至其考
知唐人或據當時言語以作韻書，此則「從來音韻學家所未嘗留意」者。朱芳
圃有一表，列前述諸書源流，頗爲簡明，茲迻錄如下。〔註30〕

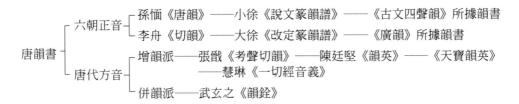

表中慧琳《音義》似宜兼繫增韻、併韻二派之下，蓋《音義》亦「多引
《韻詮》」也。

除外，靜安復有〈唐時韻書部次先後表〉，列陸法言《切韻》、《式古堂書
畫彙考》所錄《唐韻》、蔣斧所藏唐寫本《唐韻》、夏英公《古文四聲韻》、徐
鍇《說文解字篆韻譜》、徐鉉《改定篆韻譜》、王仁昫《切韻》凡七家，並附
《廣韻》部次，以爲比較。

凡諸考證，除少許尙需修正外，〔註31〕其餘多可信據，羅常培稱曰：「眼
光明敏，功力精密」。〔註32〕其系統考訂及整理，爲後人韻學研究建立資料運

〔註30〕 〈述先師王靜安先生治學之方法及國學上之貢獻〉，《東方雜誌》二十四卷 19
號。

〔註31〕 如〈書內府所藏王仁昫切韻後〉論此本爲王氏據長孫訥言及裴務齊二家書而
編，周祖謨有辨。（〈王仁昫切韻著作年代釋疑〉，《問學集》上冊）

〔註32〕 《十韻彙編・序》，原書卷首。

用之基礎。如民國二十五年北京大學研究所刊印之《十韻彙編》，堪稱切韻系韻書總集，即以靜安之整理成績爲本。〔註33〕至其爲擴充古韻材料而撰之《周代金石文韻讀》，亦多爲後人所取。如于省吾《雙劍誃吉金文選》，於銘文之有韻者，即據以標注；郭沫若〈金文韻讀補遺〉，〔註34〕亦踵武靜安之作者也。

（三）訓　詁

清人訓詁之業，多見諸古籍箋疏集解，如王念孫《廣雅疏證》、孫詒讓《周禮正義》等是；靜安之貢獻，則在於提出訓詁新方案。新方案有三，曰：《詩》、《書》成語研究、聯緜字（今人多稱「聯緜詞」）研究及《爾雅》草木蟲魚鳥獸名研究。

《集林》卷二〈與友人論詩書中成語書〉，提出「古人頗用成語」之事實，且「其成語之意義與其中單語分別之意義又不同」，「若但合其中單語解之，未有不齟齬者」；得經由比較法而「求其相沿之意義，否則不能贊一辭」。此提案，本靜安平日讀書心得而隨手疏記者，特託名「友人」以發之（《趙譜》說）。「研究發題」中亦舉「詩書中成語之研究」一目，俾研究生專研。（同註28）

「成語」一詞，靜安之前已有用及者，然多指古人之文句、詩句、諺語、格言、熟語等，至靜安始予此語以明確定義，並作爲訓詁新提案。後人承此有作，如裴學海《尚書成語研究》，〔註35〕屈萬里先生〈詩三百篇成語零釋〉，〔註36〕姜昆武《詩書成詞考釋》，〔註37〕均弘靜安之業而較著成績者。若靜安說之檢討，拙撰《王國維之詩書學》列有〈王國維論詩書中成語〉一章，分：靜安之成語觀念與研究動機、靜安解成語之方法及成語釋例等三節，詳爲考述，凡三萬餘言，可參看。

「古文學中聯緜字之研究」亦其所撰「研究發題」之一（同註28），說云：

聯緜字合二字而成一語，其實猶一字也。前人《駢雅》、《別雅》諸書，頗以義類部居聯緜字，然不以聲爲之綱領，其書蓋去類書無幾耳。此等複語，其變化不可勝窮，然皆有其公共之源。如風曰䬃發，

〔註33〕見該書魏建功、羅常培二〈序〉。
〔註34〕《金文叢考》十一。
〔註35〕《鈴鐺》3 期。
〔註36〕收入《書備論學集》。
〔註37〕手稿本。據美國 Gest Oriental Library & Asian Collections 藏本影印。

泉曰齋沸，跋扈曰畔援，廣大曰伴奐，分散曰判奐；字雖不同，其
聲與義各有其相通之處。……若集此類之字，經之以聲，而緯之以
義，以窮其變化，而觀其會通，豈徒爲文學之助，抑亦小學上未有
之事業歟！

留意語詞中「聯緜」現象，非始於靜安，〔註38〕然擴大爲學術專題並予研究，
不能不推靜安爲第一人。所持「經之以聲，而緯之以義，以窮其變化，而觀
其會通」之方法，即王念孫《廣雅疏證・自序》所示「訓詁之旨，本於聲音，
故有聲同字異，聲近義同；雖或類聚群分，實亦同條共貫。……今就古音以
求古義，引申觸類，不限形體」之原則。此以聲通義之訓詁方法，戴震、程
瑤田諸氏皆所優爲，至高郵王氏父子而集其大成，迨靜安而更予推廣。

《聯緜字譜》爲靜安未竟之作，凡三卷，依次爲：雙聲之部（以字母爲
次）、叠韻之部（以《廣韻》部目爲次）、非雙聲叠韻之字（以首字字母爲次）；
各語詞間復依意義最近者爲次；取材遍及四部，時代以漢爲斷，凡二七五一
例。所收詞例，部分猶待商正，〔註39〕此後學之責；若其體例之善，組織之
密，不失以科學方法整理舊學之範作。

茲舉靜安經由聯緜字考訂以闡釋經義之例一則，以見旨要。《集林》卷一
〈肅霜滌場說〉云：

《詩・豳風》：「九月肅霜，十月滌場。」《傳》：「肅，縮也，霜降而
收縮萬物；滌，埽也，場工畢入也。」案：此二句乃與「一之日齋
發，二之日栗烈」同例，而不與「七月流火，九月授衣」同例。肅
霜、滌場皆互爲雙聲，乃古之聯緜字，不容分別釋之。肅霜猶言肅
爽，滌場猶言滌蕩也，……馬有肅爽，鳥有鷫鷞，裘有鷫鸘，水有
瀟湘，皆以清白得稱；則《詩》之肅霜，亦即〈大招〉「天白顥顥」、
〈九辨〉「天高氣清」之意，不當如毛《傳》之說也。滌場即滌蕩，
與肅霜俱爲雙聲字。《禮記・郊特牲》：「臭味未成，滌蕩其聲」，蕩，
亦作盪。《說文》：「盪，滌器也。」既滌盪，則必清肅必廣大，故又
有廣大之義。〈漢郊祀歌〉：「天門開，詄蕩蕩，」如淳曰：「詄，讀

〔註38〕宋人張有作《復古篇》，特標「聯綿」一目，首發其例；清人陳奐、郝懿行、
王念孫等亦各有說。參張壽林〈三百篇聯綿字研究〉（《燕京學報》13 期）及
杜其容師〈毛詩連綿詞譜〉（《臺大文史哲學報》9 期）

〔註39〕如以「頃筐」爲雙聲聯緜字，以「好逑」、「好仇」爲叠韻聯緜字，俱失當。
杜其容師有說，同上註。

如迭。」詄蕩，即滌蕩之轉語。廣大則必條達，故又轉而為條暢，
為條鬯，……條暢、條鬯亦滌蕩之轉語也。廣大者必卓絕，故又有
卓異之義，……俶儻、倜儻亦滌蕩之轉語也。廣大則有動作之餘地，
故又有放蕩之義，……佚宕、跌踢、跌宕亦皆滌蕩之轉語也。《詩》
之滌場，則肅清之義。「九月肅霜」，謂九月之氣，清高顥白而已；
至十月，則萬物搖落無餘矣，與觱發、栗烈由風寒而進於氣寒者，
遣詞正同。

此先論肅霜、滌場均聯緜字，繼綜肅爽（馬）、鷫鸘（鳥）、驌驦（裘）、瀟湘
（水）諸語，以為「皆以清白得稱」，因釋《詩》之「肅霜」為「清高顥白」
義。又考「滌場」即滌蕩、滌盪，有「清肅、廣大」意，因釋《詩》之「滌
場」為「萬物搖落無餘」；更考詄蕩、條暢、條鬯、俶儻、倜儻、佚宕、跌踢、
跌宕諸語，以為均「滌蕩」之轉語。此「經之以聲，緯之以義，窮其變化，
觀其會通」之例，誠如王念孫所云「引申觸類，不限形體」者。愚案：《經義
述聞·禮祀》〈感條暢之氣〉條：「家大人曰：條暢，讀為滌蕩，滌蕩之氣謂
逆氣也。……滌蕩、條暢、慆蕩聲相近，故字相通」，或予靜安以啓發，惟靜
安所釋與之少異耳。又案：〈七月〉一詩，其末段全云農事，如曰「二之日鑿
冰冲冲，三之日納予凌陰，四之日其蚤，獻羔祭韭」，若繼云九月「清高顥白」，
十月「萬物搖落無餘」，語殊不類。謹識所疑於此。

靜安之另一訓詁新提案，為《集林》卷五〈爾雅草木蟲魚鳥獸名釋例〉（省
稱〈釋例〉）。〔註40〕

《爾雅》一書，自來學者多苦其繁雜難治。清人郝懿行撰《爾雅義疏》，
於〈釋詁〉、〈釋訓〉、〈釋言〉三篇，皆以聲音通之，其法至善；惟〈草、木、
蟲、魚、鳥、獸〉諸篇，以聲為義者甚多，尚未能觀其會通、部居條理者。
靜安爰有〈釋例〉之作，發凡起例，以示後學。

〈釋例〉云：

物名有雅俗，有古今，《爾雅》一書為通雅俗古今之名而作也。其通
之也謂之「釋」，釋雅以俗，釋古以今：聞雅名而不知者，知其俗名
斯知雅矣；聞古名而不知者，知其今名斯知古矣。若雅俗古今同名，
或此有而彼無者，名不足以相釋，則以其形釋之：草木蟲魚鳥多異

〔註40〕原作凡一卷（《全集》初編冊十一），篇題無「名」字，《集林》刪訂為上下篇。
　　　　以下凡引《集林》者，不復註出。

名，故釋以名；獸與畜罕異名，故釋以形。

此段先論《爾雅》之作意：《爾雅》以雅俗並舉，古今並列，乃欲人由俗名以知雅，由今名以知古。次論《爾雅》體例：或以「名」釋之，或以「形」釋之，「草木蟲魚鳥多異名，故釋以名；獸與畜罕異名，故釋以形」。以上二者，爲靜安所掌握《爾雅》一書之綱領，〈釋例〉即本此綱領，而後擬定審辨「名」、「實」之條例。

何謂「雅」？何謂「俗」？靜安曰：

雅俗古今之分，不過時代之差，其間固無界限也。（《全集》本）

則古以爲俗者，今或轉爲雅矣。〈釋例〉所以創爲雅、俗二名者，不過爲易於區辨耳。大體言之，草木諸篇，其所出字爲雅，其所以釋之者爲俗。如〈釋草〉：「蔪，山䪥」，「蔪」，雅名；「山䪥」，俗名也。

〈釋例〉所舉條例十數則，可歸爲三目：一、雅名與俗名之分類法，二、俗名之命名原則，三、論同類異名與異類同名之音韻關係。彼以《爾雅·草、木、蟲、魚、鳥、獸》諸篇之具同名或音韻關係者，分別納入各條例之下，以觀會通，破《爾雅》草木各類界限。此〈釋例〉通釋諸篇之意也。

雅名與俗名之分類法，靜安歸納爲四，曰：

雅與雅同名而異實，則別以俗（原註：如蔪，山䪥；蔪，鼠尾之類）。
俗與俗異名而同實，則同以雅（原註：如薛，山蘄；薛，白蘄之類）。
雅與雅異名而同實，則同以俗（原註：如櫬，木堇；椵，木堇）。或雅與俗同名異實，則各以雅與俗之異者異之；雅與俗異名同實，則各以其同者同之（原註：如荼，苦菜；蕒，苓荼。鶬黃，楚雀；倉庚，鵹黃也之類）。

所舉四條之外，似尚可增「俗與俗同名而異實，則別以雅」一條，如「蘢，天蘥；鷚，天蘥」之類是也。要之，〈釋例〉之分類原則爲：實異則異之，實同則同之；以「實」馭「名」。故或雅名之同者爲類，或俗名之同者爲類。彼不僅由俗名以知雅，且由雅名以知俗。

彼既以「實」之同異爲分類標準，唯「實」何由知？靜安無說。請略推其意。如〈釋草〉：「蔪，山䪥」；「蔪，鼠尾」。二例究屬「雅與雅同名而異實」，抑「俗與俗異名而同實」，實難分辨；〈釋例〉則歸入「雅與雅同名而異實」。考靜安或即據：一、《爾雅》體例。《爾雅》以「山䪥」之「蔪」與蒠、韭爲類，而「鼠尾」之「蔪」則別爲一條。二、郭璞註。「鼠尾」條註云：「可以染身」；

「山龘」條註云；「今山中多有此類」，郭氏殆不以爲同實。靜安或即據此。

又論俗名之命名原則云：

> 凡俗名多取雅之共名，而以其別別之。有別以地者，則曰山，曰海……。有別以形者，形之最著者曰大小，大謂之荏，亦謂之戎，亦謂之王；小者謂之叔，謂之女……。有別以色者……。有別以味者……。有別以實者，則草木之有實者曰母，無實者曰牡，實而不成者曰童。此諸俗名之共名，皆雅名也。是故雅名多別，俗名多共；雅名多奇，俗名多偶。其他偶名，皆以物德名之，……此物名之大略也。

此歸納《爾雅》諸例，而得古人命物之法，示人以辨「名」途徑。

至同類異名與異類同名，靜安以爲「其音與義恒相關」，有云：

> 同類之異名，其關係尤顯於奇名，如〈釋草〉：「苹、荓，其大者蘋」，……苹與蘋，……一聲之轉。……異類之同名，其關係尤顯於偶名，如〈釋草〉：「果蠃之實栝樓」，〈釋蟲〉：「果蠃，蒲盧」。案：果蠃、果蠃者，圓而下垂之意，即《易・雜卦傳》之「果蓏」。凡在樹之果，與在地之蓏，其實無不圓而垂者，故物之圓而下垂者，皆以果、蓏名之。栝樓亦果蠃之轉語，蜂之細腰者，其腹亦下垂如果、蓏，故謂之果蠃矣。……又〈釋草〉：「其萌虇蓩」，〈釋蟲〉：「蠸輿父，守瓜」，〈釋詁〉：「權輿，始也」。案「權」與「權輿」，皆本黃色之名，〈釋草〉：「權，黃華」，〈釋木〉：「權，黃英」，其證也。蟲之蠸輿父，注以爲「瓜中黃甲小蟲」，是凡色黃者謂之「權」，長言之則爲「權輿」矣。余疑「權」即「黮」之初字，《説文》：「黮，黃黑色也」，《廣雅》：「黮，黃也」；今驗草木之萌芽，無不黃黑者，故蒹葭之萌謂之「虇蓩」。引申之則爲凡草木之始，……又引申爲凡物之始，……「始」之義行而「黃」之義廢矣。……其餘如草有茇葀，蟲有蛾羅，……今雖不能言其同名之故，要其相關必自有説。雖其流期於相別，而其源不妨相同，古人正名百物之意，於此亦略可觀矣。

苹蘋、果蠃、權輿三例，說明音義相關；其後二例，即本程瑤田、王氏父子之訓詁方法，而擴充爲會通草木諸篇之條例。其考辨「異類同名」之理論依據爲：「其流期於相別，而其源不妨相同」。「果蠃」一例，當有得於程氏《果蠃轉語記》；若「權輿」例，則爲靜安之心得。以後一例言之，虇蓩、蠸輿父爲「相別」之異類，均源於「權」，長言之則爲「權輿」。其考辨方法：先綜

合諸名，而後紬繹諸名所共具之意義，以爲凡草、木之「權」、「薙蓄」，蟲之「蠟輿父」，皆有黃色之義，此其本義；而後引申爲草木之始，再引申爲凡物之始。諸名之義相關，蓋皆源於「權」（權輿）之一語故也。

〈釋例〉所擬以簡馭繁三原則：以「實」馭「名」、以命物法辨「名」、以音韻馭「名」，俾散無友紀之草木蟲魚鳥獸諸名，得分別繫屬於各條例之下，而《爾雅》一書即不復龐雜難治矣。周予同稱此文云：

> 在這篇文章裡，他就若干普通名詞與許多生冷怪僻的文字中，整理出幾條提綱挈領的原則，很可以告訴我們治學的方法。〔註41〕

夏清貽亦云：

> 是書蓋現代所謂以科學方法整理舊學者，允足爲後學開法門。其由聲韻以明訓詁之法，所謂「三百年來小學極盛之結果」，洵非虛語。〔註42〕

說均得之。唯靜安所論「名」之音韻關係，僅及「一聲之轉」、「轉語」、「此語之轉」、「長言之」止耳，未遑析論；此清儒訓詁之恒語，自今日視之，誠義界不清，此則有待後學者也。

靜安之小學研究，於文字，未必即深於段玉裁；於音韻，實汲有清七大家之流；於訓詁，亦未必過於王氏父子。然靜安善取前人成績，綜文字、音韻、訓詁以證經考史，迭有創發；多見前人未及之材料，以補正舊說；獨具隻眼，能自前人所未嘗留意者用心；無往不思創闢研究新徑。此靜安所以上繼前哲，下開來學者也。

二、制度文物研究

乾嘉經學首重三《禮》，究三《禮》不能不及制度文物，乾嘉學術或可稱之曰「制度文物之學」，《皇清經解》爲此類著述之總集。靜安於諸經，亦首重三《禮》，〔註43〕與乾嘉諸儒血脈相通。

〔註41〕〈追悼一個文學的革命者——王靜安先生〉，《文學周報》五卷 1、2 期，收入《全集》附錄四。

〔註42〕〈觀堂雅例訂〉，《東北叢刊》5 期。案：夏氏此文於靜安說復多所訂正。

〔註43〕靜安東渡日本後，即首將三《禮》圈點一過（《書信》，頁 37）；後主編《學術叢編》，所刊經學著作首重三《禮》，旁及諸經（見《學術叢編·發刊條例》）；其指導後學，亦以「讀《詩》、《禮》，厚根柢，勿爲空疏之學」相告（《趙譜》）。又本論文第三章第一節亦參看。

制度與文物本不可截分爲二，第爲便於敘述，以下仍分別論之。

（一）制　度

靜安於古代制度研究，除第三章、五章已述及之〈殷周制度論〉外，尚有論詩樂舞、辨周初裸禮、考顧命禮及釋官制諸篇。

《集林》卷二〈釋樂次〉、〈周大武樂章考〉、〈說勺舞象舞〉、〈說周頌〉、〈漢以後所傳周樂考〉諸篇，多就前人之說，補闕正誤，而益以新解，屬舊題新作。〈釋樂次〉因「（鄭）康成說已微誤，阮文達作表乃誤甚」，爰「據經正之」也；〔註44〕〈說周頌〉則因阮元「釋頌」之啓發，並正其微誤。二篇均直據經文，不失有價值之作。〔註45〕〈周大武樂章考〉乃就前人已及之〈武〉、〈賚〉、〈酌〉、〈桓〉四章，而增考餘二章，所得六章依次爲：〈武〉、〈酌〉、〈桓〉、〈賚〉、〈般〉、〈昊天有成命〉。惟靜安此說，後人頗不謂然。如陸侃如、高亨，俱主〈大武〉首章宜爲〈我將〉，〔註46〕張西堂則云宜爲〈時邁〉，〔註47〕俱不數〈昊天有成命〉一章。愚嘗撰《王國維之詩書學》，亦頗疑〈昊天有成命〉一章未必可信，並舉證糾駁（同註45），則此章存疑可也。〈說勺舞象舞〉一篇，辨《詩序》之「象舞」與《禮》下管所奏之「象」不當爲〈大武〉之一章，謂：〈大武〉亦有「象」名，唯與《詩序》、《禮》下管所奏者爲同名異實。雖高亨舉六證以駁靜安說（同註46），愚以爲高說實無確證，且或曲解靜安意，未可信據（同註45）。〈漢以後所傳周樂考〉探究古樂亡佚原因，提出「詩家習其義，樂家傳其聲」之「詩樂分途」說以爲解釋，此前人未發之義；此說或暗寓「學術雖需分工，亦需合作，否則即亡」之意。以上諸篇，所用材料及方法尚守清人矩矱，無用及地下材料者。

卷一〈與林浩卿博士論洛誥書〉、〈再與林浩卿博士論洛誥書〉二篇，論周初裸禮。靜安據〈洛誥〉「王賓，殺、禋，咸格，王入太室裸」之文，「裸」次在「殺、禋」之後，謂當釋爲「裸尸」義；且謂《禮記・郊特牲》「既灌然後迎牲」，爲後起之禮。此論大異舊說，日人林泰輔不以爲然，與布書往復討論。靜安所持原則爲：「當以事實決事實，而不當以後世理論決事實」；並就經文本義、資料之時代性區辨及文字之形音義等，交互推證，有發蒙啓覆之

〔註44〕《書信》，頁65致羅氏書。

〔註45〕拙撰《王國維之詩書學》第四章曾詳予討論，可參看。

〔註46〕陸說見《中國詩史》。高說見《周頌考釋》（上），《中華文史論叢》四輯。

〔註47〕〈周頌時邁本爲大武樂章首篇說〉，《人文雜誌》1959年6月。

功。

同卷〈周書顧命考〉、〈周書顧命後考〉二文，考成王既沒康王即位之一代大典，正鄭玄所持「顧命之禮行於殯所」及「祭詫之事謂爲對神」之失。其方法將著於下節中。靜安之裸禮說、顧命禮說，拙撰《王國維之詩書學》第五章並有詳論，茲不贅云。

於官制研究，其較著者有《集林》卷四〈漢魏博士考〉及卷六〈釋史〉二篇。〈釋史〉旨考古代史官職掌及地位，說已詳具第三章第二節中。此文爲吾國首篇結合地下材料及紙上材料以詳論史官制度之名著，其釋「中」一節，後人從違不一，猶待討論，〔註48〕若其餘則多可信從，後人所著史學史之作，鮮不徵引及此者。〈漢魏博士考〉考及博士之起源、職守、任用及諸經廢置等端，並進論今古文代謝之故。前乎靜安有胡秉虔者，撰《西京博士考》；又有張金吾，撰《兩漢五經博士考》。唯「張氏書徵引雖博，而苦無鑒裁，又前後往往失之；胡氏之書，至不知博士與博士弟子之別，其於六藝流別及兩漢制度均有所未究，不獨於諸經立學之事茫然無可考也」。〔註49〕則靜安之作，非補正胡、張二書，蓋體例不同故也；且二書爲斷代討論，靜安則通考漢魏、今古文，旨尋變化之意義，其眼光迴非二家所及。

（二）文　物

《集林・（羅）序》云：

> 徵君（靜安）之學，於國朝二百餘年中最近歙縣程易疇先生及吳縣吳憲齋中丞。程君之書以精識勝，而以目驗輔之；其時古文字、古器物尚未大出，故扃塗雖啓而運用未宏。吳君之書全據近出之文字、器物以立言，其源出於程君而精博則遜之。徵君具程君之學識，步吳君之軌躅，又當古文字、古器物大出之世，故其規橅大於程君，而精博過於吳君。

諸語乃通論靜安學術，而非專就文物研究言；惟取以說明靜安文物研究之特質，亦甚宜。程、吳二家治學，俱以博學精識及目驗方法勝；惟程氏之精博較過於吳氏，而吳氏之時代居後，於時古器物大出，其規模又較程氏爲廣也。

〔註48〕參沈剛伯先生撰〈說史〉、戴君仁先生撰〈釋史〉、勞榦先生撰〈史字的結構及史官的原始職務〉。俱收入杜維運、黃進興合編《中國史學史論文選集》冊一。

〔註49〕〈書續谿胡氏西京博士考昭文張氏兩漢博士考後〉，《集林》卷二十一。

要之，二家皆清儒中重實物，且具實驗精神之學者，此亦靜安之治學精神，其得惠於二家者，不僅如前文所述之訓詁與文字考釋而已。

程氏之精博及其治學精神，可於《通藝錄》一書見之。此書，王念孫稱：「足正漢以來相承之誤」，說經各條「輒與原文若合符節」，〔註50〕所撰《廣雅疏證》即多引程說；段玉裁亦稱此書「至爲精析，學者必讀此而後能正名」。〔註51〕又此書之〈考工創物小記〉，於古代器物皆據實物論定，以驗先儒經說之離合；〈磬折古義〉亦搜集三代古磬，一一較其重心，以考定空穴位置，推算勾股角度。〔註52〕

吳大澂除金文著述外，復有《古玉圖考》及《權衡度量實驗考》等書。《古玉圖考·自序》云：「得一玉，必考其源流，證以經傳」；並據古玉測得周代揸圭尺及鎮圭尺，此據實物而復原古尺，上嗣宋人遺法。《權衡度量實驗考》亦本《古玉圖考》之方法，以考訂周秦以來權衡度量之制；〈自序〉云：「不知古尺不可與言律；不知古律，不可與言數」，其重尺度之故，即欲以爲考定制度文物之標準也。

靜安所見器物，遠較二家爲廣；若其精神意趣，則與二家同趨。舉例言之，靜安亦重尺度，民國二年撰《釋幣》時，已有〈唐尺考〉之作，〔註53〕蓋亦欲先定尺度以爲考訂標準也。《集林》卷十九有考訂古尺之〈王復齋鐘鼎款識中晉前尺跋〉、〈日本奈良正倉院藏六唐尺摹本跋〉、〈宋鉅鹿故城所出三木尺拓本跋〉、〈宋三司布帛尺摹本跋〉及〈記現存歷代尺度〉等五篇。所目驗之歷代尺度實物、拓本、摹本，較吳氏爲廣；且吳氏所考者，僅唐以前尺度，靜安則并及唐後；而經由比較研究，推考政治、社會情狀（見第三章第一節），其尤難能者也。後人如楊寬之《歷代尺度考》、羅福頤之《傳世古尺錄》等，均以靜安之研究成績爲藍本而蒐羅益廣。至靜安之實驗精神，如《集林》同卷〈新莽嘉量跋〉云：「……今此器存，則晉前尺存，即《隋·志》之十五種尺無不具存」，有據實物復原古尺之觀念，所製「開元錢尺」即取「開通元寶」（或讀曰「開元

〔註50〕　〈程易疇果贏轉語跋〉，《王石臞先生遺文》卷四。收入《羅雪堂先生全集》六編冊二十。

〔註51〕　《說文解字注》「稷」字條。

〔註52〕　略本吳其昌說。見所撰〈王觀堂先生學述〉，《國學論叢》一卷3號，收入《全集》附錄二。

〔註53〕　〈唐尺考〉於民國6年始發表，然〈釋幣〉（《全集》初編冊六）中已述及此文，殆既撰之後繼有修訂故也。

通寶」）而復原也。〔註54〕又曾以木工仿製古磬，懸而眡之，其鼓無不向外者，與程瑤田〈磬折古義〉所說「古磬直懸」不合，爰據駁程說。〔註55〕《集林‧序》云：「其規橅大於程君，而精博過於吳君」，洵非夸語。

靜安之文物研究，可分為數組，前述之尺度研究可為一組，其餘則：宮室建築、幣帛衣服、古器物三組。

考宮室建築，以《集林》卷三〈明堂廟寢通考〉為代表（此文與〈說觶〉、〈說瓻〉等考器物諸文同卷，故入此討論，而不入上文論制度之部）。古制之聚訟不決者，莫如明堂，自漢以降歷有討論，至清儒而考辨愈詳，惠棟之《明堂大道錄》，為集漢以下經師「明堂論」之大成。靜安何為而考明堂之制？嘗云：「行古禮，以造宮室為第一要著」，〔註56〕則治古禮亦當以明宮室為第一要著，此其意也。惟靜安之方法與觀念有異乎清儒者四：一、綜明堂、廟、寢三者，「通」而考之。二、綜與宮室建築相關之宮、室、堂、房、箱（夾、个）、庭、戶牖、宧、窔、奧、屋漏、重屋、合宮、太室、中庭、通天屋、中霤等，推考其制，而後組合，以擬測古宮室之制。清儒於明堂、廟、寢及相關之內部結構俱有考辨，惟罕有綜論者；清儒求其分，靜安則求其合。三、以紙上材料與地下材料（古文字）相互參證。四、力主「制度之自然」原則。先求宮室建築之基本形制（古宮室通制），而後考其發展、變化之現象，進論其發展、變化之途徑，有云：

> 宮室者所以居人，其初於利用之外無他求也；浸假而求為觀美焉，然於利用、觀美之外無他求也；沿襲既久，而以為有意義焉，則後世有由其所傳之意義以造宮室者矣。凡天下文物無不皆然，而宮室則其尤著者矣。（已見第一章第二節引）

此以人類文化學之意義，說明「天下文物」之發展歷程，俾吾人於紛擾眾說中，掌握審辨之線索。求諸清儒著述，殆未有言之明晰若此者。

考布帛衣服者，有《釋幣》（同註53）及卷二十二〈胡服考〉。《釋幣》之所由作，乃因「禮之所行，莫不有幣」（見該篇），故釋「幣」。上卷由衣服之制考幣帛之長短廣狹，正《淮南子》、《說苑》、鄭玄等之誤說；下卷考歷代布帛修廣價值，則前人所未從事於此者。〈胡服考〉則因胡服行於中國千有餘年，乃「無

〔註54〕　〈日本奈良正倉院藏六唐尺摹本跋〉，《集林》卷十九。
〔註55〕　《別集》卷二〈古磬跋〉、〈漢南呂編磬跋〉並有說。
〔註56〕　《書信》，頁212致羅氏書。

考其源流及制度者」，〔註57〕故有此作，爲迄今論胡服制度之最詳贍者。

　　古器物一組，或考彝器，如卷三〈說單〉、〈說舥〉、〈說盉〉、〈說彝〉、〈說俎上、下〉（諸篇原載於《雪堂叢刻》，合〈説鐘〉、〈説句鑃〉、〈説鬵〉、〈説卣〉，凡十篇，總題《古禮器略說》）及卷六〈釋觶觚卮磚磟〉。諸篇之意，考：斝、散爲一，匜、舥爲二，盉爲和水酒之器，彝爲共名非專名，觶、觚、卮、磚、磟實一非五，俎之形制存於文字。其考釋之法：或據形制明器用（如〈說彝〉），或據器用說形制（如〈說盉〉），蓋形制不明，則名實淆亂，器用不明，則難以證經考史；或證以文字（如〈說斝〉、〈說俎〉），或緯以音韻（如〈釋觶觚卮磚磟〉），結合小學與古器物研究，而非僅用於銘文考釋而已。其論見或亦得前人之啓發（如〈說舥〉，乃見宋人《續考古圖》而悟；〈說彝〉，亦見陳介祺之器物分類而得），然多屬靜安之創獲。雖其中容有待商正者，〔註58〕而大體則純粹不易也。

　　或考玉器，如卷三〈說環玦〉，謂古環之制乃合三片而成規，爲「摺扇面式之玉片合成」；〔註59〕此說，爲後人所首肯。〔註60〕同卷〈說玨朋〉，謂：玨、朋爲一字，「五貝一系，二系一朋乃成制度」；此說，又證之殷虛實物而合者。〔註61〕又卷一〈陳寶說〉，謂《尚書・顧命》之「陳寶、赤刀」當爲「越玉五重」之一，正鄭玄釋「陳寶」爲「陳之以華國」之誤。同卷〈書顧命同瑁說〉，謂同、瑁一物，即古之圭瓚。二文雖非專考玉器，然實相關，且裨經訓。

　　或考符印，如卷十九〈秦新郪虎符跋〉、〈秦陽陵虎符跋〉、〈記新莽四虎符〉、〈隋銅虎符跋〉、〈僞周二龜符跋〉、〈元銅虎符跋〉諸篇，或據實物，或據拓本，考歷代虎符制度之演變及其相關政治制度。卷十八〈匈奴相邦印跋〉，考匈奴與中國之文化關係；〈宋一貫背合同印跋〉，考此物爲南宋會子印，與考玉器之〈說玨朋〉俱爲貨幣史之重要發現。又，與璽印相關者，爲封泥，卷十八〈齊魯封

〔註57〕語見該篇。案：《日知錄》卷二十九有〈胡服〉條，纚纚千餘言，惟此條旨論夷夏之辨，爲清人所刪，迨民國 22 年張繼於此平購得原抄本，始見及此條（見原抄本《日知錄》附錄一章太炎撰〈日知錄校記序〉）。靜安固未及見也。
〔註58〕如〈說舥〉一文，孔達生師〈說兕舥〉（《東海學報》六卷 1 期）及屈萬里先生〈兕舥問題重探〉（《中央研究院歷史語言研究所集刊》四十三本四分）俱有辨正。
〔註59〕劉盼遂記《說文練習筆記》〈環玦〉條。
〔註60〕那志良謂古玉環有三類：一、《爾雅》所云「肉好若一」者，二、靜安所考之「聯環」，三、《戰國策》所述之「連環」。見氏著《古玉論文集》附錄六。
〔註61〕見陳夢家《殷虛卜辭綜述》第十六章第八節「貝」。

泥集存序〉、〈書齊魯封泥集存後〉，爲此類之作。惟二文多論封泥之史料價值，於制度則未詳說，蓋封泥制度已見於稍早所撰之《簡牘檢署考》〔註62〕故也。《檢署考》爲繼清人金鶚〈周代書冊制度考〉〔註63〕以來最詳博之作；惟於時靜安所見簡牘猶未豐，今日簡牘大出，有可補正靜安說者。〔註64〕

　　或考明器，如卷十八〈南越黃腸木刻字跋〉，考黃腸之制及其演變，並論漢時南北文化異同。《別集》卷二〈古瓦竈跋〉，考此器爲送葬之物。

　　綜前所述，靜安之制度文物研究，其特點有四：一、同類之比較研究，並釋其異同之故。二、異代之比較研究，以尋其變化之因。三、全面之綜合研究，以求確切之了解。四、文化特質之考察，以提昇制度文物意義之層次，重視精神活動之遺跡。

三、古史研究

　　靜安夙習《史》、《漢》，故其古史研究即先著力於秦漢史，民國二年所撰〈秦漢郡考〉，爲其首篇古史研究之專著；繼是之後，以治金文乃上及兩周，復因治甲骨，遂及於殷商；迨〈殷周制度論〉成，而三代史地研究之重要著述亦大體可舉（其觀念中之「三代」含秦漢，如〈秦漢郡考〉即入總題「三代地理小記」中）；此後，則漸入三代以下，迄於遼、金、元史。此其治史歷程之大略。

　　抑靜安史學之重點爲何？曰：年代、地理與外族。蓋歷史者，人類活動之記錄；年代與地理，人類活動之時空；掌握年代與地理，即掌握經緯史實之兩大要件。靜安重古史年代之研究，其意在探究史實；其地理考證，則著眼於先民活動與文化現象之推考。若其重民族問題，固承自道咸以降之風氣，然靜安復有其自具特色。

（一）年　代

　　靜安重古史年代研究，其意略見於致沈兼士書所附「研究發題」〔註65〕中。發題之四「共和以前年代之研究」云：

　　　　《史記》年表起於共和，厲王以前年祀無考。……然〈周書・武成〉、

〔註62〕《全集》續編冊一。

〔註63〕《求古錄禮說》卷十，《皇清經解續編》卷六七二。

〔註64〕見中華五千年文物集刊編輯委員會編《簡牘篇》冊一〈簡牘釋義及其史料價值〉。又余嘉錫有〈書冊制度補考〉，見《余嘉錫論學雜著》。

〔註65〕《書信》，頁335。

〈召誥〉、〈顧命〉諸篇，頗具年月；如能以黃帝、顓頊、夏、殷、周、魯六曆，各上推四、五百年，各著其分至、朔望之甲子，以與《尚書》及古器之月日相參證，雖宗周諸王在位之年數，無從臆說，然武王克殷之年、周公營洛之歲與成王在位年數，或可得定歟！

附志：黃帝等六曆及曆法及積年，見《開元占經》卷一百五，並參考汪曰楨《古今推步諸術考》。

年代者，考定事實之準據也，故靜安重之如此。彼以為：共和前年代，或可考定者有三，曰：武王克殷之年、周公營洛之歲及成王在位年數。以此三者為基點，則古史年代或可漸次而理。靜安於前二者，均已初發其緒，《集林》卷一〈生霸死霸考〉、〈洛誥解〉及《別集》卷一〈周開國年表〉是也；於後者，則猶未從事，〈周開國年表〉所記至「成王元祀」而已。又靜安於殷商史研究，首重世系之釐正，亦重年代意也，惟「發題」所擬議者，僅及周初，蓋以為：據紙上及可見之地下材料，可從事者止此耳。然日後董作賓先生有《殷曆譜》之作，殆靜安所未嘗慮及者歟！

　　〈生霸死霸考〉發軔於武成年月之研究。《漢書‧律曆志》引〈武成〉云：「惟一月壬辰旁死霸，若翌日癸巳，武王朝步自周，于征伐紂」，又云：「粵若來二月既死霸，粵五日甲子，咸劉商王紂」，又云：「惟四月既旁生霸，粵五日庚戌，武王燎于周廟」，予武王克殷年月提供可貴線索；而〈召誥〉復云：「惟二月既望」，〈顧命〉云：「惟四月哉生霸」，即「發題」所謂「頗具年月」者。若綜〈武成〉、〈召誥〉、〈顧命〉所記諸「月相」，以與金文所記者相參證，則〈武成〉年月可得：此靜安意也。故此文既考得「周人一月四分之術」，繼云：「於是〈武成〉諸日月，不待改月置閏而可通」（案：指史遷移武王討紂於一月，劉歆則於二月後置閏）。是「發題」之意，已先著於此文中。

　　乾嘉經學家率兼精曆算之學，靜安於曆算別無專著，此篇或可當之。此「一月四分」說既出，一時驚為創論，日人新城新藏據此以解〈漢志〉、〈武成〉，推武王克殷之年為紀元前一○六六年，較姚文田《學古錄》所推，僅差一年；〔註66〕吳其昌亦本此說，撰《金文曆朔疏證》，〔註67〕可謂善繼靜

〔註66〕　參蠡舟撰〈王靜安先生之考證學〉，收入《全集》附錄三。新城新藏說，見所撰〈周初之年代〉，《支那學報》四卷4號；戴家祥有譯文，載入《國學論叢》二卷1號。

〔註67〕　《燕京學報》6期。

安之業並予發揮者。至靜安此文得失，愚嘗就：月相舊說、靜安新說、靜安之方法、靜安之動機、四分說探源、靜安說評議等六事，逐一討論，說具拙撰《王國維之詩書學》中。

營洛邑爲周初大事，自漢以降，學者辨說紛紜，且此事與周公攝政、還政事相關，益滋爭論。靜安於〈周開國年表〉、〈洛誥解〉中，曾試予考辨，亦僅提示線索而已，故「發題」中復有此議。〈周開國年表〉，爲靜安未定稿，殆爲〈生霸死霸考〉、〈洛誥解〉、〈顧命考〉等文而作，初不欲發表，僅作爲參考而已，故表中歧異迄未修正。如「文王元祀」條註云：

> 〈酒誥〉之「肇我民惟元祀」，是爲文王受命之元祀；武王即位克商未嘗改元；……成王即位、周公攝政之初，亦未嘗改元。〈洛誥〉曰：「惟七年」，是歲爲文王受命之十八祀、武王克商後之七年，成王嗣位於茲五歲，始祀于新邑，稱秩元祀。

此謂〈洛誥〉之「七年」爲武王克商後之「七年」、成王嗣位之五年（殆亦周公攝政之五年），是年洛邑成，祀於新邑並改元，爲成王之「元祀」。惟「文王十六祀」註云：

> 既克商五年，成王三年。
>
> 《尚書大傳》：「周公攝政，一年救亂。」

又「成王元祀」註云：

> 既克商九年。
>
> 《尚書大傳》：「五年營成周。」

據後二條，則〈洛誥〉之「七年」爲武王克商後九年、成王嗣位之「七年」、周公攝政之五年。同一表內歧互如此而未重審，殆以此篇爲不足存故也。（表中釋〈洛誥〉「我二人共貞」之「貞」爲「貞卜」，〈洛誥解〉同；日後，〈洛誥解〉改釋爲「當」，而此表仍舊，亦其證。參第一章第二節。）至〈洛誥解〉云：

> ……「惟周公誕保文武受命，惟七年」者，上紀事，下紀年；猶〈舲尊〉云：「惟王來正人方，惟王廿有五祀」矣。「誕保文武受命」，即上成王所謂「誕保文武受民」、周公所謂「承保乃祖受命民」，皆指留守新邑之事。周公留雒，自是年始，故書以結之。書法先日次月次年者，乃殷周間記事之體。……自後人不知「誕保文武受命」指留雒邑監東土之事；又不知此經紀事紀年各爲一句，遂生「周公攝

政七年」之說，蓋自先秦以來然矣。

此文則僅揭出「周公誕保文武受命」指留守新邑事；謂〈洛誥〉末二句爲「殷周間記事之體」；破先秦以來「周公攝政七年」說之誤。未明指〈洛誥〉之「七年」爲武王克商後或成王嗣位之「七年」。又周公攝政年數，此文亦無說，然併〈周開國年表〉觀之，殆以爲五年，蓋表中二處與此文意見均相一致也。

　　周初年代，迄今尙難明晰，靜安亦未著其定論（周公攝政五年，殆可視爲靜安定論），後人據〈年表〉二處及〈洛誥解〉中所揭示者爲線索，以重新覈考，可也。若隨意刺取一說，即坐爲靜安定論，並予糾駁，實失公允。〔註68〕

（二）地　理

　　乾嘉學風重經學而略史學，於史書中則重前三史而略三史以下，〔註69〕其治史觀點則「舍世而論地」。〔註70〕靜安之學術範圍與精神，自不同於乾嘉，然就地理研究而言，亦有發展諸儒並補闕正誤者。如第三章第二節所述〈浙江考〉，正諸儒分浙、漸爲二之誤；〈秦郡考〉正錢大昕以三十六郡爲秦一代郡數之誤是也。除外，復如《集林》卷十二〈漢郡考〉，論《漢書·地理志》所載：秦郡三十六，「高祖增二十六，文、景各六，武帝二十八，昭帝一，迄於孝平，凡郡國一百三」之誤；而「自來讀《漢書》者，殆無不以班氏之說爲信而不可易」者。同卷〈漢會稽東部都尉治所考〉，正後人改「東部」爲「南部」之失；〈後漢會稽郡東部候官考〉則補惠棟、錢大昕證「東部候官」之不足。凡此類秦漢地理之作，皆自乾嘉諸儒發展而推論愈精。至如〈屯戍叢殘考釋〉，博考漢代邊疆地理，其範圍已軼乎清儒之外，《集林》卷十七〈流沙墜簡序〉，誠「近代研究西陲古地理第一篇文字」（《趙譜》），爲秦漢史研究擴拓區宇。

　　靜安之古地理研究，自有其特色。彼非僅考其沿革而已，尤欲藉知先民

〔註68〕靜安說之是非，近人多有討論，如吳國綜撰〈洛誥新解辨〉（《之江學報》5期）、李民撰〈何尊銘文補釋〉（《尚書與古文研究》）、吳澤撰〈王國維周史研究綜論〉、黎子耀撰〈浩誥解獻疑〉、馬承源撰〈何尊銘文和周初史實〉（俱收入《王國維學術研究論集》第一輯）。余曩撰《王國維之詩書學》，亦曾就靜安之矛盾處批評，駉不及口，追改無及，特識於此，以悔前失。

〔註69〕《漢學師承記》〈錢大昕〉條，述錢氏語云：「自惠、戴之學盛於世，天下學者但治古經，略涉三史，三史以下，茫然不知，得謂之通儒乎？」語針對當時學風而發，故錢氏所治者下及遼、金、元史，開道咸以降風氣。

〔註70〕侯外廬說，見《近代中國思想學說史》第二編〈緒說——惠戴漢學的前驅者〉。侯氏以爲：「乾嘉學者舍世而論地的傳統」源於閻若璩。

之活動背景，進考史實。如《集林》卷十三〈鬼方昆夷玁狁考〉，稽索書器中與玁狁活動相關者十一地，曰：焦穫、涇陽、鎬、方、朔方、太原（以上《詩經》）、西俞、罿、高陵（以上〈不嬰敦〉）、罿鹵（〈兮甲盤〉）、洛之陽（〈虢季子白盤〉），併其相同者（方與朔方、罿與洛），實得九地；綜此九地，考其地望與玁猥活動之關係。梁啓超評云：

> 周宣王伐玁狁之役，《詩經》、《史記》、《竹書紀年》所述，皆僅寥寥數語；而王國維生三千年後，乃能將其將帥，其戰線，其戰狀，詳細考出，歷歷如繪。此無他謬巧，其所據者皆人人共見之史料，彼其爬羅搜剔之術操之較熟耳。〔註71〕

「操之較熟」者，關乎史才，非易易也。蓋靜安掌握歷史之時空要素，發揮地理之空間功能，以史實考地理，以地理證史實，所敘戰事乃能躍諸眉宇，生動如繪。此已非乾嘉「舍世而論地」之傳統矣。

其次，靜安於地理之中，復重都邑，以爲：

> 都邑者，政治與文化之標徵也。〔註72〕

此語具近代史學之認識，洵爲「合於科學的斷言」。〔註73〕其〈殷周制度論〉，比較虞、夏、商、周都邑位置，以論其政治、文化異同，即是佳例。餘如：考證殷商都邑者，有《集林》卷十二〈說自契至於成湯八遷〉、〈說商〉、〈說亳〉、〈說耿〉、〈說殷〉等五篇。其首篇，就《尚書正義》所舉三遷而益以五，以實八遷之數，然考之未詳；其餘四篇，則援據賅博，推斷至精。四篇撰意：「商」地與國號相關，復爲春秋宋國之遠源，故撰〈說商〉；「亳」地與湯之經略大業有關，故撰〈說亳〉；殷人遷耿，以水患之故，此可爲「不常厥居」得一解釋，故撰〈說耿〉；「殷」亦與國號相關，且定都最久，故撰〈說殷〉。諸文俱撰於〈先公先王考〉之前，蓋先以概觀殷代政治與文化，以爲治殷史之張本。

於周代，則有「宗周」、「成周」之辨，謂：「彝器中所云宗周、成周，劃然不同。宗周指鎬京西周，成周指洛邑東周」。〔註74〕說宜可信。復有「成周」、「王城」之說，以爲周時東京本有二城：瀍水以東，爲成周；瀍水以西，乃王城（同上註）。惟此說實可疑，其門人楊筠如已不之從。〔註75〕至《集林》

〔註71〕《中國歷史研究法》第五章〈史料之蒐集與鑑別〉。
〔註72〕〈殷周制度論〉，《集林》卷十。
〔註73〕侯外廬推稱語。見《代中國思想學說史》第三編十七章〈古史學家王國維〉。
〔註74〕吳其昌記《觀堂尚書講授記》，《全集》續編冊六。
〔註75〕《尚書覈詁・雒誥篇》：「……王城之名，始于平王東遷以後，實即成周。……

卷十二〈周莽京考〉，謂彝銘中之「莽」即《詩・小雅》之「方」，亦即「蒲坂」，爲太原之子邑。此說恐不可信，近人批評多矣。〔註76〕

同卷〈秦都邑考〉，謂：秦歷世所居之地凡九，分三處，與宗周、春秋、戰國三期相當。繼云：

> 曰西垂，曰犬邱，曰秦，其地皆在隴坻以西，此宗周之世秦之本國也；曰汧渭之會，曰平陽，曰雍，皆在漢右扶風境，此周室東遷、秦得岐西地後之都邑也；曰涇陽，曰櫟陽，曰咸陽，皆在涇渭下游，此戰國以後秦東略時之都邑也。觀其都邑，而其國勢從可知矣。

綜秦歷世都邑，觀其經營策略，而推知建都動機，與〈說亳〉同一旨趣。「觀其都邑，而其國勢從可知」，此靜安考證都邑目的之一。此文，日人谷口滿並有補辨。〔註77〕

卷十四〈西遼都城虎思斡耳朵考〉，謂：「虎思斡耳朵」乃新名也，其舊名曰「八喇沙袞」，即《唐・志》之「裴羅將軍城」，且就地名源流與地理位置以證此說；蓋以「西遼都城自來無眞切言之者，故聊發其概焉」。〔註78〕

都邑之外，復重方國，所作金文跋尾，以考證方國者爲多。蓋史籍所載，多王朝及諸大國之事，於蕞爾小國，多失載，靜安所以重方國者，亦「史外求史」之意也（參第三章第二節）。如〈散氏盤銘〉中多國名，靜安極重此器，《集林》卷十八〈散氏盤跋〉，考得矢、散、井、微四國之活動及其存滅；同卷〈克鐘克鼎跋〉，考知「克」之封地與古公劉同；〈北伯鼎跋〉，考邶、鄘、衛三國地望；〈鑄公簠跋〉，論「鑄」爲黃帝之後，兼考鑄、祝、州之關係；《別集》卷二〈鄂侯馭方鼎跋〉，考鄂之國境；同卷〈虢仲簠跋〉，考三虢地望。均其例。其考方國，不專著眼於政治意義，且欲並見與王朝之文化關係。如《集林》卷十八〈商三句兵跋〉，謂：此三器爲「殷時北方侯國之器」，「其先君皆以日爲名；又三世兄弟之名先後駢列皆用殷制」，「蓋商之文化，時已沾溉北土矣」。〔註79〕又《別集》卷二〈羌伯敦跋〉，據此器形制、文字與中原

> 《漢・志》之王城，實爲西周君之都邑，與周公所營東都無涉。」
〔註76〕如郭沫若〈臣辰盉銘考釋〉，《金文叢考》、十；唐蘭〈莽京新考〉，《史學論叢》一卷。其餘尚多，不具列。
〔註77〕〈王國維秦都邑考補辨〉，《人文論究》38號。
〔註78〕案：錢大昕《十駕齋養新錄》卷八〈西遼記年〉條、朱一新《無邪堂答問》卷一，均考及西遼都城，惟不及靜安詳贍。
〔註79〕案：董作賓先生謂〈商三戈〉爲僞器，理由曰：「就戈之用法論，最爲顯而易見者，則銘皆倒刻也。」（〈湯盤與商三戈〉，《台大文史哲學報》1期）然銅器

禮器無異，知「宗周文物所被遠矣」。即靜安考金文中方國，亦猶其論都邑之
著重於政治、文化二義也。

（三）外　族

顧頡剛論靜安於元史研究之成績，「不亞於其在甲骨文、金文及漢簡研究
上的貢獻」。〔註80〕考靜安專力元史未久，其所發明，殆難與甲金文及漢簡研
究相敵，顧說不無商榷餘地；惟綜其外族研究之成績論之，顧評即未為失當。
蓋靜安於外族研究，上自殷商鬼方，而循流至於漢代匈奴；下自元代蒙古而
溯源於唐宋間韃靼；中考西胡、大月氏、回鶻、突厥等，所究時間範圍之長，
殆第一人。其研究順序，乃先殷商而後秦漢，繼以唐宋，終於遼金元，層層
下降，有源有委；於外族之淵源流變，條分縷析，原原本本：此一特色，求
諸前人，亦無有也。兼復整理史料不遺餘力，所提問題均具價值，其外族研
究之綜合成績，自不在甲金文及漢簡研究之下矣。

靜安治外族史，以考辨種族源流為先。《集林》卷十三〈鬼方昆夷獫狁考〉，
由古器物與古文字之助，考知古籍所見鬼方、昆夷、獯鬻、獫狁、戎、狄、胡、
匈奴等稱，實為同族，「隨世異名，因地殊號」。此「匈奴源於鬼方」說，為靜
安之創論；後人從違者各半，〔註81〕惟反對者亦尚難有確證足以否定此說。卷
十四〈韃靼考〉，謂：「唐宋間之韃靼，在遼為阻卜，在金為阻䪁，在蒙古之初
為塔塔兒，其漠南之汪古部，當時號為白達達者，亦其遺種也」。此與〈鬼方考〉
同一觀念，以為前代種族或因「世」（時間）而「異名」，或隨「地」（空間）而
「殊號」，難以一旦滅絕；故循其名、號以究流變。此「阻卜即韃靼」說，王靜
如、徐炳昶均撰文力駁，〔註82〕然靜安說竟得後人據〈遼道宗哀冊文〉予以證
實。〔註83〕

為究析種族源流，故靜安特留意種族內部分合與遷徙之事實。如鬼方一

銘文倒刻者，非無他例，如殷墟出土一鼎（XVII，R1752），其銘文「🜊」（益），
即倒刻（見李濟、萬家保合著《殷墟出土青銅鼎形器之研究》，圖殷壹柒）。
是單就「倒刻」論說，理由尚欠充足。

〔註80〕《當代中國史學》第三章第一節〈元史、蒙古史研究的成績〉。

〔註81〕林幹撰〈王國維對匈奴史的研究〉一文介紹甚詳，可參看，收入《王國維學
術研究論集》第一輯。

〔註82〕王撰〈論阻卜與韃靼〉，《中央研究院歷史語言研究所集刊》二年三分。徐撰
〈阻卜非韃靼解〉，《女師大學術季刊》一卷1期。

〔註83〕見余大鈞撰〈論王國維對蒙古史的研究〉，收入《王國維學術研究論集》。

族，本屬游牧民族，非有定居，「中間或分或合，……隨世異名，因地殊號」。
又宗周「微」（眉）族，其本國在南山，「其種族一部，早移居於渭水之北」。
〔註84〕《集林》卷十四〈黑車子室韋考〉，謂「黑車子室韋」即「黑車子」之
一部落，並考其住地及南遷事實；補日人津田左右吉所作〈室韋考〉之不足。
《別集》卷一〈月氏未西徙大夏時考〉，謂月氏未西徙大夏前居且末、于闐之
間；此則前人所未嘗留意及之者也。

　　靜安亦究及中國與外族之交互影響。其影響有二，曰武力，曰文化。前
者如〈鬼方考〉所論：外族與中土武力互為消長，中國勢弱則外族入侵；反
之，則不得逞於中國，而逃亡奔走矣。若文化之影響，或中國影響外族，如
《集林》卷十八〈匈奴相邦印跋〉，謂此印為戰國訖秦漢間物，乃匈奴自造，
所稱「相邦」與六國執政者之稱同，其文字亦同先秦，「可見匈奴與中國言
語雖殊，尚未自制文字，即有文字，亦當在冒頓老上以後，非初葉之事矣」。
或外族影響中國，如卷二十二〈胡服考〉及《別集》卷一〈摩尼教流行中國
考〉二文所論者是矣。又其所以究心外族、邊裔風俗者（第三章第一節），
殆亦欲取較中土，觀其異同歟！

　　若所整理之外族史料，有：《元朝秘史地名索引》（未刊）、《聖武親征錄
校注》、《長春眞人西游記校注》、《蒙韃備錄箋證》、《黑韃事略箋證》（以上稱
「蒙古史料校注四種」）、《杜環經行記校注》、《王延德使高昌記校注》、《劉祁
北使記校注》、《劉郁西使記校注》（以上稱「古行記四種校注」）。復自古書中
抄出《高居誨使于闐記》、《繼業三藏行記》、《耶律楚材西遊錄》。復有〈南宋
人所傳蒙古史料考〉，審辨史料眞僞；〈元刊本西夏文華嚴經殘卷跋〉等書器
題跋，考定相關史事，均居功厥偉。

　　綜靜安之外族史研究，所跨時代至長，究及種族至多，涵蓋區域至廣（黑
車子室韋居東北，其餘多屬西北，且深入中亞），為外族史研究鋪陳廣漠時空；
其史料整理，俾後人於資料運用益有憑藉；復因眼光精敏，觀念新穎，凡所
討論，如：匈奴族源、韃靼、乣軍（《集林》卷十六〈元朝秘史之主因亦兒堅
考〉）、大夏及西域胡人族源（卷十三〈西胡考〉、〈續考〉）等問題，均予後學
以賡續探研之刺激，其嘉惠後學不可謂不宏矣。

〔註84〕〈散氏盤跋〉，《集林》卷十八。

第二節　經史考證方法

若歸納靜安著述中習用語，有「新」、「事實」二語，前數章已述；復有：理、通、例（通例）、推、名等。前二者爲考證之精神與目的，後五者爲考證之方術；合而觀之，靜安之考證學大略知矣。

一、考證之理據

靜安自述其考證方法云：

> ⋯⋯其術在由博以返約，由疑而得信；務在不悖不惑，當於理而止。

〔註85〕

「由博返約」者，歸納通例（或「通制」，如〈明堂廟寢通考〉；或「基本款式」，如考證古籍版本）；「由疑得信」者，反覆思辨；所謂「理」者，或指情理，或指事理。「當於理而止」，謂以「理」爲驗證標準也。惟靜安時或以合乎「通例」者謂之合「理」，則其所謂「理」者，亦或指「通例」。驗以靜安著述多稱「理」字，序中特著此語，當非泛及。又云：

> 由此而之彼，即甲以推乙。〔註86〕

此與「因所已知，通彼未見」〔註87〕一語同意。「此」、「甲」者，已知之「理」或「通例」；「彼」、「乙」者，「未見」或待知者也。又論考證之難曰：

> 協於彼矣，而或違於此；通於理矣，而或閡於數。〔註88〕

則其考證結果之理想爲：協彼此（內外證據和諧）、通理數（制度與理不違）。

陳垣先生論胡三省之考證法有三，曰：理證、書證、物證。並釋「理證」之義云：

> 凡無證而以理斷之者，謂之「理證」。〔註89〕

此專就「以理爲證」一特質而言。《集林》卷七〈漢時古文諸經有轉寫本說〉，謂「漢時古文經傳蓋已有轉寫本，雖無確證，然可得而懸度也」，且立「懸擬」之六證。此即陳先生所論之「理證」。惟靜安之考證方法，其特色不在此；其常循途徑爲：尋求「通例」，並貫之以「理」。

〔註85〕《集林・（羅）序》。
〔註86〕〈毛公鼎考釋序〉，《集林》卷六。
〔註87〕〈殷虛書契考釋序〉，《集林》卷二十三。
〔註88〕《雪堂叢刻》本〈明堂廟寢通考〉。
〔註89〕《通鑑胡注表微》〈考證篇〉第六。

請先略論「通例」。

「通例」者，所以解釋資料及現象之標準，乃歸納多數之例而得者；由通例而推所「未見」或「待考」者，乃立於「類推」之基礎。雖據此所推得者，未必即為事實，然苟無反證，吾人信其去事實不遠。唯通例之建立，除需歸納多數之例而外，尚需就該例內容闡釋無誤乃可。如羅振玉云：

> 卜辭之例：凡卜祭日皆以所祭之祖之生日為卜日；凡以妣配食者，則以妣之生日為卜日。如大乙、妣丙同祭，則以丙日卜而不以乙日卜。

靜安駁云：

> 卜祭先王以其妣配，舍先王之生日而用其妃之生日，於事為不順。疑以上諸條，專為妣祭而卜，其妣上必冠以「王賓某（原註：如大乙、大甲之類）奭」者，所以別於同名之他妣，如後世后謚以冠以帝謚，未必帝、后並祀也。（二條均已見第四章第一節引）

卜辭中言「某妣某」或「某奭某」之例，不可謂不多，惟羅氏所釋「凡以妣配食者」云云，乃誤釋，自不可據為「卜辭之例」。靜安評云：「於事為不順」，謂其不合事理（亦且不合情理）；且以為諸條乃「專為妣祭而卜」也。靜安之根據：一、以羅氏所述第一例「凡卜祭日皆以所祭之祖之生日為卜日」為通例。二、以「後世后謚上冠以帝謚」例，「類比」卜辭「王賓某奭」，以究其義。（靜安與羅氏均誤以「王賓」為一名詞詞組。）夫古今制度未必盡同，然靜安舉後世后謚例以類比卜辭「王賓某奭」例，乃就「別嫌」意義論之，亦合於事理也。

靜安善取他人所發明通例，如前舉羅氏之卜辭例是已。亦善就所見書器歸納成例，如上節所述「文字變化通例」即是，又如《集林》卷一〈高宗肜日說〉，歸納「某某肜日」例「不下百條」，因得「辭中某甲某乙，皆謂所祭之人，而非主祭之人」之通例，證知：「高宗肜日」不得釋為「高宗祭成湯」，當釋為「祭高宗」。此據所歸納通例以解釋資料，而論斷即寓其中。其著述中亦隨處可見運用通例之跡，如第一章論「太史籀書」之考訂，運用古書名通例（靜安此例，猶待商榷，說已見前）。又如《集林》卷一〈生霸死霸考〉云：

> 〈智鼎銘〉先言「六月既望」，復云「四月既生霸」。一器之中，不容用兩種記日法，則「既生霸」之非「望」，決矣。

此謂：同一書器於某類詞語，當具統一之概念與用法（指紀實語詞，而非修

飾語）；若一書器中二語並出，可決爲二義。故據〈舀鼎〉例，乃斷云：「既生霸」非「望」。依此例，復有如下判斷：

《左傳》：「見舞〈象箾〉、〈南籥〉者，見舞〈大武〉者」，是〈大武〉之外，又自有象舞。〔註90〕

東烏壘與□谷關並出，非一關也。〔註91〕

咫、尺並言，明二者各異。〔註92〕

版、奏並言，明爲二物。（同上註）

東、洛邑並出，明是二地。〔註93〕

《說文》中籀文、大篆並見於一條，二者有別。〔註94〕

（〈毛公鼎〉）𢆶字實與克鼎𢆶字形尤相近，而〈克鼎〉又自有克字作𢆶，則釋𢆶爲克者殆非也。〔註95〕

此七例與〈生霸死霸考〉所言者，爲同一通例。據此，則《尙書・洛誥》所云：「記功宗，以功作元祀，……惟周公誕保文武受命，惟七年」，似不當既稱「祀」又稱「年」，且「元祀」亦當不同於「七年」，靜安釋云：

「元祀」者，因祀天而改元，因謂是年曰「元祀」矣。……是歲既作「元祀」，猶稱「七年」者，因「元祀」二字，前已兩見，不煩複舉，故變文云「惟七年」，明今之「元祀」即前之「七年」也。〔註96〕

意謂：〈洛誥〉所祀者，乃洛邑成，因行祀天改元等事，是年適有二種紀年法，故前云「元祀」，末云「七年」，非有異也。則此例與前述〈舀鼎〉等例情況有別，未可等觀。

次釋「情理」

靜安治禮，最重「禮意」。禮意者制禮之本意與精神，爲禮之至精至微者；然禮不失人情，故「禮意」或可釋曰「情理」。

〔註90〕〈說勺舞象舞〉，《集林》卷二。
〔註91〕〈劉平國治□谷關頌跋〉，《集林》卷二十。案：此約取靜安意，非原文。
〔註92〕〈簡牘檢署考〉，《全集》續編冊一。
〔註93〕〈公違鼎跋〉，《別集》卷二。
〔註94〕《史籀篇疏證》，《全集》初編冊八。此亦約靜安意。
〔註95〕《毛公鼎銘考釋》，同上註，冊十一。
〔註96〕〈洛誥解〉，《集林》卷一。

　　《集林》卷一〈周書顧命考〉、又〈後考〉，論《尚書・顧命》所記成王
沒、康王即位事，「其冊命之禮，質而重，文而不失其情」。至鄭玄之注此篇，
不能無失，靜安論云：

　　　　若如鄭注，則受命之禮行於殯所，祭、咤之事所以對神，君臣吉服
　　　　拜起尸柩之側，獻、酢同事分於二人之手：凡此數者，無一與禮意
　　　　相合。

又云：

　　　　鄭既以冊命之地為殯所，故以三宿、三祭、三咤為對神；不悟康王
　　　　獻神而大保自酢，於禮之通例固不可通也。

前者論鄭注不合禮意，後者議其不合通例。惟細審二文，意實相近；合乎「禮
之通例」，亦自合「禮意」。若分別言之，「通例」者，形諸文字之內，其證據
為「實」；「禮意」（情理）者，在乎文字之外，其證據為「虛」（非「虛理」
之「虛」），「求之以實，運之以虛」（用焦循語），考證之道盡矣。至靜安考〈顧
命〉之法如何，曰：「以彝器冊命之制與禮經之例，詮釋之」，復貫之以「禮
意」。茲列舉其所據通例及推論結果如下：

　　　一、古禮，有獻始有酢。古敵者之禮，皆主人獻賓，賓酢主人；惟
　　　　　獻尊者，乃酌以自酢。

　　推論：「宿、祭、咤」一節為「太保既獻王，乃自酢」也。

　　　二、冊命之地，自禮經通例言之，自當為廟；

　　推論：「豈有傳天子之位，付天下之重，而不於廟行之者」。

　　　三、古彝器記王冊命諸臣事，必有右之者；

　　推論：命「冊嗣王亦用是禮」也。

　　　四、古者命必有辭，辭書於冊，謂之命書；

　　推論：「大史秉書」即持命書也。

　　　五、古於嘉禮、賓禮皆設几筵，以明有所受命；

　　推論：「顧命之几筵，乃嘉禮、賓禮中泛設之几筵」。

以上皆據通例以「銓釋」之，顧命禮之「質而重」者，於此見之。
至所論「禮意」為何，曰：

　　　　此冊命王用賓主禮。大保雖攝先王，身本是臣，故於堂上以賓主之
　　　　禮行之。攝主者，禮不全於君，受冊者，禮不全於臣、全於子，此
　　　　實禮之至精微而無可擬議者矣。

> 王受同者，重先王之命；祭之、奠之，而不啐酒、不卒爵者，居喪
> 故也。

> 大保祭而嚌之者，王兼居君父之喪，大保但居君喪，哀有間也。

> 既居重喪，但行其禮而不取其味。

此所謂「文而不失其情」者也。〈顧命考〉、〈後考〉，為靜安據「通例」合以「情理」之佳例。

又禮有尊尊之統，有親親之統，靜安亦或據此以論禮意。如《集林》卷十〈殷周制度論〉，考「周制七廟」說，謂：「周之所以七廟者，以后稷始封，文王、武王受命而王，是以三廟不毀，與親廟四而七」；並議劉歆所說「天子三昭三穆與太祖之廟而七」之誤。靜安所據者，「親，上不過高祖，下不過玄孫」之親親之統，謂：親廟當為四不為六，「以禮意言之，劉說非也」。此又論禮意之一例也。

情理之外，復有「事理」。《集林》卷二十二〈胡服考〉，論胡服為「上褶下袴」之制云：

> 此服之起，本於乘馬之俗。蓋古之裳衣，本乘車之服；至易車而騎，
> 則端衣之聯諸幅為裳者，與深衣之連衣裳而長且被土者，皆不便於
> 事。趙武靈王之易胡服，本為習騎射計，則其服為「上褶下袴」之
> 服可知。此可由「事理」推之者也。雖當時尚無「袴褶」之名，其
> 制必當如此。

靜安固未見戰國胡服，然得以推考其制者，所據「事理」。蓋胡服既「為習騎射計」，「上褶下袴」自較端衣、深衣為便也。又靜安此說，非懸空創擬，乃就後世胡服之演變（文中考論甚詳），以上推戰國，並比較乘車之端衣、深衣，而後以「事理」為斷。

卷十七〈敦煌漢簡跋〉十二，釋「烽燧」之制云：

> 烽用火，燧用烟；夜宜用火，晝宜用烟。他簡云：「晝不見烟，夜不
> 見火」是也。乃張揖、張宴、司馬貞、張守節皆以為「烽主晝，燧主
> 夜」，顏師古獨於〈賈誼傳〉注破張宴之說曰：「晝則燔燧，夜乃舉烽」，
> 其識卓矣。據木簡所記，則舉烽燧之地，或曰㠯，或曰燧，而燧之名
> 多至數十，㠯則僅上三簡所記而已。以「理」度之，則夜中之火視晝
> 中之烟所及者遠。蓋古者設㠯，必據高地，又烽臺之高至五丈餘，烽
> 干之高亦至三丈，二者合計，則八丈有奇，夜中火光自可及數十里。

若畫中之烟較不易辨，故置燧之數宜密於置烽，此自然之理。……然
則簡中所記，燹少而燧多，雖燹、燧本可互言，而多少殆爲事實矣。

「他簡」所記，爲劾「畫不見烟，夜不見火」者，〔註97〕則依制當爲：畫見
烟，夜見火。靜安據此簡所記，驗諸餘簡「燹少而燧多」，復度之以「理」（與
下「自然之理」均「事理」），乃證知顏師古「畫則燔燧，夜乃舉烽」之說不
誤。案：靜安所據「度」之「理」，乃至淺之生活常識，然先儒竟未慮及，踵
謬襲譌。考證如折獄，雖需佐證，亦需斷之以理；靜安著述中，其據淺易之
理而撰爲綿密考證者，往往而是。

卷二十一〈書宋舊宮人詩詞湖山類稿水雲集後〉，考元明間所盛傳「元順
帝爲宋少帝子」故事云：

> 《（佛祖）通載》紀：「至治三年四月，賜瀛國公合尊（宋少帝）死
> 於河西。」案：元人之待南宋，較遇金人爲優。少帝入元，歷世祖……
> 五世，其降元之歲爲至元十三年，年六歲，……至至治三年賜死於
> 河西，年五十三，而順帝之生適前於此三年。元人不忌之於在大都
> 之時，而忌之於入吐番爲僧之後；又不忌之於少壯之時，而忌之於
> 衰老之後；此事均非人情。以「事理」推之，當由周王既取順帝母
> 子，藉他事殺之以滅口耳；又順帝之母乃邁迪氏，生順帝後亦未幾
> 而殂；其中消息可推而知。時周王以武宗嫡長，失職居邊，以順帝
> 之生有天子瑞，因取爲己子；正如魏豹取薄姬故事，亦不足怪。瀛
> 國公之禍，正微示此事實。

《佛祖通載》僅記「賜死」，其餘不詳；靜安據「事理」推考，發其秘聞。惟
其所論「事理」非鑿空臆測，乃先覈考宋少帝生平事實，復取歷史先例以爲
說明，情推勢測，十得八、九矣。

不惟推論過程需以「理」爲斷，即考證方術之施訂，亦往往依據於「理」。
如《釋幣》〔註98〕考布帛之制是也。布帛之制，古籍所載未詳，然所以有布
帛者，爲適用也；其制「均由衣服之制出」；故靜安據衣服之制以推「幣」制，
此據「事理」訂之。又論鄭玄所釋「制幣」之失爲「不適於衣服之用」；此則
據「事理」以驗之。不惟是也，靜安更云：「吉服與凶服材質雖異，尺寸略同」，

〔註97〕此簡全文，《全集》未收。見《羅集》續編冊七《屯戍叢殘·隙燧類》三十九
　　　　簡。
〔註98〕《全集》初編冊六。

故據喪服以「推定」冕服、弁服與朝服所用之布，亦本於「適於用」之「事理」而施行。

若其推論邏輯亦宜略述，請舉二例，以明其推論方式。

例一：《集林》卷六〈釋史〉

主題：考古代史官地位（以下依論證層次先後，分前件、推論二項條列）

　　一、「作冊」（冊命）之事爲内史所掌；〈吳尊蓋〉之「作冊吳」，〈虎敦〉、〈牧敦〉作「内史吳」。

推論：「作冊」即「内史」之異名。

　　二、「作冊」即「内史」之異名；彝銘中多見「作冊内史」、「作命内史」。

推論：作冊、内史、作冊内史、作命内史，均同職異稱。

　　三、「作冊」即「内史」；彝銘多見「王呼作冊尹（或内史尹）冊命」者。

推論：「内史尹」即「作冊尹」，亦掌作冊，爲作冊、内史之長。

　　四、彝銘有呼「尹氏」或「命尹」冊命者。

推論：「尹氏」爲省稱，「命尹」爲異稱。（古命、令同字，命尹即令尹。靜安說。）

　　五、《詩經》以師、尹並稱，同秉國政。

推論：尹氏地位至高。

　　六、卜辭尚無「事」字，以「史」爲「事」，周初始別爲二字：「尹氏」之號本於「内史」。

推論：卿事、御事之稱，推「史」之名以名之；庶尹、百尹，推「内史」之名以名之。

總結：古官名多從「史」出，史之位尊地要可知。

以上推論，層次井然，可見其治學之條理不紊。惟其中〈吳尊蓋〉之「作冊吳」，何以即爲〈虎敦〉、〈牧敦〉之「内史吳」，靜安於此無說，蓋以諸器時代相同，故逕作此推斷歟？〔註99〕

例二、同卷釋觶觛卮𣂈𣂼

[註99] 郭沫若以爲：〈吳彝（尊）〉與〈師虎殷（敦）〉均恭王時器，並云：「（〈吳彝〉）作冊吳與〈師虎殷〉之内史吳，名同、官同，自係一人。」（《周代金文圖錄及釋文》三）

主題：證五字異名同實（以下就論證層次先後，條列其文）

一、證觶、厄爲一

《說文》：「觶，鄉飲酒角也，受四升」，其重文作觗、觗二體。而《漢書・高帝紀》《注》引應劭曰：「厄，鄉飲酒禮器也，古以角作，受四升，古厄字作觗」。其說本於叔重。

此據觶、厄二名之器物材質、容量、用途及異體字（觗）爲證。

二、證觶、鉏爲一

《說文》：「鉏，小觶也」。又《急就篇》顏本「蠡斗參升半厄鉏」，皇象本「鉏」作「篅」，蓋假「篅」爲「觶」。

此據《說文》所述觶、鉏同類及《急就篇》之異文爲證。

三、證厄、鉏爲一

《說文》：「厄，一名鉏。」

此據《說文》「厄」之別名爲證。

四、證塼、耑爲一

古書多以耑爲專，《急就篇》顏本之「蹲踝」，皇本作「踹踝」；賈誼〈服鳥賦〉「何足控搏」，《史記》、《文選》作「搏」，《漢書》作「揣」；《急就篇》皇本、顏本之「樽楷」，宋太宗本作「楲楷」；而「樽」即「塼」，「楲」即「耑」。

此據偏旁通用爲證。

五、證鍴、觶爲一

徐之祭器（愚案：〈徐王義楚之祭耑〉）名「鍴」若「耑」，而形與「觶」同，又耑、塼爲一之鐵證矣。

此據「耑」器之器形及本名爲證。

以上據器形、器用、文字及器物本名爲證，其關係略如下圖：

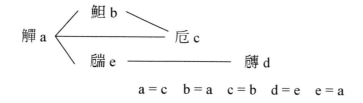

$$a=c \quad b=a \quad c=b \quad d=e \quad e=a$$

除外復有第六證，謂五字之音同出一源，以音韻貫串五字之關係。或分證，或合證，其推論細密、條理如此，殆無以易之矣。

二、考證之關鍵──名實考辨

　　靜安著述中屢出「名實」一語，除外，復有通名、公名、共名、大共名、小共名、專名、別名、雅名、俗名、嫌名、古名、今名、奇名、偶名等稱，可謂多矣。其何以亟言乎「名」者，自解之云：

　　在自然之世界中，「名」生於「實」；而在吾人概念之世界中，「實」
　　反依「名」而存。……事物之無名者，實不便於吾人之思索。〔註100〕

其所以重「名」，因名、實二者原相依存，欲掌握事物關鍵，必予以重視。靜安又曰：

　　吾人對種種之事物，而發現其公共之處，遂抽象之而爲一概念，又
　　從而命之以「名」。〔註101〕

「名」之所由生，其順序爲：由事物而概念而「名」。吾人欲詳知該事物，則可由「名」以上溯概念，進而知此事物；故詳究「名」之意義，乃在確定此概念之內涵，有助於對事物屬性（公共之處）之充分了解，此科學之認知也。

　　又云：

　　古地名、人名同者甚多，不可牽合爲説。〔註102〕

此特就地名、人名發凡起例，實則不僅此二類而已。凡同名者，未必同實，「不可牽合爲說」，此辨嫌名之意也。且事物或同名而異實，或異名而同實，循名求實、覈實辨名，可尋得事物之淵源流變。靜安之名實考辨，乃合乎科學與史學之認知。

　　靜安考證文章特色之一，爲：先釋「名」，後論證；其檢討舊說是非，亦往往據此裁斷。如《集林》卷一〈生霸死霸考〉，先釋「霸」義，而後得「生霸死霸」之確解，並評俞樾說之「名義不能相符」；若《釋幣》之作，則先釋廣、幅、制、匹、兩諸名，而後求「幣」制，並評鄭玄所釋失「制」字之義，謂「名之曰制幣，殊乖其實」。〔註103〕皆其例。甚且欲釋一名，則集合類似者以觀會通，如釋「束帛」，則綜「束脩」、「束矢」等語以銓之（同上註）。蓋其考證要訣，即掌握「名」爲推考基點與線索，必名實相符，令「事與義會」（〈生霸死霸考〉）而後已。

〔註100〕〈論新學語之輸入〉，《靜安文集》。
〔註101〕〈釋理〉，同上註。
〔註102〕《書信》，頁329致唐蘭書。
〔註103〕《全集》初編冊六。

　　名實之辨遠肇先秦，儒、墨、名、法諸家俱有正名實之說；繼是而降，如董仲舒《春秋繁露》之論倫理、政治，班固《白虎通》之釋制度，均本於名實之辨；劉知幾《史通‧稱謂篇》，亦基於重「名」之意而作。然予靜安影響較直接者，爲：以小學爲基礎，「綜形名，任裁斷」〔註104〕之乾嘉考證方法，章學誠重源流、辨嫌名之史學觀念〔註105〕及西方之邏輯思辨。靜安承前人之術，深造自得；考命名之義，直入腠理；循名求實、覈實辨名，皆具條貫，俾「名實考辨」得發展爲考證學之重要觀念及方法。

　　〈爾雅草木蟲魚鳥獸名釋例〉及〈古文考〉等篇，並爲辨名實而作，主題至爲明確，即其餘各篇，亦莫不運用此觀念與方法。述之如下。

（一）考命名之義

　　考命名之義，其精神在窮究事物之根源，本此方法以治經研史，於問題癥結較易把握。如獫狁後裔，至春秋爲戎狄，靜安云：

> 戎與狄皆中國語，非外族之本名。「戎」者兵也，……本爲兵器之總稱，引申之，凡持兵器以侵盜者，亦謂之「戎」。「狄」者遠也，……後乃引申之爲驅除之於遠方之義，……凡種族之本居遠方而當驅除者，亦謂之狄。且其字从犬，中含賤惡之意，故《說文》有「犬種」之說，其非外族所自名，而爲中國人所加之名，甚爲明白。故宣王以後，有戎狄而無獫狁者，非獫狁種類一旦滅絕或遠徙他處之謂，反因獫狁荐食中國，爲害尤甚，故不呼其本名而以中國之名呼之。〔註106〕

「戎」者兵也，持兵器而侵盜者也，有敵視之意；「狄」（同「逖」）者遠也，居遠方而當驅除者也，且字从「犬」，有賤惡之意。靜安知其非外族本名，而爲中國人所加者，以此。就二語之意，知彼族好武，〔註107〕且居遠方；又自其名所由起觀之（靜安以爲：春秋莊、閔以後，戎號廢而狄號興），推知當時中國人心理及彼族之「荐食中國，爲害尤甚」。則二語命名義之所存，即西周、

〔註104〕章太炎《檢論‧清儒篇》。

〔註105〕《校讎通義》有〈辨嫌名〉條。

〔註106〕〈鬼方昆夷獫狁考〉，《集林》卷十三。

〔註107〕〈不娶敦蓋銘〉：「駿方儼允」，靜安考釋云：「駿方者，蓋古中國人呼西北外族之名（原註：西北民族之善射御，自古已然，如秦之祖先本在戎狄，其入中國皆以畜牧及御，……可知中國人於畜牧僕御不如西北民族，此御方之名所由起歟）。」（《全集》初編冊十一）此「駿方」一名之所由起，亦可爲該民族特質得一說明。

春秋間一段無文字記載之史料矣。

不僅古史研究，即文物制度研究，靜安亦多本此法以爲突破前人是非之管鑰。如上節所舉〈明堂廟寢通考〉，靜安綜釋宮、室等稱，定其「名之不可易」，而後求宮室之制。其釋「名」之法，如「太室」，靜安釋云：

> 太室者，以居四室之中，又比四室絕大，故得此名。太者大也，……
> 太室之太，對四室而言，又謂之世室，世亦大也，……又太室居四
> 堂四室之中，故他物之在中央者，或用以爲名；嵩高在五嶽之中，
> 故古謂之太室，即以明堂太室之名名之也。然則太室者，以居中央
> 及絕大爲名。即此一語之中，而明堂之制已略具矣。

「即此一語之中，而明堂之制已略具」，靜安常就諸名中而尋其關鍵，此其例也。又如釋「中霤」云：

> 「中霤」一語，自來註家皆失其解釋。……中霤者，對東西南北四霤
> 言之，……由中霤之地位，又足以證四屋相對之爲古宮室之通制矣。

靜安於太室、中霤二語，求其稱「大」、「中」之義，此二語名義所存，古宮室之圖繪史料出焉。

餘如釋漢宗廟「嘉至」樂云：

> 鐘磬獨以「嘉至」名著，以其爲廟樂之首也。〔註108〕

釋「鐘磬半爲堵」之「堵」云：

> 堵之名出於垣墻。（同上註）

釋「斗檢封」云：

> 檢之爲制，有穹窿，其背作正方形如覆斗，而刻深其中以通繩且容
> 封泥者，漢時謂之「斗檢封」。……余觀斯坦因所得之刻上書牘，而
> 悟其爲漢斗檢封之制，然後知阮文達、張叔未諸公以漢不知名之銅
> 器爲斗檢封者，失之遠矣。……斗以言乎其形，檢以言乎其物，封
> 以言乎其用。〔註109〕

凡此之類，於事物命名緣起，皆闡釋明白。上引「斗檢封」末數語，分就形、物、用三者釋命名之義，曲盡其妙。

吾人研治古史，恒感地名難治，蓋地理爲徵實之學，未可鑿空爲說；若考其命名之故，或亦治地理一要訣，而靜安以之。其於古地名研究，亦如其

〔註108〕〈漢南呂編磬跋〉，《別集》卷二。
〔註109〕《簡牘檢署考》，《全集》續編冊一。

〈爾雅草木蟲魚鳥獸名釋例〉所述俗名命名法，提挈若干綱領，示以途徑。
如〈釋例〉稱：「凡俗名多取雅之共名，而以其別別之」，同理，古地名之專
名，亦有取諸公名，而以其別別之者。舉例言之，〈不娶敦（段）蓋銘〉：「駿
方厰允，廣伐西俞，王命我羞追于西」，靜安考釋云：

> 《説文》阜部「隃」、「阮」諸字，皆古代山阜之通名，隃者踰也，凡
> 山地之須踰越而過者，皆可謂之曰「隃」，亦謂之「阮」，……實公名
> 而非專名。故西北地名之以「俞」若「榆」名者，不可勝計，泉曰俞
> 泉，次曰榆次，溪曰榆溪，山曰俞山，谷曰榆谷，實皆以山地得名。
> 古文「隃」字只借「俞」字爲之，《説文》隃、逾、踰三字皆後起之
> 字，許君以「隃」爲西隃、「阮」爲五阮關之專名，其義轉隘。又，
> 俞、榆同音，故古代亦借用榆字，漢人乃有「樹榆爲塞」之説，又不
> 免望文之過矣。此「西俞」者，在豐鎬之西。……以地望與字義求之，
> 遠則隴坻，近則《水經》扶風杜陽縣之俞山，皆足當之。（同註 107）

此先綜合古地名中以俞、榆爲名者，多在山地；又據此器作「西俞」，知隃、
逾、踰爲後起字，榆爲假借字，因斷知：「俞」爲古代山地之公名，而諸地以
「俞」若「榆」名之者，乃取公名而以其別別之。此說不僅爲地理學之發明，
若與〈爾雅釋例〉合觀，靜安之意在歸納占人命名之「通例」也。

以下略仿〈釋例〉，條繫地名命名例數則，以觀其要焉（山名、水名附見）：

或因水而名

> 涇陽、洛陽以水得名。〔註 110〕

> 「海頭」當以居蒲昌海東頭得名。〔註 111〕

> 《西域記》之呾囉私城，《唐·志》之怛羅斯城，《西游錄》之塔刺
> 思城，《西使記》之塔刺寺，蓋本「都賴水」而得名。〔註 112〕

或因人而名

> 秦之西垂本名西犬邱，「自莊公居犬邱號西垂大夫，後人因名西犬邱
> 爲西垂耳」。〔註 113〕

> 虎思斡耳朵爲耶律大石所建，又名大石林牙，「則又以人名名其國

〔註 110〕〈鬼方昆夷玁狁考〉，《集林》卷十三。
〔註 111〕〈流沙墜簡序〉，《集林》卷十七。
〔註 112〕〈西域雜考〉，《別集》卷一。
〔註 113〕〈秦都邑考〉，《集林》卷十二。

都」。〔註114〕

或因氏族而名

〈散氏盤〉有「眉」族，《詩·大雅》有「郿」地，漢右扶風有郿縣，「蓋因此族得名」。〔註115〕

又有「散」國，而大散關、大散嶺亦因之而名。〔註116〕

或因事而名

王莽之簒，成於東郡翟義之平，因名東郡曰「武亭」。〔註117〕

或因官制而名

《漢書·地理志》有冶縣，漢初稱東冶，後漢稱東部候官，或東候官，或略稱候官。「都尉下之有候官，猶校尉下之有軍候」，而此地稱「候官」者，蓋：「武帝初置會稽東部都尉，本治冶縣，……後徙回浦，尚留一候官於此，以其地爲東部都尉下候官所治，故後漢時謂之東部候官，或但謂之候官，因以爲縣名，而東冶之名轉廢。《晉書·地理志》乃謂後漢改東冶爲候官都尉，《通典》仍之，『候官都尉』四字連言，不辭甚矣」。〔註118〕

或以地名水

《舊唐書·回紇傳》之浮圖川，蓋以浮圖城得名。（同註112）

浙江與「折」地（《史記》作「折」，《漢書》作「漸」），「非以水名地，即以地名水」。〔註119〕

或以地名山

和林山乃因地名而名之。〔註120〕

蓋靜安以爲地名與山川名往往相互依存，故其考地理，多先求諸山川；又以爲地名與氏族多具淵源關係，故或據地名以考氏族，或因氏族以考地名。而詳究一地命名之義，即可掌握地名興廢轉移之故；否則如《晉書》、《通典》之「候官都尉」說，踵謬襲譌，貽誤後學，即坐不察名義所起之故也。

〔註114〕〈西遼都城虎思斡耳朵考〉，《集林》卷十四。
〔註115〕〈散氏盤跋〉，《集林》卷十八。
〔註116〕《散氏盤考釋》，《全集》初編冊十一。
〔註117〕〈記新莽四虎符〉，《集林》卷十八。
〔註118〕〈漢會稽東部都尉治所考〉，《集林》卷十二。
〔註119〕〈浙江考〉，《集林》卷十二。
〔註120〕〈書虞道園高昌王世勳碑後〉，《集林》卷二十。

　　至如地望之難以確指者，亦可比較相關地名，因名思義而得其大略，如考漢簡地理云：

　　　其餘隧候雖無可考，然以出土之地言之，……破胡、服胡二隧或在
　　　吞胡之西，高望、通望兩候，疑居平望之側，此又從命名上所得想
　　　像者也。〔註121〕

此據相關地名，而思其命名之義，雖屬想像，與事實當不相遠。

（二）論「異名同實」與「同名異實」

　　「異名同實」或為並時別名，或經時間及其他因素而演化。前者如漢之膠東郡，其郡治即墨，故亦稱即墨，「猶菑川郡之或稱劇郡，東海郡之或稱郯郡，淮陽郡之或稱陳郡，各以所治之縣名之也」；〔註122〕膠東郡與即墨，菑川郡與劇郡等，名異而實同。至如天水郡冶冀城，故冀城亦曰天水，後徙治上邽，上邽亦曰天水，〔註123〕並見郡名與郡治關係。若此之類，苟不詳審，則有以二名分別視之，或張冠李戴，鮮不誤矣。

　　至「名」之演化，其途徑不一。如〈鄗從簋〉之「鬲从」，〈鬲攸从鼎〉作「鬲从」、「鬲攸从」二稱，靜安釋云：

　　　蓋鬲本地名，从以為氏，逮三十一年（愚案：作鼎之年）復得攸衛
　　　牧地，乃兼氏鬲攸，猶晉之瑕呂飴孫、吳之延州來季子矣。〔註124〕

此以地為氏，得二地則兼二氏，先後異稱，其實一也。

　　又如鬼方一族，「隨世異名，因地殊號，至於後世或且以醜名加之」（已見前引）；「隨世異名」者時間因素，「因地殊號」者空間因素，二者多屬自然演化，而「以醜名加之」者人為因素。若此之類，靜安多綜音韻、史事、地理三者，會通其義，尋其演化之迹，如〈鬼方考〉，乃「自史事及地理觀之，……不獨有音韻上之證據也」。餘如《集林》卷十四〈韃靼考〉、卷十七〈流沙墜簡序〉等篇、卷二十〈劉平國治□谷關頌跋〉等篇，均其例，不煩更舉。又靜安雖以音韻為通異名演化之管鑰，唯復有其他條件之限制，如前文所舉〈釋觶觛卮𤭯𤮏〉，先證以文字、形制而後緯以音韻，亦其證也。

　　「同名異實」者，或具淵源關係，或不必然。具淵源關係者，需先得其

────────────

〔註121〕此條《全集》失收。見《羅集》續編冊七《屯戍叢殘考釋·隧燧類》三十四簡。
〔註122〕〈書齊魯封泥集存後〉，《集林》卷十八。
〔註123〕〈羅布淖爾東北古城所出晉簡跋〉，《集林》卷十七。
〔註124〕〈鄗從簋跋〉，《別集》卷二。

命名之義，而後能論其流變，「古文考」九篇，其著者也。其外，復如「天公主」一語，靜安釋云：

> 天公主者，本外國稱唐公主之詞。《五代史》謂回鶻可汗之妻號天公主，蓋回鶻盛時，每娶公主爲可敦，後雖不娶於唐，猶號其可敦爲天公主，因之其旁小國之女亦號天公主。〔註125〕

「天公主」爲回鶻可敦之稱，其名起於回鶻娶唐公主故事；由唐公主而爲回鶻鄰國之女，爲意義轉移，同名異實。苟不得其命名之義，即無以論知異同。

又前舉天水郡治例，冀城稱天水，上邽亦稱天水，此因郡治遷徙而先後均蒙其名，實非一地。此亦如「商」之國號本於地名，雖不常厥居，「而王都所在，仍稱大邑商，訖於失天下而不改」。〔註126〕

至如「涇陽」之地乃因涇水得名，然涇水廣袤千里，依水名地者當不止一處，「先儒多以漢時涇陽縣屬安定郡，在涇水發源之處，疑《詩》之涇陽亦當在彼，不知秦時亦有涇陽，在涇水下游」，〔註127〕則秦之涇陽（靜安以爲即《詩》之涇陽）與漢之涇陽無甚關係，有之，則同源於涇水耳。

若同名而未必具淵源關係者，所謂嫌名也。如「象」舞有文舞之象，有武舞之象，「二者同名異實，後世往往相淆」。〔註128〕若此之類所在多有，不煩舉例矣。

靜安之經史考證，就方法論意義而言，或可謂即「名實考辨學」。其於史實、人物、地理、制度、文物等研究，或考命名之義，或循名求實，或覈實辨名，要之，以正名爲手段，以求實爲目的。

三、綜　論

考證方法運用之確當與否，繫於態度是否客觀。靜安嘗論考證「三陋」云：

> 損益前言以申己說，一也。字句偶符者引爲塙據，而不顧篇章，不計全書之通，二也。務矜創獲，堅持孤證，古訓晦滯，蔑絕剖析，三也。必瀞三陋，始可言考證。考證之學精大，則古義、古制日以發明，次亦可以董理群書。〔註129〕

〔註125〕〈于闐公主供養地藏菩薩畫像跋〉，《集林》卷二十。
〔註126〕〈說商〉，《集林》卷十二。
〔註127〕〈鬼方昆夷獫狁考〉，《集林》卷十三。
〔註128〕〈說勺舞象舞〉，《集林》卷二。
〔註129〕費行簡撰〈觀堂先生別傳〉（一名〈觀堂論禮記〉）所述，《碑傳集補》卷五十

所論「三陋」雖就態度立說，亦關乎方法，蓋態度即影響方法也。靜安治學，謹守「不容以後說、私意參乎其間」〔註 130〕之原則，故不「損益前言以申己說」；於資料處理乃「順材以求合，而不爲合以驗材」，〔註 131〕故不以「字句偶符者引爲塙據，而不顧篇章，不計全書之通」；且凡著一說，必旁徵博引，佐證確鑿，而不以單文孤證遂著其說，〔註 132〕因無「務矜創獲，堅持孤證，古訓晦滯，蔑絕剖析」之弊。虛心與徵實二者，爲其治己準則，亦其治學所謹守者也。

陳寅恪先生於《靜安遺書・序》，評論靜安之學術內容與方法云：

> 詳繹遺書，其學術內容及治學方法殆可舉三目以概括之者。一曰取地下之實物與紙上之遺文互相釋證，凡屬於考古學及上古史之作，如〈殷卜辭中所見先公先王考〉及〈鬼方昆吾玁狁考〉等是也；二曰取異族之故書與吾國之舊籍互相補正，凡屬於遼、金、元史事及邊疆地理之作，如〈萌古考〉及〈元朝秘史之主因亦兒堅考〉等是也；三曰取外來之觀念與固有之材料互相參證，凡屬於文藝批評之作，如《紅樓夢評論》及《宋元戲曲考》等是也。

以數語簡括靜安學術，至爲精覈。陳先生所稱許靜安者有三。一、具認識資料之學術眼光：知地下實物可與紙上遺文互相釋證，異族故書可與吾國故籍互相補正。二、具世界性之學術眼光：取外來觀念與固有材料互相參證。三、善用比較法：所舉三目，均先經比較而後釋證、補正、參證。惟何類資料、觀念可相比較，則有賴學術眼光，故陳先生所評價者，或可以一語括之，曰：本精銳眼光以馭其學術內容及方法。

比較法固靜安所優爲者，陳先生所舉，僅就其大類言之，餘如定《漢石經》經數、石數，〔註 133〕考《詩》、《書》成語，〔註 134〕評價人物之人格〔註 135〕與

三，收入《全集》附錄一。

〔註 130〕〈周代金石文韻讀序〉，《集林》卷八。

〔註 131〕《書信》，頁 335 致沈兼士書附「研究發題」。

〔註 132〕第三章第二節述靜安於資料可信度之判斷，茲更舉一例，如爲證殷人嗜酒，乃取敵對雙方（殷、周）同說者爲證。（〈殷周制度論〉）又靜安作〈先公先王考〉時，已疑《尚書》之「祖己」即高宗子「孝己」，「然以單文孤證，故不著其說」，迨撰〈高宗肜日說〉，方予證成。見〈高宗肜日說〉，《集林》卷一。二例均可見靜安處理證據之態度。

〔註 133〕《魏石經考》一，《集林》卷二十。

〔註 134〕〈與友人論詩書中成語書〉，《集林》卷二。案、靜安考成語之方法，可歸納

其歷史地位，〔註136〕考尺度〔註137〕等，無不運用此法。蓋事物不經比較，則異同不顯，源流難尋也。除外，靜安復善於歸納、演繹、綜合、分析，此近人多已論及，本論文中亦間有舉證，茲不復贅述。

以下就靜安考證方法之特色，綜爲數則論列，亦即予靜安之考證方法作一總結。但前文所詳者，此僅識其要目，前文未及或未盡者，則補充於此。

（一）方法不可泥

靜安之學「以通方知類爲宗」，〔註138〕故論其考證方法，亦不可執於一端。如第一章所舉〈毛公鼎考釋序〉，近人於考釋古文字，莫不奉爲準則，然愚持此〈序〉以驗〈先公先王考〉之方法，亦悉密合（詳第四章第二節），知此〈序〉所言者，固不僅用於古文字考釋而已。紬繹其方法，則：「考之史事與制度文物，以知其時代之情狀」者，考背景也；「本之《詩》、《書》，以求其文之義例」者，歸納通例也；「考之古音，以通其義之假借」者，異中求同也；「參之彝器，以驗其文字之變化」者，同中求異也。若更予綜括，可見靜安之考證原則有二：一、考源流（知情狀、驗變化），二、辨異同（求義例、通假借、驗變化）。又據此〈序〉所舉「知情狀」等四目，若分別言之，則前人皆已述及；至綜此四目以爲考證方法，則爲靜安之創論。其具觀照全面之眼光，且善取前人方法而融裁變化，此亦其例也。〔註139〕

（二）建立推考準據

靜安於推考之前，輒先立一準據，以爲推考之助。或爲時間準據，如據曆法以考資料時代，據〈殷本紀〉世系以核驗甲骨中所見殷先公先王，據干支表以求甲文刻序；其考定金文月相目的之一，亦欲爲金文資料建立運用之時間準據也。其二，爲空間準據，如據河道以考地理，據尺度以考器物，皆是也。其三，即上文所述之「理據」。蓋考證古代史實及制度文物，若無準據以爲推考之助，譬猶觀海，茫無津涘。靜安據曆法以考定資料時代，如考〈不

<hr>

爲三：一、與早期書器相較；二、與同時書器相較；三、以同書他篇相較。

〔註135〕如論汪水雲之人格，取與留夢炎、謝翱、方鳳等相較。見〈書宋舊宮人詩詞湖山類稿水雲集後〉，《集林》卷二十一。

〔註136〕如論叔本華哲學之歷史地位。（參第二章第二節）

〔註137〕〈記現存歷代尺度〉云：「……然在十年或二十年以前，尚不能爲此比較之研究也。」（《集林》卷十九）其研究歷史尺度，即用比較法。

〔註138〕梁啓超輓靜安聯語，《國學論叢》一卷三號。

〔註139〕〈（第一）國學叢刊序〉，《別集》卷四。

敦〉〔註 140〕、〈兮甲盤〉〔註 141〕、《敦煌漢簡》〔註 142〕、及《唐寫本失名殘書》〔註 143〕等皆是。惟漢以後曆法較可據，漢以前則難精，況西周共和以前諸王在位年數不明，益難推審。故郭沫若於金文考訂即不任曆術，以為據曆術以推步彝器者，「乃操持另一尺度以事翦裁，雖亦斐然成章，奈無當于實際」，〔註 144〕所論自亦有見。惟靜安亦知曆術難精，故考共和前年代則以六曆「參互求之」（見上節），又佐以其他書器證據。其結果是否正確，另當別論，其態度已至謹慎，況靜安罕據單一標準以為斷代之依據者。

（三）關係系聯

關係系聯者，尋求資料或論題間之內外關係，而予以連繫，此靜安所擅長。蓋經史研究者恒憾資料不足、證據難尋，而靜安則善就資料或論題中尋求關係，於無證據中擴充證據。其於一地、一人、一事之難以證明者，恒就其內外關係而藉他地、他人、他事證之。其著述能自舊資料中推陳出新，復能以新舊資料互證者以此。

事物間關係，或為相對關係。如「士、女」相對，靜安據論「牝、牡」之牡當從「士」，謂：《說文》從「土」作者誤。〔註 145〕（靜安尚有他證，此僅就所列方法舉例，下仿此）。「父、母」相對，靜安綜彝銘例，知女子之字曰「某母」，則男子字曰「某父」、「某甫」者，宜以「父」為正字，且讀為「父母」之父，謂「有為父母之道」也。〔註 146〕「東、西」相對、「南、北」相對，靜安據〈顧命〉「西夾」以推「東夾」，據《儀禮·燕禮》「東霤」以推「西霤」，據〈鄉飲酒〉「南霤」以推「北霤」，因考得〈明堂廟寢通制〉。〔註 147〕「完、缺」相對，靜安既目驗古環「合三成規」之制，乃云：「環者完也，對玦而言；闕其一則為玦，玦者缺也，……環缺其一，故謂之玦矣」。〔註 148〕以上據相對關係推論，殆亦從古人命名法而得之觀念（有東，則信其必有西），其理至易

〔註 140〕 〈不娶敦蓋銘考釋〉，《全集》初編冊一。
〔註 141〕 〈兮甲盤跋〉，《別集》卷二。
〔註 142〕 〈敦煌漢簡跋〉、七，《集林》卷十七。
〔註 143〕 〈唐寫本失名殘書跋〉，《集林》卷二十一。
〔註 144〕 〈周代金文圖錄及釋文序〉。
〔註 145〕 〈釋牡〉，《集林》卷六。
〔註 146〕 〈女字說〉，《集林》卷三。
〔註 147〕 〈明堂廟寢通考〉，同上註。
〔註 148〕 〈說環玦〉，同上註。

知，而其法未必人人能用。

又有系列關係。如「盉」，前人以爲調味器，靜安見端方所藏殷時斯禁，上列尊、卣、爵、觚、觶、角、斝、勺，皆酒器，除外復有一盉，靜安云：「使盉謂調味之器，則宜與鼎、鬲同列，今廁於酒器中，是何說也」，因斷爲和水於酒之器：〔註149〕此據盉與他酒器同列之關係爲斷也。周〈大武〉樂章，其已知者有〈武〉、〈酌〉、〈賚〉、〈桓〉四章，皆在〈周頌〉，靜安爰於〈周頌〉中求其餘二章，曰〈昊天有成命〉及〈般〉。〔註150〕〈毛公鼎〉：「……虎🔶熏裏」，阮元、吳大澂俱釋🔶爲「韔」，然此文「上下皆車上物，不得有韔」，靜安疑即〈秦風〉之「文茵」。〔註151〕以上據類屬原則判斷，自具堅實之推論基礎，至其結果是否正確，則需求諸考證過程。

且靜安復善就二處所記（或顯見）之同一系列敍述，較其異同，並推斷關係。如云：「《六典注》有囷無網，《晉・志》有網無囷，則《六典注》之囷法即《晉・志》之網篇」。〔註152〕端方所藏殷時斯禁，所列飲器中有爵、觚、觶、角、斝，無「散」；而《儀禮・特牲》所記有「散」無「斝」（《韓詩》說同），因知載籍之「散」爲「斝」之誤。〔註153〕

至事物之具時間、空間及其他關係者，靜安亦多先予鉤列，而後據以推考。如湯「亳」地望紛無定說，《孟子》云：「湯居亳，與葛鄰」，靜安爰就葛地以求湯「亳」。〔註154〕欲定漢玉門關方位，乃先求漢長城，「長城之說既定，玉門關之方位亦可由此決矣」。〔註155〕金文中有「莽京」，據〈靜敦〉（殷，下同）、〈遹敦〉，俱上言「王在莽京」，下繼言「……于大池」，則「莽京左右必有大池」，因先求「大池」以定「莽京」位置。〔註156〕孔安國爲博士之年不可考，然「以《漢書・兒寬傳》考之，則兒寬爲博士弟子時，安國正爲博士」，爰就兒寬生平考之，得知「安國爲博士，當在元光、元朔間」。〔註157〕「《漢、魏石經》同立於大學，其時相接，其地又同，昔人所記往往互誤，故欲考《魏

〔註149〕〈說盉〉，同上註。
〔註150〕〈周大武樂章考〉，《集林》卷二。
〔註151〕《毛公鼎銘考釋》，《全集》初編冊十一。
〔註152〕《流沙墜簡補遺考釋》，《羅集》續編冊七。《全集》缺收。
〔註153〕〈說斝〉，《集林》卷三。
〔註154〕〈說亳〉，《集林》卷十二。
〔註155〕〈流沙墜簡序〉，《集林》卷十七。
〔註156〕〈周莽京考〉，《集林》卷十二。
〔註157〕〈太史公行年考〉，《集林》卷十一。

《石經》之經數、石數，必自《漢石經》始矣」。〔註158〕

　　靜安於器物資料運用，首重出土地，以連繫時空關係，此當於後文中論述。

（四）由全知曲

　　靜安於經史考證，能自大處著眼，復能自細處著力。彼有一至精語，曰：

　　　夫天下之事物，非由全不足以知曲，非致曲不足以知全。〔註159〕

「由全知曲」與「致曲知全」二語，可作爲歸納靜安考證方法之綱領，若併實驗（見上節）論之，則靜安之重要方法，當不出此三系統之外矣。

　　就考證方法言，「由全知曲」之意義爲：自全體（或大範圍、通例）以推知個體（或部分、個例）。凡知人論世（見第二章第二節、第三章第二節）、究淵源流變（本論文中例證至多。又第三章第二節「斷層研究法」亦屬之）、運用通例等俱是。茲更論之。

　　胡服所用之「帶」，《戰國策》作「具帶」，《淮南子》作「貝帶」，蓋「二字形相近，故傳寫多訛」，靜安云：

　　　此帶本出胡制，胡地乏水，得貝綦難；且以黃金飾，不容更以貝飾，

　　　當以作「具」爲是。「具帶」者，「黃金具帶」之略。〔註160〕

此雖僅一字之正，然苟非自其地理情狀求解，亦終莫由正定矣。

　　靜安於經史考證，輒先就所欲論證者確定一範圍，而後漸次縮小，乃及於所考證之對象。如〈新郪虎符〉，靜安先據其字體，定爲秦符；復考訂「新郪」入秦在昭王五十四年至始皇五年前後，因斷云：「此符當爲秦并天下前二、三十年間物也」。〔註161〕玁狁出沒之地，見於書器者凡九，其中涇陽、洛之陽二語因水而名，然涇水、洛水經流各千里，故二語所指亦廣莫難求，「欲定其地，非綜此九地考之不可」：〔註162〕亦先就九地，定其範圍，然後求二語所指也。

　　或欲考定一事物，乃先綜列疑似者，而後逐一消減。如考湯「亳」地望，先列舉三亳（《尚書》）、燕亳（《左傳》）、杜陵之亳（《說文》）、鄭地之亳（《春秋》）、衛地之亳（皇甫謐所釋《尚書》三亳）等以「亳」爲名者，並略以檢討，

〔註158〕《魏石經考》一，《集林》卷二十。
〔註159〕〈（第一）國學叢刊序〉，《別集》卷四。
〔註160〕〈胡服考〉，《集林》卷二十二。
〔註161〕〈秦新郪虎符跋〉，《集林》卷十八。
〔註162〕〈鬼方昆夷玁狁考〉，《集林》卷十三。

摒除前四者與湯都之關係；次舉前人主湯都之亳者四，曰杜陵之亳、北亳、西亳、南亳，除杜陵之亳與湯都無涉者外，餘北亳、西亳、南亳三者；「湯居亳，與葛爲鄰」，前人均以甯陵縣之葛鄉爲葛伯國，而西亳（偃師）去甯陵八百餘里，謂「與葛爲鄰」，未妥，餘北亳、南亳二者；北亳（蒙縣）爲春秋宋國宗邑，於兩漢爲薄縣，具歷史淵源，與甯陵地正相接，較南亳（穀熟）之去甯陵二百里者尤近，且當時湯方有事北方（伐韋、顧、昆吾、夏桀諸國），「決無自商邱南徙穀熟之理」，因定湯「亳」爲春秋宋地之亳，即漢之薄縣、皇甫謐所謂「蒙爲北亳」、而臣瓚論爲湯都者也。〔註163〕以上紬繹靜安之方法如此。

欲明靜安此法，請舉二事以助了解。《集林》卷二十四〈殷虛書契考釋後序〉云：

> 夫先生（羅氏）之於書契文字，其蒐集流通之功蓋不在考釋下；即以考釋言，其有功於經史諸學者，蓋不讓於小學；以小學言，其有功於篆文者，亦不讓於古文；然以考釋之根柢在文字，書契之文字爲古文，故姑就古文言之……。

此〈序〉本欲論羅氏於甲骨文字考釋之成績，乃先從羅氏於蒐集、流通之功論起，而逐層說至甲骨文字考釋。又《簡牘檢署考》云：

> 書契之用自刻劃始，金石也，甲骨也，竹木也，三者不知孰爲後先，而以竹木之用最廣；竹木之用亦未識始於何時，以見於載籍者言之，則用竹者曰冊，……曰簡，……用木書者曰方，……曰版，……曰牘，……。〔註164〕

寫法亦與上例略近，均自《史記·西南夷列傳》蛻化而出。蓋靜安熟於《史記》，故論證方法及文章條理亦頗受影響。

（五）致曲知全

「致曲知全」者，由部分推見全體，或由一基點而拓及其他，如「名實考辨」之以「名」爲推論基點，尋源法之用於資料辨僞等，皆是也。

靜安精版本、校勘，工資料綴合（參第四章第二節），彙此諸長，施於經史考證，乃復有獨特方法。如所撰《魏石經考》，靜安自述其方法云：

> 《魏石經考》據黃縣丁氏所藏殘石，以定《魏石經》每行字數，又由每行字數推定每碑行數；復以《御覽》引《洛陽記》所載碑數及

〔註163〕〈說亳〉，《集林》卷十二。
〔註164〕《全集》續編冊一。

諸經字數參互求之，以定《魏石經》經數。〔註165〕

由字之大小（八字當建初尺一尺弱）、行款逐一排比，並參驗諸書所記；若諸書有異同，則考得可信者，而後推知《魏石經》碑數、石數。此法不僅爲古物復原開一生面，而靜安治學之精密亦於此見之。羅振玉評云：「近世言石經者，莫精於海甯王忠愨公之《魏石經考》」，〔註166〕洵非過譽；靜安亦自云：「《魏石經考》，……前人實罕用此方法，故所解決之問題實不少也」。〔註167〕此法，殆可名之曰「形構復原法」。

又《集林》卷三〈說俎〉，據文字證俎之形制云：

俎字篆文作俎。象半肉在且旁；而殷虛卜文及〈貉子卣〉則作■作■，具見兩房兩肉之形，而其中之橫畫，即所以隔之之物也。……篆文俎字从且，且从几，古文又且几同字，蓋古時俎几形制略同，故以一字象之。……許書篆文几字與古文■字，皆作從正面視形，然金文作■、■或■、■二形，皆作從側面視形。案殷禮器銘屢有■語，其異文或作■，或作■。……象大人抱子置諸几間之形，子者尸也；……古之爲尸者，其年恒幼，故作大人抱子之形，其上或兩旁之■，則《周禮》所謂左右玉几也。

……古■字象七肉於鼎之形，古者鼎中之肉皆載於俎，又七載之時，七在鼎左，俎在鼎右，今■字之左从七，則其右之■象俎明矣，俎作■形者，象其西縮也。……■字變縱爲橫，則爲■字，……其所以與■、■異形者，薦物之時加諸其上而已，作■形而義已見，……《說文》所載古文■字，亦■之變。……俎、几二物，始象以■，繼象以■，其同形可知，但俎或加闌而界爲二，几乃無之，餘則無不同也。……要之，古文■字與篆文且字，象自上觀下之形，■、■乃自其側觀之，■與几自其正面觀之，合此三形，俎制略具矣。

此亦形構復原之例。據此例，亦見靜安於文字偏旁之分析、綜合能力，已臻純熟；其治學，不單執一面，而係綜合各面、觀照全體，猶其考俎字之自上觀之、自其側觀之、自其正面觀之；其於考證，凡同制者必「通考」之，俎

〔註165〕《全集》續編冊二。案：此序又見《別集》卷四，惟題作〈魏石經自序〉，非是，宜據正。

〔註166〕〈漢石經殘字集錄序〉，《羅集》初編冊三。

〔註167〕《書信》，頁91致羅氏書。

－263－

几、明堂廟寢均其例，其他亦然；其不僅據文字以考經證史，且即以文字本身爲考證古代事物之直接史料。此例所示方法，確乎可取。唯其中亦不能無失，如爲證俎、几同制，乃引殷彝銘⫸等字爲說，並釋所从之「子」爲尸，若然，則殷代已有宗法制度矣，與〈殷周制度論〉不合。（殷彝銘此諸字，近人多釋爲圖騰或族徽。）

　　靜安極重地下材料出土地，其用意有二。一曰徵實，所以明資料來源（其著述中，於器物資料多兼著收藏者名氏，亦此意）；二曰俾資料得因其地緣關係而暗示歷史背景，〔註 168〕提昇資料之利用價值。故〈散氏盤〉中多地名、國名，靜安云：「非知此器出土之地，則其中土地名無從臆說」。〔註 169〕出土地即提供吾人推考事實之基點，《集林》卷十七〈流沙墜簡序〉，全考出土地，其意亦在此。

　　靜安爲求〈散氏盤〉之出土地而不可得，乃求諸〈散伯敦〉；〈散伯敦〉亦不可知，求諸〈矢王尊〉；〔註 170〕〈矢王尊〉亦無所獲，求諸〈克鼎〉，「訪之十餘年」。〔註 171〕又〈卹從簋〉中人名有見於〈克鼎〉、〈散氏盤〉者，「又足知此器出土之地，去〈克鼎〉、〈散盤〉相近矣」。〔註 172〕類此連繫文物內在關係之方法，使文物得爲系列組合而不孤立，益擴充其利用價值。後郭沫若即用此法而制定斷代標準器。

　　運用地下材料證史，當先明出土地，故靜安汲汲於此。惟器物出土既久，其出土地多難詳，傳聞之辭亦不免有誤，致影響推論之結果，然不可據此而否定出土地於運用資料之價值。

　　靜安之考證方法，固難盡列，以上所述，僅其要略。其考證理想爲：內外證據和諧，名實相符，務期不悖不惑，當於理而止。

〔註 168〕器物與出土地之地緣關係亦有不必然者，如《集林》卷十八〈攻吳王大差鑑跋〉：「……攻吳王大差或即吳王夫差矣，……其出於晉地者，或黃池之會所遺弃歟？」同卷〈王子嬰次盧跋〉：「嬰次即嬰齊，乃楚令尹子重之遺器也，……子重之器何以出於新鄭？蓋鄢陵之役，楚師宵遁，故遺是器於新鄭。」均其例。

〔註 169〕〈散氏盤跋〉，《集林》卷十八。

〔註 170〕散、矢二國爲婚姻，見〈散氏盤銘考釋〉，《全集》初編冊十一。

〔註 171〕同註 168。又，〈散氏盤〉與〈克鼎〉地名頗相涉，故求諸〈克鼎〉。

〔註 172〕〈卹從簋跋〉，《別集》卷二。

結　論

　　靜安之學術精神、特質及貢獻，可就其習用字予以綜貫，曰理、通、推、新、事實、名實，更爲約之，可以爲三事者，理、通、新是也。

　　靜安以爲「理」者事理、物理、情理，具在經驗範圍內而決不外乎經驗範圍者也，故重事實、經驗，重實際人生。其早年雖治哲學，然以爲求其可信者，寧在知識論上之實證論與經驗論，凡違乎事實與經驗者，即或「可愛」，而未即「可信」。其性格、觀念如此，而所治文、哲之學，復多就「可信」方法立論，故易於轉入經史，且成其卓犖之學。

　　又以爲「理」者條理也：重系統、務通貫，不爲破碎之學。其說諸經，則貫串大義；考制度，則務明其所以然；其考證方法，則由文字、音韻、訓詁以考命「名」之所以然，並歸納通例，以爲推考準據，「由此而之彼，即甲以推乙」，「因所已知，通彼未見」，務不悖惑，當於「理」（情理、事理、條理）而後已。

　　靜安之所謂「通」，爲綜攬全面，鑒照古今之「通」，亦其所謂「識」，「觀堂」之命名，或自「鑒照」而來。此一特質，靜安於早年即已發露，《人間詞話》釋古今成大事業、大學問之三種境界，其第一境曰：「昨夜西風凋碧樹，獨上高樓，望盡天涯路」，氣象博大，眼界高遠；雖引古人成句，實乃證己也。欲知靜安所以成就大學問者，必先於是觀之。其評價宋代學術，不執於前人義理、考據之辨，乃先綜括哲學、科學、歷數、物理、工藝、史學、繪畫、詩歌、考證、金石諸學，以觀其全局，由「點」而擴及於「面」；復以宋代與先後各朝相較，云「前之漢唐，後之元明，皆所不逮」，則又由橫面而延及縱面矣。於學術資料，則由紙上擴及地下；於辨僞，則必先通源流，是靜安之

「識」乃兼具科學與史學之通識，非蔽於一端而已。

　　不能擴充學術資料並創新方法，則不足言進步。若論靜安學術，其資料則爲新資料；其方法，則爲新方法；其學問，則爲新學問；其學術地位，則爲新經學家、新史學家、新經史學家。蓋靜安治學，恒有一求新之意念，其文哲研究如是，其經史學亦然。惟靜安求新而不鶩奇，融舊而能生新。其明於學術潮流，善取前人學術而予以擴大、發展，如倡論宋代金石學、發展章學誠「六經皆史」說等，皆是也；復善綜前人之長，而予以融裁變化，如〈毛公鼎考釋序〉所言及訓詁學之若干新提案等是也。世人或僅見及靜安善「創」，不知其善創乃緣於善「因」；或僅見其學術之「新」，不知其新乃立於「舊」之基礎。質實言之，靜安學術之最高成就在史學，然其史學乃以經學爲根柢之經史學；其史學之所以能獲致最高成就者，在善用地下材料，然其所以善用地下材料，乃因其善用紙上材料故也。

　　靜安於近代學術之貢獻，綜言其重者大者，爲力倡宋代學術，俾後人重新論定其價值；揭「二重證明法」，開學術新風氣，而論「二重證據法」，則又以矯風氣之偏；治簡牘、敦煌等學，闢「新學問」領域；學科研究，常用新方法，在在示來學以軌則；爲落實其治學理論，而有著作，兼兩充棟，史學地位以之而提昇，經學價值以之而益確。

附錄一　王國維行事著述簡表

本表所據資料及其省稱：《(靜安) 三十自序》(自序)、《王國維全集——書信》(書信)、趙萬里編《王靜安先生年譜》(趙)、姚名達編〈王靜安先生年表〉(姚)、王德毅先生編《王國維年譜》(王)、羅振玉《集蓼編》(集蓼編)、莫榮宗編《羅雪堂先生年譜》(莫) 等。

紀　　年			歲數	行事著述	附記
光緒三 民前三五	丁丑	西元 1877	1	十月二十九日生於浙江海寧。(趙)	是年，張之洞五十六歲、繆荃孫四十五歲、孫詒讓四十一歲、柯劭忞三十九歲、沈曾植三十九歲、朱祖謀三十二歲、沙晼二十四歲、內藤虎次郎二十三歲、徐乃昌二十一歲、孫德謙二十歲、藤田豐八二十歲、張爾田十五歲、羅振玉十二歲、蔣汝藻十二歲。
光緒十七 民前二一	辛卯	1891	15	與邑人陳守謙訂交。(王)	
光緒十八 民前二十	壬辰	1892	16	入州學。(趙) 讀前四史，為平生讀書之始。(自序)	
光緒二十 民前十八	甲午	1894	18	赴杭州省城，應鄉舉，不中。(王) 甲午之役，始知世尚有所謂新學者。家貧，不能以貲供遊學，居恆怏怏。(自序)	

光緒二十二 民前十六	丙申	1896	20	夫人莫氏來歸。（趙）	羅氏與蔣黼同創農學社於上海。（莫） 梁啓超、汪康年、黃遵憲等創時務報於上海。（王）
光緒二十三 民前十五	丁酉	1897	21	赴杭垣再應鄉試，又不售。（趙） 讀康、梁〈疏論〉，遂思有以自試，棄帖括不爲。（王）	羅氏創農學報（莫）。 羅氏與日人藤田豐八訂交。（集蓼編）
光緒二十四 民前十四	戊戌	1898	22	至上海，爲《時務報》書記；入上海東文學社。（自序） 師日人藤田豐八，始受知於羅氏。（姚）	羅氏創立東文學社；與端方訂交；與沈子培訂交。（莫） 八月戊戌政變，《時務報》輟刊。（王）
光緒二十五 民前十三	己亥	1899	23	見田岡佐代治《文集》中，有引汗德、叔本華哲學者，心甚喜之。（自序）	殷虛甲骨出土。
光緒二十六 民前十二	庚子	1900	24		斯坦因和闐訪古。（趙）
光緒二十七 民前十一	辛丑	1901	25	爲《教育世界雜誌》主編。（王） 得羅振玉之助，赴日習物理。（趙）	羅氏創《教育世界雜誌》。（莫）
光緒二十九 民前九	癸卯	1903	27	讀翻爾彭之《社會學》、及文《名學》、海甫定之《心理學》、巴爾善之《哲學概論》、文特爾彭之《哲學史》；讀汗德、叔本華書。（自序） 任南通師範學堂教習，講心理學、論理學、哲學。（姚）	
光緒三十 民前八	甲辰	1904	28	任江蘇師範學校教習，講社會學、心理學、論理學、哲學。（姚） 撰《紅樓夢評論》。（自序）	羅氏任江蘇師範學校監督。（趙） 孫詒讓撰《契文舉例》。（王）
光緒三十一 民前七	乙巳	1905	29	汗德哲學之第二次研究；《靜安文集》刊行。（趙）	
光緒三十二 民前六	丙午	1906	30	與羅振玉偕，北上抵京； 汗德哲學第三次研究； 父乃譽卒； 《人間詞甲稿》刊行。（趙）	羅氏爲學部參事，北上。（莫） 斯坦因新疆考古；伯希和新疆、甘肅考古。（王）
光緒三十三 民前五	丁未	1907	31	由羅氏之薦，爲學部總務司行走； 汗德哲學第四次研究； 夫人莫氏卒； 繼母葉太夫人卒； 《人間詞乙稿》刊行。（趙）	斯坦因敦煌考古。（王）

光緒三十四 民前四	戊申	1908	32	草《曲錄》初稿成；繼室潘氏來歸。（趙）	
宣統元 民前三	己酉	1909	33	《宋大曲考》、《優語錄》、《曲調源流表》、《戲曲考源》、《錄曲餘談》成；譯斯坦因《中亞細亞探險記》。（趙）	羅氏輯《敦煌石室遺書》；與法人伯希和相見，與沙畹博士通問。（莫）。 劉鶚、張之洞卒。（王）
宣統二 民前二	庚戌	1910	34	經羅氏之介，與柯紹忞、繆荃孫訂交。（王） 撰《人間詞話》成。（趙）	羅氏成《殷商貞卜文字考》一卷。（莫）
宣統三 民前一	辛亥	1911	35	撰〈隋唐兵符圖錄附記〉一篇，爲治古器物之始；與羅氏攜眷東渡日本。（趙）	羅氏創《國學叢刊》，辛亥役起，遂輟刊。（趙） 十月武昌革命成功，清帝退位。
民　元	壬子	1912	36	日往東京大學，整理羅氏藏書，因與彼邦諸文學教授相稔；成《簡牘檢署考》。（趙）	羅氏成《殷虛書契前篇》八卷。（莫）
民　二	癸丑	1913	37	成《宋元戲曲史》；編成《齊魯封泥集存》一卷。（王）	羅氏影印《鳴沙石室古佚書》十八種。（王）
民　三	甲寅	1914	38	與羅氏編《流沙墜簡》二卷，並撰《考釋》、《補遺》； 《國學叢刊》復刊，任編纂； 撰《宋代金文著錄表》及《國朝金文著錄表》。（趙）	羅氏成《殷虛書契菁華》。（莫） 歐州大戰起。
民　四	乙卯	1915	39	爲羅氏校寫《殷虛書契考釋》。三月中旬，與羅氏攜眷返國掃墓，繼又返日；經羅氏介，與沈曾植交識。（趙） 與日人神田喜一郎交識。（王）	羅撰《殷虛書契考釋》成；編《雪堂叢刻》五十二種一百一十一卷。（莫）
民　五	丙辰	1916	40	應英籍猶太人哈同之聘，任《學術叢編》編輯，束載返國，寓上海；撰《毛公鼎考釋》成。（趙） 參與劉承幹主持之淞社，與張爾田、孫德謙訂交。（王）	
民　六	丁巳	1917	41	撰〈殷卜辭中所見殷先公先王考〉、〈續考〉；撰《古本竹書輯校》、《今本竹書疏證》成； 輯英倫哈同氏所藏龜甲獸骨文字成，並寫《釋文》一卷。（趙） 撰〈殷周制度論〉； 彙集近數年所爲文字，凡五十七篇，分爲二卷，署名《永觀堂海內外雜文》。（趙） 辭京師大學教授之聘。（《書信》）	羅氏刊印《鳴沙室古籍叢殘》三十種。（莫）

民　七	戊午	1918	42	兼任上海倉聖明智大學教授。（趙）	羅氏返國賑災；《雪堂校刻群書敍錄》二卷成。（莫）
民　八	己未	1919	43	應蔣汝藻之聘，爲編《密韻樓藏書志》；應沈曾植之聘修纂《浙江省通志》。（趙）	羅氏返國，定居天津。（集蓼編）鉅鹿古城發現（姚）
民　十	辛酉	1921	45	編《觀堂集林》二十卷。（趙）	商承祚從羅氏遊。（莫）
民十一	壬戌	1922	46	應北京大學研究所之聘，爲通信導師。（趙）	羅氏購散出之內閣大庫史料；容庚從之遊。（莫）沈曾植卒。
民十二	癸亥	1923	47	《觀堂集林》板行於世。得升允之薦爲溥儀南書房行走；撰《密韻樓藏書志》成。（趙）	羅氏刊《雪堂金石叢書》十種。（莫）《魏三字石經》殘石出土於洛陽。
民十三	甲子	1924	48	辭北大國學研究所主任之職。（王）與羅氏共檢理清內府所藏彝器；辭清華大學研究院院長之職。（趙）	羅氏輯《史料叢刊》初編二十二種成；編《東方學會叢書》初集三十種四十九卷；十一月溥儀遷出清宮。（莫）
民十四	乙丑	1925	49	就清華學校國學研究院教授之聘，爲經史小學導師，講授《古史新證》、《書經》、《說文》、《金文》。擬專治西北地理及元史學。（王）	羅氏編《高郵王氏遺書》七種二十二卷成。（莫）
民十六	丁卯	1927	51	六月二日，投昆明湖自盡。（王）	羅氏增訂《殷虛書契考釋》三卷成；編《海寧王忠愨公遺書》。（莫）

附錄二　密韻樓本《觀堂集林》目錄

附錄三 《觀堂集林補編》目錄

（靜安手訂）

黑韃事略跋

蒙古札記七則

詩

夢得東軒老人書醒而有作時老
　人下世半歲矣（癸亥）

楊留垞六十壽詩

題濩齋少保獨立蒼茫自詠詩
　圖卷

題貢王朵顏衛景卷

羅雪堂六十生日（乙丑）

袁中舟五十生日（丙寅）

參考書目舉要

本書目分王國維著述、經、史、子、集及單篇論文六部分，經部以下各略依著者時代次其先後。

一、王國維著述

1. 《海寧王忠愨公遺書》，羅振玉等編，羅氏怡安堂刊本。
2. 《海寧王靜安先生遺書》，趙萬里等編，商務印書館石印本。
3. 《王觀堂先生全集》，文華出版公司影印本。
4. 《王國維先生全集》，大通書局影印本。
5. 《王國維全集》，上海古籍出版社影印本。
6. 《觀堂尚書講授記》，吳其昌記，收入大通本。
7. 《觀堂學書記》，劉盼遂記，收入大通本。
8. 《觀堂學禮記》，劉盼遂記，收入大通本。
9. 《殷禮徵文》，收入大通本。
10. 《釋幣》，收入大通本。
11. 《簡牘檢署考》，收入大通本。
12. 《爾雅草木蟲魚鳥獸釋例》，收入大通本。
13. 《聯綿字譜》，收入大通本。
14. 《說文練習筆記》，劉盼遂記，收入大通本。
15. 《說文師說別錄》，劉盼遂記，劉著《文字音韻學論叢》附，人文書店排印本。
16. 《戩壽堂所藏殷虛文字》，收入大通本。
17. 《戩壽堂所藏殷虛文字考釋》，收入大通本。
18. 《觀堂古金文考釋》，收入大通本。

19. 《史籀篇疏證》，收入大通本。

20. 《重輯蒼頡篇》，收入大通本。

21. 《校松江本急就篇》，收入大通本。

22. 《兩周金石文韻讀》，收入大通本。

23. 《唐寫本唐韻殘卷校勘記》，收入大通本。

24. 《補高郵王氏說文諧聲譜》，收入大通本。

25. 《古史新證》，收入大通本。又民國 24 年北平來薰閣影印手稿本。

26. 《古本竹書紀年輯校》，收入大通本。

27. 《今本竹書紀年疏證》，收入大通本。

28. 《漢魏博士題名考》，收入大通本。

29. 《魏正始石經殘石考》，收入大通本。

30. 《清真先生遺事》，收入大通本。

31. 《耶律文正公年譜、餘記》，收入大通本。

32. 《古行記四種校錄》，收入大通本。

33. 《蒙古史料四種校注》，收入大通本。

34. 《乾隆浙江通志考異殘稿》，收入大通本。

35. 《屯戍叢殘考釋、補遺》，文華出版公司影印羅雪堂先生全集本。

36. 《五代兩宋監本考》，收入大通本。

37. 《兩浙古刊本考》，收入大通本。

38. 《傳書堂藏善本書志》，收入大通本。

39. 《宋代金文著錄表》，收入大通本。

40. 《國朝金文著錄表》，收入大通本。

41. 《庚辛之間讀書記》，收入大通本。

42. 《觀堂集林》，烏程蔣氏密韻樓倣宋聚珍二十卷本，又大通書局影印趙萬里等重編二十四卷本，又河洛圖書出版社影印二十二卷節本。

43. 《觀堂別集》，收入大通本。

44. 《觀堂別集補遺》，收入大通本。

45. 《靜安文集》，收入大通本。

46. 《靜安文集續編》，收入大通本。

47. 《靜安詩稿》，收入大通本。

48. 《苕華詞》，收入大通本。

49. 《人間詞話》，收入大通本。

50. 《唐五代二十一家詞輯》，收入大通本。

51. 《錄鬼簿校注》，收入大通本。

52. 《曲錄》，收入大通本。

53. 《優語錄》，收入大通本。

54. 《錄曲餘談》，收入大通本。

55. 《戲曲考源》，收入大通本。

56. 《古劇腳色考》，收入大通本。

57. 《唐宋大曲考》，收入大通本。

58. 《宋元戲曲考》，收入大通本。

59. 《觀堂譯稿》，收入大通本。

60. 《王忠愨公遺墨》，日・神田信暢編，日本博文堂影印本。

61. 《觀堂遺墨》，陳乃乾編，民國 19 年陳氏影印本。

62. 《王國維全集──書信》，吳澤主編，華世出版社影排印本。

63. 《觀堂書札》，《中國歷史文獻研究集刊》第一、二集。

64. 《人間校詞札記》，羅莊錄，《國立北平圖書館館刊》十卷一號。

二、經　部

1. 《十三經注疏》，新文豐出版公司影印清嘉慶二十年南昌府學刊本。

2. 《詩本義》，宋・歐陽修，漢京文化事業有限公司影印《通志堂經解》本。

3. 《七經小傳》，宋・劉敞，漢京文化事業有限公司影印《通志堂經解》本。

4. 《詩集傳》，宋・朱熹，中華書局排印本。

5. 《書經集註》（《書集傳》），宋・蔡沈，新陸書局影印本。

6. 《尚書表注》，元・金履祥，漢京文化事業有限公司影印《通志堂經解》本。

7. 《經問》，清・毛奇齡，復興書局影印《皇清經解續編》本。

8. 《周禮疑義舉要》，清・江永，復興書局影印《皇清經解續編》本。

9. 《明堂大道錄》，清・惠棟，復興書局影印《皇清經解續編》本。

10. 《考工創物小記》，清・程瑤田，復興書局影印《皇清經解》本。

11. 《磬折古義》，清・程瑤田，復興書局影印《皇清經解》本。

12. 《說文解字注》，清・段玉裁，漢京文化事業有限公司影印經韻樓本。

13. 《禮記集解》，清・孫希旦，蘭臺書局影印本。

14. 《廣雅疏證》，清・王念孫，廣文書局影印本。

15. 《禮經釋例》，清・凌廷堪，復興書局影印《皇清經解》本。

16. 《爾雅義疏》，清・郝懿行，復興書局影印《皇清經解》本。

17. 《經解入門》，清‧江藩，廣文書局影印本。

18. 《積古齋鐘鼎彝器款識》，清‧阮元，復興書局影印《皇清經解》本。

19. 《詩書古訓》，清‧阮元，復興書局影印《皇清經解續編》本。

20. 《經義述聞》，清‧王引之，廣文書局影印本。

21. 《求古錄禮說》，清‧金鶚，復興書局影印《皇清經解續編》本。

22. 《字說》，清‧吳大澂，藝文印書館影印本。

23. 《說文古籀補》，清‧吳大澂，藝文印書館影印本。

24. 《古籀餘論》，清‧孫詒讓，清光緒癸酉籀經樓刊本。

25. 《經學歷史》，清‧皮錫瑞，河洛圖書出版社排印本。

26. 《新學偽經考》，清‧康有為，世界書局排印本。

27. 《殷虛書契考釋》，民國‧羅振玉，永慕園影印王國維手抄本。

28. （增訂）《殷虛書契考釋》，民國‧羅振玉，藝文印書館影印本。

29. 《尚書覈詁》，民國‧楊筠如，學海出版社排印本。

30. 《說文解字詁林》，民國‧丁福保，國民出版社影印醫學書局本。

31. 《十韻彙編》，民國‧劉復等編，學生書局影印北京大學研究院刊本。

32. 《甲骨文字與殷商制度》，民國‧周傳儒，泰順書局排印本。

33. 《金文叢考》，民國‧郭沫若，民國 21 年日本文求堂石印本。

34. （增訂）《周代金文圖錄及釋文》，民國‧郭沫若，大通書局影印手抄本。

35. 《卜辭通纂》，民國‧郭沫若，大通書局影印手抄本。

36. 《雙劍誃尚書新證》，民國‧于省吾，民國 23 年海城于氏排印本。

37. 《澤螺居詩經新證》，民國‧于省吾，木鐸出版社影印手抄本。

38. 《雙劍誃吉金文選》，民國‧于省吾，藝文印書館影印本。

39. 《中國經學史》，民國‧馬宗霍，商務印書館排印本。

40. 《古文字學導論》，民國‧唐蘭，樂天出版社影印手抄本。

41. 《文字音韻學論叢》，民國，劉盼遂，人文書店排印本。

42. 《兩漢經學今古文平議》，民國‧錢穆，東大圖書公司排印本。

43. 《商周彝器通考》，民國‧容庚，大通書局排印本。

44. 《殷周青銅器通論》，民國‧容庚、張維持，龍泉書屋排印本。

45. 《積微居甲文說》，民國‧楊樹達，大通書局影印手抄本。

46. 《殷虛卜辭綜述》，民國‧陳夢家，北平。

47. 《甲骨文斷代研究例》，民國‧董作賓，中央研究院歷史語言研究所排印本。

48. 《甲骨學六十年》，民國‧董作賓，藝文印書館排印本。

49. 《尚書集釋》，民國‧屈萬里，聯經出版事業公司排印本。

50. 《詩經釋義》，民國‧屈萬里，中華文化出版事業委員會排印本。

51. 《殷虛出土青銅鼎形器之研究》，民國‧李濟、萬家保，中央研究院歷史語言研究所排印本。

52. 《甲骨文字集釋》，民國‧李孝定，中央研究院歷史語言研究所影印手抄本。

53. 《尚書與古史研究》，民國‧李民，中州書畫社排印本。

54. 《甲骨文選讀》，民國‧李圃編，大通書局影印本。

55. 《詩書成詞考釋》，民國‧姜昆武，美國 Gest Oriental Library & Asian Collections 藏手抄本。

56. 《經今古文學問題新論》，民國‧黃彰健，中央研究院歷史語言研究所排印本。

57. 《宋代金石學研究》，民國‧葉國良，臺灣大學博士論文打字本。

三、史　部

1. 《史記會註考證》，漢‧司馬遷，日‧瀧川龜太郎會注考證，宏業書局影印本。

2. 《漢書補注》，漢‧班固，清‧王先謙補注，藝文印書館影印長沙王氏校刊本。

3. 《後漢書集解》，宋‧范曄，清‧王先謙集解，藝文印書館影印長沙王氏校刊本。

4. 《史通通釋》，唐‧劉知幾，清‧浦起龍通釋，九思出版社排印本。

5. 《讀通鑑論》，清‧王夫之，漢京文化事業有限公司排印本。

6. 《明儒學案》，清‧黃宗羲，世界書局排印本。

7. 《竹書紀年統箋》，清‧徐文靖，藝文印書館影印丹徒徐氏校刻本。

8. 《廿二史劄記》，清‧趙翼，世界書局排印本。

9. 《金元遺山先生年譜》，清‧翁方綱，商務印書館影印本。

10. 《文史通義》，清‧章學誠，鼎文書局影印排印本。

11. 《漢學師承記》，清‧江藩，民國‧周予同選註，華正書局影印排印本。

12. 《十七史商榷》，清‧王鳴盛，廣文書局影印乾隆丁未洞涇草堂刻本。

13. 《竹書紀年集證》，清‧陳逢衡，嘉慶癸酉裛露軒刊本。

14. 《閻潛邱先生年譜》，清‧張穆，廣文書局影印本。

15. 《竹書紀年義證》，清‧雷學淇，藝文印書館排印本。

16. 《汲冢紀年存眞》，清‧朱右曾，新興書局影印歸硯齋刊本。

17. 《權衡度量實驗考》，清・吳大澂，大通書局影印《羅雪堂先生全集》本。
18. 《康有爲自訂年譜》，清・康有爲，廣文書局排印本。
19. 《史記探源》，民國・崔適，廣文書局排印本。
20. 《漢書藝文志舉例》，民國・孫德謙，四益宦刊本。
21. 《史微》，民國・張爾田，華世出版社影印本。
22. 《我的前半生》，民國・溥儀，香港文通書局排印本。
23. 《中國近三百年學術史》，民國・梁啓超，中華書局排印本。
24. 《清代學術概論》，民國・梁啓超，中華書局排印本。
25. 《中國歷史研究法》，民國・梁啓超，商務印書館《人人文庫》排印本。
26. 《中國歷史研究法補編》，民國・梁啓超，商務印書館《人人文庫》排印本。
27. 《清代通史》，民國・蕭一山，商務印書館排印本。
28. 《明清史講義》，民國・孟森，里仁書局排印本。
29. 《中國文化史》，民國・柳詒徵，正中書局排印本。
30. 《章實齋先生年譜》，民國・胡適，民國・姚名達訂補，商務印書館《人人文庫》排印本。
31. 《古史辨》，民國・顧頡剛，香港太平書局排印本。
32. 《當代中國史學》，民國・顧頡剛，香港龍門書店排印本。
33. 《通鑑胡注表微》，民國・陳垣，世界書局排印本（附入《新校資治通鑑注》）。
34. 《援庵史學論著選》，民國・陳垣，木鐸出版社排印本。
35. 《中國古代社會研究》，民國・郭沫若，新新書店排印本。
36. 《青銅時代》，民國・郭沫若，文治出版社排印本。
37. 《文史論集》，民國・郭沫若，北平。
38. 《沈寐叟年譜》，民國・王蘧常，商務印書館《人人文庫》排印本。
39. 《梁任公年譜長編》，民國・丁文江，世界書局排印本。
40. 《中國史學史》，民國・金毓黻，商務印書館排印本。
41. 《中國近三百年學術史》，民國・錢穆，商務印書館排印本。
42. 《古史地理論叢》，民國・錢穆，東大圖書公司排印本。
43. 《傳世古尺錄》，民國・羅福頤。
44. 《歷代尺度考》，民國・楊寬，商務印書館《人人文庫》排印本。
45. 《明代思想史》，民國・容肇祖，開明書店排印本。
46. 《中國民族史》，民國・羅香林，中華文化出版事業委員會排印本。

47. （增訂）《中國古史的傳說時代》，民國‧徐炳昶，仲信出版社排印本。

48. 《近代中國思想學說史》，民國‧侯外廬，生活書店排印本。

49. 《中國古代社會史論》，民國‧侯外廬，北平。

50. 《李亞農史論集》，民國‧李亞農，上海。

51. 《偽書通考》，民國‧張心澂，香港友聯出版社排印本。

52. 《史記新證》，民國‧陳直，河洛圖書出版社排印本。

53. 《竹書紀年輯校訂補》，民國‧范祥雍，學海出版社排印本。

54. 《中國史論文集》，民國‧張舜徽，香港百靈出版社排印本。

55. 《兩漢思想史》，民國‧徐復觀，學生書局排印本。

56. 《中國史學史稿》，民國‧劉節，弘文館出版社排印本。

57. 《史記斠證》，民國‧王叔岷，中央研究院歷史語言研究所排印本。

58. 《古玉論文集》，民國‧那志良，國立故宮博物院排印本。

59. 《王國維年譜》，民國‧王德毅，中國學術著作獎助委員會排印本。

60. 《中國史學入門》，民國‧何啓君編，木鐸出版社排印本。

61. 《王國維評傳》，民國‧蕭艾，浙江文藝出版社排印本。

62. 《中國上古史論文選集》，民國‧杜正勝編，華世出版社排印本。

63. 《中國史學史論文選集》，民國‧杜維運、陳錦忠編，華世出版社排印本。

64. 《史學方法論文選集》，民國，杜維運、黃俊傑編，華世出版社排印本。

65. 《中國近三百年學術史參考資料五編》，存萃學社排印本。

66. 《簡牘篇》，中華五千年文物集刊編輯委員會，中華五千年文物集刊編輯委員會排印本。

67. 《中國古代史學の發展》，日‧貝塚茂樹，弘文堂書房排印本。

68. 《中國古代籍帳研究》，日‧池田溫，弘文館出版社排印本。

69. 《顧頡剛與中國新史學》，美‧施耐德，民國‧梅寅生譯，華世出版社排印本。

四、子　部

1. 《朱子語類》，宋‧朱熹，宋‧黎靖德編，漢京文化事業有限公司影印百衲本。

2. 《原抄本日知錄》，清‧顧炎武，明倫出版社排印本。

3. 《日知錄集釋》，清‧顧炎武，清‧黃汝成集釋，世界書局排印本。

4. 《廣陽雜記》，清‧劉獻廷，商務印書館人人文庫排印本。

5. 《潛邱劄記》，清‧閻若璩，商務印書館《四庫全書珍本》四集本。

6. 《十駕齋養新錄》，清・錢大昕，商務印書館《人人文庫》排印本。

7. 《癸巳類稿》，清・俞正爕，世界書局排印本。

8. 《東塾讀書記》，清・陳澧，商務印書館《人人文庫》排印本。

9. 《無邪堂答問》，清・朱一新，廣文書局影印本。

10. 《孔子改制考》，清・康有爲，商務印書館影印民國九年刊本本。

11. 《戴東原的哲學》，民國・胡適，商務印書館《人人文庫》排印本。

12. 《十批判書》，民國・郭沫若，北平。

13. 《書傭論學集》，民國・屈萬里，開明書店排印本。

14. 《中國文獻學》，民國・張舜徽，木鐸出版社排印本。

15. 《理選樓論學稿》，民國・于大成，學生書局排印本。

16. 《歷史與思想》，民國・余英時，聯經出版事業公司排印本。

17. 《論戴震與章學誠》，民國・余英時，華世出版社影排印本。

18. 《王國維之詩書學》，民國・洪國樑，臺灣大學《文史叢刊》打字本。

五、集　部

1. 《歐陽修全集》，宋・歐陽修，河洛圖書出版社影印本。

2. 《二程集》，宋・程顥、程頤，里仁書局排印本。

3. 《朱文公文集》，宋・朱熹，商務印書館《四庫叢刊初編》影印明刊本。

4. 《南雷集》（《南雷文案》），清・黃宗羲，涵芬樓影印吳錫孫氏小綠天藏原刊本。

5. 《亭林文集》，清・顧炎武，商務印書館《國學基本叢書》排印本。

6. 《顧亭林遺書彙輯》，清・顧炎武，中華文獻出版社影印本。

7. 《道古堂文集》，清・杭世駿，乾隆五十七年杭賓仁校刊本。

8. 《鮚埼亭集》，清・全祖望，商務印書館《國學基本叢書》排印本。

9. 《戴震文集》，清・戴震・河洛圖書出版社排印本。

10. 《四庫全書總目》，清・紀昀等，藝文印書館影印本。

11. 《甌北詩話》，清・趙翼・木鐸出版社排印本。

12. 《經韻樓集》，清・段玉裁，復興書局影印《皇清經解》本。

13. 《章氏遺書》，清・章學誠，民國 11 年吳興劉氏嘉業堂刊本。

14. 《崔東壁遺書》，清・崔述，河洛圖書出版社排印本。

15. 《龔自珍全集》，清・龔自珍，河洛圖書出版社排印本。

16. 《魏源集》，清・魏源，漢京文化事業有限公司排印本。

17. 《籀膏述林》，清・孫詒讓，廣文書局影印本。

18. 《康南海先生遺著彙刊》，清·康有爲，宏業書局影印《萬木草堂叢書》刻本。

19. 《海日樓詩》，民國·沈曾植，民國間鉛印刊本。

20. 《海日樓札叢》，民國·沈曾植，河洛圖書出版社排印本。

21. 《蓼園詩鈔》，民國·柯劭忞，中華書局聚珍倣宋本。

22. 《章氏叢書》，民國·章炳麟，民國 8 年浙江圖書館校刊本。

23. 《四庫全書總目提要補正》，民國·胡玉縉，木鐸出版社排印本。

24. 《羅雪堂先生全集》，民國·羅振玉，文華出版社影印本（初編至三編）、大通書局影印本（四編至七編）。

25. 《胡適文存》，民國·胡適，遠東圖書公司排印本。

26. 《陳寅恪先生全集》，民國·陳寅恪，里仁書局排印本。

27. 《傅孟眞先生全集》，民國·傅斯年，民國 41 年臺灣大學排印本。

28. 《姚從吾先生全集》，民國·姚從吾，民國·陳捷先、札奇斯欽編，正中書局排印本。

29. 《續修四庫全書提要》，民國·王雲五主持，商務印書館排印本。

30. 《余嘉錫論學雜著》，民國·余嘉錫，河洛圖書出版社排印本。

31. 《詩詞散論》，民國·繆鉞，開明書店排印本。

32. 《問學集》，民國·周祖謨，河洛圖書出版社排印本。

33. 《王國維及其文學批評》，民國·葉嘉瑩，明倫出版社排印本。

34. 《王國維學術研究論集》第一輯，民國·吳澤主編，上海華東師範大學出版社排印本。

35. 《人間詞話新注》，民國·滕咸惠，文學出版社排印本。

六、單篇論文（皆民國人撰，凡收入《王國維先生全集》附錄者從略）

1. 〈與王靜安論治公羊學書〉，張爾田，《學衡》23 期。

2. 〈與王靜安論治今文家學書〉，張爾田，《學衡》23 期。

3. 〈與黃晦聞〉，張爾田，《學衡》60 期。

4. 〈述先師王靜安先生之治學方法及國學上之貢獻〉，朱芳圃，《東方雜誌》二十四卷 19 號。

5. 〈論阻卜與韃靼〉，王靜如，《中央研究院歷史語言研究所集刊》二本三分。

6. 〈阻卜非韃靼辨〉，徐炳昶，《女師大學術季刊》一卷 1 期。

7. 〈尚書成語研究〉，裴學海，《鈴鐺》3 期。

8. 〈金文曆朔疏證〉，吳其昌，《燕京學報》6 期。

9. 〈殷虛甲骨文之發現及其著錄與研究〉，蕭炳實，《東方雜誌》二十五卷 15 號。

10. 〈觀堂別傳〉，龍峨精靈（劉大紳），《人間世》39 期。

11. 〈洛誥新解辨〉，吳國淙，《之江學報》5 期。

12. 〈莽京新考〉，唐蘭，《史學論叢》一卷。

13. 〈王國維先生生平及其學說〉，吳其昌，《風土什誌》一卷 1 期。

14. 〈觀堂雅例訂〉，夏清貽，《東北叢刊》5 期。

15. 〈海寧王靜安先生遺書〉（圖書介紹），唐蘭，《圖書季刊》三卷 1、2 期。

16. 〈近五十年來中國新史學〉，周予同，《學林》四輯。

17. 〈湯盤與商三戈〉，董作賓，《臺大文史哲學報》1 期。

18. 〈甲骨實物之整理〉，董作賓，《中央研究院歷史語言研究所集刊》二十九本。

19. 〈毛詩連綿詞譜〉，杜其容，《臺大文史哲學報》9 期。

20. 〈元好問癸巳上耶律楚材書的歷史意義與書中五十四人行事考〉，姚從吾，《臺大文史哲學報》19 期。

21. 〈周頌時邁本為大武樂章首篇說〉，張西堂，《人文雜誌》1959 年 6 期。

22. 〈周頌考釋上〉，高亨，《中華文史論叢》四輯。

23. 〈論羅振玉和王國維在古文字學領域內的地位和影響〉，陳煒湛、曾憲通，《古文字研究》四輯。

24. 〈追念逝世五十年的王靜安先生〉，蔣復璁，《幼獅文藝》四七卷 6 期。

25. 〈史學大師王國維〉，周傳儒，《歷史研究》1981 年 6 期。

26. 〈王靜安傳略〉，周傳儒，《木鐸雜誌》24 期。

27. 〈羅振玉與甲骨學〉，馮濤，《人文雜誌》1985 年 2 期。

28. 〈王國維學術研究論集評介〉，羅繼祖，《學術月刊》1985 年 5 期。

29. 〈王國維的史學方法論〉，陳元暉，《東北師大學報》1986 年 5 期。

30. 〈羅王二氏の王賓に關する答書〉，日・林泰輔，日・《東亞研究》五卷 12 號。

31. 〈王亥〉，日・內藤虎次郎，日・《藝文》7 年 7 號。

32. 〈續王亥〉，日・內藤虎次郎，日・《藝文》8 年 8 號、12 年 2、4 號。

33. 〈觀堂先生著作目錄〉，日・神田喜一郎，日・《藝文》18 年 8 號。

34. 〈王國維秦都邑考補辨〉，日・谷口滿，日・《人文論究》38 號。

35. 〈周初之年代〉，日・新城新藏，戴家祥譯，《國學論叢》二卷 1 號。